京津冀协同发展
新理念新战略新模式

连玉明◎主编

Coordinated Development of Beijing-Tianjin-Hebei Region
New Concept New Strategy New Model

当代中国出版社
Contemporary China Publishing House
2017年 · 北京

图书在版编目（CIP）数据

京津冀协同发展 ：新理念新战略新模式 / 连玉明主编.
-- 北京 ：当代中国出版社，2017.12
（京津冀协同发展智库报告）
ISBN 978-7-5154-0804-0

Ⅰ. ①京… Ⅱ. ①连… Ⅲ. ①区域经济发展－协调发展－研究报告－华北地区 Ⅳ. ①F127.2

中国版本图书馆CIP数据核字(2017)第205370号

出 版 人　曹宏举
策划编辑　梅　一
责任编辑　李一梅
责任校对　康　莹
封面设计　孚思文创
出版发行　当代中国出版社
地　　址　北京市地安门西大街旌勇里8号
网　　址　http://www.ddzg.net 邮箱:ddzgcbs@sina.com
邮政编码　100009
编 辑 部　（010）66572264　66572154　66572132　66572180
市 场 部　（010）66572281　66572161　66572157　83221785
印　　刷　北京艺堂印刷有限公司
开　　本　787毫米×1092毫米　1/16
印　　张　28印张　423千字
版　　次　2017年12月第1版
印　　次　2017年12月第1次印刷
定　　价　128.00 元

编写单位

京津冀协同发展研究基地（全称为北京市哲学社会科学京津冀协同发展研究基地）由北京市哲学社会科学规划办公室于2014年7月30日正式批准成立。京津冀协同发展研究基地设在北京国际城市发展研究院。

京津冀协同发展研究基地是一个开放式协作创新平台、区域化合作交流平台、专业化决策咨询平台和信息化成果转化平台。它聚集相关专业研究者，发挥独立、客观、公正、持续的科学精神和创新方法，立足北京发展和京津冀协同发展实践，以首都可持续发展与京津冀协同发展重大现实问题为主攻方向，着重对全局性、战略性、前瞻性问题开展研究和咨询，努力成为推动北京发展和京津冀协同发展的重要思想库和智囊团。

北京国际城市发展研究院成立于2001年11月，是在国家民政部指导下，由领导决策信息杂志社发起，经北京市社会团体管理办公室批准设立的全国首家从事城市发展研究的跨学科、国际化、非营利社会组织，由北京市社会科学界联合会主管。建院16年来，北京国际城市发展研究院以国际城市战略为核心，以中国领导决策信息系统为基础，以重大现实问题为主攻方向，着重对全局性、战略性、前瞻性问题研究，为推进中国城市化和城市国际化进程做出了积极贡献，正成为国内外具有一定影响力的“中国民间智库”。

主编简介

连玉明，著名城市专家、教授、博士，北京国际城市发展研究院院长，贵州大学贵阳创新驱动发展战略研究院院长。

连玉明教授兼任北京市人民政府专家咨询委员会委员、北京市社会科学界联合会副主席、基于大数据的城市科学研究北京市重点实验室主任、大数据战略重点实验室主任、京津冀协同发展研究基地首席专家。

连玉明教授研究领域为城市学、决策学和社会学。首创的“城市价值链理论”被誉为世界三大竞争力理论之一。著有《重新认识世界城市》《什么样的城市是最好的城市》《低碳城市：我们未来的生活方式》《首都战略定位》《城市的觉醒》等多部专著。

连玉明教授为北京市政协委员，北京市朝阳区政协副主席。先后荣获中共北京市委、北京市人民政府授予的“北京市有突出贡献人才”“北京市劳动模范”“首都劳动奖章”等荣誉称号。

学术委员会

学术委员会首席顾问

杨开忠　北京大学秘书长、中国区域科学协会会长

学术委员会主席

文　魁　首都经济贸易大学原校长

学术委员会秘书长

祝尔娟　首都经济贸易大学教授

学术委员会委员（按姓氏笔画排序）

卜　伟　北京交通大学经管学院教授

王　伟　华北电力大学人文与社会科学学院副院长、北京能源发展研究基地主任

王　辉　石家庄铁道大学经济管理学院副院长

王　遥　中央财经大学财经研究院研究员

王红漫　北京大学医学部社会医学教研部主任

王建廷　天津城建大学副校长

王晓燕　北京教育科学研究院高等教育研究所所长

王雍君　中央财经大学财经研究院院长

尹德挺　北京市委党校社会学教研部副主任、北京市人口研究所副所长

田学斌　河北经贸大学京津冀一体化发展协同创新中心专职副主任

伍先江　中国人民公安大学治安学院教授

刘　冰　北京师范大学中国社会科学管理研究院副教授

刘东涛　天津市环渤海经济研究会副理事长

刘邦凡　燕山大学公共管理学院党委书记

刘秉镰　南开大学校长助理、京津冀国家咨询组成员

孙久文　中国人民大学区域与城市经济研究所所长

孙明正　北京交通发展研究中心副总工程师

杜传忠　南开大学产业研究所所长

李文兴　北京交通大学经管学院教授

李守旭　中国航空规划建设发展有限公司首席专家、总规划师

李利军　石家庄铁道大学经济管理学院教授

李国平　北京大学首都发展研究院院长

李家祥　天津市社科联原党组书记、天津师范大学教授

李惠茹　河北大学经济学院副院长

杨杭军　对外经贸大学国际经贸学院副教授

杨保军　中国城市规划设计研究院副院长

佘　廉　国家行政学院公共安全预警研究中心主任

余钟夫　中共北京市委研究室副巡视员

余新晓　北京林业大学水土保持学院院长

张　波　河北省社会科学院副研究员

张　贵　河北工业大学京津冀发展研究中心常务副主任

张　辉　北京大学经济学院副院长

陈　璐　河北省社科院农村经济研究所所长

罗永泰　天津财经大学工商管理研究中心主任、天津市人民政府参事

金凤君　中科院地理科学与资源研究所地理与区域经济研究室主任

周立群　南开大学滨海开发研究院常务副院长
赵　坚　北京交通大学中国城镇化研究中心主任
赵子忠　中国传媒大学新媒体研究院院长
赵民合　中国国际工程咨询公司交通产业发展部副主任
殷广涛　中国城市规划设计研究院交通院院长
高　智　河北省发展改革委宏观经济研究所副所长
郭继孚　北京交通发展研究中心主任
曹允春　中国民航大学经济管理学院副院长、临空经济研究所所长
盛继洪　首都社会经济发展研究所所长
彭宗超　清华大学公共管理学院副院长
蒋国瑞　北京工业大学经管学院教授
程世东　国家发展改革委综合运输所城市交通研究室主任
童　伟　中央财经大学财经研究院研究员
靳高风　中国人民公安大学研究生院副院长
臧学英　中共天津市委党校（天津行政学院）经济发展战略研究所所长
谭忠富　华北电力大学经济与管理学院能源与环境研究所所长
魏丽华　中共河北省委党校副教授

内文摘要

“十三五”时期是我国全面建成小康社会决胜阶段，实现发展目标，破解发展难题，厚植发展优势，必须牢固树立并切实贯彻创新、协调、绿色、开放、共享的发展理念。京津冀协同发展作为国家重大战略，必须在五大发展理念指导下，以实际行动破解区域协同发展中面临的深层次矛盾与难题，实现区域协同发展的重点突破、全面推进。

2016 年 9 月 8 日，在北京市、天津市、河北省三地哲学社会科学规划办公室大力支持下，由北京国际城市发展研究院、北京国际城市文化交流基金会联合主办，由北京市哲学社会科学京津冀协同发展研究基地承办的“国际城市论坛京津冀协同发展 2016 年会”在北京举行，来自京津冀三地有关部门负责人和专家学者 200 余人参加了年会。年会围绕“京津冀协同发展：五大理念与战略行动”这一主题进行了交流研讨，年会分为一个主论坛和创新发展、协调发展、绿色发展、开放发展和共享发展五个分论坛。

在 2016 年会筹办同期，年会主办方还举办了“国际城市论坛京津冀协同发展 2016 年会征文活动”，征文活动得到了社会各界的热烈响应与广泛参与。

本书是 2016 年会演讲和征文汇编，由于篇幅所限，本书只收录了部分专家学者的演讲内容和文章，供学术研究人员和政府决策部门参考。

Synopsis

The "13th Five-Year Plan" period is the decisive stage for building a moderately well-off society in an all-round way in China when the development concepts of innovation, coordination, greenness, openness and sharing shall be firmly established and faithfully implemented to realize the development goals, solve development problems and consolidate development advantages. As a major national strategy, the coordinated development of the Beijing-Tianjin-Hebei Region, shall, under the guidance of the Five Development Concepts, break down the deep-seated contradictions and difficulties confronting the coordinated regional development with concrete actions, and make major breakthroughs and comprehensive advancement in this regard.

With the strong support of the Planning Offices of Philosophy and Social Science of Beijing, Tianjin and Hebei, the "2016 Annual Conference of the International Forum on Urbanism & the Coordinated Development of the Beijing-Tianjin-Hebei Region" co-hosted by International Institute for Urban Development, Beijing and Beijing International Urban Culture Exchange Foundation and organized by the Coordinated Development of Beijing-Tianjin-Hebei Research Base, BPOPSS was held in Beijing on September 8, 2016, with over 200 participants including competent department heads, experts and scholars from Beijing, Tianjin and Hebei. Encompassing the coordinated development of the Beijing-Tianjin-Hebei Region, the annual conference that conducted exchanges and discussions on the theme of the five development concepts and strategic actions was composed of one main forum and such 5 sub-forums as innovative development, coordinated development, green development, open development and shared development.

Concurrently, the annual conference organizers also held "Essay Activities for the 2016 Annual Conference of the International Forum on Urbanism & the Coordinated Development of the Beijing-Tianjin-Hebei Region" , which received warm response and extensive participation from all works of life.

This book is a collection of speeches and essays at the 2016 annual conference, which, due to limited space, only includes articles and speeches of some experts and scholars, for reference by academic researchers and governmental decision-making sections.

代序

天津市哲学社会科学规划办公室主任 袁世军

北京市哲学社会科学京津冀协同发展研究基地，是北京国际城市发展研究院的重要研究机构，也是国内首家以京津冀协同发展为研究方向的社会智库。基地成立两年多来，紧紧围绕京津冀协同发展的重点、难点和热点问题展开研究，形成了一系列前瞻性、对策性研究成果，在学术领域产生了重要影响，为党委政府决策提供了有力支撑。特别是连续举办两届的京津冀协同发展年会，不仅推出了《京津冀协同发展智库报告》等一大批决策咨询成果，还聚集了一大批志同道合的专家学者，成为京津冀三地学术研讨和学界交流的开放平台。从2014年开始，三省市社科规划办一直支持举办京津冀协同发展年会，我们为年会取得的丰硕成果和赢得的广泛赞誉感到高兴，也为能够参与到年会中来深感荣幸。我们相信京津冀协同发展年会一定会越办越好，一定会日益彰显高端智库的重要作用。我们也将高度关注京津冀协同发展重大问题，为专家学者聚焦京津冀协同发展、为成功举办京津冀协同发展年会，提供强有力的组织支持。

“问题是时代的声音。”只有回应时代的呼唤，认真研究解决重大而紧迫的问题，才能真正把握历史脉络、找到发展规律，推动理论创新。党的十八届五中全会提出，实现发展目标，破解发展难题，厚植发展优势，必须牢固树立创新、协调、绿色、开放、共享的发展理念。这是以习近平同志为总书记的党中央着眼新阶段新实践、深化发展规律认识的理论升华，深刻回答了在新的历史起点上我们要实现什么样的发展、怎样发展的重大时代课题。这次年会，把京津冀协同发展这个国家重大战略放到五大发展理念的视域内来研讨，凸显了问题导向和问题意识。京津冀三地专家学者会聚一堂，围绕“五大理念与战略行动”建言献策，对于用新发展理念指导推动区域发展，对于破解区域协同发展中面临的深层次矛盾与难题，具有重要的学术价值和借鉴意义。习近平总书记指出，这是一个需要理论而且一定能够产生理论的时代，这是一个需要思想而且一定能够产生思想的时代。作为国家战略伟大实践的亲历者和见证者，我们京津冀三地的社科工作者，更应该立时代之潮头、发思想之先声，为落实五大发展理念，谱写京津冀协同发展新篇章贡献智慧和力量！

目录

第 1 篇 **战略篇** STRATEGY

第 2 篇 **创新篇** INNOVATION

第 3 篇 协调篇 COORDINATION

第 4 篇 绿色篇 GREENNESS

Catalogue

Chapter 1 Strategy

Chapter 2 Innovation

Chapter 3 Coordination

Chapter 4 Greenness

Chapter 5 Openness

Chapter 6 Sharing

第 1 篇

战略篇

Chapter 1

Strategy

Coordinated Development of
Beijing-Tianjin-Hebei Region
New Concept New Strategy New Model

京津冀战略性新兴产业的协同发展

——以电子信息产业为例

江曼琦[①]

【摘　要】本文从京津冀三地电子信息产业发展的困境出发，对三地电子信息产业结构现状进行分析，据此提出京津冀地区电子信息产业结构优化与协同发展构想与策略。以期为相关领域的研究提供重要的借鉴。

【关键词】电子信息产业　京津冀产业结构优化　协同发展

一、京津冀地区电子信息产业发展的困境

京津冀地区电子信息产业主营业务收入约占全国10%的比例。从北京、天津来看，北京主要是软件，天津主要是电子信息的制造业，比较突出的是程控交换机和移动电话机，占全国的比重很高。京津冀三地的软件和信息技术服务业占到全国的15.81%，这个产业对于京津冀是非常重要的，但目前发展存在

① 江曼琦，女，湖南临澧人，南开大学中国特色社会主义经济建设协同创新中心研究员，经济学院城市与区域经济研究所教授，博士生导师，主要从事城市与区域经济研究。

"瓶颈"（见图1）。

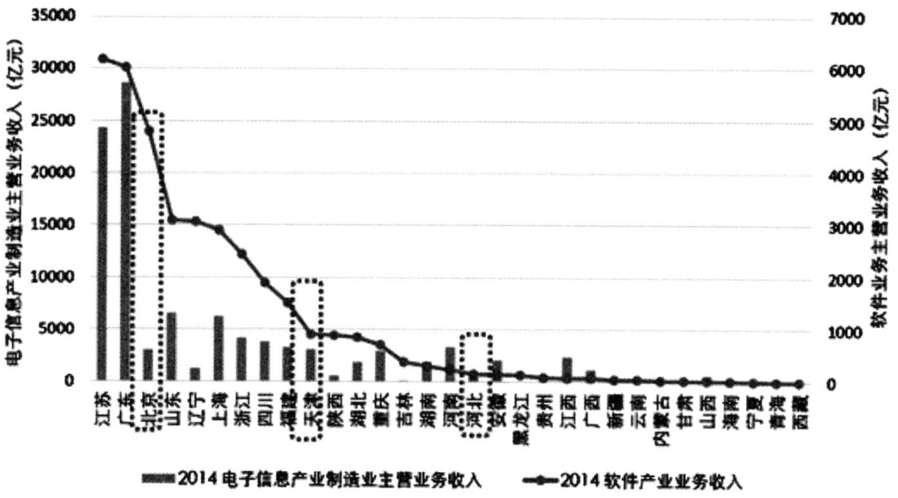

图 1：全国主要省市电子信息产业制造业主营业务收入

（一）产业规模小

京津冀地区电子制造业占全国的比重只有6.79%，利润约占7.22%，软件主营业务收入占15.81%，利润是15.24%。与长三角相比，京津冀与其面积相当，但是长三角电子信息产业制造业占全国比重为33.71%，京津冀只占6.97%，京津冀软件与信息服务业与长三角相比不到其1/2。国家对于东部地区提出打造全球先进制造业基地，京津冀地区怎样来扩大规模，这是非常严峻的问题（见表1）。

表 1：京津冀地区电子信息产业占全国比重

	电子信息产业制造业（亿元）		软件与信息技术服务业（亿元）	
	主营业务收入	利润总额	主营业务收入	利润总额
京津冀地区	6991.54	364.61	5853.37	735.32
京津冀占全国比重	6.79%	7.22%	15.81%	15.24%
长三角占全国比重	33.71%	34.95%	31.08%	33.63%

（二）增长速度放缓

2010年到2014年，北京和河北电子信息产业发展较好，但天津出现大幅度下降，2014年整个京津冀地区的电子信息制造业和软件信息技术服务业的增速分别比全国的平均水平要低8.52和5.29个百分点，这导致了京津冀地区在全国的比重不断下降。由表2可见，从2010年，整个电子信息产业占全国比重是10.12%，到2014年仅占9.17%，增长速度在下滑，占全国的比重在下降，这也是一个非常严峻的问题（见图2）。

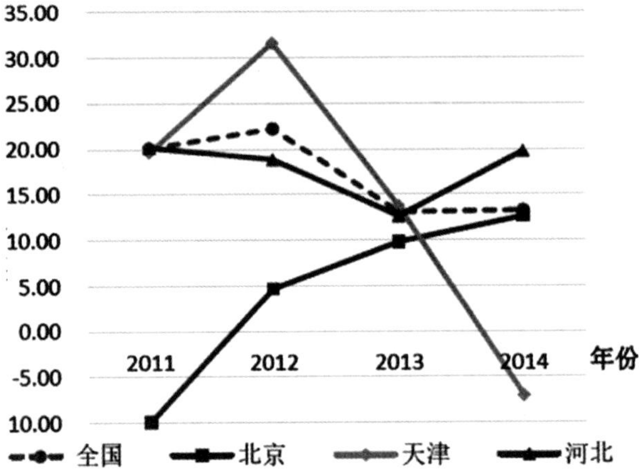

图2：电子及通信设备制造业主营业务收入增长率（%）

表2：京津冀地区电子信息产业增速和占全国比重（2010—2014）

	电子信息产业		电子信息产业制造业		软件与信息技术服务业	
	增速（%）	占全国比重（%）	增速（%）	占全国比重（%）	增速（%）	占全国比重（%）
2010	—	10.12	—	7.86	—	20.75
2011	9.99	9.20	2.11	6.85	24.02	18.56
2012	19.36	9.41	15.79	7.02	24.60	17.58
2013	15.67	9.62	15.42	7.36	16.02	16.53
2014	7.83	9.17	1.98	6.79	15.76	15.81

（三）企业盈利能力较弱

2014年全国和长三角规模以上信息制造业平均总资产贡献率分别为10.14%和10.81%，而京津冀地区平均总资产贡献率只有8.94%，提高企业盈利能力也是京津冀地区电子信息产业发展亟待解决的问题。

二、京津冀地区电子信息产业结构现状分析

产业协同发展，包括产业链协同发展、产业间的协同发展和地区间协同发展，可以从这三个方面分析目前存在的问题。

（一）重软轻硬，整体发展呈现强应用弱基础的形态

电子信息产业与其他的产业不同，全产业链包括电子信息制造业、电子信息软件业和信息技术服务业两部分，电子信息制造业分成材料的加工、元器件组件、整机的组装三个部分。京津冀地区电子信息产业制造业与软件业信息技术服务业的相关比值中主营业务收入之比为1.19%，低于全国和长三角的水平。电子信息制造业，按区位商计算不足1%，从全国来看不具备优势。支撑软件、工业软件、集成电路设计等信息技术的核心领域，京津冀的收入比重不到4%。通过分析产业链可以发现，目前京津冀地区电子信息技术产业发展呈现强应用弱基础的特点（见表3）。

表 3：电子信息产业制造业与软件业信息技术服务业相关比值和区位商

	电子信息产业制造业与软件业信息技术服务业的相关比值		区位商	
	主营业务收入之比	利润总额之比	电子信息产业制造业	软件与信息技术服务业
京津冀地区	1.19	0.50	0.74	1.69
长三角地区	3.02	1.09	1.51	2.46
全国水平	2.78	1.05	—	—

（二）关键基础环节薄弱，产业链被低端锁定

产业链由三个环节构成，其中材料加工占比最低，整机组装占57%，比重最高，其中的通信设备、电子计算机和家电制造占主要比重。如果没有核心技术，整机组装产业利润将非常低（见表4）。

表 4：产业链构成及相关占比

<table>
<tr><th>产业链构成</th><th>对应行业</th><th>各行业在相应产业链环中比重（%）</th><th>各产业链环在电子信息产业制造业中的比重（%）</th></tr>
<tr><td>材料加工</td><td>电子信息产业专用材料工业行业</td><td>100.00</td><td>1.16</td></tr>
<tr><td rowspan="3">元器件、组件生产</td><td>电子元件工业行业</td><td>28.18</td><td rowspan="3">41.83</td></tr>
<tr><td>电子器件工业行业</td><td>23.45</td></tr>
<tr><td>电子信息机电产品工业行业</td><td>48.37</td></tr>
<tr><td rowspan="8">整机娄组</td><td>雷达工业行业</td><td>0.07</td><td rowspan="8">57.00</td></tr>
<tr><td>通信设备工业行业</td><td>53.21</td></tr>
<tr><td>广播电视设备工业行业</td><td>6.75</td></tr>
<tr><td>电子计算机工业行业</td><td>15.29</td></tr>
<tr><td>家电制造工业行业</td><td>17.32</td></tr>
<tr><td>电子测量仪器工业行业</td><td>3.40</td></tr>
<tr><td>电子工业专用设备工业行业</td><td>3.96</td></tr>
<tr><td>通信设备工业行业</td><td>53.21</td></tr>
</table>

研发是核心技术，京津冀地区尤其是有研发机构、研发活动的企业，都大大低于长三角地区。有效发明的专利数和长三角地区差距更大，整体上导致产业链被低端锁定（见表5）。

表 5：企业研发情况及相关占比

	有 R&D 活动的企业比例（%）	有研发机构的企业比例（%）	R&D 经费占主营业务收入比例（%）	有效发明专利数（个）
全国	34.73	25.18	1.69	132835
京津冀地区	37.74	20.49	1.61	8400
长三角地区	44.43	44.90	1.33	21924
北京	52.15	29.75	2.23	7380
天津	31.32	12.64	1.05	780
河北	26.11	19.70	1.39	240
上海	33.58	12.38	1.28	6281
江苏	42.98	53.71	1.02	10443
浙江	51.71	38.76	3.41	5200

表 6：京津冀三地电子信息产业向本地各产业部门提供的产品价值量比例、占全国比重及与浙江比较（%）

	全国	北京	天津	河北	浙江
通信设备、计算机和其他电子设备	55.10	45.10	71.89	17.37	35.14
信息传输、软件和信息技术服务	9.14	29.07	4.11	19.47	8.58
电气机械和器材	4.60	1.67	6.34	2.23	11.42
通用设备	3.92	0.99	1.41	0.99	5.52
建筑	3.15	0.49	0.13	1.77	0.95
科学研究和技术服务	3.00	3.39	1.89	23.26	1.03
租赁和商务服务	2.81	1.02	0.74	0.27	1.29
金融	2.77	5.73	1.16	11.07	3.73
专用设备	2.06	0.81	0.39	2.47	2.76
交通运输设备	1.92	1.73	6.44	1.29	2.07
其他产业合计	11.52	10.00	5.53	19.81	27.50

（三）地区间产业分而不合，区域产业协同效应尚未形成

电子信息产业和其他所有产业的区别在于它是基础性的、先导性的产业，这个产业的发展将带动其他产业，并与之有很强的融合性。

表 7：京津冀三地产业链构成及相关占比

	产业链构成	对应行业	工业生产总值		小计	
			占京津冀地区比重(%)	占本地的比重(%)	占京津冀地区比重(%)	占本地的比重(%)
北京	材料加工	电子信息产业专用材料工业行业	6.48	0.24	6.48	0.24
	元器件、组件生产	电子元件工业行业	12.59	4.64	20.78	27.20
		电子器件工业行业	63.34	19.44		
		电子信息机电产品工业行业	4.93	3.12		
	整机组装	雷达工业行业	45.55	0.06	40.69	72.56
		通信设备工业行业	51.80	49.15		
		广播电视设备工业行业	6.67	0.80		
		电子技术安吉工业行业	57.82	15.76		
		家电制造业工业行业	2.34	0.72		
		电子测量仪器工业行业	79.42	4.82		
		电子工业专用设备工业行业	17.62	1.24		
天津	材料加工	电子信息产业专用材料工业行业	19.82	0.49	19.82	0.49
	元器件、组件生产	电子元件工业行业	67.52	17.11	40.23	36.17
		电子器件工业行业	18.24	3.85		
		电子信息机电产品工业行业	34.99	15.21		

（续表）

	产业链构成	对应行业	工业生产总值		小计	
			占京津冀地区比重（%）	占本地的比重（%）	占京津冀地区比重（%）	占本地的比重（%）
天津	整机组装	雷达工业行业	54.45	0.05	51.70	63.34
		通信设备工业行业	43.98	28.67		
		广播电视设备工业行业	75.06	6.21		
		电子技术安吉工业行业	40.52	7.59		
		家电制造业工业行业	88.44	18.76		
		电子测量仪器工业行业	7.01	0.29		
		电子工业专用设备工业行业	36.43	1.77		
河北	材料加工	电子信息产业专用材料工业行业	73.69	3.98	73.69	3.98
	元器件、组件生产	电子元件工业行业	19.90	10.91	38.99	75.85
		电子器件工业行业	18.42	8.41		
		电子信息机电产品工业行业	60.09	56.54		
	整机组装	雷达工业行业	0.00	0.00	7.61	20.17
		通信设备工业行业	4.21	5.95		
		广播电视设备工业行业	18.28	3.27		
		电子技术安吉工业行业	1.67	0.68		
		家电制造业工业行业	9.21	4.23		
		电子测量仪器工业行业	13.57	1.22		
		电子工业专用设备工业行业	45.95	4.82		

通过计算，京津冀三地电子信息产业向本地各个产业部门提供的产品价值量在全国占55.10%。北京的电子信息产业的产品价值量只在电子信息产品之内，没有向汽车等其他品类扩展，这条产业链是封闭的产业链，没有延伸出去。

对比浙江来看，近30%的电子设备都是向其他产业拓展，由此可以看出，行业发展空间缩小，利润点非常低。

表8：京津冀通信设备、计算机及其他电子设备制造业向各省市提供的产品价值量比例（%）

	2007年			2010年		
	北京	天津	河北	北京	天津	河北
北京	84.00	0.16	2.55	95.07	0.12	1.71
天津	0.54	51.83	3.48	0.11	66.03	1.30
河北	1.74	1.22	81.84	0.36	0.59	90.12
除京津冀地区外其他地区	13.72	46.78	12.13	4.46	33.26	6.87
除京津冀地区外接受产品价值量最高的省市及其比重	江苏（3.09%）	广东（19.68%）	河南（4.15%）	江苏（1.24%）	广东（14.92）	河南（2.28%）

京津冀的产业是分而不合，是分工的、不趋同的，但是区域产业链的协同效应没有形成。从三地的全产业链条看，北京基本上是软件产品和信息技术服务占80%，天津是制造业优势明显，占了50%，河北电子信息产业发展的规模不大，但是各类元器件及原辅材料等基础产品门类齐全。以此可见京津冀地区全产业链条是不趋同的。从分产业链条来看，三地各有侧重和分工，但是没有形成合作，地区间的产业是分而不合的，产业协同链的效应没有形成，是其他相关的原因所造成的。

三、京津冀地区电子信息产业结构优化与协同发展构想与策略

（一）京冀合力夯实制造业基础，实现“软件”和“硬件”的协同发展

缺少制造业基础，产业内不协同。一方面要加快北京电子信息制造业

向河北的转移，不仅有利于缓解北京人口、土地、资源的压力，也可以扩大河北电子信息制造业的规模，夯实制造业的基础；另一方面，以北京软件和信息服务业优势来支持河北电子信息制造业的发展。未来的发展，需要以信息化带动工业化，这样可以实现国家对河北产业转型升级实验区的功能定位。

（二）京津合作加强核心环节建设，推动产业向价值链高端发展

京津要加强科技合作，一是布置创新链，围绕京津冀重点领域的发展来布置创新链，这是在合作当中发展的定位。同时加大对于基础前沿技术、共性关键技术的研发，以核心技术的突破促进产品体系的建立和完善。加强标准制定、检验检测配套能力的建设，提升电子信息产品的国际竞争力和话语权。二是京津科技与生产的合作，按照《中国制造2025》，推进信息技术和制造技术的深度融合，打造新型制造体系，由信息化带动工业化。

（三）津冀错位布局制造业发展方向，努力拓展培育新的经济增长点

整个津冀的增长点比较单一，要依据两地现有的分工格局各自强化其发展的优势环节。同时，借助于《中国制造2025》行动、国家大数据战略、“互联网 +”行动计划实施的战略机遇，围绕京津冀地区的优势产业，加强电子信息产业向其他战略性新兴产业的渗透。

（四）三地合力完善区域协同发展的生态环境，实现区域协同发展

三地分而不合，要从四个方面来促进区域的协同发展。一是信息沟通，建立共享产业信息交流公共平台、公共技术开发平台、制定区域间统一的信息化管理与建设制度，促进知识流动和信息扩散；二是在政府职能范围内基于各地的共同利益，完善区域政府间合作的利益共享与补偿机制、行为约束机制和监督制约机制，消除区域间合作的制度障碍；三是鼓励建立跨地区企业集团，利用企业集团的市场力量，化解区域协调发展中的障碍因素，有效地实现跨区域

要素组合，打破行政界限和行政干预；四是充分发挥行业协会的作用，统筹基础研究、技术创新等环节，加强专利与标准前瞻性的布局，完善技术标准、成果转化、测试测验等环节的公共服务体系。

协同创新：推进京津冀产业转型升级的思路与对策建议

周桂荣[①]

【摘　要】在世界经济复苏乏力，中国经济增长步入中高速发展的“新常态”下，国内外竞争环境和日益严峻的自然环境恶化，推动产业转型升级。京津冀作为国家发展战略的重要区域，能否通过协同创新，推动区域产业转型升级，具有重要的战略意义。本文首先分析了京津冀产业转型升级的国内外背景；其次对京津冀区域产业发展现状及存在的问题进行了重点分析；最后一片时在此基础上提出了京津冀区域协同创新，推进产业转型升级的思路及对策建议。

【关键词】协同创新　京津冀　产业转型升级

应对气候变化，推进可持续发展已成为世界各国面临的共同挑战，京津冀作为引领区域发展和产业转型升级的示范区域，理应在参与全球合作与竞争

---

① 周桂荣，天津商业大学经济学院教授，硕士生导师。

中，以“创新、协调、绿色、开放、共享”五大核心发展理念为指导，通过资源的整合、结构的优化升级、体制机制的思路创新，实现区域产业转型升级。

一、京津冀区域产业转型升级的国内外背景分析

（一）国际背景

1. 全球经济进入下行通道，经济结构调整步入“新常态”

目前，全球经济增长进入下行通道，世界经济格局步入了再调整的发展时期，受到全球经济增长放缓的影响，出口增长的萎缩严重影响了中国经济增长的步伐，自2009年后，中国经济增长率从两位数直接降到了个位数，经济发展进入增速放缓，今后乃至更长一段时期，经济结构调整步入“新常态”，原有的以要素驱动和投资驱动的发展模式，在此背景下已难以持续，特别是抗风险能力薄弱的中小企业更是在消费低迷的发展态势下，出现了生存危机。转型升级成为中小企业直面结构调整的重要课题。

2. 产能过剩问题突出，中小企业面临转型的内忧外困

对于微观企业而言，产能过剩是指企业实际生产能力相对于市场需求的过剩。金融危机后，国内外市场需求下降，特别是在中国经济快速增长时期，中小企业依靠要素的投入，资本的驱动大量生产钢铁、水泥、电解铝、平板玻璃、船舶等传统行业，导致传统行业出现产能过剩。据不完全统计，2012年底，钢铁、水泥、电解铝、平板玻璃和船舶的产能利用率分别为72%、73.7%、71.9%、73.1% 和75%。不仅如此，就是我们视为战略性新兴行业的光伏产业也出现了产能过剩问题，目前中国的太阳能光伏电池产能占全球的60%，产能过剩达到了95%，风电设备产能亦是如此。新兴产业的产能过剩不仅造成企业不断压价出口，压缩了利润空间，同时也频频招致国外的反倾销，贸易保护加剧。而对中小企业而言，要化解过剩产能、寻求新的行业发展方向又面临着诸多不确定性风险因素。

3. 资源环境约束压力加大，中小企业发展的技术路径亟待转化

面对全球气候的变暖，联合国气候大会为各国的节能减排规定了严格的标准，2013年6月，奥巴马总统宣布了《气候行动规划》，部署了碳排放、适应气候变化以及引领国际社会应对气候变化等3项核心任务。澳大利亚于2010年发布了《澳大利亚适应气候变化：政府市场书》，明确了政府、行业和公众在适应气候变化中的责任，确定了国家层面优先行动的6个领域，即海岸带、水资源、基础设施、自然生态系统、自然灾害管理和农业。南非在2010年和2011年相继发布了《国际应对气候变化绿皮书》和《国家应对气候变化白皮书》，在两部书中，南非部署了水资源、人居环境、生态系统、灾害风险管理等重点领域的行动，提出了通过政策和规划评估及规章审计、制度安排、协调机制、市场手段等途径来实现节能减排，以此达到气候适应性发展。我国政府围绕《联合国气候变化框架公约》和《京都议定书》，以负责任的大国形象向国际社会表明了积极的态度，并在2004年就发布了第一个《节能中长期规划》，在“十一五”规划中提出了单位 GDP 能耗降低20% 的目标。各地区在此基础上都分别采取了不同的节能减排措施。这就使得原有的以消耗资源环境为企业发展提供动力的中小企业，必须限期淘汰落后产能、通过技术改造升级实现企业的转型升级，向更符合节能环保要求的企业技术路径转换。

4. 第四次工业革命的兴起，形成中小企业转型巨大压力

随着移动互联网、云计算、大数据、新能源及人工智能的快速发展，开启了智能制造的工业发展模式，并影响着全球企业的技术创新发展方向。德国的“工业4.0”、中国的“2025中国制造”、美国的“工业互联网”，都意味着工业发展向智能制造发展趋势。第四次工业革命不仅为中国工业发展提供了新的发展机遇，也给中小企业的转型升级带来了巨大的压力，毕竟智能制造更多的是基于人力资源和技术创新凝聚的发展模式，对中小企业而言要面临企业人才匮乏、技术创新周期成本高和市场需求变化快等问题，使得其应对的国际国内竞争分外激烈。因此，如何通过协同创新实现中小企业发展，则是转型升级的关键。

（二）国内背景

1. 经济发展环境的硬约束逐步加强，倒逼产业价值链转型升级

近年来，中国经济增速从高速增长进入中高速增长，经济发展伴随生态环境的恶化，而进入调整产业生态环境的“硬约束”时期。缓解硬约束的关键就是要推进企业转型发展，依靠创新增加企业发展的动力。特别是伴随着产业产能的过剩，企业进入边际效率递减的阶段，劳动力成本的上升，严格的节能减排约束指标，导致低效率的企业已经难以生存，处于产业价值链低端的企业发展已经在国际竞争中失去比较优势。而原有依靠模仿和消耗资源的产业发展模式已经走到尽头，因此摆脱企业陷入发展困境的关键就是要根据比较优势，将企业发展纳入全球产品内分工，通过产品价值的提升，实现向竞争优势的转化。

2. 供给侧结构性改革深入推进，中小企业转型升级成为主力军

在当前的经济发展中，一方面我国经济发展存在产能过剩，产品供给过剩，导致企业回笼资金慢，价格竞争激烈；另一方面有效供给不足，高品质、高价值的产品随着人们生活水平的提高，未能形成有效供给，导致海外代购、境外爆买盛行，这就是供给侧结构性问题。所谓供给侧结构性矛盾，就是过剩产能比较严重，存在大量的无效供给，而有效供给不足，如果供给结构不适应需求结构的变化，无效供给则会占有有效供给的资源，从而影响经济发展的效率。中小企业作为推进供给侧结构性改革的主力军，必须通过转型升级来提高产品对市场供给的有效性，这种转型就是要中小企业坚决淘汰落后的产能，并通过产品的工艺改造、提高产品的技术含量，进而达到提升产品价值的目标。而减低交易成本、提升服务创新亦是促进企业面向市场需求，增强竞争优势的关键。

3. 国际国内竞争区域化趋势加强，中小企业将成为推动经济结构转型的主导力量

伴随全球经济一体化的深入发展，国际区域一体化的趋势逐渐加强，无论是亚太经合组织、东盟自贸区，还是近年来签署的中澳自贸协定、中韩自贸协定，以及尚在酝酿中的 TPP，都表明区域贸易安排和规则的区域化特征。区域

内规则的制定无疑为区域协定国中小企业发展提供了更广阔的市场，为中小企业互动发展和企业能力的提升提供了更为优惠的条件安排；但对区域外的企业却形成了贸易壁垒。

从国内来看，“一带一路”建设、京津冀协同发展、长江经济带建设等区域化建设与发展正推动着区域经济发展模式的转化，充分发挥区域比较优势，推动经济结构升级，则是深化改革、驱动创新的目标所在。中小企业无疑成为推动结构性改革的生力军。中小企业在各国经济结构改革和转型升级中发挥的重要作用是毋庸置疑的。例如，美国现有中小企业2680万家，占全部企业数目的99%以上，提供53%的就业岗位，出口份额达34%；德国现有中小企业370万家，占全部企业总数的99.3%，提供70.2%的就业岗位，出口份额达68%；日本现有中小企业419.8万家，占全部企业总数的99.7%，提供80%的就业岗位，出口份额达40%；中国现有中小企业5000万家，占全部企业总数的98%，提供90%的就业岗位，出口份额达60%。京津冀区域现有中小企业125万家，提供了82%的就业岗位，出口总额达到了1506.3亿美元。

4. 京津冀协同发展上升为国家发展战略，为产业转型升级提供了战略机遇

2015年4月，中共中央召开政治局会议，此次会议审议通过了《京津冀协同发展规划纲要》，将京津冀协同发展战略提升到新的国家发展高度。《京津冀协同发展规划纲要》的出台，为京津冀产业功能重新定位指出了明确的方向，为疏解北京非首都功能，促进区域协同发展提供了纲领性的目标指向。京津冀三地区域经济发展存在明显的梯度差，坐落于梯度差上的中小企业在推动产业升级上处于不同的节点，北京的中小企业更多地体现在技术密集型和知识密集型，天津的中小企业更多地体现在资本密集型和技术密集型，河北的中小企业更多地体现在劳动密集型和资本密集型。因此，京津冀区域的中小企业在推动转型升级中作用点是不同的，如何借助先行先试的政策优势，在中小企业融资创新上，在承接区域间产业转移上，依据比较优势和功能定位，提升中小企业的创新能力，重构区域产业链，则为协同发展的制度创新提供了战略机遇。

二、京津冀区域产业发展现状及问题

（一）京津冀三地经济发展水平落差大，区域发展不均衡矛盾凸显

截至2015年，京津冀三地GDP共计69312.9亿元，占全国GDP总量的10.2%。其中，北京实现GDP22968.60亿元，天津16538.19亿元，河北29806.10亿元，三地人均GDP分别为：北京10.58万元，天津10.90万元，河北4.04万元。从公共财政收入看，北京公共财政收入4723.90亿元，天津2666.9亿元，河北2648.50亿元。如表1所示。

表1：2015年京津冀三地经济发展指标

城市	GDP（亿元）	人均GDP(亿元）	财政收入（亿元）	常住人口（万人）
北京	22968.60	10.58	4723.90	2170.50
天津	16538.19	10.90	2666.90	1413.15
河北	29806.10	4.04	2648.50	7383.75

数据来源：根据2015年京津冀统计数据公报整理所得。

从表1可以看出，京津冀三地经济发展水平差异明显，区域内部发展不平衡矛盾凸显。北京作为中国的首都、政治中心、国际交流中心、文化中心、科技中心，在教育、医疗、科技、信息资源上都对周边城市产生巨大的虹吸效应。优质资源聚集北京，本身就具有其他省市望尘莫及的优势，天津作为港口城市，先进制造的研发转化基地，自然禀赋优势明显，因此，河北与京、津发展落差在短期内很难扭转。协同发展，疏解北京非首都核心功能，则是解决“大城市病”的必然选择。

（二）京津冀三地产业发展处于不同的发展阶段，产业同质化导致竞争大于协作

从京津冀三地三次产业结构比来看，截至2015年，北京三次产业结构比为

0.6：19.6：79.8；天津为1.3：46.7：52.0；河北为11.5：48.3：40.2，京津冀三地产业结构呈现出明显的梯度差，北京已经处于后工业化的发展阶段，天津处于工业化阶段后期，而河北尚处于工业化阶段中期。北京市已经进入服务经济为主导的发展阶段，与天津、河北第三产业发展存在明显的梯度差。再从第二产业来看，天津工业发展更多体现出资本和技术密集型发展特征，而河北第二产业虽然与天津第二产业发展相差不明显，但其发展特征更多体现出资源消耗型和资金密集型的发展特征。从京津冀三地产业结构相似度系数来看，经过测算，2015年北京、天津的结构相似度系数为0.8018，北京、河北的结构相似度系数为0.8045，天津、河北的结构相似度系数为0.9655。由此可以看出，随着京津冀一体化的深入推进，三地的产业结构与分工已经得到优化。一些重叠的产业逐渐退出北京，北京与天津、河北的结构相似度均低于天津与河北的相似度，表明天津与河北结构趋同化问题依然存在。

（三）京津冀区域环境承载力弱，资源环境约束力倒逼形势严峻

近年来，随着世界各国对环境治理力度的加大，节能减排成为各国发展产业首先要考虑的第一位要素。在经济全球化的背景下，率先符合节能减排要求的产业无疑会成为其他产业制定标准的标杆，导致技术上难以达标的产业运行成本提高。京津冀严重的雾霾气候，不仅广受百姓诟病，也促使三地协同治理环境的力度逐渐加强。淘汰落后产能，对高污染、高能耗产业加大技术改造的力度，成为三地促使工业制造业转型升级的发展路径。尽管三地在实施治理环境上协同发力，但是随着区域人口的不断膨胀（据不完全统计，2015年，京津冀地区人口承载力为8620万人，但现有人口为9800万人，人口规模已经超出区域承载能力），加之京津冀水资源匮乏、水污染严重，都使得环境脆弱化远远超出承载力。仅从京津冀三地二氧化碳排放历年指标来看，河北首当其冲。截至2014年，河北排放量为26015.76万吨，北京为7355.84万吨，天津为6235.73万吨，河北二氧化碳排放量是北京的3.5倍，天津的4.2倍。如图1所示。

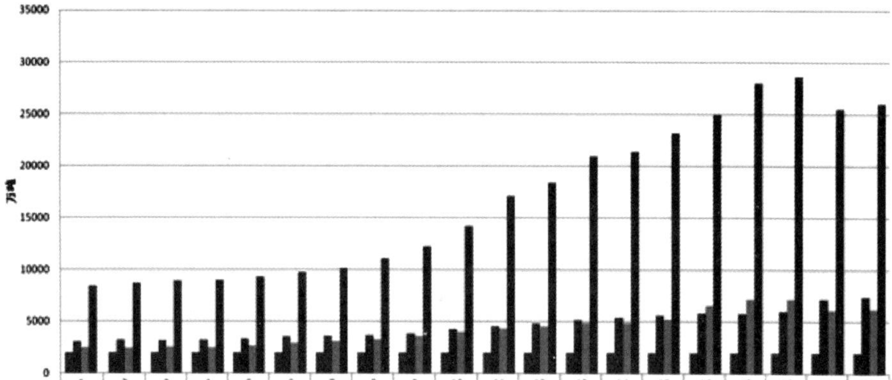

	1	2	3	4	5	6	7	8	9	10
■年份	1995	1996	1997	1998	1999	2000	2001	2002	2003	2004
■北京	3070.5	3199.3	3172.2	3216.2	3343.5	3538.3	3580.7	3682.7	3821.7	4271.0
■天津	2488.4	2431.6	2547.0	2493.5	2637.6	2946.7	3111.7	3270.2	3613.0	3972.3
■河北	8408.2	8698.3	8926.5	8962.3	9305.4	9788.9	10177.	11110.	12286	14199.

	11	12	13	14	15	16	17	18	19	20
■年份	2005	2006	2007	2008	2009	2010	2011	2012	2013	2014
■北京	4550.4	4800.8	5149.2	5370.1	5613.1	5837.4	5757.7	5963.6	7167.9	7355.8
■天津	4317.2	4535.6	4861.5	4882.4	5186.2	6519.4	7127.9	7158.4	6079.7	6235.7
■河北	17069.	18351.	20938.	21335.	23194.	24977.	27997	28610.	25521.	26015.

资料来源：根据各年《中国统计年鉴》计算所得。

图 1：京津冀 1995—2014 年二氧化碳排放情况（万吨）

（四）区域科技竞争力分布不均，产业创新能力相差悬殊

区域产业的创新能力更多地依赖于各地的科技竞争力，科技竞争力强的区域其区域产业创新能力强。在以信息化带动工业化发展的时期，科技的竞争与人才的竞争决定了产业的优胜劣汰。由表2可以看出，北京在技术市场的成交额占 GDP 的比重是14.71%，天津为2.47%，河北为0.1%，经济实力决定了科技事业经费在财政中的支出比例，天津与河北的科技事业费在财政收入中的占比两地相加不及北京。科研条件以及人才的优势、研发经费的充裕保证，决定了北京产业创新能力更强，研发和技术市场的成交额完全占据了产业链的两端，为产业结构的升级奠定了基础。相比之下，天津尽管在科技人才优势上占据优势，但研发的转化能力比较弱，其制造业的发展尚未能向两端延伸，调整结构和转型升级成为发展的方向所在。河北与北京、天津两地相比，无论从哪个指标看，都相差的比较悬殊，且这种发展态势短期内还将持续下去。2015年，北京全年 R&D 经费支出远远高于津、冀两地之和。三地 R&D 经费支出分别为：北京1367.5亿元，占当年 GDP 总量的5.95%；天津510.8亿元，占当年 GDP 总量的3.08%；河北340亿元，占当年 GDP 总量的1.14%。

表 2：2014 年各地区科技竞争力评价数据表

地区	北京	天津	河北
人均 GDP（元 / 人）	99995	105231	39984
技术市场成交额占 GDP 比重（%）	14.71	2.47	0.10
科技事业费在财政支出中的比例（%）	6.25	3.78	1.10
每万人口专利申请数（项 / 万人）	64.18	41.81	4.06
每万人口互联网上网人数（人）	7402.41	5959.13	4879.50
每万人口科技人员（人）	277.88	70.47	20.02
每万人口大专及以上人员数（人）	542.9	428.3	209.8

注：1. 科技事业费在财政支出中的比例 = 科学技术支出费用 / 财政支出。
2. 每万人口专利申请数 = 三种专利申请受理数（项）/ 年末人口数（万人）。
3. “大专及以上人员数”按照“每十万人口各级学校平均在校生数”整理。
4. “科技人员”按照“科学研究、技术服务和地质勘查业城镇单位就业人数”统计得出。

三、京津冀区域产业转型升级思路

在产品生命周期缩短，产业更替加速发展，技术进步日新月异的区域贸易壁垒逐渐加强的趋势下，要提高区域核心竞争力，必须依靠协同创新，推进产业转型升级。整合区域资源，结构优化、机制创新是京津冀区域产业转型升级的发展思路。

（一）整合资源，构建区域利益共同体

增强京津冀整体的区域竞争力，关键在于充分利用不同地区的区位优势和资源优势，实现资源在更大区域范围内的最佳配置，这既是区际分工体系形成的内在动力，也是构建区域利益共同体的基本动因。北京具有高层次技术研发和科技人才聚集的优势，天津具有港口、制造、产业发展基础雄厚的优势，河北具有土地、劳动力、自然资源禀赋的先发优势。因此，北京产业过度集聚的局面，亟须通过产业转移来疏解这种过分拥挤所带来的“大城市病”。天津要

实现研发转化基地就要与北京在科技人才、技术研发上共建共享，协同创新。由于京、津与河北在产业发展水平和产品结构上都存在较大的差异，容易产生要素的流动，为河北产业转型升级提供技术协作，承接京津产业转移，则是河北整合、激活现有的资源存量，优化增量的思路选择。京津冀通过利益共同体的构建，将空间上分散的产业整合成一条有机联系的产业链，才能实现区域分工与竞争的均衡。

（二）结构优化，推动区域经济转型发展

产业结构的优化升级，是“新常态”下推动区域经济转型发展，创新经济增长模式的关键。原因是产业结构决定各生产要素比如劳动资源、资产设备和技术要素在产业部门的配置，不同的资源配置决定了资源的有效使用，有效的资源使用是区域可持续发展的关键。转型就是要把粗放的区域发展模式转变为科学和集约化的发展模式。按照钱纳里产业结构演化的规律划分，北京产业结构优化升级着重在“科技创新引领、服务经济发展”的高端化阶段；天津在产业结构优化上，应进一步加大第三产业发展力度，同时深化重化工业的技术改造升级，提升高新技术产业的占比，实现工业产业技术集约化、高端化的发展。河北应以结构调整和转型升级为目标，着力在化解产能、提升第二产业资源利用效率、加快发展现代服务业上，促进区域经济发展模式的转型升级。

（三）推动体制机制创新，创造区域产业发展新优势

2015年4月30日，中共中央政治局审议通过了《京津冀协同发展规划纲要》，在规划中特别强调了，疏解北京的非首都功能，要加快破除体制机制方面的障碍。体制机制障碍的破除，在“强政府，弱市场”的发展背景下，一方面要发挥顶层设计的政府作用；另一方面要撬动区域协同发展的内生动力，创新区域合作机制。首先要对区域产业空间布局进行重构，避免重复建设带来的恶性竞争和资源浪费，其次要创新发展思路，用创新的动力机制激发区域创新主体、

要素和资源的活力，使区域间分散的创新要素和资源产生聚变效应。最后要建立区域协同发展的目标机制、运行机制和保障机制。

四、协同创新：推进京津冀产业转型升级的对策建议

（一）破除体制机制障碍，促进三地创新要素自由流动

京津冀三地在各自区域发展上，受体制机制考核指标的考量，无论是在人才流动上，还是在产业布局上，更多是站在了“一亩三分地”角度去寻求区域发展，区域间壁垒体现在财政划拨、人才政策待遇不一等方方面面，这在很大程度上阻碍了创新资源要素的流动。因此，促进区域创新资源的市场化流动，让市场在资源配置中起决定性作用，就需要在区域协同创新中政策的先行先试。一是要破除阻碍区域人才流动的体制机制障碍，构建三地人才流动的发展平台，建立统一的高端人才、领军人才专家库，实施统一的人才奖励、考评、社保制度。二是要整合区域政策，借势融合发展。北京要建设国家自主创新示范区，天津有自由贸易实验区、天津（国家）自主创新示范园区、滨海新区开发开放，河北有产业转型升级实验区等诸多发展战略机遇，充分用足给予的相关政策，实现政策统筹协调和互享，则是为要素资源流动营造良好的政策制度环境的关键。三是要建立统一开放的市场体系。通过政府的引导，为区域内企业流动、发展营造公平竞争、公开透明的环境。

（二）借鉴长三角区域合作一体化创新模式，设立京津冀协同创新专项资金

长三角区域合作一直致力于创新，试水资本纽带，为区域合作与发展设立共同基金就是典范。该共同基金由上海、江苏、浙江和安徽三省一市政府共同设立，为政策性公益基金。基金首期规模4000万元，三省一市各出资1000万元，由长三角合作与发展联席会议办公室负责管理，在上海设立统一账户。该基金主要用于合作共建项目，解决跨区域发展过程中的任何一方难以单独解决的重

大问题，每年长三角合作与发展联席会议确立若干合作项目，并对列入计划的项目进行资金安排与审议。京津冀三地应在借鉴长三角发展经验的基础上，商请财政部、科技部、发展改革委等相关部委，共同设立“京津冀协同创新基金”，用于区域产业创新、搭建产业技术联盟平台、科技成果转化平台、重大科技项目联合攻关、专家智库等项目的建设与发展，为京津冀协同创新提供有力的资金支持。

（三）强化区域内产业链整合，推动低碳产业技术共生扩散

发展低碳产业，是京津冀三地产业转型升级发展方向。三地要充分利用区域资源，以嵌入全球价值链为目标，鼓励区域内创新主体按照比较优势，进行产业链整合，形成分工明确、功能合理、具有互补性竞争优势的产业链。与此同时，京津冀三地要协同共建低碳产业技术战略联盟，发挥三地战略联盟的整体力量，加强低碳技术创新，让低碳技术在区域内共生与扩散。北京的低碳产业主要包括信息技术、新能源、航空航天、金融、科技服务、文化交流等；天津的低碳产业主要包括新能源、新材料、高端装备制造、电子信息、商贸物流等生产性服务业和生活性服务业。河北的低碳产业重点在于淘汰落后产能、压缩过剩产能，鼓励和促进接替产业，发展节能环保的装备制造业、海洋经济、旅游、休闲产业及绿色农业种植业等，形成技术进步与产业升级相互促进的形势。

（四）以供给侧改革为抓手，推动区域经济结构转型升级

供给侧结构性改革，就是要从提高供给质量出发，结合市场需求和消费水平的变化，为市场和消费者提供有效的产品供给。矫正要素配置的错位、缺位，扩大有效供给。供给侧结构性改革推动经济结构的调整，经济结构包括产业结构和产品结构。就产业结构而言，从国际产业结构演化的规律看，以高附加值的现代服务业替代传统的低附加值的工业是工业化进程中必然的发展趋势。由于京津冀三地处于不同的发展阶段，因此，产业结构调整的着重点不同、方向

不同，这里不再赘述。就产品结构而言，调整生产性消费品和生活性消费品结构，既要跟踪前瞻性技术创新，适时提高生产产品的科技含量，满足高端化需求；也要从实际出发，满足不同层次的消费需求。

（五）发挥企业协同创新的主体作用，增强产业转型升级的源发动力

区域协同创新主体要素来源于企业、政府、大学与科研院所的相互作用。源于市场趋利性，企业既是产业转型升级的直接推动者，也是产业转型升级的受益者。因此，在推动区域产业转型升级中，要特别强化政府的引导作用和政策支持作用。一方面，对于处于产业链低端企业的发展，不能单靠政府政策的输血资金支持，而是要注重企业创新能力的培育；另一方面，对于不同产业的不同企业，要采用不同的路径选择。因此，以企业为主体，以产业技术创新联盟为载体，推动产学研紧密合作，形成集合优势，从而降低企业创新成本，减少创新风险，是增强企业转型升级内驱动力的关键所在。在京津冀协同发展中，一是要围绕区域发展功能定位，支持企业开展产业链链接上的分工协同，促进专业化分工协作；二是要激发民营企业创新的活力，对于有诚信的民营企业给予国有企业同等待遇的融资支持。三是要发挥区域领军企业、龙头企业的带动作用，促进相关产业的集聚发展，提升区域产业的核心竞争力。

（六）推动跨领域跨行业协同创新，实现三地产业融合创新

随着大数据、移动互联网、物联网的快速发展，产业与产业之间、行业与行业之间融合跨界发展的趋势越发明显。制约某一产业某一行业发展的技术难题，可能融合了多产业多行业的共性问题，自主创新不再局限于创新主体的单个创新和技术联盟创新，而是向产业链和创新链转变，实现跨领域、跨行业的协同创新。京津冀三地产业转型升级一定要具有前瞻性的战略眼光，创新融合发展的新模式，成立产业创新专家智库，共建成果转化研发基地。集结京津两地优势科技资源，向航空航天产业、智能制造、物联网、云计算等高端产业发展，破解京津冀新能源、新材料关键核心技术问题，强化信息技术与制造技术

的融合创新，提升区域整体产业的核心竞争力。

□ 参考文献：

[1] 马园妍 . 利用互联网从制造业变身“智能造”. 互联网周刊 [J]. 2015，（5）: 66–68.

[2]World Bank，Global Economic Prospects : Spilloveramid Weak Growth[J]. January，2016.

[3] 马海龙 . 京津冀区域治理：协调机制与模式 [M]. 南京：东南大学出版社，2014 : 74–75.

[4] 唐清泉，李海威 . 我国产业结构转型升级的内在机制研究 [J]. 中山大学学报（社会科学版），2011，（5）: 191.

[5] 天津市人民政府合作交流办公室 . 天津合作交流 [R].2014，（1）: 19–20.

[6] 杨洁 . 区域低碳产业协同创新体系形成机理及其实现路径研究 [J]. 科技进步与对策，2014，（4）: 28–29.

[7] 王喜良 . 全力推进产业转型升级，着力打造云南经济升级版 [J]. 经济问题探索，2014，（11）: 2–3.

[8] 胡昭玲，李红阳 . 探索中国特色的创新机制 [R]. 2016天津夏季达沃斯论坛议题研究报告 .

[9] 安树伟，肖金成 . 京津冀协同发展：北京的“困境”与河北的“角色”[J]. 区域与城市经济，2015，（10）: 27–31.

[10] 叶堂林，曾梦华 . 京津冀产业低碳化升级的路径及策略研究 [J] . 开发研究，2012，（3）: 27–29.

[11] 李宇，王俊倩 . 产业链垂直整合中的创新驱动与创新绩效研究 [J]. 财经问题研究，2014，（7）: 38–40.

[12] 金碚 . 中国工业的转型升级 [J]. 中国工业经济，2011，（7）: 7–14.

[13] 刘志彪，陈柳 . 政策标准、路径与措施：经济转型升级的进一步思考 [J]. 南京大学学报，2014，（5）: 48–54.

法治助力京津冀共建碧水蓝天

孟庆瑜[①]

【摘　要】《京津冀协同发展规划纲要》的颁布实施，标志着京津冀协同发展战略进入实质性推动实施阶段。在这一进程中法治应该扮演什么样的角色？本文从京津冀生态环境治理的协同立法、协同执法、协同司法、协同守法、搭建区域法治平台等几个方面，阐述了如何通过法治来推动京津冀生态环境协同发展。

【关键词】京津冀协同发展　依法治国　生态环境协同治理

在京津冀协同发展提升为国家战略之后，特别是《京津冀协同发展规划纲要》颁布实施，标志着京津冀协同发展进入实质性阶段，京津冀三地的人大、政府各个部门围绕这一目标进行广泛的交流合作，达成了一系列的共识，签署了一系列的协议，采取了一系列的措施，取得了相应的成果。在这个过程当中，法治究竟应该扮演什么角色，应该发挥什么样的作用，是本文探讨的重点。

在党的十八大正式提出依法治国作为治国基本方略之后，党的十八届四中

---

① 孟庆瑜（1973—），男，河北阜平人，法学博士，河北大学国家治理法治化研究中心、河北大学政法学院教授，博士研究生导师，主要研究方向为经济法、环境资源法。

全会进一步专门就全面推进依法治国做出决议。这在党的历史上以及新中国的发展历史上都是开天辟地的。依法治国作为国家治理体系和治理能力的重要表现方式，必然会在推进京津冀协同发展战略当中发挥它应有的地位和作用。

京津冀协同发展战略作为国家战略，要想实现它所规划的目标和远景，离不开依法治国，离不开法治的保障和推进。一是源自法治自身所具有的稳定、促进与保障的功能，这就是法治区别于政策的一个重大优势；二是源于京津冀协同发展本身的内在需求，之所以提出京津冀协同发展，背后暗含的假设就是京津冀三地之间存在着太多的不协调、不协同的地方。在不协调、不协同当中，一个非常重要的因素就是三地之间在法律制度层面存在着障碍和阻滞。基于上述两个层面，从遵循法治的系统逻辑，贯彻绿色发展理念，本文从协同立法、协同执法、协同司法、协同守法四个方面来阐述。

一、贯彻绿色发展理念，推进京津冀区域生态环境治理的协同立法

自2015年《中华人民共和国立法法》修改后，正式赋予了设区的市立法权，河北省人大常委会经过两次授权审批，已经全部授权河北省11个地市正式享受了立法权，这意味着在京津冀区域内将有14个地方立法主体。京津冀三地之间经济社会发展水平的差异以及河北省内部11个地市之间经济发展水平不同，立法之间有差异和问题是客观存在的，是毋庸置疑的。伴随着11个地市的地方立法进一步推进，这方面的协调问题将会变得越来越严峻。

为此，在这个方面，当前围绕京津冀区域有关生态环境的政策法规，基本上处于“头疼医头，脚疼医脚”的状态，整体性、联动性明显不足，并且是封闭自居、各自为政的模式，导致多头立法和重复立法问题严重，立法无用、规范冲突、执行混乱的情况令人担忧。比如源于北京、天津、河北三地的环境标准的差异，导致了环境违法问题在河北省高发、多发，同样一个排污事件，在北京、天津违法，在河北就不违法，法制标准上的差异自然导致问题的发生。

所以说，运用法治的手段，特别是通过协同立法来解决这一问题，通过加大重大领域环境治理立法联合攻关，用法制红线守住绿色底线，用法制的红利保障绿色发展，意义重大。为此我们需要考虑以下几点。

（一）明确京津冀生态环境协同立法的基本原则

坚持区域一体原则。京津冀三地相连是生态环境立法的客观要求，但是目前各地基于行政区划的分工各自立法。这就违背了生态环境自身的整体性和系统性的要求，坚持区域一体化，就是要立足于整体，统筹区域内小生态与大环境的一体化，坚持空间开发利用及治理格局的协同发展。

坚持平等协商原则。客观来讲，京津冀三地经济社会发展水平存在着明显的差异性。地位差异性导致三地在协商对话中的地位不平等，面对这种局面在立法方面必须摒除“首都特权”“直辖市特权”，走出多元利益羁绊的窠臼，恪守地位平等、互助协作、合作共赢。

坚持共同但有区别责任原则。在环境治理问题上，这样的原则是国际性原则，是各国环境立法遵循的原则，也更应该成为京津冀三地立法遵循的原则。对此应该对区域内生态环境的治理负有共同责任，但责任大小、承担方式方面须有所区别。比如河北的张、承地区是生态涵养区，为京津冀地区所做出的生态贡献理应得到应有的补偿，理应为张、承地区的人民在经济社会发展方面承担的后果和代价得到补偿。

（二）应当探索实践协同立法的内在机制

应当建立由三地轮流负责的协同立法组织，协商共建统一的环境规划、环境标准、环境监测、预警与环境损害评估等。这些恰恰是实现京津冀区域环境生态治理一体化最关键的方面，通过立法，并配合三地之间常态化的法规清理机制，为京津冀区域的生态环境立法提供统一的法治保障。同时我们必须强调，由于三地的经济发展水平不同，要想实现三地在环境污染标准、环境监测等各个方面的步调一致，还需要实事求是，分步推进，逐步达到一致。当然，三地标准统一化，并非一朝一夕就能实现，但必须朝着共同的方向迈进。在国家出台《大气污染防治法》（修正案）之后，河北省与京、津三地人大之间加强沟通与协调，在2016年1月正式通过河北省《大气污染防治条例》，相比而言，这个条例河北要比京、津有更高的要求，并且河北省在今年专门进行了《大气污染防治条例》的宣传与贯彻，为下一步河北省生态环境治理奠定立法基础。

二、落实绿色发展理念，以协同执法助推京津冀区域生态环境的协同治理

立法是前提，执法是关键。落实绿色发展理念，应当坚持绿色标准，把好绿色关口，以协同发展助推京津冀生态环境区域的协同治理。近年来，京津冀三地的问题多呈现区域性、复合性的特点，三地对于区域环境联合执法的探索已经逐步展开，协同环境执法的保障措施也在不断加强，监督力度也在不断加大，但是这种协同执法仍然处于摸索阶段，尚存在诸多的局限和问题。为此，我们提出以下四点建议。

（一）通过设立环境治理联合执法机制，规范和推进区域内协同执法行动，为环境治理加码发力

环境治理联合执法机制，从环境保护法和大气污染防治法，特别是大气污染防治法当中的重污染区域应对，为这样的机制建立提供国家层面法律的依据，关键是要由三地来共同落实。

（二）京津冀三地应构建跨行政区的环境纠纷处理协调机制、联动执法核查机制以及执法考核和责任追究等配套的联合执法机制，为协同执法增添助力

由于三地之间存在行政区划的界限，特别是在三地交界地带，常常成为联合执法的空白区域或薄弱环节，如曾出现河北污水处理厂的淤泥堆积在河北与

北京交界处，成了三不管问题。这样的现象并不是个别的，而是时有发生，所以三地之间建跨行政区的环境纠纷处理协调机制、联动执法核查机制显得十分必要。

（三）京津冀三地要统一环境治理领域的执法主体、执法标准、执法方式和执法程序

打破行政区划的梗阻和地方性制度、观念的壁垒，全面增强区域内执法的协同性、联动性。需要三地环保部门充分地沟通与协调，建立机制。

（四）加强执法队伍能力建设

三地的执法队伍在能力、队伍规模方面存在着差异。如何实现三地资源共享、如何强化三地的合作，需要通过相互间学习交流，取长补短，共同提高，保障行政执法队伍的不断成长与发展。

三、树立绿色发展理念，以协同司法保障京津冀区域内生态环境的协同治理

司法是法治系统当中的保障，是所有社会矛盾与纠纷化解的最后一道屏障，在化解社会矛盾、维护社会公平和秩序方面必不可少。同样是因为行政区划，三地执法之间始终存在着行政的割裂，在这里主要阐述四个观点。

一是京津冀三地法院可尝试建立法院联席会议机制，完善环境治理的司法联动协作，打造法院执行办案的“同城效应”；二是京津冀三地法院须加强区域性司法协助，开展重大环境案件的跨区域协同会商，并设立司法协作常设机构；三是京津冀三地法院应健全沟通交流机制，立足于现实基础和长远需要，坚持“成熟一项，行动一项”的原则，率先履行已达成共识、易于操作的环境治理领域；四是为进一步加强区域协同司法，京津冀三地法院应深耕不同领域，采取多种途径。

目前三地的高级人民法院和人民检察院已经分别出台了服务于京津冀协同发展的指导性意见，在此之上，最高人民法院协调三地的高级人民法院已经建立起由最高人民法院主持、三地高院有关领导参加的联席会议，并且出台了最高人民法院服务于京津冀三地发展的指导意见。其中围绕着生态环境治理的重要举措，就是要实行管辖受理的相对集中，根据目前三方交流与谈判的结果，就是要把知识产权案件全部收归北京市法院管辖受理，海事案件全部交由天津市法院管辖受理，生态环境案件全部交由河北省法院管辖受理。这是在最高人民法院的协调之下，三地法院之间在管辖方面进行的探索和尝试，这样的改革举措在未来会产生应有的结果和效果。为了配合河北省在公、法、检三个系统，从省级层面，到市级层面，再到县级层面都成立了专门性的环境资源检查处、环境保护支队，共同为打击环境污染犯罪，查处环境污染行为，审理环境污染案件提供体制机制保障。这些机构设置之后，河北省今年查处的环保案件实现了两位数的增长，这样一种强有力的司法结构、司法保障发挥了积极的作用，在一定程度上遏制了环境污染形势的恶化。

四、践行绿色发展理念，激活基层民众法治细胞，促进京津冀区域的协同守法

我们都清楚，依法治国的根基在于法治社会，法治社会的建设需要全民守法，京津冀生态环境的治理，更需要三地居民协同守法。

一是培育普通民众的绿色守法观念，使协同守法价值观深入人心。其实三地老百姓在这方面的认识差别是非常大的。二是京津冀三地可联合开展生态文明、绿色守法的宣传教育活动，积极组织、鼓励人民群众、社会团体参与绿色发展的公益活动，引导民众崇尚节约、低碳生活。三是京津冀三地应共同构建促使区域内民众协同守法的激励机制，从而激发公众协同环保守法的热情。

五、弘扬绿色发展理念，搭建法治信息平台，实现信息互通、资源共享

三地之间实现协同缺乏一种有效的共享性信息互通、资源共享机制，三地之间围绕这个问题进行了一系列的探索。

区域内的立法、执法、司法和守法信息的交流是否及时迅捷、准确权威，直接影响到三地生态环境治理的协作程度。包括执法信息、PM2.5指数等的发布，老百姓的判断与发布机构之间有着不同的认识，其中缺乏权威性、共享性的平台建设。基于此可由三地立法、执法和司法机关的相关部门联合主导，以信息化软件和大数据应用等信息技术为依托，搭建起京津冀法治信息共享交流平台。

设立常设机构，主要负责汇总、整理和更新区域内有关生态环境协同治理的立法、执法、司法和守法信息，并且及时在法治信息联网平台发布。在这方面，三地的政府法制机构已经开展了很好的合作，从2014年开始，京津冀三地人民政府的省级政府、法制机构之间的合作已经得到持续深度的推进，从去年开始强化三地之间法治政府、法治信息平台的建设。这样一种从法制部门的推广逐步延伸到环保部门、延伸到相关部门的态势，必将为三地民众、执法机构共享信息打好基础，建好桥梁，为相关的法治水平提高提供应有的基础保障。

法治的深化和推进是一个长期的过程，需要包括立法机关、执法机关、司法机关和人民群众在内的多方社会主体的参与，我们有理由相信，在各个部门的配合之下，京津冀区域的碧水蓝天肯定能够实现和维护。

京津冀协同发展的内涵、目标及实现路径

——基于新兴古典经济学分析框架的思考[①]

田学斌[②] 窦丽琛[③]

【摘　要】根据协同理论，京津冀协同发展的实质就是找出决定系统转化的序参数，确定需要为之输入的外部动力，推动系统从不平衡的无序状态向协调发展的有序结构转换。新兴古典经济学的分析表明，需求偏好、交易成本、禀赋条件、生产条件、相对价格是影响分工决策的主要参数，调整影响这些参数的体制机制，是京津冀协同发展目标任务实现的路径。

【关键词】京津冀　协同发展　实现路径　新兴古典经济学

---

① 基金项目：1.河北省社科基金《京津冀协同发展背景下河北省产业结构调整的思路与对策研究》（HB14YJ056）；2.河北省社科基金《河北省承接京津战略性新兴产业转移的路径及对策研究》（HB14YJ068）；3.河北省软科学重大委托项目《京津冀协同创新中的政府作用与政策创新研究》（144576141D）；4.河北文化人才专项资金燕赵文化英才工程资助项目：《京津冀协同发展背景下河北产业转型升级对策研究》（2014YZWHYCGCZZ003）。

② 田学斌（1972—），男，河北武安人，河北经贸大学京津冀一体化发展协同创新中心专职副主任，研究员，研究方向为产业经济学、制度经济学。

③ 窦丽琛（1973—），女，河北深州人，河北经贸大学京津冀一体化发展协同创新中心研究员，研究方向为区域经济学。

区域发展不协调、不平衡是我国的“老大难”问题，而京津冀发展不协调、不平衡的矛盾最为突出、最为复杂。随着京津冀协同发展上升为重大国家战略，尤其是《京津冀协同发展规划纲要》（以下简称《纲要》）的审议通过，京津冀协同发展已完成顶层设计，进入全面实施的新阶段。在推进实施过程中，如何充分发挥市场的决定性作用，创新协同发展的体制机制，统筹兼顾不同主体的利益需求，分阶段、有重点地完成各项目标任务，是京津冀协同发展战略实现的重要原则和制度保障。

一、京津冀协同发展的内涵和定位

（一）协同理论

协同一词来自古希腊语，意为“协调合作”。中国古代著作《说文》提到“协，众之同和也。同，合会也”。德国物理学家赫尔曼·哈肯提出了协同的概念，并系统地论述了协同理论，认为自然界和人类社会中存在千差万别的系统，在整个环境中，各个系统间存在着相互影响而又相互合作的关系，在一定条件下，由于子系统相互作用和协作，会在无序和有序之间相互转化。协同理论主要研究远离平衡态的开放系统在与外界有物质或能量交换的情况下，如何通过自己内部协同作用，自发地出现时间、空间和功能上的有序结构。

协同理论的主要内容可以概括以下为三个方面。

一是协同效应，是协同作用的结果，是指复杂开放系统中大量子系统相互作用而产生的整体效应或集体效应。对千差万别的自然系统或社会系统而言，均存在着协同作用。当在外来能量的作用下或物质的聚集态达到某种临界值时，子系统之间就会产生协同作用。这种协同作用能使系统在临界点发生质变产生协同效应，使系统从无序变为有序，从混沌中产生某种稳定结构。

二是伺服原理，即快变量服从慢变量，序参数支配子系统行为。所谓序参数，是指使系统中单个组元有条不紊地组织起来的无形之手。伺服原理从系统内部稳定因素和不稳定因素间的相互作用方面描述了系统的自组织过程，认为系统在接近不稳定点或临界点时，系统的动力学和突现结构通常由少数几个集体变量即序参数决定，而系统其他变量的行为则由这些序参数支配或规定。

三是自组织原理，自组织是相对于他组织而言的，指系统在没有外部指令的条件下，其内部子系统之间能够按照某种规则自动形成一定的结构或功能，具有内在性和自生性特点。自组织原理解释了在一定的外部能量流、信息流和物质流输入的条件下，系统会通过大量子系统之间的协同作用而形成新的时间、空间或功能的有序结构。

协同理论具有广阔的应用范围，它在物理学、化学、生物学、天文学、经济学、社会学以及管理科学等许多方面都取得了重要的应用成果。区域协同发展更应该以协同理论为基本指导思想。

（二）京津冀协同发展的内涵和本质

根据协同理论，区域协同发展就是区域内的各个子系统为了完成某一目标，在适宜的条件下，使各子系统（组元）在整体发展运行过程中协调、协作，在时间、空间和功能上实现从无序结构向有序结构的转变，从而产生协同效应，实现整体加强、共同发展的效果。

京津冀区域就是一种远离平衡态的开放系统，出现了北京“大城市病”、资源环境超载、区域发展差距悬殊等无序状态，严重制约了区域整体发展。京津冀地区的这种状态已经持续了很长时间，在原有条件下已经达到了稳态，要想打破这种均衡，必须输入外部力量。而随着京津冀协同发展上升为重大国家战略，尤其是《纲要》的制定和实施，必将推动这个系统结构的演变。

依据协同理论，系统实现协同发展的关键是序参数的作用，而推动力是外部能量流、信息流和物质流等的输入。所以京津冀协同发展的实质就是找出决定该系统转化的序参数，从而确定需要为之输入的外部能量、信息流和物质流等，推动系统从不平衡的无序状态向协调发展的有序结构转换，这些外部推动力的综合作用，即构成协同发展的体制机制。针对协同发展的不同目标，可能起决定作用的序参数是不同的，因此需要根据具体目标来确定序参数，并建立相对应的体制机制，最终促进京津冀三地协调发展，产生“1+1+1>3”的效果。

二、京津冀协同发展的目标和主要任务

《纲要》从战略意义、总体要求、定位布局、有序疏解北京非首都功能、推动重点领域率先突破、促进创新驱动发展、统筹协同发展相关任务、深化体制机制改革、开展试点示范等方面，描绘了京津冀协同发展的宏伟蓝图，明确了京津冀协同发展的基本目标和主要任务。

（一）京津冀整体与三地定位

《纲要》各用四句话分别确定了京津冀区域整体定位和三省市功能定位，体现了区域整体和三省市各自特色，符合协同发展、促进融合、增强合力的要求（见表1）。区域整体定位体现了三省市“一盘棋”的思想，三省市定位服从和服务于区域整体定位，为整体定位的实现提供了保障和支撑，突出了功能互补、错位发展、相辅相成。

表 1：京津冀整体与三省市的功能定位

	功能定位
整体	以首都为核心的世界级城市群；区域整体协同发展改革引领区；全国创新驱动经济增长新引擎；生态修复环境改善示范区
北京	全国政治中心、文化中心、国际交往中心、科技创新中心
天津	全国先进制造研发基地；北方国际航运核心区；金融创新运营示范区；改革开放先行区
河北	全国现代商贸物流重要基地；产业转型升级试验区；新型城镇化与城乡统筹示范区；京津冀生态环境支撑区

（二）京津冀协同发展的目标任务

在资源环境约束下，区域协调发展的最终目标就是实现人口、资源、环

境、经济集约发展、协调发展和可持续发展。具体到京津冀而言，协同发展就是通过深化协同协作、融合提升，进一步促进京津冀区域均衡可持续发展；在破解北京和天津两市发展“瓶颈”的同时，加快推动河北产业转型升级、绿色崛起，将京津冀地区打造成为我国区域协同发展体制机制创新的试验田、科技协同创新示范区、新型工业化和新型城镇化发展的示范区、区域生态文明共建共享示范区，形成以产业转型升级、创新驱动发展的“世界经济增长的中心区域”。

《纲要》从近期、中期和远期三个层面确定了京津冀协同发展的目标。从逻辑关系看，远期目标体现了京津冀协同发展的总体目标，即到2030年，首都核心功能更加优化，京津冀区域一体化格局基本形成，区域经济结构更加合理，生态环境质量总体良好，公共服务水平趋于均衡，成为具有较强国际竞争力和影响力的重要区域，在引领和支撑全国经济社会发展中发挥更大作用。近期和中期目标更多描述的是3–5年内京津冀协同发展的具体目标或主要任务。概括起来，主要有以下几点。

1. 加快推进北京非首都功能疏解。根据《纲要》，京津冀协同发展首要的、最核心的任务是有序疏解北京非首都功能。围绕首都北京的“四个中心”定位，疏解的对象主要包括三个方面：一是部分行政功能，重点是为核心行政职能提供支撑、服务和后台运作的部分事业单位、社团组织、行业协会和从事行政服务的国家控股企业及下属公司；二是部分公共服务功能，如教育、医疗、文化、影视、娱乐、体育等；三是部分产业功能，重点是一般性制造业（特别是高消耗产业）、区域性物流基地、区域性专业市场等第三产业。

2. 加快推进产业转移升级。京津冀协同发展的关键是产业协同发展，而产业转移升级被确定为三个率先重点突破领域之一。产业转移主要指的是不符合北京定位的产业向津冀的转移，产业转移指导目录已经确定为八类重点产业，包括信息技术、装备制造、商贸物流、教育培训、健康养老、金融后台、文化创意、体育休闲等。产业升级是针对京津冀整体而言的，重点是明确三地产业定位和方向，加快产业转型升级，加强产业协作，打造立足区域、服务全国、辐射全球的优势产业聚集区。

3. 加强生态建设与环境保护。面对日益严重的资源环境超载趋势，生态环境联防联控成为推动京津冀协同发展的重点任务。要打破行政区域限制，推动能源生产和消费革命，促进绿色循环低碳发展，加强生态环境保护和治理，扩大区域生态空间。重点是建立一体化的环境准入和退出机制，实施清洁水行动，大力发展循环经济，推进生态保护与建设，谋划建设一批环首都国家公园和森林公园。

如果将上述任务进一步分解，京津冀协同发展的近期任务可以归结为五点：疏解北京部分行政功能、疏解北京部分公共服务功能、推动北京部分产业向外转移、推进京津冀产业转型升级和加强生态环境保护。《纲要》中提到的交通一体化、创新驱动发展、深化改革、开展试点示范等，都是为实现上述目标任务而采取的保障措施，而非最终目标。

不同性质和特点的协同对象，协同的原则和方式不同。应当坚持市场主导、政府引导的基本原则，坚决发挥市场决定性作用，使中央整体谋划推动和地方积极协同相结合。在政府决定领域，如部分首都行政功能的疏解，要依据整体定位和各自定位，按照统筹推进原则，摆布重大项目，适当向发展滞后地区倾斜；在市场能够决定的领域，坚决按照市场原则开展体制机制创新；在政府间关系上，也应当依据成本收益对等、责任权利匹配的类市场原则，建立类市场机制，以保证规划目标能推进、可持续。因此除首都行政功能疏解外，其他几项任务的实现都应该主要运用市场机制或类市场机制来推进。

三、京津冀协同发展的实现路径

协同理论促进了现代系统思想的发展，为我们处理复杂问题提供了新的思路，但是它还是一门很年轻的学科，在实际应用中，处理方法还比较粗糙，尤其在经济与管理领域的应用方面。因此，在区域协同发展中，我们可以以协同理论为指导，寻求适宜的经济学或管理学方法来探寻序参数及系统自组织机制。而新兴古典经济学就是这样一个分析框架，它既反映了协同论的思想，又提供了比较科学的研究方法。

（一）新兴古典经济学与协同理论的相通性

新兴古典经济学是我国经济学家杨小凯先生研究并提出的。他认为经济学是研究经济活动之间两难冲突的学问，无论是在生产还是消费中，都存在两难冲突。这种两难冲突都是由个体的自利决策来决定的。在一个竞争性市场上，不同个体之间的自利决策往往是相互矛盾或冲突的，它们之间会产生交互作用，交互作用会折中不同个体的利益，并对相互冲突的自利决策进行调和，以达到一个折中。他将产生这种结果的交互作用用亚当·斯密的说法称为“看不见的手”，这其实体现了协同论的思想，这只“看不见的手”也与协同论中的序参数相当。

新兴古典经济学认为，人们自利行为之间的交互作用有三个重要特征。

一是每个人在经济舞台上的行为都受其目的所驱动，所以需要一个目标函数，并可以用约束条件下将目标函数最优化的数学方法来描述人们的自利行为，这超越了物理和化学中的状态方程，比协同理论的研究方法更适用。

二是个人偏好在经济分析中占有中心地位，它们又不能被直接观察到，是其主观价值判断。这使得分析更复杂。

三是人们之间的交互作用，会产生比将人们行为的简单累加丰富得多的结果。这即是协同效应。

京津冀区域这个复杂开放系统中，存在若干个个体，在协同发展任务实施过程中，对于是否协同、怎样协同都存在个体的两难抉择，需要个体的自利决策来决定，而每个个体的自利决策又受其他个体决策的影响。新兴古典经济学为研究他们之间的交互作用，提供了研究方法，指明了实现的路径。

（二）新兴古典分工决策的比较静态分析

新兴古典经济学从消费者—生产者选择专业化水平的决策出发，用超边际分析方法，借助非线性规划、动态规划和其他非古典数学规划方法，分析了社会分工网络规模是如何由市场来决定的。具体步骤如下：

1. 设定决策者的目标函数（效用函数）u=f（x1，x2，k），其中 x1、x2表示决策者需要的两种产品（选择），在有专业化分工情况下，交易效率 k 会影响产品的获得量，从而影响效用，效应函数 f 显示个人对两难选择的需求偏好。

2. 确定决策者的生产函数 y1=f1（x1）和 y2=f2（x2），函数 f1和 f2分别反映了决策者生产 x1、x2的生产效率。

3. 确定决策者的预算约束条件，包括资源禀赋约束、市场出清条件、收支相抵条件等，资源禀赋和商品价格成为解释变量。

4. 分析可供个人选择的分工模式，一般有三种模式可供选择：（1）自给自足。个人生产的所有商品供自己消费，没有交换。（2）专业生产商品 x1，卖 x1，买 x2。（3）专业生产商品 x2，卖 x2，买 x2。

5. 将个人约束条件代入效用函数，得到无约束效用最大化问题，分析选择三种不同模式时，决策者面临的两难冲突，通过边际分析的一阶条件，分别得到角点供给函数、角点需求函数，进而得到角点间接效用函数，它是购买产品价格的减函数、卖出产品价格的增函数。

6. 通过超边际分析，比较三种不同模式下个人的角点间接效用最高水平，确定个人最优角点解及其实现条件，即确定个人决策者选择不同分工模式的决定条件。

从上述分析可知，个人自利决策之间的相互作用所产生的最重要的两难冲突是分工经济和交易成本之间的两难冲突。决策者关于最优消费、生产和交易数量以及最优专业化模式的决策，会随着偏好参数、交易条件参数、生产条件参数、资源约束参数和价格参数的变动而变动，在不同分工模式之间不连续跳跃。这些参数，就是协同理论中要寻求的序参数。这些参数与个体决策之间的映射关系可以用图1表示：

图 1：个人自利决策的决定因素

（三）京津冀协同发展目标任务的实现路径

京津冀协同发展的过程，就是资源在不同地区、不同产业、不同部门、不同主体之间重新配置的过程，是专业化分工的过程。如果想让市场专业化模式按照预期的方向发展，政府必须通过改变影响专业化决策的这些外生条件，从而引导市场中个人决策的改变，而不是替他们做出选择。

按照新兴古典经济学的分析方法，针对京津冀协同发展中由市场决定的几大目标任务，对其主要制约因素进行了分析，结果如表2所示。

表 2：京津冀协同发展的目标任务及主要制约因素

制约因素	首都公共服务功能疏解	产业转移	产业转型升级	生态环境保护
决策主体	公共服务机构	企业	企业	地方政府
目标函数	规模效用最大化	利润最大化	利润最大化	政绩最大化
偏好参数	北京高于外地	北京高于外地	转型升级意愿低	北京高于外地
约束条件	职工总数 承担的公共职能	禀赋约束 预算约束	禀赋约束 预算约束 研发能力约束	政绩考核 财政支付能力

（续表）

制约因素	首都公共服务功能疏解	产业转移	产业转型升级	生态环境保护
交易成本	固定资产沉没成本 职工流失 职工转移安置 招揽新职工费用 固定资产投资	迁移费用 职工流失 职工转移安置 招揽新职工费用 新生产经营关系网络的构建	新产品开发费用 新产品转化风险 专有资产沉没成本	“三高一低”产业发展下降 下岗职工安置费用 经济发展速度降低
生产条件	迁出地软硬件环境 迁入地软硬件环境	固定资产投资 转入地软硬件环境	新设备购置 新旧产品生产效率	国家及各级政府相关政策法规
相对价格	迁出地、迁入地服务价格、税率	产业转移的税收、投资、土地使用等优惠	新旧产品价格 新旧产品税率	生态补偿标准

找到了制约因素，京津冀协同发展目标任务的实现路径就是创新体制机制，消除影响这些因素的深层障碍，从而改变这些参数，引导系统中的个人自利决策向着预期的方向转化。表3对如何改变这些参数做了初步分析，分析结果虽显粗糙，但为政府推动京津冀协同发展目标任务的实现指明了可选择的路径。应用新兴古典经济学分析方法，针对各项具体目标任务进行详细的分析论证，对所有参数进行剖析分解，找出具体的实现路径，将是下一步研究的问题。

表3：京津冀协同发展目标任务的实现路径

实现路径	首都公共服务功能疏解	产业转移	产业转型升级	生态环境保护
偏好参数	提高京津冀一体化程度	提高京津冀一体化程度	提高新产品吸引力	提高环保吸引力
约束条件	增加公共服务机构编制指标		加大政府研发投入，提高研发能力	调整政绩考核标准，加入环保指标，淡化 GDP 指标

（续表）

实现路径	首都公共服务功能疏解	产业转移	产业转型升级	生态环境保护
交易成本	给予职工转移安置补贴；加大就业信息网络平台建设，降低招聘搜寻成本	给予职工转移安置补贴；加大就业信息网络平台建设，降低招聘搜寻成本；加大产业园区、基地建设	技术交易平台（大市场）建设；加强专利权保护；设立成果转化专项资金；成果转化平台及试验区建设	加大财政转移支付，对饮用水水源地、水土保持生态功能区、碳源功能区等开展生态补偿；发挥市场机能，开展碳汇交易
生产条件	为迁出机构新办公条件的创建提供便利和政策优惠	为企业选址提供便利降低政府审批手续提高政府服务水平	高端绿色产品新设备购置税优惠	完善生态环境保护的立法和法规体系
相对价格	在合理可行范围内降低迁出地服务价格，提高迁入地服务价格	转移企业的税收优惠、土地使用优惠政策等	提高低端产品税率，降低高端产品税率	提高生态补偿标准

1. 非首都功能疏解

京津冀发展不平衡、一体化程度低，核心在于行政管制和资源的过度聚集。北京聚集了过多行政、金融、央企总部、科研、教育、医疗等非首都功能，从而产生了对周边的“虹吸效应”和抑制。因此，促进京津冀协同发展，核心是要牵住非首都功能这个“牛鼻子”，通过优质资源向周边疏解，带动周边发展和实现区域更加协同。

《京津冀协同发展规划纲要》明确提出疏解非首都功能是首要任务，到2017年必须取得明显进展。日本东京通过将行政、金融、生产、周转、研究设施等中枢功能向周边疏解，打造了“1+7”城市群。首尔通过设立世宗特别市，将包括总理办公室在内的绝大部分首都职能迁入，从而达到解决首尔“大城市病”和促进区域平衡发展的目的。伦敦作为最早的城市群，通过疏散中心区功能、政府带头迁移等，成功实现了高密度城市群的和谐。

法律保障和行政推动是根本，提升疏解地的行政地位、交通设施、公共服务是重要手段，而政府带头迁移、调整产业布局、重视财税政策同样重要。

集中疏解是重点，利益共享机制是关键。《京津冀协同发展规划纲要》提出重点要疏解四类非首都功能，包括：一般性产业、部分第三产业、教育医疗等公共服务以及部分行政事业性机构和企业总部。第一、第二类疏解对象是市场化主体，更多应采取市场主导、分散疏解的策略，而第三、第四类应充分发挥政府主导作用，向周边部分地区集中疏解，形成示范效应。只有这样，才能最大限度发挥疏解的作用，产生辐射效应和形成新的增长极，实现疏解与增长的再平衡。当然，完善的制度配套不可或缺。其中，利益共享机制是决定非首都功能疏解成败的关键，必须进行财税制度改革创新，建立跨区域的利益共享和协调机制。

2. 协同助力企业外迁

京津冀三地相关部门表示，外迁的京企将可享受三地的优惠政策，在融资、监管、用地等多方面获得政府协助。

河北省已承接3235个北京企业、859个天津企业，为吸引北京企业落地，对迁入企业员工的住房、医疗、子女教育都做出了妥善安排。河北省工信厅副厅长刘永亭表示，河北省通过制定一系列的优惠政策，变“政策洼地”为“政策高地”，使迁入企业能够扎根河北、安心发展。2015年，河北引进京津项目4124个，引入京津资金3459亿元，分别占全省引进外省项目的38.6%和47.8%。

天津工信委主任李朝兴表示，除出台产业、规划、财税、金融、人才等方面的政策外，天津市政府部门还对相关企业提供周到的服务，为企业提供资金支持方面，政府可以根据企业意愿采取参股、借款、担保等多种方式，协调解决用地等。

北京经信委主任张伯旭表示，京津冀区域今后将实现产业对接、共建园区和区域内联网智能制造（用网络协同连接研发、制造、销售和服务环节，消除空间距离），北京市政府部门对企业迁转提供必要协助。北京医药企业组团转移到河北沧州建立生物医药园，北京市药品监管机构和河北相关机构共同开展监管和服务，解决包括批号等各种技术和政策问题，帮助外迁企业快速适应环境、获得发展。此外，企业转移以后，其研发部门仍可留在北京，享受北京中关村等优惠政策条件。

3. 协同创新模式

（1）技术创新攻关类。根据技术创新的需求，充分发挥京津冀各方优势，联合进行重大技术攻关，包括产业、环境资源、社会发展等领域技术攻关。

可行模式：一是技术创新战略联盟。充分发挥京津冀企业、科研机构、大学等各自优势，形成紧密型的技术创新共同体，提升技术创新能力。二是技术创新平台。针对破解产业发展中的技术“瓶颈”和共性技术，发挥各自的人才、产业、信息等优势，联合共建各类载体与平台，提升创新驱动发展能力。三是技术创新虚拟组织。形成围绕自身技术创新需求的、网络化虚拟型组织，采取“有事就聚合，无事就散开”的方式。这种创新组织成本较低，效率较高。

协同机制需求：一是设立跨区域技术协同创新联系机构，如科技创新联席会议制度、重大科技攻关项目办公室等，对联盟、平台运行中出现的问题、政府支持方向与政策等进行协商决策；二是对正式建立并开展相应技术创新协同项目给予创新专项资金支持。

（2）科技成果转化类。通过科技成果在津冀孵化、转化和产业化，形成北京研发、周边转化的创新链与产业链，提高创新效率和产出效益。

可行模式：一是建立中关村合作园。分享中关村创新优惠政策、建立创新资源流动机制等，发挥扩散、示范效应，促进产业转型升级。二是科技园区。包括综合性的科技城，也包括高新区和科技企业孵化器。天津未来科技城、河北白洋淀科技城以及一批高新区。三是科技大市场。线上线下融合发展，推动政产学研金介用全面实时对接，产生协同效应，提高科技成果转化效率。

协同机制需求：一是建立分税体制，如中关村海淀园秦皇岛分园建立了“四四二”财税机制，即中关村海淀园、秦皇岛市和中关村海淀园秦皇岛分园按照“四四二”的比例享有税收权力。二是实现部分公共服务的一体化，包括工商注册、电信服务、子女教育等保留在京，以解决科技成果转化、产业转移中的后顾之忧。三是建立三方科技成果定时、定点对接发布制度，及时、高效推动科技成果转化与产业化。

（3）创新资源共享类。科技创新技术基础设施、创新情报和创新人才共建共享。

可行模式：一是建立京津冀大型仪器设备共享联盟。将联盟内的大型科学仪器由原来的“点对点”服务扩展到“点对面”，既可以提高现有大型仪器设备使用效率，增加收益，还可以提升对企业创新发展、产业集群提升的支撑能力。二是建立京津冀科技情报资源共享联盟。提高利用效率，节约资金。三是建立京津冀科技专家信息服务网。面向京津冀企业、市县，以服务技术创新需求为重点，建立统一的科技专家资源服务信息网络，在更大范围优化配置人才资源，提升人才支撑创新发展的能力。

协同机制需求：一是建立集公益性与市场化相结合的大型仪器设备、科技情报资源共享规则，形成稳定的服务于京津冀创新发展的统一网络化服务平台；二是成立由三方和涉及相关部门（包括科技、质监、食品安监、文化、宣传、出入境等）的联席会议，及时解决在大型仪器设备共享、新科技情报资源共享、创新人才流动中出现的重大问题。

中国现在进入“四期叠加”的转型期，政府行为方式的转变是一个探索期，而在协同发展这件事上，北京的领导经常讲，疏解北京非首都功能从来没干过，是一个新工作，其实协同发展本身就是一个新工作，虽然国外有很多的经验可以供我们借鉴，但是体制与生态隐性的知识网络的构建，和人际往来的亲近感、常态化却不是一个规划、一套政策可以解决的，这需要我们做更多的努力。这个城市论坛本身就是这样的一个平台，拆下来骨头是骨头，肉是肉，现在要重新组建成一个人，一个协同体，人格化的协同创新、协同发展的共同体，或者叫生命共同体、生态共同体。我想讲的核心是共同体这三个字，要有类市场的制度安排，要让市场各类主体有一个可预期的环境，这一点是最重要的。我们出台了很多各个方面的政策，这些政策怎么协调、怎么解读，这是我国在现有条件下推动协同发展领域的关键。持续协同重要的是政府推动、市场主导、社会主体自觉。社会主体包括社会的中介组织，包括各种各样的智库，需要大家共同发挥作用。

□ 参考文献：

[1][德]赫尔曼·哈肯.协同学：引论——物理学、化学和生物学中的非平衡相变和自组织[M].徐锡申，陈式刚，等译.北京：中国原子能出版社，1984.

[2][德]赫尔曼·哈肯.协同学：大自然构成的奥秘[M].凌复华译.上海：上海译文出版社，2013：7.

[3]田学斌.京津冀协同发展的基本诱因、重大任务与政策创新[J].中共石家庄市委党校学报，2015，（8）：8-12.

[4]杨小凯.经济学——新兴古典与新古典框架[M].张定胜，等译.北京：社会科学文献出版社，2003：3-18.

京津冀交界地区（通州—廊坊北三县—武清）管控与发展探讨

李国平[①]

【摘　要】本文从京津冀交界地区管控和发展的政策背景、现状问题等方面展开分析，在分析的基础上就空间管控、人口规模、区域治理和开发强度等提出建议，为京津冀交界地区的发展提供有益的借鉴。

【关键词】京津冀协同发展　城市副中心　城市交界地区管控

关注京津冀交界地区的管控与发展问题，主要聚焦通州、廊坊北三县和武清，尤其是通州、廊坊北三县的关系，这个与北京建城市副中心密切相关。建设城市副中心将涉及很多方面，一方面现有二环以内的北京市政府向通州搬迁，一定会带来北京市本身部分功能往外跃迁，北京城市重心会发生很大的变化；另一方面，随着城市重心的变化，新的城市重心和周边地区产生很大的联系并产生一些后果，即更多的人口向北三县和通州这个区域集聚，最终导致房

① 李国平，男，北京大学政府管理学院教授，博士生导师，北京大学首都发展研究院院长。

价、交通等与其相关的问题随之而来。在这一过程中，交界地区如何管控和发展，需要我们共同探讨。

一、政策背景

（一）京津冀协同发展稳定有效推进

自京津冀协同发展战略提出以来，三地在很多方面尤其是在产业、交通、生态环境三个率先的领域得到很大进展。在《京津冀协同发展规划纲要》提出以后，还有很多空间定位上的调整，如北京到2020年人口控制在2300万人、城六区人口减少15%，以及行政机构整体或部分外迁，潞城将成为北京市政府新的行政办公区。

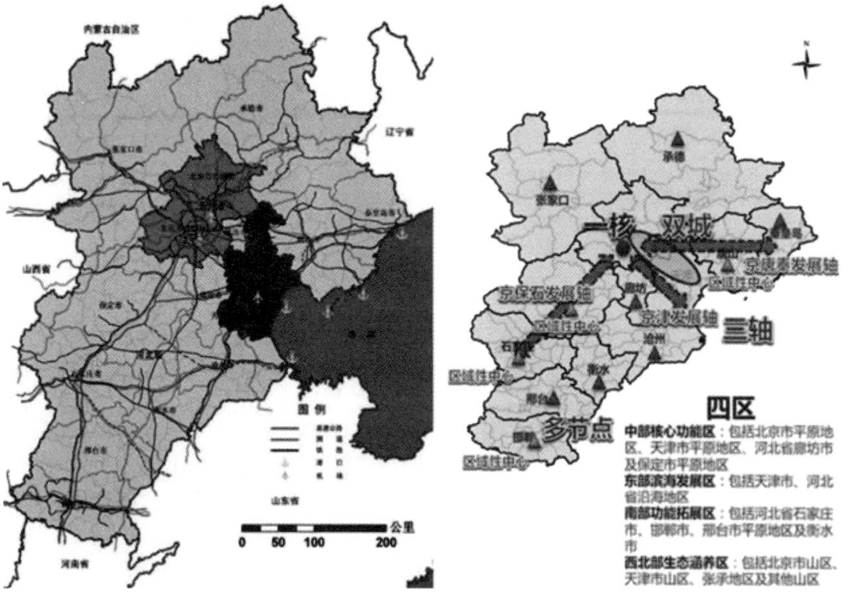

图1：京津冀协同发展

（二）北京加快建设通州城市副中心

早在《京津冀协同发展规划纲要》制定之前，北京市城市总体规划（2004—

2020年）中三个重点新城就已经有通州，其后是顺义和亦庄。2009年，通州提出建设现代化国际新城，2012年提出建设城市副中心，其后有一段时间称为行政副中心，最后又把行政副中心重新叫回城市副中心，并将城市副中心的规划、建设上升到国家层面。

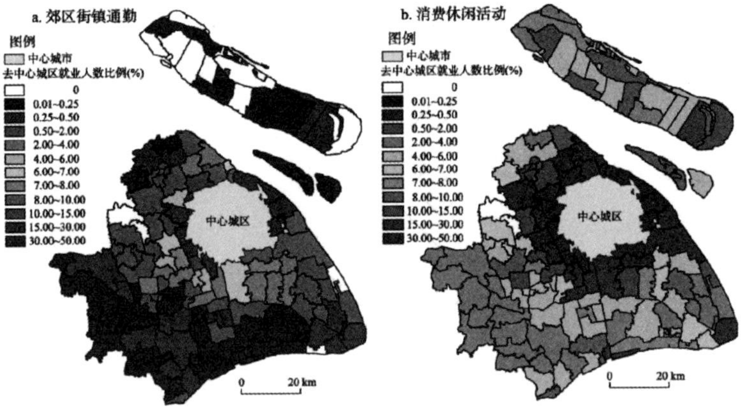

图2：自2004年以来，通州区定位从重点新城到现代化国际新城再到城市副中心，城市定位逐步提升，并在2016年上升为国家战略的高度

（三）三地着力实施管控和跨区管控

2016年6月6日，北京市副市长陈刚和河北省副省长姜德果共同主持召开会议，会同国家有关部委，深入研究做好北京城市副中心周边区域的规划统筹管控工作。会议议定，要集中力量将通州和“北三县”地区协同作为京津冀区域协同发展的典范，北京城市副中心与“北三县”共同划定生态红线和城市开发边界，防止连片发展。会议还强调，要落实好各项土地和房产的管控措施，特别要坚决摒弃房地产开发为主的发展方式，坚决抑制投机性住房开发。总之，北京和河北省通过会议协商机制对如何实现统一规划、如何实现统一管控进行议定。2016年6月13日，在北京《关于全面深化改革提升城市规划建设管理水平的意见》发布解读会上，北京市规划委副主任王飞指出，未来，通州和“北三县”将实现“三统一”，即统一规划、统一政策和统一管控。在原有的“统一管控、统一规划”的基础上明确提出“统一政策”，使通州与北三县的区域协调发展再次向前推进。

二、现状问题

（一）京津冀交界地区地脉相连、联系紧密

通州、武清、廊坊北三县作为京津冀交界地区的核心区域，空间毗邻，联系紧密。例如，三河距离北京58千米，距离通州37.5千米；大厂距离北京50.2千米，距离通州28.8千米；香河距离北京53.4千米，距离通州33.6千米；武清距离北京79.5千米，距离通州67.2千米。各区县距离均不超过100千米。

由于工资水平和房价水平的差异使得大量劳动力的就业和居住分离在不同区域，从而加强了区域之间劳动流、交通流等联系。例如，约10万人在三河燕郊镇居住、在北京通州和朝阳等地区工作，就业人口的职住联系使通州、朝阳等地区与三河燕郊镇等地区的联系不断加强。

在京津冀协同发展、北京疏解非首都功能背景下，京津冀交界地区在通州加快疏解部分职能、廊坊北三县等河北市（县）主动承接相应产业和职能的过程中联系更加密切。

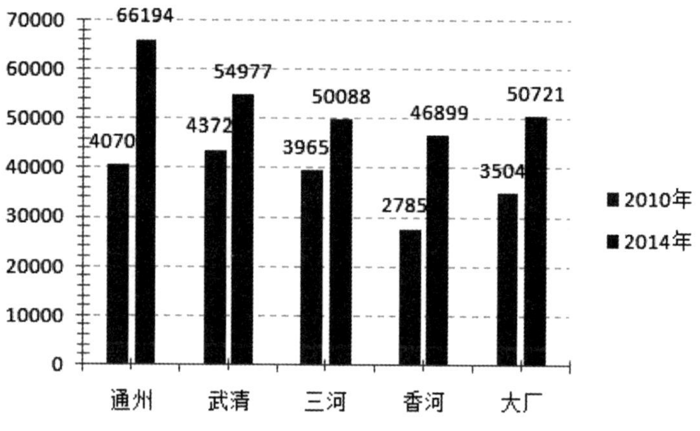

图3：2010、2014年各区县城镇单位在岗职工平均工资（元）

（二）新形势下的京津冀交界地区人口压力剧增

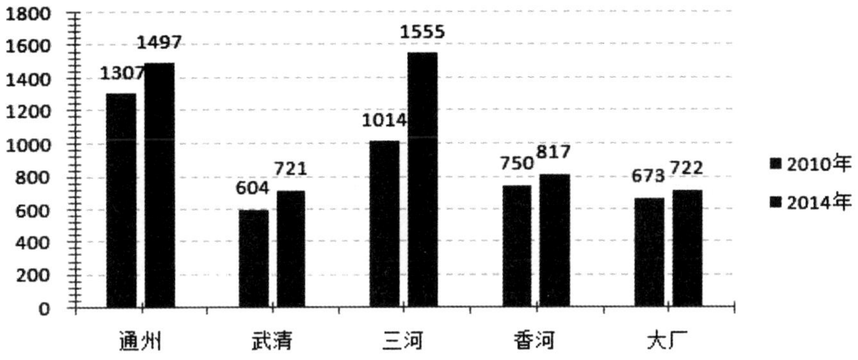

图4：2010、2014年各区县常住人口密度（人/平方千米）

一是通州、三河人口密度遥遥领先，是武清、香河、大厂的2倍，其中三河人口密度最高；二是武清人口密度最低，低于北三县中的香河、大厂；三是在通州加快建设北京城市副中心的背景下，北三县的区位优势、低成本优势将更加凸显，极有可能吸引更多的人口在北三县集聚。而人口激增将对公共服务设施、生态环境、宜居水平等都造成不同程度的压力。

（三）职住分离引发交通、住房、环境等一系列问题

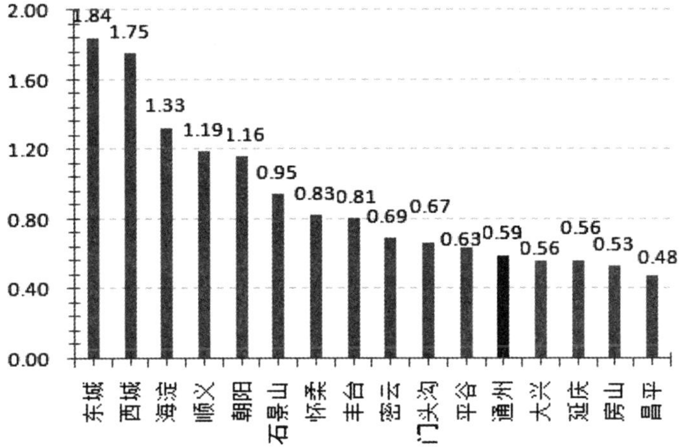

图5：2013年北京各区县就业—居住比

通州区在北京各区中就业—居住比较低，呈现“卧城化”。其中，北苑街道、梨园镇、永顺镇等距离城六区较近的乡镇街道居住多、就业少。约有10万人在燕郊居住、在北京就业，是典型的“睡城”。

除了职住问题、卧城问题，还有交通、房价等方面的问题。如燕郊的房价2015年7月到2016年6月，一年期间涨了接近一倍，房价的迅速上升对当地居民的生活，包括整个行政办公等产业成本都会产生巨大的影响（见图6）。我国目前经济“新常态”下，经济下行压力增大，除了外部环境的影响，更重要的是内部产业成本、商务成本很高，导致工资必须上涨，反过来就使得企业压力加大，遏制房价不合理的上涨非常重要。

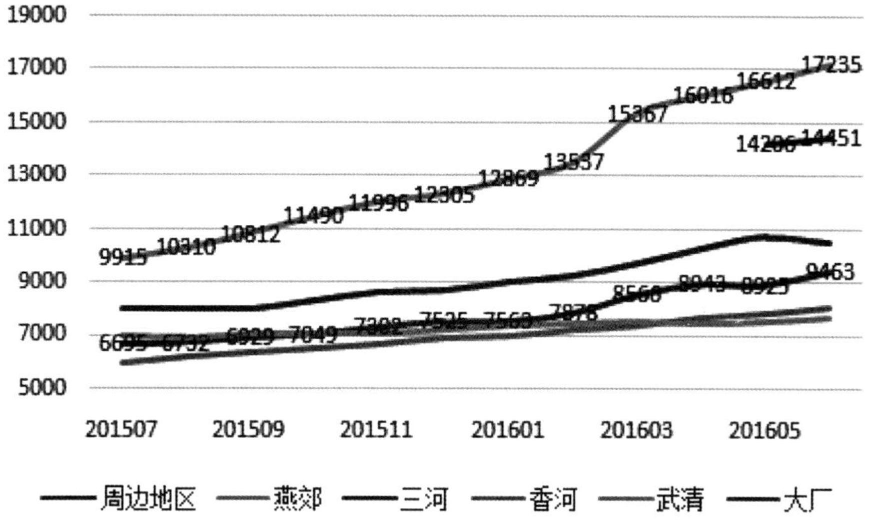

图6：2015年7月—2016年6月通州周边区县二手房房价走势

北京周边地区（涿州、固安、香河、三河、大厂、永清等）二手房房价从6695元/平方米上涨到9463元/平方米，一年时间飙升幅度达41.34%。北京周边区县中，三河、大厂二手房房价明显高于其他地区。燕郊二手房房价从9915元上涨到17235元，一年时间飙升幅度达73.83%。

（四）开发强度空间不均衡

我们整体考虑京津冀三地交界地区空间发现其不均衡性明显。但是这个区域的开发强度在增大，包括1990—2013年京津冀交界地区，现在所讲的通州北三县以及武清的土地开发格局。1990年的状况，除了通州市政府所在地以外，仅是一个点上的开发，逐渐进行蔓延，到2013年，整个通州北半部开发强度已经非常高，燕郊这样的区域进一步往县里走，同时武清的开发以及香河和大厂也出现了集中的区域。

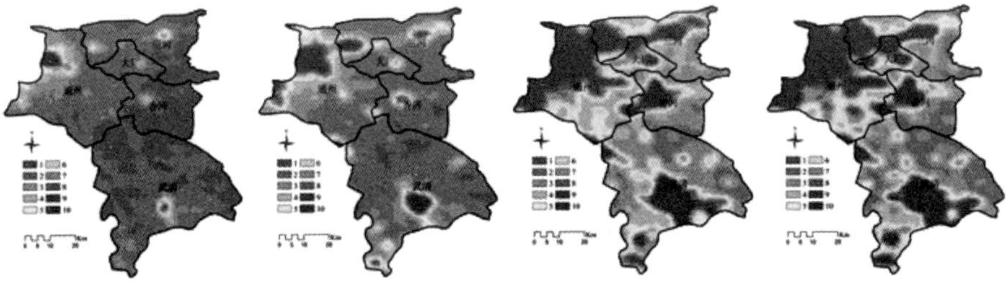

图 7：1990、2000、2010、2013 年京津冀交界地区土地开发格局演化

为什么会出现这种情况？因为河北尤其是燕郊没有更多的就业机会，考虑到工资，就要到中心城区上班。这种情况下，首先是发展阶段的差异，北京在2012年已经进入了工业化后期阶段，同年天津进入工业化的高级阶段，河北总体上是工业化的中级阶段，这种巨大的差异使得公共品的提供和投入都有巨大差异。在发达的区域是高公共投入，边缘的、外围的地区是低公共投入，中心地区可能实现了高工资，也是高房价，边缘地区低工资、低房价，所以住在燕郊，到北京上班，导致职住分离。京津冀协同发展，并不是把北京拉出来，而是把河北抬起来，当落差变小的时候，进京的人口就会下降，或者北京的压力就小了，但是中国区域的发展慢慢是趋同的。现在北京是严格控制人口，到2030年，由于北京生活成本不断提高，对人口的吸引力可能会下降，当然北京人口调控应该慢慢来，不能过急。

北京市政府往通州转移，加剧了在交界地区的集聚，正常的集聚是可以接受的，但是如果过度的集聚，就学、交通、公共服务质量等问题就会出现。比如燕郊的很多小学，正常情况是40人一班，过度集聚可能会导致80人一班，整个教育环境就会受到影响。还有环境问题、交通问题。而且这些地区的水资源稀缺，大量的集聚会加剧水资源短缺的问题。

由于发展阶段的差异性、跨界主体多元治理的不均衡性以及行政体制的条块分割，亟须三地实现行政体制机制创新，才能更好地实现跨界主体多元治理。

三、原因分析

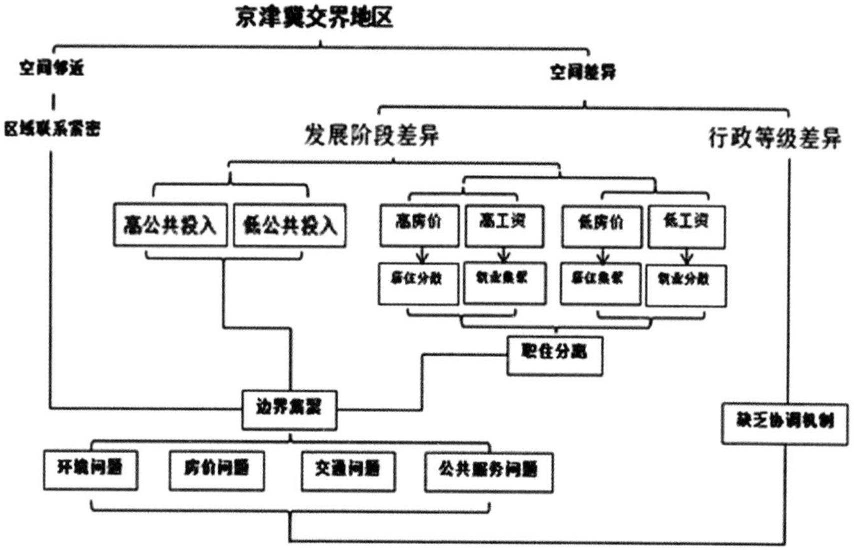

图8：京津冀交界地区发展问题及成因的逻辑

（一）发展阶段不同导致发展模式差异进而导致发展诉求不同

京津冀三省市处于不同的发展阶段，其经济增长动力、产业结构形态、发展利益指向等也表现出巨大差异。

北京进入后工业化时期，从注重发展规模转向注重发展质量，在区域对接需求上要求共同保护区域资源环境、区域生态廊道连通、区域水资源统筹调配、部分产业功能向外疏解以及科技合作与协作。而毗邻的天津武清、廊坊北三县正处于快速工业化阶段，“大干快上”式的扩张发展仍是主要发展路径和方向，在区域对接需求上要求较高层次的产业转移承接，轨道、公路等交通对接以及生态保护的财政资金支持等，在空间上则表现为在北京市域边界集聚、贴边发展。发展模式的差异使得京津冀交界地区生态环境、交通状况出现各种问题，跨界各方发展阶段和利益指向的不同必定造成跨界区域规划难以形成统一。

（二）跨界主体多元导致缺乏协调机制

一方面，京津冀交界地区涉及相互毗邻的多个县市区政府，而行政边界划定了地方政府的权力，造成每个地区都从自身利益出发，以“零和博弈”的态度力争在规划对接中获取最大利益，从而形成了轨道缺乏连通、断头路、水电气热设施无法共享等现象；另一方面，京津冀交界地区的通州、武清、三河、香河、大厂行政等级差别显著，通州是国家首都的城市副中心，武清是直辖市天津的辖区，三河、香河、大厂只是河北省廊坊市的行政区。行政等级的不对等同样导致京津冀交界地区缺乏能够代表毗邻各县市区共同利益的协调主体。由于缺乏有效协调机制，使跨省市的规划管制缺位，跨界协调成本非常昂贵，各方利益无法平衡，致使本应该边界模糊、相互融合的跨界区域规划变成了行政区规划的“拼盘”。

四、空间管控

（一）一级管控区

以通州潞城镇为中心，周边10千米区域划为一级管控区，主要包括通州北部、燕郊地区和大厂的潮白新城，涉及通州区新华街道、北苑街道、玉桥街道、潞城镇、宋庄镇、永顺镇、梨园镇、台湖镇、张家湾镇、西集镇以及三河市燕郊镇和大厂祁各庄镇、邵府乡。该区域管控目标应为人口规模有效控制，土地

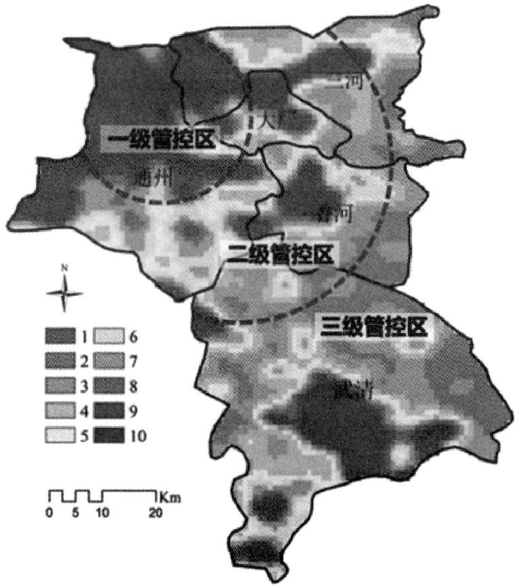

图 9：京津冀交界地区空间管制区域划分

开发有序合理，交通基础设施进一步完善，职住平衡水平进一步优化，生态环境质量持续改善，更好地承担承接北京中心城区部分核心功能、疏解北京中心城区部分拥堵功能的重任，推动京津冀区域协同发展。

（二）二级管控区

通州潞城镇以外10千米—30千米的区域划为二级管控区，主要包括通州南部和北三县，涉及通州区永乐店镇、马驹桥镇，三河的泃阳镇，大厂的夏垫镇、大厂镇，以及香河的淑阳镇、安平镇。该区域管控目标应为优化产业结构，打造新兴产业集群，形成新的区域发展节点；打造现代化新城，承载京津部分功能转移和人口疏解，缓解通州北部、燕郊等承接地面临的压力，促进多中心、网络化空间格局的形成。

（三）三级管控区

通州潞城镇以外30千米的区域划为三级管控区，主要包括武清和北三县的其他地区。该区域管控目标应为适度开发，因地制宜发展特色产业，打造区域品牌，增强投资吸引力；优化城镇体系，推进重点新城建设，实现人口适度集聚、基本公共服务均等化；强化生态保护，完善生态补偿机制，实现生态环境的进一步优化。

五、发展建议

（一）加强空间管制，高效利用国土空间

一级管控区控制规模；二级管控区调整结构；三级管控区适度开发。

（二）控制人口规模，科学管理区内人口

通州区科学确定区内人口规模控制边界，建立人口规模调控综合考评激励机制。完善户籍人口管理，推进积分落户政策。加强流动人口管理，全面实施居住证制度，促进人口有序流动。北三县依据各县资源环境承载力，合理调控人口规模。统筹整合多部门人口数据，运用大数据等手段建立全市统一的人口动态监测信息平台。

（三）强化区域治理，破解职住分离困境

加强功能对接，促进产业升级；合理调控房价，严格执行房价政策；加快交通对接，实现资源高效流动；共建生态环境，联防联控大气污染。

（四）调控开发强度，促进区域协同发展

严格控制开发秩序；提升公共服务水平；充分保障水资源利用。

北京老城重组的战略思考

——兼论城市再设计与城市修复

文 魁[①]

【摘　要】京津冀协同发展规划纲要中，“多点一城、老城重组”的提法既是有序疏解北京非首都功能的大思路，又是未来所要完成的疏解格局。本文从北京城市发展的历程着手分析，试论北京城市再设计，提出北京老城重组的战略思考。现对其主要观点进行摘要，供参阅。

【关键词】老城重组　京津冀协同发展　城市再设计与城市修复

在《京津冀协同发展规划纲要》中，“多点一城、老城重组”的提法既是有序疏解北京非首都功能的大思路，又是未来所要完成的疏解格局。从目前的进展来看，“多点一城”的思路已经非常清晰，并伴随着京津冀协同发展和北京城市副中心建设的进程稳步推进。而“老城重组”，无论从理论上还是政策上来看，尚未真正破题。特别是随着疏解工作的展开，疏解后的空间如何利用，

---

① 文魁，经济学教授，博士生导师，享受国务院政府特殊津贴专家，首都经济贸易大学原校长。

就使这个问题更显迫切。其实，老城重组有着更为深刻的意义：意味着北京城市发展模式的转变；标志着北京城市发展的新开端。因此，本文想就老城重组的问题做一些战略思考，有些自己的看法，更多的是提出问题，以期引起更广泛更深入的讨论。

一、北京城市发展的历史性机遇

北京，这座历史古城、世界名城和中华人民共和国的首都，正处于城市发展史上的节点。同时，也是反思城市发展的历程、发现城市发展规律、把握城市发展方向的绝好的时机。

一方面，中华人民共和国成立后北京作为首都经历了计划经济下城市发展的30年，又经历了改革开放过程中城市扩张的30年，特别是奥运后积极探索城市发展的新战略，形成巨大的对比反差，提供了多视角的研究素材。现在北京患上了严重的“大城市病”，在中央的直接指导下，正在积极治理、瘦身健体，北京有着丰富的城市变迁的实践土壤；同时，北京的城市发展已经纳入京津冀协同发展的国家战略和顶层设计，人们开始主动关注城市的走向、认真思考城市的未来。可以说，北京的城市发展从来没有像今天这样引起人们的广泛关注。

另一方面，在中央城镇化工作会议之后，又召开了中央城市工作会议，37年之后，城市工作再次上升到中央层面进行专门研究部署。从一系列文件看，中央对全国城市发展的状况判断准确、对面临的问题也非常清醒。上层对城市发展的认识，也从未像今天这样全面、系统和深刻。中央城市工作会议提出的五个“三位一体”的统筹，为北京的城市发展提出了全面、系统和科学的指导。

在这样的历史条件下，北京的城市发展迎来了新的历史机遇。京津冀协同发展规划提出的北京“多点一城、老城重组”的思路有着深刻的内涵。“多点一城”，意味着对北京城市“摊大饼”式的发展模式的否定和放弃，是对北京城市空间布局的新概括。尽管对此还有不同意见，但走城市群的道路，大力发展中小城市、特色小城镇的方略已经形成不可阻挡之势；而“老城重组”，则饱含了对北京城市发展历程的深刻反思，以及对城市发展规律的新认识、对城市本质内涵的新把握，需要我们认真梳理、深入研究。

二、北京老城重组概念的辨析

北京的老城重组，首先要从概念的辨析开始。所谓老城，是一个历史性的概念，具有相对性，不同时期有不同的老城范围，历史上曾经的新城，可能就是后来的或当下的老城，老城也有不同历史时期的叠加。北京作为一座有着3000多年建城史、850多年建都史的老城，就现有的城市格局来看，有两个基本内涵：其一，是指东城和西城，特别是二环以内、以老城墙为边界；其二，是指城六区，除东西城外，还包括朝阳、海淀、丰台、石景山四个城区。我认为，老城重组的老城，应该是指城六区。从北京的功能定位划分看，东西城属于首都功能核心区；朝、海、丰、石属于城市功能拓展区。所以，老城的概念，指的就是城六区，特别是东西城，核心是二环内。

老城，联系着城市的起源、饱含着历史文脉、从中可以发现城市的“原真性”；重组，意味着纠偏、修复，对异化的复归，意味着改革、创新，对城市的升级。老城重组的路径，我以为有四：规划升级、城市再设计、城市修复和城市创新。本文重点谈谈城市再设计和城市修复。

三、北京城市更新历程的反思

北京在中华人民共和国成立后，城市建设和发展大体经历了三个时期：新中国成立初期到改革开放前、改革开放30年、奥运后至今。特别是改革开放30年以来，随着市场经济的建立，城市化进程加速。从世界各国的历史看，在城市化急速扩张时期，很多城市都出现过城市更新的失序。中国也没有例外，北京要好一些，但同样出现了很多令人揪心的严重问题，患上了相当程度的“城市病”。

（一）北京城市发展的主要成绩：求快、求大、求强

1. 城市地位高、体量大、实力强、变化快、素质高

2. 主动调整产业结构（退二进三、土地置换）

3. 紧跟时代，发展高科技（中关村）

4. 教育文化、医疗卫生保持全国领先

5. 及时提出首都经济，主动推进首都经济圈

6. 抓住奥运等时机，推动城市建设，提前11年实现规划目标

7. 奥运后，及时提出三个北京和世界城市新目标

8. 道路交通、公共基础设施发展

9. 消除污染、环境治理走在全国前头

10. 首善治安和社会建设

（二）北京城市发展的主要失误：失序、失衡、失管

1. 东西城集中了过多的功能，影响了首都核心功能

2. 南北失衡

3. 空间布局杂乱：金融街、中央商务区中的中央电视台、长安街上临街的金融机构

4. 标志性建筑设计和选址的失误

5. 城市“摊大饼”式的扩张及城中村的形成

6. 城乡接合部的杂乱无章

7. 私搭乱建处于失控状态

8. 古都风貌的破坏

9. 自然生态退化

（三）为什么出现失序？

总体与结构的关系把握不好，主要问题出在结构上，而结构的问题又产生于市场主体的分散决策；顺其自然的分散决策确保了城市的活力，却导致了城

市的失序。

城市发展的动力是深层原因，科斯托夫认为“权力设计着城市，而最原始的权力形式就是对城市土地的控制。如果政府是土地的主要拥有者，那么它选择的任何模式都可以被实现。”北京皇城和计划经济下的城市发展证明了这一点。改革开放后，这个动力依然存在，市场经济使其表现为政府的土地财政和开发商的资本驱动的结合。政府虽然还掌握着土地的控制权，但却没有承担起城市规划实现的责任。在“寸土寸金”理念的支配下，获取财政收入与开发商收益的“双赢”。政府承担着城市规划的不可替代的责任，但同时也必须有必要的财力，如何处理好这个两难问题，涉及体制改革的深层问题，我们这里暂且不论。

从运行机制看，失序的成因，首先是缺少总体规划有效的规范和引导。正如科斯托夫指出的，这是一个“关于规划以及规划的必然结果——控制的问题”北京的主要问题不是出在规划本身上，我们翻翻北京原来的规划，有些是很有预见性的，认识不可谓不超前、不到位，但就是在规划实现上大打折扣。当然规划也需要改进和完善，特别是面对新时代的规划升级。北京的主要问题是规划权威性不够，除“京官难当”的体制性障碍外，我以为规划的实现缺少必要的环节。这个必要环节，就是缺少城市再设计。

四、试论北京老城的城市再设计

（一）由马克思的一个比喻想到的

城市，是典型的人造物。谈到人造物，使人不由得想起马克思的一个著名的比喻：“蜘蛛的活动与织工的活动相似，蜜蜂建筑蜂房的本领使人类的许多建筑师感到惭愧。但是，最蹩脚的建筑师从一开始就比最灵巧的蜜蜂高明的地方，是他在用蜂蜡建筑蜂房以前，已经在自己的头脑中把它建成了。”

过去，我们从这个比喻中看到的是：蜜蜂建筑蜂房的本领使许多建筑师惭愧。但是，最蹩脚的建筑师从一开始就比最灵巧的蜜蜂高明的地方，是人具有主观能动性，人是他在用蜂蜡建筑蜂房以前，已经在自己的头脑中把它建成了。人能用意识指导自己的行动，有计划、有目的地去进行改造世界的活动。

今天，我们还可以从中感悟到，蜜蜂能造出精美的蜂房，不但是一种自然本能，而且蜜蜂之间还存在着一种天然的合作。而人的天生缺陷是不具备彼此之间天然合作的本能，人虽然能有意识、有目的、有计划地去改造客观世界，但真正协作却需要后天的教化，即文化的作用。而且，人的这种有意识的活动和蜜蜂也不同，往往可能会破坏生态、违背自然规律。

任何一座城市的演变，我们都能从中发现人的这种自觉设计的高明和不能本能协同的天生缺陷。从这个意义上讲，人类惭愧的不仅是精美的蜂房，而且是蜜蜂之间与自然天然一致的天生协作。

就城市这个人造物来说，一方面，人可以有意识地设计规划和建设；另一方面，也可以自作主张，各行其是，背离规划，破坏协同。所谓“人多盖塌房”，就是刻画的这种现象。遗憾的是，今天我们面临的极其严重的违章建筑现象正是人类这一天生缺陷的生动写照。

（二）城市规划与城市更新

城市就其形成的抽象分类来说，有两种类型：经规划的城市与未经规划的城市（随机城市）。但实际上我们看到的往往是两种类型的混合。正如斯皮罗·科斯托夫指出的“绝大多数传统城市以及几乎所有具有大都市尺度的城市，都是由预先设计的部分和随机发展成的部分相互拼接、相互重叠而形成的”有些城市老城是随机城市，周边是规划城市；有些城市总体有规划，局部顺其自然；有些则局部有规划，总体随心所欲，正所谓“脚踩西瓜皮，滑到哪里算哪里”；也有些城市是在规划城市基础上又随机发展的；反之也有在无序的烂摊子上又经规划整理走向有序的。总之，规划是必要的，新陈代谢也是必然的。没有规划，必然是无序和混乱；规划太死，就会产生刻板，失去活力。顺其自然，无为而治，有了生机和活力，却导致失序、失控、失管，总体无效率。

对于城市突破规划的发展，学者们称之为城市更新。在1980年代初期，陈占祥把城市更新主要定义为城市“新陈代谢”的过程。在这一过程中，更新途径涉及多方面，既有推倒重来的重建，也有对历史街区的保护和旧建筑的修复等。当中国城市经历了20世纪80年代的飞速发展后，很多城市问题开始显现，譬如历史街区的特色与地方文化在城市改造中的快速消失。吴良镛从城市的“保护与发展”角度，在90年代初提出了城市“有机更新”的概念。值得注意的是，它是针对城市历史环境的更新，但这个概念比较强调城市物质环境，而对与其相关的经济、社会、文化等方面涉及较少。进入2000年以来，学者们开始注重城市建设的综合性与整体性，很多文章也给出对“城市更新”新的理解，譬如张平宇的“城市再生”、吴晨的“城市复兴”、于今的“城市更新”等（李伦亮，2004；李瑞，冰河，2006；吴良镛，2005；于今，2007；张更立，2004；张平宇，2004）。这种现象一方面体现出当前人们对中国“城市更新”的关注；另一方面也说明人们对这一概念目前尚无统一的见解和定义。

就北京城市的发展来看，几种类型都存在。北京的紫禁城是国际公认的规划城市的典型，而其周围却有着民间的顺其自然；北京新城和小区是有规划的，但新城之间、小区之间，特别是跨行政区划的公共空间的布局和联络却是无序的，无数“断头路”的出现就是生动写照。同一个城市的不同区划，甚至缺少必要的沟通和协商。老城重组不得不直面城市更新与城市规划的现实矛盾。

（三）规划升级与城市再设计

在论述这两个新概念之前，首先要说明规划与设计的区别与联系以及在规划和设计使用上的用意。就概念的基本内涵来说，规划与设计有着相同和相通之处，都是指人们在行动之前的预先计划或构思，是人比动物高明之处，所以常常混用。但二者之间也有明显区别，规划更加全面和长远，离具体实施或行动的提前量较大；而设计则离实施和行动更近、更具体，提前量较小。设计往往是在规划指导下进行的，设计是规划实施的必要前提和关键环节。规划是从长远目标出发的，设计是从具体实施出发的。规划要靠设计来落实；设计确保规划的实现。

从规划城市和随机城市历史的和现实的矛盾来看，城市规划是必要的，但与城市发展的实践也有不相适应之处。这种不适应，大致有三种情况：其一，规划不科学，脱离实际，违背了城市发展规律，难以贯彻；其二，规划过于刻板，没有预留调节空间，不适应面对新情况的实践需要；其三，规划没有实施的制度保障，流于形式。针对这三种情况，我以为，一是要改进城市规划；二是要搭建规划城市与随机城市的通道。所以提出规划升级与城市再设计的新理念。

城市发展必须有规划，而且不宜轻易改变，千年大计，只有不改初心、持续实施才能创造历史。我们之所以不提城市再规划就是考虑到规划的稳定性。一方面，必须改进城市规划的制定方法和程序，使其符合城市发展规律；另一方面，为适应时代新的历史进步，当发生了革命性的变化时，要对城市规划升级。升级不同于推倒重来，而是城市规划适应历史进步的新机制，有了这种机制，就会减少规划城市与随机城市的矛盾和冲突。

中国城市发展经过30多年的急剧扩张，更彰显出城市规划的重要性。中国城市发展的问题，还不仅是要不要有规划的问题，而是规划的严肃性和有效性的问题。我们在市场经济大发展过程中，强调顺其自然的随机发展过多，遵循规划不够，因而为官员们追求短期政绩大开方便之门。一些城市的官员随心所欲，造成换一任领导换一套思路，政府换届，城市规划也换届。以至习近平总书记强烈呼吁"一张蓝图干到底"。

城市再设计，既不同于城市规划，也不同于单纯的建筑设计，而是介于两者之间，使城市规划与城市发展的实际更有机协调的制度安排。中央已经明确了北京的城市定位是全国政治中心、文化中心、国际交往中心和科技创新中心的核心功能以及京津冀城市群的核心城市，这个定位是不能改变的。但这个定位，需要落实到城市的空间布局、产业结构安排、人口数量和结构调控、就业安排和财政预算结构以及社区建设、公共基础设施等各方面的技术安排和制度安排，这就需要规划下的设计。所谓再设计，有两个含义：其一，在城市规划下，就城市的局部和方面进行的设计；其二，是对实践中已经出现的问题，从城市规划的大格局出发，提出能解决问题的、适应发展新要求的事前方案，以克服完全顺其自然、各行其是的失序。综观北京城市存在的种种问题，和缺少城市再设计这个环节密切相关。

城市再设计不同于城市规划升级，不是总体的、全面的、长远的规划调整，而是对城市原有设计进行调整、修正，以及与城市规划的新的协调和对接。

五、北京老城重组若干战略关系的思考

老城重组不同于新城建设。一张白纸好画最新最美的图画，这是新城的优势。而在已经建成百年千年的老城上，要续接新的城市发展，就有更多更复杂的难题，当然，这里既有绕不开的历史积弊，也有新城无法比拟的文化积淀。所以，老城重组除了规划升级外，大量的工作可能主要表现为城市再设计和城市修复。

北京老城重组的城市再设计，涉及在国家进一步明确北京城市定位后，实际空间布局的调整和使用。特别是随着疏解非首都功能的展开，腾退空间的再利用。对腾退空间，我们不能延续顺其自然、无为而治的传统思路，必须根据升级后的总体规划，进行城市再设计。

北京老城的城市修复，主要是针对城市大扩张过程中出现的种种失误，具有纠正异化、复归城市原有本真的性质。因此，承认城市存在异化，勇于探索异化的成因，是城市修复的前提。

城市再设计和城市修复都是针对老城现有状况不适应城市进一步发展的问题提出的，问题所及关系错综复杂，必须处理好以下各种战略关系：

1. 首都功能与城市功能

2. 皇城古都与国家首都

3. 文化传承与现代文明

4. 规划设计与行政事权

5. 经济功能与核心功能

6. 财政收入与财政支出

7. 环境制约与城市生态

8. 资源约束与经济活力

9. 空间布局与功能协同

10. 规划控制与顺其自然

11. 城市运行与城市管理

12. 城市修复与城市秩序

13. 从业方式与生活环境

14. 消费方式与购物模式

15. 教育医疗与社区布局

16. 出行方式与交通设施

17. 政府意志与市民认同

18. 公共设施与市场运作

19. 公共空间与私人行为

20. 公共产权与私人产权

只有抓住城市再设计和城市修复这两个关键环节，城市规划才可能真正落地，北京疏解格局才可能最终实现。也只有把城市再设计和城市修复做到位，才能把规划城市与随机城市统一起来，完成有机城市的城市创新。

第 2 篇

创新篇

Chapter 2

Innovation

论政府在大数据发展中的作用：以大数据政策为视角

彭知辉[①]

【摘　要】大数据政策体现了一个国家对大数据发展的一种思路和目标，本文通过中美大数据政策在目标取向、客体定位和政策内容的对比分析，提出中国政府在大数据发展中应该“有所为，有所不为”，并最终成为大数据发展的规划者、大数据规则的制定者、大数据应用的示范者、大数据资源的提供者、大数据市场化的推动者和大数据环境的营造者。

【关键词】大数据政策　大数据规则　制定大数据　市场推动

数据政策体现了一个国家对大数据发展的思路和目标，美国是大数据的策源地，也是世界大数据发展的领头羊，我们以美国的大数据政策作为参照，通过中美的比较可以找到一些规律性的认识。

① 彭知辉，中国人民公安大学教授。

一、中、美两国大数据政策的比较分析

（一）中美两国大数据发展历程与主要政策

美国大数据的发展历程历时较长，最初在学术界引起关注，紧接着在商业领域推广应用，然后政府才将它提升为国家战略。中国大数据发展经历三个阶段：2013年，被称为大数据发展的元年，引起了社会各界的关注。在2013年之后，包括广东、上海、贵州等地方政府及时把握时代发展的脉络，提出了大数据发展的政策。到2015年，国务院颁布了促进大数据发展行动纲要，提升为国家战略。在国务院行动纲要颁布以后，现在各省基本上都颁布了类似的实施计划。

表 1：美国政府制定的大数据政策

政策名称	发布时间	基本目标	内容框架
大数据研究和发展倡议	2012 年 3 月 29 日	开发大数据最先进的核心技术，提高从大数据中获取知识的能力，运用大数据技术加快科学、工程领域的创新步伐，强化美国国土安全，转变教育和学习模式，完善大数据技术开发和应用人才的培养。	推进大数据科学和工程的核心科学方法及技术研究，提高从各种大型数据集中提取重要信息并对其进行有效管理、分析及可视化能力；以创新方式使用海量数据，通过感知、认知和决策支持的结合，利用大数据辅助决策；免费开放千人基因组计划数据，供研究人员自由访问和使用；对超级计算机上的数据进行有效管理和可视化处理，通过高级计算机技术加速科学发现；提供深入分析的场所和时间、最先进的计算能力，以分析大数据集的协作工具，以促进地球系统科学的创新研究……
数字政府：构建一个 21 世纪平台以更好地服务美国人民	2015 年 5 月 23 日	确保美国民众能随时随地使用任何设备获得高品质的数字政府信息和服务。	使开放数据、内容和网络应用程序接口成为新的默认方式，方便地获取现有高价值数据内容；建立数字化服务创新中心和咨询组，增强跨部门合作，以一致的方式创建和分发信息；以用户为中心，利用现代工具和技术，提高数字服务质量；提升新技术应用的安全性，评估并简化安全和隐私流程。

（续表）

政策名称	发布时间	基本目标	内容框架
政策信息的默认形式就是开放并且机器可读	2013 年 5 月 9 日	推动政府数据开放，确保数据以易于查找、获取与使用的方式分布。	只要不违反法律，政府数据必须开放；这些数据使计算机可以读取、直接使用。
大数据：抓住机会、保存价值	2014 年 5 月 1 日	对大数据应用与管理现状、政策框架和改进建议进行了全面阐述。着重指出，为确保大数据正确实施，必须确保一些基本价值得到维护，如隐私、公正、自主决定等。	为实现大数据世界的最大化利益和最小化危害，应维护个人隐私的价值；防止大数据使用过程中可能带来的新的歧视方式；强化数字素养和技能教育；在执法和公共安全保障中，确保大数据的合理负责使用；将数据作为公共资源，用于提升公共服务。
大数据与个人隐私：一种技术的视角	2014 年 5 月 1 日	大数据技术对个人隐私的侵犯，以及如何在保护隐私的前提下开发和使用大数据技术。	在政策制定时应从保护隐私的角度审查大数据技术的可行性；为避免政策成为技术进步的障碍，应重点关注数据分析在“做什么”，而不是“如何做”；加强有关能够消除对隐私权不利影响的新技术、新方法的研究；在全社会加强有关隐私保护的教育和培训。
大数据：关于算法系统、机会、公民权利的报告	2016 年 5 月 4 日	解决大数据中社会歧视现象。	通过算法和系统的设计来实现平等权利。开展算法审计和对大数据系统的外部测试，以确保人们被公平对待。增加透明度和实行问责制，对社会歧视现象进行监督。
联邦大数据研究与开发战略计划	2016 年 5 月 23 日	对联邦政府各部门开发和扩展的大数据项目及其投资进行指导。	提出大数据关键领域的七大战略：利用新兴的大数据基础、方法和技术，创造新的大数据能力；探索并了解数据及其所产生的知识可信度和有效性，设计支持数据驱动型决策的工具；强化国家数据基础设施，为联邦政府各部门提供支持；通过有效的政策促进数据管理和共享，提升数据价值；重视大数据采集、共享和应用过程中所涉及的隐私、安全和道德问题；强化大数据教育培训工作，从而满足对大数据人才日益增长的需求；鼓励跨部门、跨机构的大数据合作，形成快速响应和影响显著的政策和框架体系，从而完善国家大数据创新生态系统。

表 2：中国政府制定的大数据政策

政策名称	发布时间	发展目标	主要任务
促进大数据发展行动纲要	2015 年 8 月 31 日	全面推动我国大数据发展和应用，加快建设数据强国。利用大数据提升政府治理能力；建立基于大数据的经济运行新体制。	在政府大数据建设方面，推动政府数据开放共享与资源整合，筹划大数据基础设施建设，为宏观调控提供数据支持，推动大数据在政府治理、社会治理、民生服务等领域的应用。推动大数据产业创新发展：在工业、农业、新兴产业等领域推动大数据发展，实施大数据创新行动计划，推进基础研究和核心技术攻关，形成大数据产品体系及大数据产业链。加强基于大数据的网络安全技术研究，落实网络安全制度，建立健全大数据安全保障体系。
广东省实施大数据战略工作方案	2012 年底	以开放共享推动大数据应用，以开发应用带动大数据发展，以大数据发展促进社会创新，到 2020 年，基本建成“智慧广东”。	采用行政搜集、网络搜取、自愿提供、有偿购买等多种方式拓宽数据搜集渠道；在政府各部门开展数据开放试点，通过部门网站向社会开放可供下载和分析使用的数据，进一步推进政务公开；建设完善全省网上办事大厅、政府数据档案、企业信用信息网等网络系统； 在全省范围内推广设立公民个人专属网页。
上海推进大数据研究与发展三年行动计划（2013—2015 年）	2013 年 7 月 12 日	强化大数据前沿理论研究，突破大数据关键技术，建立以企业为主体、产学研联合的大数据发展机制，培育大数据技术链、产业链、价值链，支撑智慧城市建设。	研究数据科学的基础理论和基本方法；攻克大数据获取、管理、分析及安全等关键技术；研制大数据核心装备，如大数据一体机、新型架构计算机、大数据获取工具、大数据管理产品、大数据分析软件等；建设医疗卫生、食品安全、终身教育、智慧交通、公共安全、科技服务等行业大数据公共服务平台；开展互联网、金融证券、数字生活、公共设施、制造和电力等大数据行业应用研发；培养和引进高端数据人。
关于加快大数据产业发展应用若干政策的意见贵州省大数据产业发展应用规划纲要（2014—2020 年）	2014 年 2 月 25 日	努力建成全国领先的大数据资源集聚地和大数据应用服务示范基地。到 2020 年，大数据带动相关产业规模达到 4500 亿元。	建设多个大数据产业基地，实施数据资源开发利用、产业技术创新和成果转化、高端人才引进和培养、产业配套升级、大企业培育和大项目带动等五大计划，推动云计算服务发展，拓展大数据应用领域。实施信息基础设施提速、产业整合提升、数据资源集聚加速、重点领域应用示范、核心产业载体发展、安全保障能力建设等重大工程。从加快大数据基地建设、引进和培育大数据企业、培育大数据市场、支持大数据科技创新、加快信息基础设施建设、建立大数据产业投融资体系、 加强人才队伍建设等方面， 提出加快推动大数据产业发展应用的意见。

（续表）

政策名称	发布时间	发展目标	主要任务
浙江省促进大数据发展实施计划	2016 年 2 月 18 日	将浙江省打造成全国大数据产业中心，运用大数据推动经济转型升级、完善社会治理、提升政府服务和管理能力。	打造数据共享、交换和开放统一平台；建设社会治理大数据应用体系；建立关于经济运行监测分析的大数据支撑体系；开展公共服务大数据应用创新；加强大数据技术产品研发；培育大数据产业链；完善安全保障体系。
北京市大数据和云计算发展行动计划（2016—2020 年）	2016 年 8 月 3 日	到 2020 年，大数据和云计算创新发展体系基本建成，成为全国大数据和云计算创新中心、应用中心和产业高地。	完善高速宽带网络、全市物联网，建设全市统一的基础公共云平台、协同创新平台、创新创业服务平台、大数据交易汇聚中心；加强政务数据的一体化采集，推动公共大数据的汇聚融合和共享应用；在政府治理、城市管理、公共服务、产业转型升级、京津冀协同发展等方面，深化大数据和云计算创新应用；强化大数据和云计算安全保障。
江苏省大数据发展行动计划	2016 年 8 月 19 日	完善大数据产业生态，丰富大数据示范应用，提升社会治理能力。	夯实信息网络基础，促进数据资源共建共享；推动创新发展，培育新兴业态；实施重点工程，推广典型应用；加快数据共享开放，提升政府治理能力；强化安全保障，促进健康发展。

二、中、美两国大数据政策的比较分析

中美两国大数据政策的比较分析，可以从三个维度展开。

（一）大数据政策目标取向

每一项政策都围绕着一个具体的目标来展开。美国的大数据政策主要是以问题为导向。一旦出现问题，马上实施相应政策。例如，2012年出台的“大数据发展倡议”，是根据当时大数据迅猛发展这样的背景，由六个联邦政府部门开展核心技术的攻关，政策内容很单一，主要围绕大数据技术而展开。再比如关注大数据引发的个人隐私问题和社会歧视现象，具体颁布了一些政策。中国的大数据政策是以宏观的规划为导向。

如果从更细致的角度来比较，政策实施时效方面，美国主要是关注当下，

而中国注重立足长远；目标属性方面，美国关注的是一些微观而具体的问题，中国关注的是一些宏观而全面的问题；目标定位方面，美国是想解决一些具体的问题，而中国比较注重提出一揽子方案；目标形式方面，美国采取的是一事一政策，有的政策非常简单，就是一页纸，而中国的政策都是面面俱到。从社会实效来讲，美国的政策解决当时的问题，引领当时大数据的发展。而中国的政策注重一揽子方案，面面俱到，但部分目标并不容易落实，或时间上较为仓促，或地区间定位雷同。

表 3：中美大数据政策目标取向比较

比较对象	美国	中国
实施时效	关注当前	立足长远
目标属性	微观而具体	宏观而全面
目标定位	解决具体问题	提出一揽子方案
目标形式	一事一政策	面面俱到
社会实效	发挥了引领作用	容易蹈空
总体特征	以问题为导向	以规划为导向

（二）大数据政策客体定位

本文提到的客体定位，是指大数据政策所作用的对象。美国大数据政策的客体主要是政府，制定政策的目的就是要明确政府应该干什么，以及怎么去干。比如“大数据发展倡议”就是明确六个联邦部门应该开展哪些大数据的攻关，涉及的都是具体的规范。中国大数据政策比较关注另一个客体——企业，也就是大数据产业怎么发展，而这一点在美国大数据的政策中较少涉及。

总体来看，中国的大数据政策，之前提到的两个客体都有。对于政府这一政策客体，仔细比较会发现这些客体之间也存在区别。美国比较关注数据开放，而中国关注数据共享，这其中的侧重点是不一样的，开放是向社会开放，共享是指部门之间的共享。

表 4：中美大数据政策内容的比较

	政策名称	政策内容										
		政府数据开放	政府数据共享	政府数据应用	大数据基础设施建设	大数据技术和工具	个人隐私保护	社会歧视规避	大数据安全	大数据教育与培训	大数据标准	大数据产业
美国	大数据研究和发展倡议					√				√		
美国	数字政府：构建一个 21 世纪平台以更好地服务美国人民	√		√								
美国	政策信息的默认形式就是开放并且机器可读	√										
美国	大数据：抓住机会、保存价值						√	√	√			
美国	大数据与个人隐私：一种技术的视角						√					
美国	大数据：关于算法系统、机会、公民权利的报告							√				
美国	联邦大数据研究与开发战略计划	√			√	√	√	√	√	√		
中国	促进大数据发展行动纲要	√	√	√	√	√			√	√	√	√
中国	广东省实施大数据战略工作方案	√		√								
中国	上海推进大数据研究与发展三年行动计划（2013—2015 年）	√										
中国	重庆市大数据行动计划		√	√	√	√				√	√	√
中国	关于加快大数据产业发展应用若干政策的意见 贵州省大数据产业发展应用规划纲要（2014—2020 年）		√	√	√	√			√	√	√	√
中国	浙江省促进大数据发展实施计划	√	√	√		√			√			√
中国	北京市大数据和云计算发展行动计划（2016—2020 年）	√	√	√	√				√	√	√	√
中国	江苏省大数据发展行动计划	√	√	√	√	√			√		√	√

对于企业这一政策客体，中国政府是高度关注的。比如贵州，两个文件谈的都是大数据产业的发展。国务院的文件里面有三大任务，其中第二项任务就是大数据产业的创新发展，占到了相当大的比重。而后，浙江、北京、江苏基本上都提出了大数据产业发展的目标，很多都是以2020年作为时间节点，对于要达到的产业规模、实现的目标都有自己的要求。这里其实涉及一个问题，政府要不要对于大数据产业的发展做出过多的干预。

表 5：中美大数据政策目标定位比较

	政府	企业
美国	政府在大数据发展中的职责、任务：政府数据开放共享，政府治理中的大数据应用	无
中国		对以企业为主体的大数据产业的发展做出具体规定

（三）大数据政策具体内容

在进行大数据政策具体内容的比较过程中，本文把中美两国涉及的大数据内容分成以下几个方面：政府数据开放、政府数据共享、政府数据应用、大数据基础设施建设、大数据技术和工具的开发、个人隐私保护、社会歧视规避、大数据安全、大数据教育与培训、大数据标准、大数据产业。

从对比结果看，美国的政策比较单一，往往仅涉及其中一两项，除了后面联邦大数据研究与开发战略计划稍微细一点。中国的大数据政策基本上面面俱到。

美国大数据政策以2014年为分界，基本上划分为两个阶段。前期美国政府是着力推进两项工作，第一个是推动大数据的发展，将它上升为国家战略，特别是重点开发大数据的核心技术。第二个是实施政府的数据开放运动，特别是奥巴马政府上台以后，数据开放作为其施政的重点。2014年以后，美国的大数据政策将个人隐私保护、社会歧视规避和大数据安全作为关注点。

中国大数据政策内容涉及面很广，但也有一些特色。比如个人隐私保护和社会歧视等，主要是放在整个大数据安全的角度里面进行阐述，并没有像美国一样花很多的篇幅来谈这个问题。其次，大数据产业如何发展，这也是中国大数据政策的关注重点。

三、关于大数据发展中政府角色、作用的思考

（一）政府在大数据发展中应该有所为，有所不为

我国的政府在大数据发展中应该承担一个什么样的角色，发挥什么样的作用。本文认为政府应该是“有所为，有所不为”。所谓“有所为”，第一是政府自身的大数据建设，要做好大数据的应用，特别是在社会治理和民生服务方面要做好大数据的应用；第二是政府的数据开放，政府要做好大数据基础设施建设，要制定好大数据的标准和法规。而“有所不为”，第一是指大数据资源的整合，特别是社会数据资源的整合。例如有些地方政府提出，既然大数据越大越好，就应该把政府的数据资源、企业的数据资源和个人的数据资源全部拿出来放到一个大数据里面，大家都来用，这个思路其实带有乌托邦色彩，甚至会破坏中国的大数据生态环境。第二是大数据产业方面，要尽量遵循市场化发展的路径，不要做过多的干预。

（二）明确我国政府在大数据发展中的角色及作用

1. 政府是大数据发展的规划者

政府应该做好大数据发展的顶层设计，完善大数据基础设施，建立健全大数据标准体系。

2. 政府是大数据规则的制定者

政府是大数据规则的制定者，应该在以下方面发挥作用：大数据规范化管理；应用过程中的法律规则与保护；大数据保存、删除与开放共享之间的边界区划；大数据安全保密管理；大数据商品化及市场交易、流通等方面主权、权益界定。

3. 政府是大数据应用的示范者

运用大数据把握经济社会运行规律；建立基于大数据的科学决策机制；运用大数据提升政府治理能力；促进大数据公共服务平台建设；利用大数据构建政府与公众之间的沟通互动平台。

4. 政府是大数据资源的提供者

做好政府内部数据资源的交流共享；大力倡导政府公共数据开放；建立政府、企业、社会互动的大数据流通机制；培育健康的大数据生态体系。

5. 政府是大数据市场化的推动者

积极培育大数据产业；推动数据资产的市场化流通；完善大数据市场交易机制。

6. 政府是大数据环境的营造者

通过政策引导、财政支持、人才培养、国际合作，为大数据的发展营造一个良好的环境。

京津冀企业实力、活力及创新力测度
—— 基于大数据分析

祝尔娟[1]

【摘　要】本文基于大数据分析京津冀企业的实力、活力和创新力。首先对协同创新等基本问题进行了厘清；其次从三地互投的角度对京津冀产业协同发展新动向进行了重点比较分析。本文构建了京津冀企业发展指标体系，对京津冀地区44个市区县的企业发展水平进行了分项及综合测度，在此基础上，本文对促进京津冀企业发展提出了几点政策建议。

【关键词】大数据分析　京津冀企业发展指标体系　协同创新

一、几点认识

（一）关于协同创新

如果从经济学意义上理解协同创新，本质含义是生产要素的“新组合”。

---

① 祝尔娟，首都经济贸易大学城市经济与公共管理学院教授，博士生导师，首都经济贸易大学特大城市经济社会发展研究院副院长、京津冀大数据研究中心主任。

如果我们把创新的概念引入区域发展研究领域，我们理解的区域协同创新就不仅仅指微观层面的要素“新组合”（包括人才、技术、信息、管理、组织等创新及组合），还应包括中观层面的结构“新组合”（包括产业结构、交通布局、城镇布局、公共服务布局、生态布局等结构优化）和宏观层面的制度“新组合”（包括体制、机制与政策的改革与创新）。实际上，区域经济是一个庞大的综合经济系统，区域协同创新必将贯穿京津冀协同发展过程始终，也绝不仅限于技术创新，而是一个包括微观要素新组合、中观结构新组合和宏观制度新组合在内的综合创新体系，特别是宏观的制度新组合尤为重要，它通过制度、机制与政策创新，为中观层面、微观层面的创新开辟道路、提供动力，京津冀协同发展才有可能出现全新局面。

（二）监测协同发展进程的必要性

京津冀协同发展顶层设计已经完成，现在的主要任务是落实规划。要落实规划，政府的作用至关重要。政府主要是通过调控政策来引导和落实规划。而政府的调控前提是要监测运行，要监测协同发展的整个进程，通过监测了解进程、发现问题、评估政策、预测前景、衡量目标。

（三）关于大数据分析的运用

当务之急要尽快建立一个打破各种部门界限、实现数据共享的监测平台。监测的成果既服务于政府，服务于企业，同时也服务于理论研究。目前面临的最大问题就是数据分割、不透明、不及时，形成“信息孤岛”，这样就影响到政府决策，影响到理论研究。

在研究过程当中，统计数据至关重要。统计数据是研究问题最基本的数据，具有规范性、代表性、稳定性、综合性，可以进行长期性、跟踪性、趋势性的研究。但是它也有弊端，尤其是滞后性，普遍都是前一年或者是前两年的数据，很多数据满足不了现实发展的需要。现在有必要引入大数据分析。大数据具有海量的信息，并且具有客观性、及时性、鲜活性、多样性等特点。运用大数据分析，可以发现一些利用传统统计数据难以发现的重要现象和问题，这些统计指标可以作为统计数据的重要补充，可以避免因主观评价可能对客观结果产生的不良影响。

（四）研究企业发展指数的必要性

企业是一个地区创造财富的基本单位。企业实力、活力和创新力代表和决定着一个地区或国家的发展实力和未来前景。企业是按照市场导向来运营的，企业的投资动向、创新能力以及发展活力，影响一个地区的产业、财税和就业，客观反映并从根本上决定着一个地区的经济实力、百姓福祉和发展潜力，是政府决策的重要依据。

最近我们研究团队做了两件事：一是基于企业大数据，分析京津冀产业协同发展最新动向；二是研究企业发展指数，分析京津冀发展的企业实力、发展活力与潜力空间。2016年的京津冀蓝皮书研究了五个指数，京津冀发展指数、协同指数、生态文明指数、企业指数和人口指数。

二、从三地互投看产业协同发展的新动向

为了给政府决策提供依据，我们京津冀大数据研究中心采用全国海量企业大数据，对2014—2015年京津冀三地企业相互投资的规模、速度、行业分布及空间结构进行分析，发现了一些值得关注的新动向。

京津冀企业资本状况。截至2015年，京津冀地区在营企业222.26万家，企业资本28.82万亿元。其中，北京的在营企业达到110.79万家，占比达49.85%，企业资本占到京津冀企业资本的64.15%；天津的在营企业大体占到企业数量的14.41%，资本占到17.32%；河北的在营企业占到35.74%，资本占到18.54%。

京津冀的企业性质。京津冀地区国有企业占有相当大的比重，国有企业的注册资本达到53%，民营企业35%，外资企业11%，集体只有1%。从中可以看到，区别于长三角、珠三角的原因之一：京津冀地区央企，特别是国企占有相当大

的比重，所以资源配置的行政色彩很浓。中小企业、民营企业的比重相对比较小。北京的国有企业注册资本达61%；天津比较突出的是外资，达到18%，国企注册资本达到42%；河北主要是民营企业，资本占到57%，国企占33%。从三地的投资情况看，2014年以来，发现有以下几个新动向。

（一）三地互投活跃，北京外溢效应显著

三地相互投资增长迅猛。如果扣除本地企业自身相互投资，2015年京津冀三地相互投资额达到1948.75亿元，是2014年的3.2倍。

北京对天津、河北的投资呈现井喷状态，并且已经成为资本净流出地。2015年北京对天津和河北投资额为1641.81亿元，占三地互投总额的84%，说明三地投资中80%多是北京企业投的，这反映了北京在推进京津冀协同发展中起的重要推动作用。而同期北京吸纳津冀两地的投资额仅为306.94亿元，不足北京对津冀投资额的1/5，反映了北京已经是一个资本净流出地。

（二）津冀两地相互投资也明显提速

2014年、2015年天津对河北、河北对天津的投资也在增长。

表1：2014—2015年津冀两地相互投资情况（亿元）

年份	天津对河北	河北对天津
2014年	19.75	48.64
2015年	34.89	33.78
合计	54.64	82.42

另外，2014年天津吸纳北京投资大于河北，2015年河北吸纳北京投资资金能力超过了天津。河北作为京津产业转移的重要承载地，吸纳京津投资能力呈现跳跃式增长。2015年河北吸纳北京投资863.34亿元，较2014年同比增幅436.07%。2015年河北吸纳京津两地投资总额达898.23亿元。

表 2：2014—2015 年北京对津冀两地投资情况（亿元）

	2014 年	2015 年	同比增幅（%）
北京对天津	308.62	778.46	152.24
北京对河北	161.05	863.34	436.07
合计	469.67	1641.81	249.57

（三）三地互投有明显的行业倾向

北京对天津的投资倾向于研发环节，主要是科学研究与技术服务；另外是资本环节，主要以现代金融服务业为指向。2015年北京投入天津研发环节（以科学研究与技术服务为指向）和资本环节（以现代金融服务业为指向）的投资额分别占北京对津冀该环节投资总额的75.65% 和93.88%。北京对河北的投资集中于制造环节（以制造业为指向），2015年北京投入河北制造环节的投资额占北京对津冀该环节投资总额的62.27%。

天津对河北的投资主要集中在制造业和商务服务业。2015年天津对河北在制造业和商务服务业的投资额分别占天津对河北全年投资总额的20.98% 和7.48%，特别是对制造业的投资占比，比2014年的11.59% 提高了9.39个百分点。

河北对天津的投资主要集中在商务服务业和金融业。2015年河北对天津在商务服务业和金融业的投资额分别达19.06亿元和6.36亿元，占河北对天津全年投资总额的56.42% 和18.83%。

（四）三地投资向产业轴、发展带集聚

北京投资的热点地区主要是天津滨海新区以及河北的四个城市——唐山、石家庄、廊坊、保定。2015年北京对天津的投资主要流向滨海新区（648.84亿元），占对天津当年投资总额的83.35%；向武清投资额为51.21亿元，占对天津当年投资总额的6.58%。二者之和占对天津投资的九成。北京对河北投资主要流向唐山、石家庄、廊坊、保定四地。2015年北京向唐山、石家庄、廊坊、保

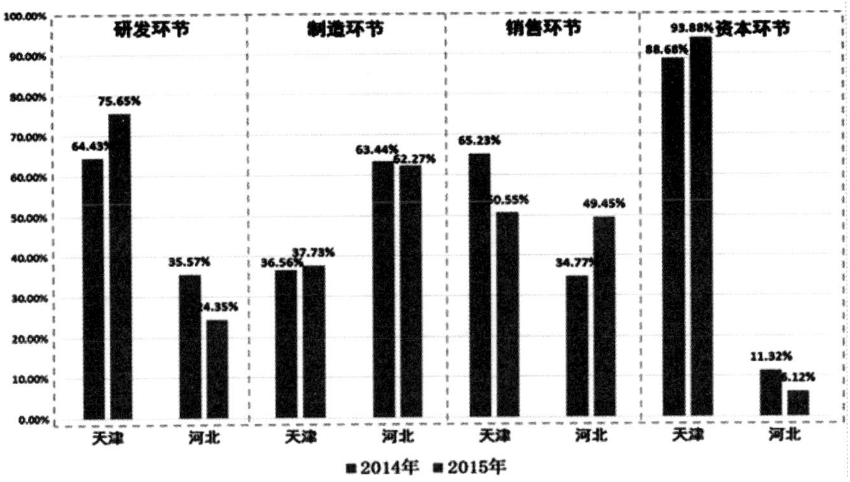

图 1：2014—2015 年 9 月北京科技服务业向津冀投资比重分产业链环节对比情况

定的投资额分别占当年对河北投资总额的55.71%、10.65%、9.79% 和5.77%，合计为81.92%；天津对河北的投资主要流向秦皇岛、保定、衡水等地；河北对天津投资的92.57% 流向了滨海新区。

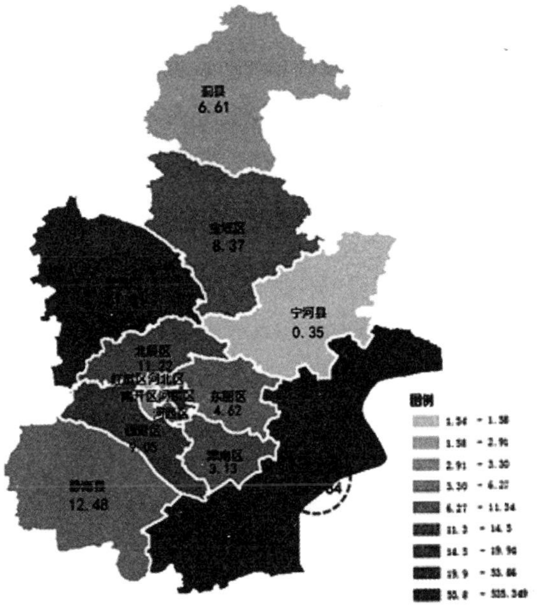

图 2：2015 年北京对天津投资分区县分布情况

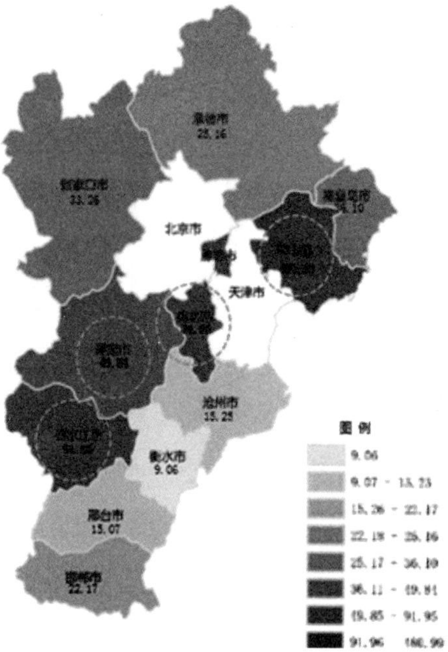

图 3：2015 年北京对河北各市投资分布情况

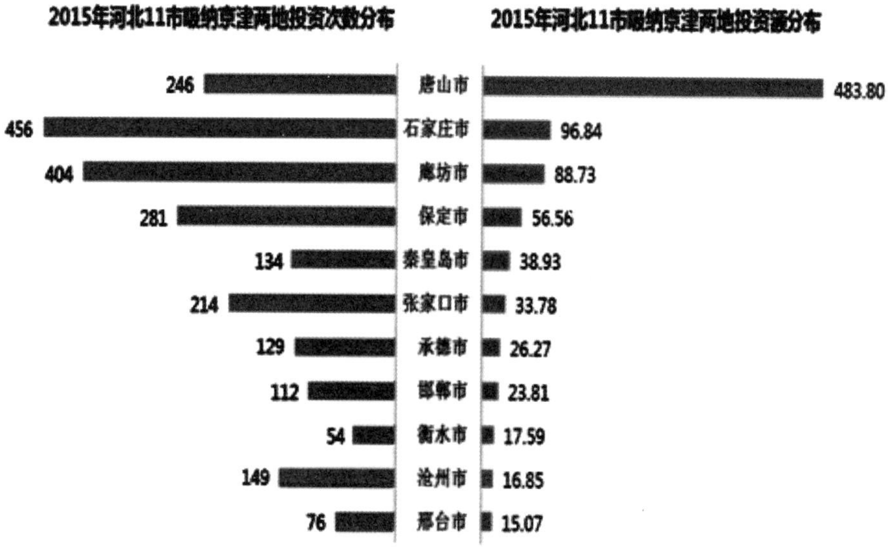

图 4：2015 年河北 11 市吸纳京津两地投资分布情况（次 / 亿元）

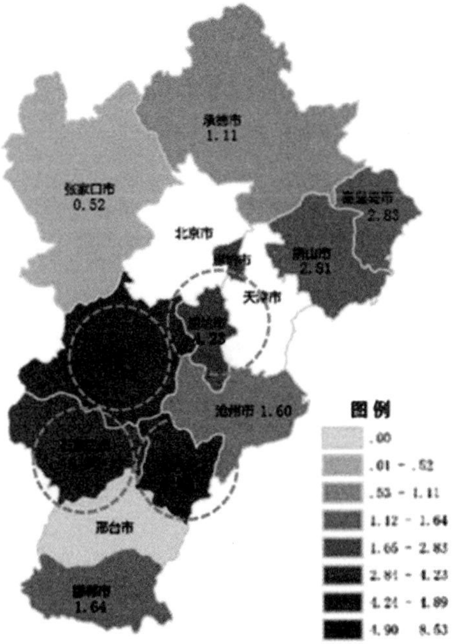

图 5：2015 年天津对河北各市投资额情况（亿元）

（五）从吸资重点看转型升级步伐在加快

1. 北京：科技商务文创成吸资重点，产业层次高端化

2015年北京的科学研究和技术服务业、租赁和商务服务业吸纳投资分别占当年北京吸纳投资总额的29.35% 和31.6%。同时，文化创意产业吸纳投资占京津冀文化娱乐产业吸纳投资总额的57.7%，居京津冀三地之首。

2. 天津：先进制造和现代金融为吸资重点，升级步伐加快

2015年天津先进制造业（航空航天、高端装备、电子信息等知识密集型产业）吸纳投资占天津制造业吸资总额的36.6%。

现代金融服务业吸纳投资（457.14亿元）占京津冀三地金融业吸资总额（1078.81亿元）的42.37%，稳居三地之首，分别为北京和河北的1.02倍和2.64倍。

3. 河北：钢铁、化工和汽车制造成吸资重点，产业转型升级稳步推进

2015年河北制造业吸纳投资额达909.43亿元，位居三地之首。

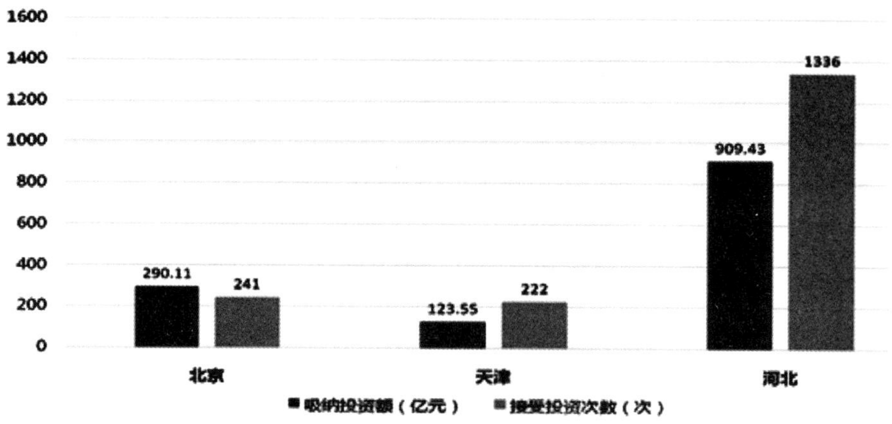

图 6：2015 年京津冀三地制造业吸纳投资对比情况

河北积极承接产业功能转移，产业升级步伐加快。2015年，河北制造业吸纳北京和天津投资442.20亿元，占全行业投资总额的49.23%；其后依次是交通运输、仓储和邮政业、租赁和商务服务业、科学研究和技术服务业、房地产业。

表 3：2015 年京津对河北各行业投资情况

行业类别	吸纳投资（亿元）	占比（%）
制造业	442.20	49.23
交通运输、仓储和邮政业	77.80	8.66
租赁和商务服务业	69.69	7.76
科学研究和技术服务业	53.25	5.93
房地产业	47.45	5.32
电力、热力、燃气及水生产和供应业	39.84	4.44
采矿业	38.17	4.25
金融业	36.50	4.06
其他	93.03	10.36
合计	898.23	100

2015年，河北钢铁产业吸纳投资的94.15%流向了炼钢领域；汽车产业吸纳投资额中对汽车整车制造投资占到97.78%。这些资本的注入，必将加快河北制造业转型升级的步伐。

从三地企业相互投资的行业分布看，总体朝着三地的定位方向迈进：北京打造全国科技创新中心；天津打造全国先进制造研发基地和金融创新运营示范区；河北建设产业转型升级试验区。

三、企业指数研究

指数是一种表示社会经济现象动态的相对数，运用指数可以测定社会经济现象的总动态，分析社会经济现象总变动中各因素变动的影响程度。我们研究团队构建了由企业实力、企业活力和企业创新力3个二级指标和12个三级指标所组成的企业发展指数评价体系，运用企业大数据，对北京17个区（包括亦庄开发区）、天津16个区县、河北11个地级市共44个市区县的企业发展水平进行了分项及综合测度，得出以下基本结论。

表 4：京津冀企业发展指标体系

一级指标	二级指标	指标解释
企业实力	存续企业数量（个）	一个地区当年存续的企业数量
	存续商标数量（个）	一个地区存续的企业在当年新申请的商标数
	注册资本总额（亿元）	一个地区当年存续企业的注册资本总数
企业活力	新增企业数量（个）	一个地区当年新增的企业数量
	对外投资金额（亿元）	一个地区存续企业在当年对区域内与区域外的投资，如设立的分公司、投资的子公司等
	现代服务企业数占企业总数比重	按北京工商局的口径统计
	民营企业数占企业总数比重	按企业性质定
	外资企业数占企业总数比重	企业登记信息中的外资企业占比

（续表）

一级指标	二级指标	指标解释
企业创新力	新增专利数（项）	一个地区新增企业在当年申请的专利数
	新增商标注册数（项）	一个地区新增企业在当年申请的商标数
	三项专利数（项）	一个地区存续企业在当年申请的专利总和
	高新技术企业数占企业总数比重	按北京工商局的口径统计

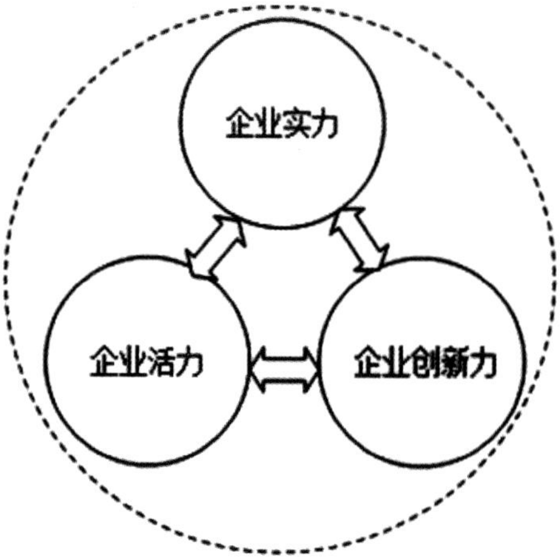

图 7：企业发展指标体系的逻辑关系

（一）综合得分：北京明显优于津冀，排名前 10 位中北京占 7 位

根据熵值法，对2014年京津冀三地44个市区县的企业总体发展水平进行测评得分排名。排名在前10位的城区中，北京占7位，天津占2位（滨海新区、武清区），河北占1位（石家庄），说明北京的企业综合发展水平明显优于津冀。

（二）北京：三个分项指标前 10 名中均占 7 位，总体企业实力最强

从企业实力和企业活力来看，北京朝阳区最强，居分项指数第一位；从企业创新力来看，海淀区最高。从空间结构看，北京的城市功能拓展区（海淀、朝阳）和城市核心区（西城、东城）是京津冀企业综合发展水平最强的集聚区。

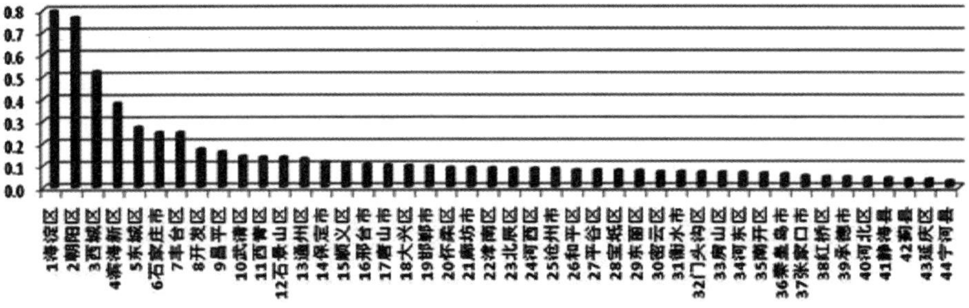

图 8：2014 京津冀各市、区、县企业总测评得分排名

通过综合聚类分析，北京首都功能核心区（东城、西城）和功能拓展区（海淀、丰台、朝阳、石景山）居于第一序列；房山、通州、顺义、昌平、大兴等城市发展新区处于第四序列；延庆、房山、门头沟和密云等远郊区的企业实力较弱，反映了北京各区间企业发展差距悬殊。

（三）天津：企业创新力呈增长态势，滨海新区“一枝独秀”，但其他区县企业实力较弱

企业活力排名，天津占2位（滨海新区居第5位，和平区居第9位）；企业实力排名中，天津占1位（滨海新区居第6名）；企业创新力排名中，天津占3位（滨海新区居第3位，武清区居第5位，西青区居第7位）。但天津企业发展非常不均衡，除了滨海新区各分项指数中均能进入前10位以外，其他区县企业的总体水平较弱，如在企业实力排名中，天津有9个区县落入后10位。

（四）河北：石家庄、保定企业实力较强，其他地级市大多居于中游

在企业实力排名中，河北的石家庄、保定进入前10位；在企业活力排名前10位中，石家庄居第6位；在企业创新力排名前10位中，河北没有1位，有4位落入后10名。总体来看，河北大多数地级市的企业得分居于中游水平。

四、促进京津冀企业发展的政策建议

（一）通过疏解非首都功能，优化区域空间布局

北京市内的疏解重点应放在城市发展新区，以促进“产城融合”，打造反磁力基地；天津应在空间布局上实现“东移北转”，承接非首都功能，除滨海新区以外，将北部的北辰、武清、宝坻也作为重点承接地区，促进天津各区县企业相对均衡发展。河北由于面积大、人口多，在承接非首都功能疏解上，应选择优势地区和优势园区进行承接，可重点依托石家庄、唐山、保定、廊坊和邯郸进行承接，注重在打造产业轴的同时打造城镇轴和人口聚集轴。京津冀协同发展的关键在于“垫高”河北的企业发展水平，形成区域内合理的梯度差。

（二）北京不同区域的发展应各有侧重

首都功能核心区：重点做好“减法”和“除法”，实现有序疏解。城市拓展区：重点做好“减法”和“加法”，实现“腾笼换鸟”。城市发展新区：重点做好“加法”与“乘法”，承接非首都功能，打造反磁力基地。生态涵养区：主要做“加法”，在实现生态保护的同时发展经济。

（三）天津应避免“一枝独大”，实现区县间相对“均衡发展”

依托优势区县，打造先进制造业研发基地。承接非首都功能外溢，优化空间布局，实现各区县间的均衡发展。强化滨海新区综合配套带动作用，发挥滨海新区发展空间优势、资源优势和政策优势，带动周边区县发展。

（四）河北应实施三大重点战略，实现企业发展的“提质增量”

“除旧布新”战略，即运用高科技改造传统产业。“筑巢引凤”战略，即承接非首都功能，尽快形成新增长点。“借势发展”战略，即加强与京津全面合作，抓住重大战略契机，培育新的增长点。

区域协同主体优势合作与京津冀协同创新网络构建研究[①]

——基于“三螺旋”理论视角

张 贵[②] 温 科[③]

【摘 要】协同创新是京津冀协同发展的内在动力，本文研究了2008—2013年京津冀“企业—研究机构—政府”的协同创新现状，基于“三螺旋”创新理论，构建了京津冀地区协同创新的网络模型。根据企业、政府研究机构的网络关系对京津冀协同创新效率的影响结果，本文提出应分别建立并完善以企业、政府、研究机构三者为核心的协同创新网络链条，打造京津冀协同创新共同体。

【关键词】三螺旋 京津冀 协同创新 网络关系

---

① 本文为国家社科基金重点项目“基于竞争优势转型的我国产业创新生态系统理论、机制与对策研究”（14AJY006）、国家社科基金重大项目“新产业革命的发展动向、影响与中国的应对战略研究”和河北省教育厅人文社会科学研究重大课题攻关项目“京津冀协同发展的区域治理机制、体系与对策研究”（ZD201410）的阶段性研究成果。

② 张贵（1971—），男，河北尚义人，河北工业大学经济管理学院教授，博士生导师，京津冀发展研究中心常务副主任，主要研究方向为产业创新、区域经济；

③ 温科（1981—），男，河北邯郸人，河北工业大学经济管理学院博士研究生，邯郸学院经济管理学院讲师，研究方向为区域经济学。

一、引言

2014年2月26日，习近平总书记明确提出京津冀协同发展是一个重大国家战略；2015年4月中央政治局审议通过的《京津冀协同发展规划纲要》指出，实现创新驱动发展是有序疏解北京非首都功能、推动京津冀协同发展的战略选择和根本动力。为此，要强化协同创新支撑、完善区域创新体系、整合区域创新资源，更为关键的是打造京津冀协同创新共同体。

“协同创新”的概念最早由著名经济学家 Freeman 于1991年提出，他强调协同创新是系统创新的一种制度安排，是以企业为主体的创新协同关系。本文认为协同创新是指通过知识共享、知识互补、知识流动、制度创新等方式，以稳定的契约关系为基础，由企业、政府、科研机构、大学以及其他中介机构的主体所形成的有机生态系统和网络。协同创新网络是由各个主体以及其之间的关系组成的，因研究角度不同，所涉及的主体也不尽相同。从宏观视角来看，创新主体包括企业、研究机构、政府、金融机构、中介机构等（刘志华，2014；苏屹，2016）。随着技术进步和产业发展，创新不仅仅是单个个体的独立行为，更应该注重创新主体之间的关联关系。当前的创新活动是以企业、大学和政府之间的协同创新互动为基础，通过创新资源在彼此之间的循环流动，以非线性的方式共同发展的过程，其核心内容是在协同创新中形成知识空间、趋同空间以及创新空间，实现这三种空间的相互重叠和交叉，建立创新系统中知识资本与制度安排的互惠关系。所以，有必要建构一个以“三螺旋”创新理论（亨利·埃茨科威兹，1995）为基础的、以“企业—政府”“企业—科研机构”“政府—研究机构”和“企业—研究机构—政府”四种“三螺旋”创新模式为主的协同创新体系。强调企业、政府以及研究结构之间通过彼此边界开放，实现各自结构重组、资源流动和整合、创新活动的协同；其中，企业是网络的核心主体，政府是网络环境的主要缔造者，研究机构（包括大学、研究中心等各类科研机构）是创新知识的建立者和传播者（张学文，2014；邹波，2013）。通过研究创新网络中各个主体之间的关系，构建京津冀区域协同创新网络的途径。

为此，本文根据“三螺旋”创新理论以及京津冀协同发展的最新特点和趋势，构建了京津冀地区的“三螺旋”空间运行模型，在此模型中，企业、研究机构以及政府三类主体在知识空间、趋同空间以及创新空间的彼此重叠和交叉中发生相互作用，其中知识空间体现在以“临界质量”的形式为区域发展提供知识资源；趋同空间则体现在各个主体在多重相互作用的过程中，区域发展思想逐步统一；创新空间则表现为区域组织经过创建以及改进实现在趋同空间中拟定的战略。“三螺旋”空间环境推动着京津冀创新生态系统的运行，在系统中北京研究群落、天津开发群落和河北应用群落发生循环往复、优势互补、螺旋向上的相互作用，与“三螺旋”空间环境的运行方向保持一致，并共同推动区域协调发展。

二、“三螺旋”的京津冀协同创新网络模型构建

基于京津冀地区“企业—研究机构—政府”协同创新现状中出现的问题以及“三螺旋”创新理论，本文建立协同创新网络。“三螺旋”创新理论的内核表现为“企业—研究机构—政府”三者动态的、相互渗透的交互作用，形成了三力交叉、螺旋联结的协同网络关系和多重互动关系，使创新活动在高效率的前沿面上运行（亨利·埃茨科威兹，2000）。企业作为国家创新系统、区域创新系统以及“三螺旋”协同创新网络的微观基础，是提升创新能力的动力和源泉，决定着创新活动发展的方向，因此，本文主要从企业角度研究“三螺旋”协同创新网络关系。首先，确定协同创新网络的基本关系，包括“企业—政府”“企业—研究机构”以及“企业—企业”等网络关系；其次，建立假设，构建相应网络关系概念模型；最后，建立合理的变量关系，分离出影响“企业—研究机构—政府”协同关系的因素。

（一）研究假设与概念模型

1. 基于“企业—政府”网络关系的假设

在基于“三螺旋”创新理论所构建的协同创新网络中，一是政府作为公共部门，能够建立有利于创新主体深度合作的协同平台（汪秀婷，2012），并在制定相应的政策措施和战略项目的基础上，促进企业和大学、研究机构等组织的联结（吕静，2011），充分利用与研究机构的信息沟通渠道，加快科研成果的转化应用（施莉莉，2015），推动整个协同创新网络的运转以及创新效率的提高（解学梅，2010）。二是政府作为协同网络契约关系的重要主体，能够通过政策引导和激励、法律保护、关系协调等方式对整个协同创新活动产生推动作用（唐丽艳，2012），为网络中其他创新主体之间关系的建立提供法律和制度上的保证；三是企业等创新主体的创新活动具有较大的不确定性和风险性，政府的积极参与和有力扶持将会为企业等主体的创新行为提供引导，减少合作的交易成本，提高企业的自主竞争力和创新效率（齐昕，2015）；四是通过制定有关的公共政策和建立有效的公共设施，为企业等创新主体的创新活动提供良好的发展环境，构建基于共生关系的创新生态系统（李煜华，2014）。因此，可以得出“企业—政府”网络关系建立的合理性和如下假设。

H1：“企业—政府”关系对“企业—企业”关系具有正向的显著影响。

H2：“企业—政府”关系对“创新效率”具有正向的显著影响。

H3：“企业—政府”关系对“企业—研究机构”关系具有正向的显著影响。

2. 基于“企业—研究机构”网络关系的假设

协同创新网络的构建需要知识、技术等信息的自由流动，企业通过与研究机构的合作，可以改善创新网络的密度、互惠性、居间性、稳定性以及结构洞特征（刘凤朝，2013），促进市场内部各主体之间直接和间接、互惠和灵活的关系（刘丹，2013），推动整个协同创新网络的效率（潘东华，2013；蒋伏心，2015）。研究机构的作用主要体现在以下几个方面：一是研究机构可以将众多的隐性理论知识转化成论文、专利等显性知识；二是研究机构通过与企业建立合作契约关系，将已形成的显性知识通过信息渠道传送给企业，实现知识资本的流动和传递，显性知识经过后期的提炼加工和商业化，成为企业创新活动的主要依据；三是研究机构通过培训和直接输送等方式，提高企业的人才素质，为企业的持续发展提供智力支持，形成企业独特的创新能力和竞争优势（唐丽艳，2009）。因此，可以得出如下有关“企业—研究机构”网络关系的假设。

H4：“企业—研究机构”关系对“企业—企业”关系具有正向的显著影响。

H5：“企业—研究机构”关系对“创新效率”具有正向的显著影响。

3. 基于“企业—企业”网络关系的假设

企业是协同创新网络中的核心主体。网络中的各个企业在与其供应商的联系中，可以获得支撑企业发展的原材料；在与销售商或零售商的交互中，不仅可以及时将生产的商品转化为收益，也可以及时获得有关商品的市场信息，节省交易成本；在与网络中其他企业的关系中，通过竞争能够不断增强自身产品与服务的价值和改善自身产品与服务的质量，通过合作在创新成果溢出效应以及共享互补性资源的前提下，可以增强自身在市场中的竞争能力。在占据网络中心和富含结构洞位置（钱锡红，2010）的基础上，提升网络规模、网络强度、网络开放性、企业的知识吸收能力（解学梅，2013）以及企业的创新绩效。因此，可以得出如下有关“企业—企业”网络关系的假设。

H6：“企业—企业”关系对“创新效率”关系具有正向的显著影响。

综上所述，可以建立以下概念模型（见图1）。

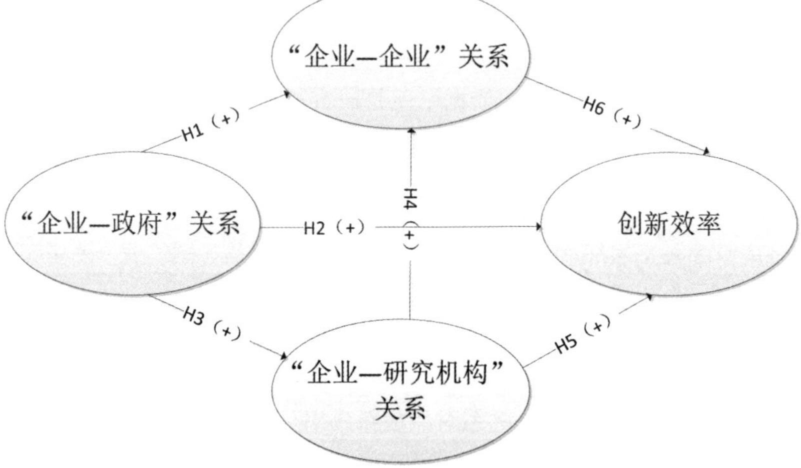

图 1：京津冀协同创新网络概念模型

（二）变量设计

基于研究目的以及概念模型本身的特点，本文采用 SEM 方法对概念模型进行结构化处理（见表1）。

表 1：概念模型变量

潜变量	显变量	理论依据
"企业—政府"关系	科技投入情况（VAR3）；政策的支持（VAR7）；制度的完善（VAR11）	Doloreux（2004），康健等（2014），张秀平等（2015）
"企业—研究机构"关系	企业对研究机构的投入情况（VAR2），研究机构成果的商业化与转化效果（VAR6），研究机构对企业进行人才等要素输送的情况（VAR10）	Fischer（2001），埃茨科威兹（2006），张学文（2013）
"企业—企业"关系	与供应商之间的关系（VAR1）；与零售商或者销售商之间的关系（VAR5）；与竞争企业之间的关系（VAR9）	潘东华（2013），李林（2015）
创新效率	企业 R&D 投入产出情况（VAR4），企业新产品投入产出情况（VAR8），企业新产品收入在主营业务收入中的比重（VAR12）	袁旭梅（2011），白俊红（2015）

在确定潜变量和显变量的内容和关系的基础上，对于有关“企业—政府”“企业—研究机构”以及“企业—企业”网络关系的数据，采用问卷量表的方式获得，形式以李克特5分量表为准，其中“5”代表了评价的最高程度即“非常满意”或者是“非常认同”，然后依次往下进行排序。对于有关创新效率的数据则是在量表中采用“开放式”问题的形式进行调查。“企业 R&D 投入产出情况”与“企业新产品投入产出情况”等指标数据是通过 DEA 方法进行计算之后得出的，有关“新产品收入在主营业务收入中的比重”的数据是在实地调研的基础上得到的。因此，有必要对有关“创新效率”的显变量数据进行“5分量表结果”的标准化。

三、实证验证

（一）描述性分析

在对问卷数据进行模型测算之前，要先进行描述性分析，这有助于对问卷的总体质量进行综合评价。

1. 调查对象的基本情况分析

问卷发放对象为京津冀地区相关企业，问卷发放途径主要分为电子邮件和面谈，共发放问卷320份，回收问卷273份，在去除掉无效问卷后，共回收问卷225份，有效率为82.41%。

为使样本能够反映研究总体的基本情况，本文决定采用分类抽样方式进行数据收集，分类标准涉及三个维度，即“所有制性质”“企业规模（人数）”“企业销售收入”。其中，“企业规模（人数）”和“企业销售收入”的分类标准是按照工业和信息化部等四部门印发的《2011年中小企业划型标准规定》来界定的。

2. 问卷数据的基本情况描述分析

首先对问卷数据的基本分布情况进行分析（见表2）。问卷数据的峰度都在5以下，偏度都在2以下，问卷数据基本处于正态分布。SEM 方法是基于极大似然估计值法，因此对问卷的信度和效度要求较高，其中问卷的信度用克朗巴哈指数测算，效度用潜变量与显变量之间的标准化路径系数以及 CR 值来确定。经测算后，问卷中潜变量和显变量之间的标准化路径系数基本都在0.7左右且 CR 值大于2，问卷效度较好，每个潜变量以及量表总体的克朗巴哈指数都大于0.7，问卷信度也较好，因此问卷数据可以用 SEM 方法进行分析。

表 2：模型信度和效度

潜变量	显变量	偏度	峰度	标准化路径系数	CR 值	克朗巴哈指数	问卷总体克朗巴哈指数
“企业—政府”关系	VAR3	−0.209	−0.603	0.725	–	0.754	0.928
	VAR7	−0.129	−0.601	0.718	11.009***		
	VAR11	−0.208	−0.230	0.691	9.997***		
“企业—研究机构”关系	VAR2	0.413	−0.433	0.829	12.495***	0.791	
	VAR6	0.490	−0.130	0.743	12.489***		
	VAR10	0.403	−0.251	0.767	–		
“企业—企业”关系	VAR1	−0.601	0.205	0.761	–	0.765	
	VAR5	−0.312	−0.229	0.719	11.293***		
	VAR9	0.307	−0.340	0.665	10.504***		
创新效率	VAR4	−0.329	−0.470	0.774	–	0.792	
	VAR8	−0.259	−0.379	0.728	11.287***		
	VAR12	−0.117	−0.375	0.734	10.991***		

注：*** 表示0.01水平上显著，** 表示0.05水平上显著，* 表示0.1水平上显著。

（二）模型分析与检验

首先将问卷数据带入结构方程中进行验证，分析数据与模型之间的拟合情况以及各个潜变量之间的路径关系（见表3和图2）。从拟合指数的总体情况看，SEM 模型与问卷数据拟合较好，说明问卷数据可以用于模型假设的验证和分析。

表 3：潜变量关系系数

假设	变量间关系	标准化路径系数	T 值	结果	拟合指数
H1	“企业—政府”关系→“企业—企业”关系	0.989	2.923***	成立	CMIN/DN=2.08（<3）；RMR=0.031（越小越好）；GFI=0.929（>0.9）；AGFI=0.896（>0.9）；PGFI=0.668（>0.5）；NFI=0.937（>0.9）；RFI=0.921（>0.9）；IFI=0.977（>0.9）；TFI=0.965（尽量接近 1）；CFI=0.972（>0.9）；PNFI=0.682（>0.5）；RMESA=0.065（<0.08）。
H2	“企业—政府”关系→创新效率	0.422	2.079*	基本成立	
H3	“企业—政府”关系→“企业—研究机构”关系	0.931	10.078***	成立	
H4	“企业—研究机构”关系→“企业—企业”关系	0.012	0.036	不成立	
H5	“企业—研究机构”关系→创新效率	−0.356	−1.071	不成立	
H6	“企业—企业”关系→创新效率	0.877	2.385***	成立	

注：*** 表示0.01水平上显著，** 表示0.05水平上显著，* 表示0.1水平上显著。

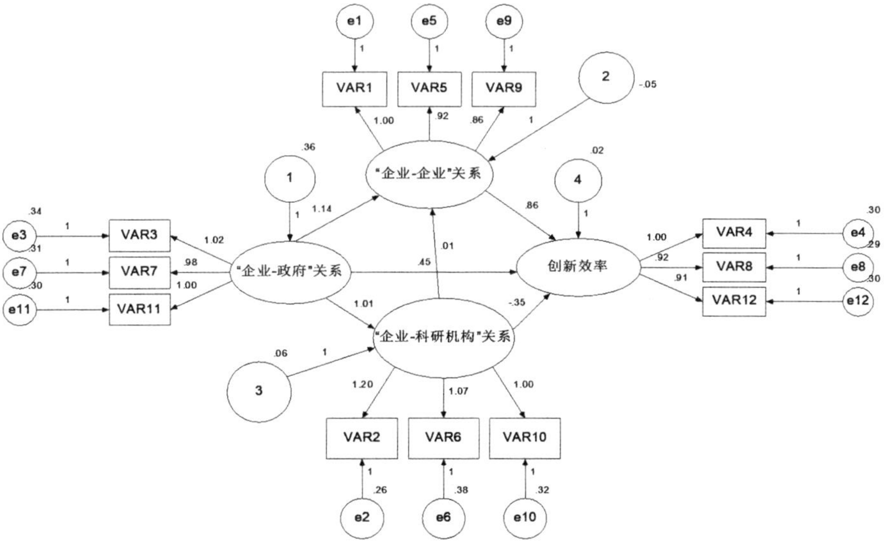

图 2：验证后的协同创新概念模型

（三）结果分析

在有关模型的假设中，H1、H2、H3和H6是成立的，H4和H5不成立（见表4和图2），这表明在京津冀协同创新网络中，"企业—政府"的网络关系对"企业—企业"网络关系以及整个协同创新网络的创新效率具有正向影响，其中"企业—政府"网络关系对创新效率的正向影响不太显著；"企业—企业"网络关系对创新效率具有显著的正向影响；有关"企业—研究机构"网络关系的所有假设都不成立，这说明京津冀地区企业与研究机构之间关系联结有一定问题。

相比较于已经验证成立并结果显著的假设，对结果不显著或者没有通过验证的假设进行研究更具有实际意义：

1."企业—政府"网络关系对创新效率的正向影响成立但不太显著

首先，在京津冀地区，政府对于推动企业的创新活动起着十分重要的作用，政府对企业投入大量的科研基金，但与政府对研究机构的投入相比，除河北地区之外，京津地区的差距都是非常大的。这表明在京津冀地区，政府更重视研究机构在协同创新网络中的作用。一方面，这有利于提高研究机构自身科研能力，发挥研究机构在协同创新网络中进行知识创新的主体核心地位；另一方面，政府对于企业投入过于失衡会造成企业创新动力不足，影响企业创新能力转化以及创新成果商业化效率。

其次，政府为创新主体有效进行创新活动提供制度和政策保障，但我国及京津冀地区设定的有关科技创新制度和政策依然不健全。例如，现有的《中华人民共和国知识产权法》经过多次修订虽已日趋完善，但是由于科技水平迅速发展、科技成果生命周期缩短，而知识产权法相关内容却更新相对缓慢，许多新技术成果的确立无法可依；又如，《中华人民共和国科学技术进步法》有关创新活动和创新成果的规定，主要是以文字的形式定性地概括，没有以数字的定量形式表述出来，这使得该法的可操作性较差。

2."企业—研究机构"网络关系对创新效率的正向影响不成立

除河北地区之外，京津地区企业对于研究机构的科研投入呈现递增趋势，但这种协同关系的日益紧密并没有完全发挥研究机构在企业创新活动中的作用，这与解学梅（2010）基于上海和深圳188家中小制造业企业调研得出的结论正好相反。究其原因，主要是京津冀地区研究机构输送到企业中的知识成果和技术成果的现实转化出现了问题，一方面说明研究机构创新成果的操作性差，成果转化能力不强；另一方面说明企业在创新成果的现实转化和商业化上，缺乏必要的能力、人才和设备。

3．“企业—研究机构”网络关系对“企业—企业”网络关系的正向影响不成立

创新主体的异质性是区域协同创新网络建立的基础，而异质性主要表现是创新主体所拥有资源的异质性，异质性会带来主体之间创新资源互补。企业与研究机构合作的主要目的是将研究机构的创新成果商业化并获得收益，并且这种收益会为企业带来持续竞争力。但从H5中的分析得知，京津冀地区企业在创新成果转化中能力不足，这需要企业在与研究机构建立合作关系的同时，加强与其在资源上具有互补性、发展上具有相同需求的企业合作，共同在研究成果转化中发挥作用，提高成果转化效率。这就解释了H4和H5同时都不成立的原因，即企业既缺乏创新成果转化能力又不愿与其他企业进行合作共同开发创新成果。

（四）修正模型后的变量间关系分析

SEM模型结果显示，在京津冀协同创新网络中，“企业—政府”以及“企业—企业”关系网络是影响“创新效率”的主要因素，但是此结果只能表明潜变量之间的关系，而无法说明各个解释变量的显变量对于被解释变量的影响。为了更进一步说明协同创新网络对于创新效率的影响，本文采用MANCOVA方法对修正后的模型进行分析（见表4）。其中，被解释变量“创新效率”的显变量包括“企业R&D投入产出情况”（VAR4）、“企业新产品投入产出情况”（VAR8）及“企业新产品收入在主营业务收入中的比重”（VAR12）。

表 4：京津冀协同创新网络 MANCOVA 分析

变量	特征值（条件索引）模型 1 模型 2			企业 R&D 投入产出情况（VAR4）			企业新产品投入产出情况（VAR8）			新产品收入在主营业务收入中的比重（VAR12）		
				模型 3	模型 1	模型 2	模型 3	模型 1	模型 2	模型 3		
C（常数）	−3.888（1.000）	3.933（1.000）	6.826（1.000）	0.992***（0.000）	0.669**（0.005）	0.448（0.055）	1.287***（0.000）	0.826***（0.000）	0.635**（0.006）	0.435*（0.043）	0.031（0.891）	−0.043（0.851）
供应商（VAR1）	0.069（7.498）		0.072（9.726）	0.433***（0.000）		0.256***（0.000）	0.362***（0.000）		0.175**（0.008）	0.207**（0.001）		0.092（0.152）
零售商（VAR5）	0.023（12.879）		0.025（16.601）	0.246***（0.000）		0.163*（0.019）	0.252***（0.000）		0.089（0.185）	0.307***（0.000）		0.242**（0.001）
竞争企业（VAR9）	0.019（14.258）		0.023（17.262）	0.088（0.148）		0.087（0.214）	0.057（0.346）		−0.091（0.136）	0.229***（0.000）		0.128（0.066）
科技投入（VAR3）		0.024（12.682）	0.021（18.202）		0.329***（0.000）	0.267***（0.000）		0.264***（0.000）	0.232***（0.000）		0.169**（0.007）	0.050（0.451）
政策的支持（VAR7）		0.022（13.266）	0.018（19.455）		0.302***（0.000）	0.121（0.077）		0.219**（0.001）	0.136*（0.046）		0.332***（0.000）	0.189**（0.005）
制度的完善（VAR11）		0.020（14.117）	0.016（20.853）		0.201**（0.002）	—0.022（0.722）		0.302***（0.000）	0.253***（0.000）		0.266***（0.000）	0.138*（0.026）
R^2				0.445	0.464	0.514	0.383	0.453	0.481	0.415	0.430	0.471
调整 R^2				0.438	0.456	0.500	0.374	0.446	0.467	0.407	0.422	0.457

注：*** 表示在<0.001 水平上显著，** 表示在<0.01 水平上显著，* 表示在<0.05水平上显著。

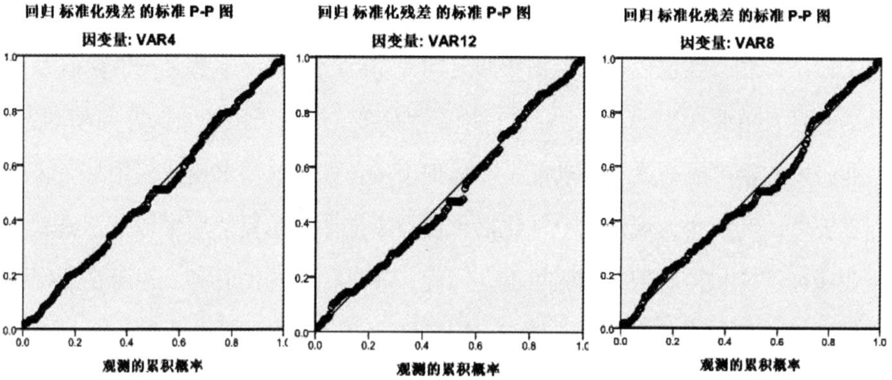

图 3：模型 3 的残差分布

在特征值大于0.01以及条件索引值都小于30的前提下，自变量间的共线性问题才能被忽略，因此，表明有关被解释变量的模型1都是不成立的，而模型2尽管成立，但是其值小于模型3（见表5）。模型3的残差分布情况较好，基本不存在自相关现象，因此模型3的回归结果质量较高（见图3）。

综合以上研究结果，相对于模型1和模型2，模型3是解释“创新效率”变量的最优形式。

综合影响因子以及显著系数的测算结果，可知“与零售商之间的关系”“与供应商之间的关系”以及“政府的科技投入”等变量对“企业 R&D 投入产出情况”具有显著正向影响。这表明，企业研究与发展能力不仅需要企业自身技术水平、人员素质以及生产设备能力的提高，同时也需要政府扶持和帮助，尤其是政府对企业的科技投入。企业通过不断加强与供应商和销售商的关系，可以提升企业有关产品和服务的信息在上游企业和下游企业之间的流动能力，促使企业间进行重复性交易，减少供应商与销售商的数量，发挥非正式契约关系的作用，形成“纵向一体化”效应，这对于提高企业生产和销售能力、降低企业交易费用以及促使企业资源溢出内部化具有重要意义。

对“企业新产品投入产出情况”变量有显著正向影响的是“与供应商之间的关系”“政府的科技投入”以及“政府制定制度的完善”等变量，另外“与零售商之间的关系”及“政府政策的支持”等变量对其也具有影响，但是影响因子较小，显著性也较差。与销售商之间关系的改善对于了解客户需求以及市场动态具有重要作用，这是企业进行新产品研发、提高销售绩效的方向和动力。企业研发的新产品在设计和功能上要体现市场预期，这要求企业使用品质较优的零部件，而现今大规模的个性化需求使得零部件的重复使用率较低，这就为企业库存管理和控制带来较大难度，因此，寻求稳定的供应商，对于企业提高产品质量、增加企业生产边际效益、提高企业竞争力十分重要。政府通过对企业的直接资助（例如研发补贴）和间接扶持（例如政府购买）降低企业生产边际成本，拓宽企业融资渠道，减少产品生产过程风险；通过向企业提供生产和服务所必需的关键和共性技术，降低企业新产品生产过程中面临的不确定性，提高企业新产品的生产效率。

对“新产品收入在主营业务收入中的比重”变量有显著正向影响的是“与竞争企业之间的关系”“与零售商之间的关系”“政府政策的支持”以及“政府制定制度的完善”等变量。与竞争企业之间竞合关系的加强有利于企业对所在行业的发展现状以及自身产品的生命周期进行深入的认识，随着企业原有产品逐步从成熟期转入衰退期，新产品逐渐成为企业发展和主营业务的重心，但新产品的市场准入“门槛”较高，企业进行新产品市场开发和提高新产品市场份额需要与竞争企业之间的合作，这可以与竞争企业形成能力的互补性、降低新产品发展的路径依赖性、市场的重叠性以及企业生产成熟产品的资产专用性，形成有效的企业网络。与零售商之间关系的加强，有利于形成和谐的商业和个人关系以及市场知识在营销渠道中的互动和转移，为新产品的销售减少了交易成本，拓宽了自身的营销渠道。在新产品开发过程中，政府采购是一种促进企业新产品发展、提升新产品形象以及提高新产品市场份额的有效途径，尤其是通过绿色采购，对于引导企业发展绿色产品、激励企业进行绿色生产具有重要作用；政府通过制度完善和有效政策实行，可以降低新产品生产过程中的创新风险、销售过程中的道德风险以及溢出效应，减少企业与其销售对象之间的契约成本，激发企业进行进一步投入的积极性，增强企业新产品的营销效率，提高企业新产品收入的绝对量，提升新产品在企业发展中的重要性和企业的自主创新能力。

需要注意的是，建立某企业与其他创新主体之间的协同创新关系，要注意“弱关系”（非正式关系）在协同创新网络中的作用，某企业所在的网络节点所涉及的“弱关系”越多，“结构洞”越大，其在网络中的生态位层次就越高，此节点就会逐渐演化成协同网络的核心节点，基于契约成本和资产专用性的考虑，其他网络节点会紧紧嵌入以核心节点为中心的协同创新网络。

综合 SEM 以及 MANCOVA 计算的结果，可得修正后模型中各个显变量之间所构成的协同创新网络关系（见图4）。其中，变量之间距离越长，则表示其关系系数越大，影响越显著。

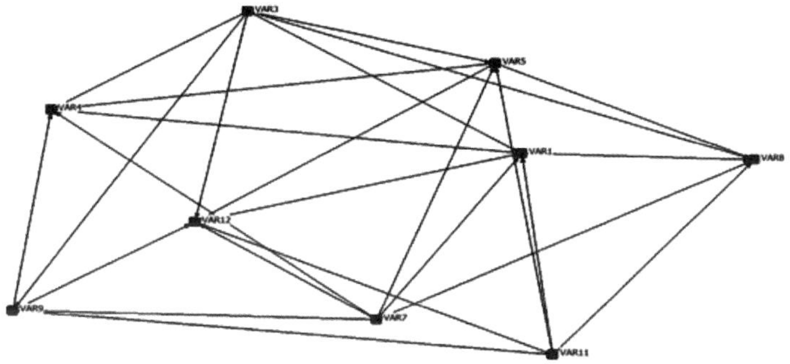

图 4：京津冀协同创新网络变量关系

四、对策建议

“三螺旋”创新理论指出区域创新的发展，既要突出企业、政府和研究机构等创新主体各自的作用，也要促进彼此之间的互动关系，形成以企业为主的技术创新链、以政府为主的制度创新链、以研究机构为主的知识创新链，发挥企业的创新成果转化功能、政府的创新活动服务功能、研究机构的创新知识流动和创新人才培育功能。根据京津冀协同创新网络中出现的问题，提出以下解决途径。

（一）建立以企业为核心的多元化创新成果转化体系

“企业—研究机构”关系网络对“创新效率”无显著影响说明了京津冀地区企业创新成果转化能力不足，结合企业成长理论、“三螺旋”创新理论以及京津冀地区实际情况，以下几个方面可以提升企业的创新成果转化能力：一是大力发展多种类型的平台式公共科研机构（如德国弗朗霍夫研究院型、中国台湾工业技术研究院型），促进企业形成持续发展的成果转化机制，突破传统产学研合作的“瓶颈”，实现产业共性技术在有效联结政府、研究机构以及企业间的功能，形成有效的创新链条。二是树立“开放式创新”和“分享式创新”的发展理念和战略目标，发挥企业作为协同创新网络核心主体的作用，在不断增强自身创新能力的同时，提高投入标准、力度和起点，不断增强与京津冀地区高水平研究机构的合作，形成知识、人才等生产要素相互交融的创新空间和趋同空间，坚持走产学研一体化的协同创新合作道路，使企业具有持续发展的内生动力。三是建立有利于协同创新的组织体系和技术创新联盟。通过建立技术创新联盟，可以培育有效的互惠规范，促进企业与研究机构之间的信息流动，保证合作的延续性。四是针对促进成果高效转化的目标，企业可以与各合作主体之间设立与成果转化有关的衡量、监督以及评估机制，发展“合同科研”等合作模式，聘请有关人员就成果转化过程中出现的问题进行协商解决，形成有利于成果转化的奖励体系，降低成果转化风险。五是发挥区域“三螺旋”企业产业技术水平高、管理水平先进、高素质人力资源丰富等优势，引导其他企业吸收竞争性企业的技术溢出、管理经验以及人力资本，充分挖掘本地区的研发资源，提高新技术研发成果的产业转化效率，形成以“三螺旋”企业技术创新和生产为主导的京津冀产学研合作体系。

（二）建立以政府为核心的创新活动服务体系

“企业—政府”之间关系网络对“创新效率”的低显著水平影响，说明京津冀地区企业与政府合作关系存在一定问题，这与京津冀地区各地政府每年对企业的大量投入形成了较大反差，在一定程度上也说明政府向企业投入低效率。针对这些问题，地方政府一定要改善其为创新活动服务的职能，提高服务能力：一是继续加强政府对企业研发投入力度，尤其是河北省政府机构每年对企业研发活动的支持力度与京津地区相比差距过大，这不仅不利于河北当地创新成果的产生和京津冀三地之间协同发展，更不利于北京非首都功能有效承接对接。二是探索产业园区等技术平台建设方面的合作共建。企业科技成果的转化、创新人才的培养、企业与研究机构合作关系的建立，需要协同网络内各企业之间的有效合作，政府通过对科技基础条件资源进行战略重组以及优化，建立成果孵化器、科技园区等技术合作平台，实现协同创新网络中各个创新主体之间的互通互融，使资源、技术与管理等咨询服务逐步融为一体。三是不断完善现有的制度和政策，继续从"软环境"上支持协同创新网络中各主体之间的协同创新关系，如发展京津冀法院联动机制，探索建立跨行政区域案件管辖制度，促进司法统一；统一京津冀三地的财税等行政体制；推动《京津冀协同创新发展战略研究和基础研究合作框架协议》的贯彻实施，建立三地共同研究战略平台，共享创新资源。在不断发挥"高政府"自上而下作用的同时也要加强自下而上的协同创新。四是京津冀地区各地政府对本地区主要的研究机构进行功能的重组和整合，发挥学科间的关联效应和集聚效应，推动应用型大学等研究机构与企业开展互惠合作，加速科技成果的产业化，推动产学双螺旋合作。

（三）建立以研究机构为核心的创新知识流动体系和创新人才培训体系

研究机构是协同创新网络的知识生成中心，但仅靠知识生成不能完全发挥"企业—研究机构"关系网络的双螺旋作用，也不能直接带来社会边际效益增加。决定"企业—研究机构"关系网络是否能建立起来的主要因素在于知识与人力资本能否有效地输送到企业中。前文研究表明，京津冀地区的"企业—研究机构"网络关系效率并不高，应着重从以下几个方面改善：一是引导大学等研究机构成为技术研究所、大学园、科学园、孵化器等研发平台、创新平台和创业平台的集聚地，通过与政府和企业共同参与一系列技术合作、创业培训等项目，激发研究人员的创新和创业精神，发挥研究机构的产业功能，促进新知识的商业运用，形成有效的“三螺旋”互动。二是京津冀地区，尤其是河北的企业研发能力和成果转化能力较差，研究机构在与当地企业进行项目合作的过程中，要承担更多企业产品下游方面的研发工作，其中多涉及应用技术开发方面的知识，这类知识的缺点就是输送性和接收性不足，需要企业与研究机构建立严密的合作机制和反馈机制，这在一定程度上可以保证知识成果被企业有效地接收。三是要疏通知识流通的渠道。知识的流动会催生创新信息的流动，信息的流动除了要有高效的发送者和接收者之外，还要有无障碍的流通渠道，这既可以提高知识被有效接收的效率，又可以减少知识传输的交易成本。四是企业的创新发展需要自身知识的不断更新，知识更新的有效载体是企业的工作人员，加强与研究机构合作，积极运用研究机构的智力优势，建立有研究机构支持的培训体系，这对于企业人员素质的提高、企业创新成果的转化以及企业自身创新能力的提升具有重要作用。

□ 参考文献：

[1] Freeman C.Networks of Innovators：A Synthesis of Research Issues[J]. Research Policy，1991，(20)：499-514.

[2] 刘志华，李林，姜郁文.我国区域科技协同创新绩效评价模型及实证研究[J].管理学报，2014，(6)：861-868.

[3] 苏屹，姜雪松，雷家骕，林周周.区域创新系统协同演进研究[J].中国软科学，2016，(3)：44-61.

[4] 张学文.知识功能视角下的产学研协同创新路径：来自美国的实证测量[J].科学学与科学技术管理，2014，(5)：100-109.

[5] 邹波，郭峰，王晓红，张巍.三螺旋协同创新的机制与路径[J].自然辩证法研究，2013，(7)：49-54.

[6] 汪秀婷.战略性新兴产业协同创新网络模型及能力动态演化研究[J].中国科技论坛，2012，(11)：51-57.

[7] 吕静，卜庆军，汪少华 . 中小企业协同创新及模型分析 [J]. 科技进步与对策，2011，(3)：81–85.

[8] 施莉莉 . 论大学与企业协同创新中政府的作用——基于日本大学与企业创新体制的演变 [J]. 高校教育管理，2015，(3)：22–29.

[9] 解学梅 . 中小企业协同创新网络与创新绩效的实证研究 [J]. 管理科学学报，2010，(8)：51–64.

[10] 唐丽艳，陈文博，王国红 . 中小企业协同创新网络的构建 [J]. 科技进步与对策，2012，(20)：89–93.

[11] 齐昕，刘家树 . 创新协同度、区域创新绩效与自主品牌竞争力 [J]. 软科学，2015，(7)：56–59.

[12] 李煜华，武晓锋，胡瑶瑛 . 共生视角下战略性新兴产业创新生态系统协同创新策略分析 [J]. 科技进步与对策，2014，(2)：47–50.

[13] 刘凤朝，马荣康，姜楠 . 区域创新网络结构、绩效及演化研究综述 [J]. 管理学报，2013，(1)：140–145.

[14] 刘丹，闫长乐 . 协同创新网络结构与机理研究 [J]. 管理世界，2013，(12)：1–4.

[15] 潘东华，孙晨 . 产业技术创新战略联盟创新绩效评价 [J]. 科研管理，2013，(S1)：296–301.

[16] 蒋伏心，华冬芳，胡潇 . 产学研协同创新对区域创新绩效影响研究 [J]. 江苏社会科学，2015，(5)：64–72.

[17] 唐丽艳，王国红，张秋艳 . 科技型中小企业与科技中介协同创新网络的构建 [J]. 科技进步与对策，2009，(20)：79–82.

[18] 钱锡红，徐万里，杨永福 . 企业网络位置、间接联系与创新绩效 [J]. 中国工业经济，2010，(2)：78–88.

[19] 解学梅，左蕾蕾 . 企业协同创新网络特征与创新绩效：基于知识吸收能力的中介效应研究 [J]. 南开管理评论，2013，(3)：47–56.

京津冀地区在成果转化领域中的创新协同性分析

郭 曼 张 琳[①]

【摘 要】京津冀地区作为我国参与国际竞争、推进协同创新的核心示范区，是我国科技智力资源最富集、创新能力最强、经济最具活力的区域之一，构建区域协同创新格局，充分释放科技创新的效应和潜能是我们的重要任务。本文把京津冀地区作为一个整体，分析了其在成果转化中的协同发展情况及制约因素，提出了提升京津冀科技创新效应的政策框架。

【关键词】京津冀 协同发展 技术转移 转化特征分析

区域协同的重要意义就在于能够充分释放要素配置和要素流动所产生的价值和作用。京津冀协同创新工作就是要充分发挥各类要素的跨区域辐射带动作用，探索承接京津创新要素外溢转移，与河北产业创新需求对接转化的新模式

① 郭曼，科学技术部火炬高技术产业开发中心工程师，管理学硕士，主要从事科技人才和技术转移转化工作。

张琳，科学技术部火炬高技术产业开发中心工程师，理学博士，主要从事科技管理工作。

和新机制。2015年4月30日，《京津冀协同发展规划纲要》由中央政治局审议通过。推动京津冀协同发展，是党中央、国务院在新的历史条件下做出的重大决策部署，对于协调推进“四个全面”战略布局、实现“两个一百年”奋斗目标和中华民族伟大复兴的“中国梦”，具有重大现实意义和深远历史意义。当前，创新是引领“十三五”发展的第一动力，那么科技成果转化必然是当前经济形势下推动经济社会发展的先导动力。通过加快科技成果转化、促进科技与经济结合，对于京津冀的协同发展具有重要的战略意义，为京津冀协同创新发展提供技术创新的源动力。

一、京津冀科技成果转化的现状分析

京津冀地区作为我国参与国际竞争、推进协同创新的核心示范区，是我国科技智力资源最富集、产业基础最雄厚的区域之一。

（一）京津冀技术合同交易情况

京津冀地区技术交易能力不断增强，2013—2015年京津冀技术合同的交易金额详见图1。2015年全年技术交易输出合同88026项，交易金额3996亿元，占全国总额的28.7%和40.6%；2015年全年技术交易吸纳合同65568项，交易金额1624亿元，占全国总额的21.3%和16.5%。2015年，技术交易合同输出的前五个领域分别是城市建设与社会发展，电子信息技术，环境保护与资源综合利用，现代交通，核应用技术；2015年，技术合同吸纳的前五个领域分别是电子信息，新能源与高效节能，先进制造，航空航天，城市建设与社会发展。

（二）京津冀技术转移示范机构分布情况

2008年，经科技部批准，科技部火炬中心确定了清华大学国家技术转移中心等76家国家技术转移示范机构，发展至今数量已增加至453家，其中企业类技术转移机构81家、政府所属技术转移机构83家、高校及科研院所技术转移机

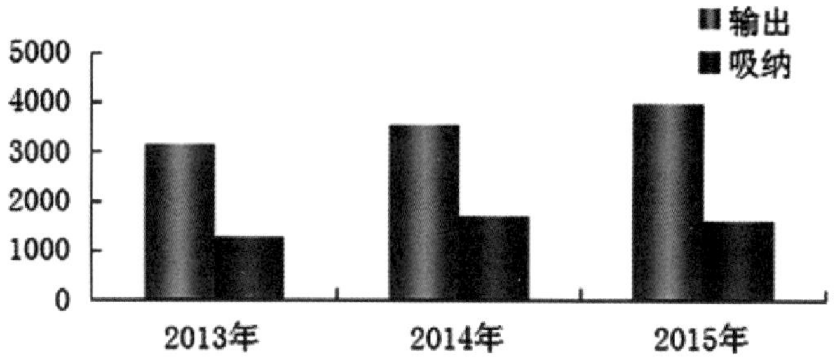

图 1：京津冀技术合同交易金额（亿元）

构255家、技术交易所34家。2015年示范机构共促成技术合同成交额1789亿元，成为我国科技成果转化服务体系的重要力量。

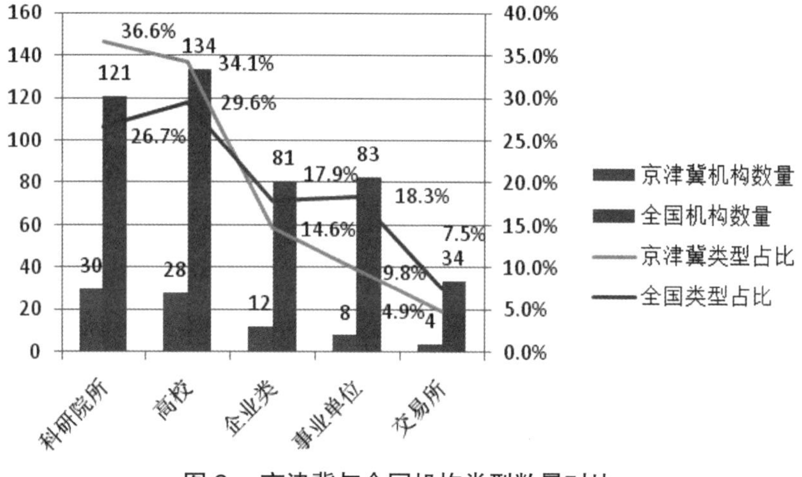

图 2：京津冀与全国机构类型数量对比

目前，京津冀地区共拥有82家国家技术转移示范机构，占全国示范机构数量的18.1%。其中，北京拥有示范机构58家，占京津冀地区数量的70.7%，河北省和天津市分别为13家和11家，详见表1。其中，高校和科研院所的示范机构居多，北京就有44家。可见，京津冀科技成果转化机构数量占优势，成熟技术转移机构较多，为京津冀地区的科技成果转化提供了良好的平台保障。

表 1：京津冀地区技术转移机构地域分布

省 / 市	机构数量	占京津冀机构比例（%）	占全国机构比例（%）
北京市	58	70.7	12.8
河北省	13	15.9	2.9
天津市	11	13.4	2.4

（三）技术转移机构盈利能力较强

2015年示范机构百人技术转移项目数比2012年增长89.2%。2015年示范机构百人技术转移项目数为334项，相比2012年度增长率为89.2%。百人技术转移项目成交金额为46982.53万元，比2012年增长了36.3%。2015年国家技术转移示范机构百人技术转移项目数主要集中在10—2000项之间。其中，10—50项最多，有79家机构，占比18%。2015年国家技术转移示范机构百人技术转移项目成交金额在1亿元以上的机构数量最多，共263家，占机构总数的59.9%。

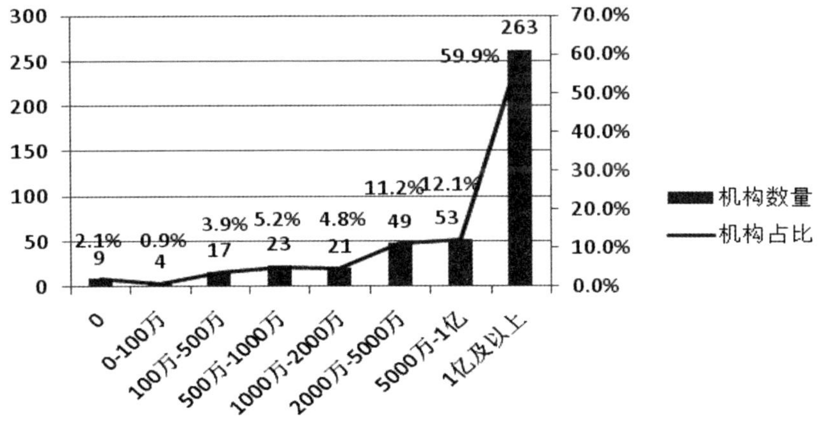

图 3：2015 年国家技术转移示范机构百人技术转移项目成交金额分布情况

京津冀地区国家技术转移示范机构的百人技术性收入是全国的1.9倍。2015年，示范机构的百人技术性收入达到8421.1万元，是全国的1.9倍；平均每家示范机构的技术性收入达到5202.4万元，是全国的1.36倍。

（四）科技成果交易与转移情况

百人技术转移项目成交量、成交金额均高于全国水平。2015年，京津冀地区72家可统计技术转移机构共促成项目成交数15419项，占全国的12.1%，共促成项目成交金额328.9亿元，占全国促成项目成交金额的18.4%。百人技术转移促成项目成交数为347项，比全国示范机构百人成交项目量多14项，百人技术转移项目成交金额为7.4亿元，是全国水平的1.57倍。

（五）技术转移服务能力凸显

京津冀经济带百人服务企业数量高于全国水平。百人服务企业数量为966家，高于全国百人服务企业数量123家。示范机构百人解决企业需求的数量为601项，比全国水平高出107项。但同时，京津冀技术转移从业人员结构精简，平均每家示范机构的人数为62人，比全国平均数少25人。

在战略性新兴产业、重大项目及国际项目的技术转移服务中发挥重要作用。京津冀地区百人促进战略性新兴产业技术转移项目成交金额为2亿元，是全国的1.21倍；百人促进重大技术转移项目成交金额为2.8亿元，是全国的1.8倍；百人促进国际技术转移项目成交金额为2919.6万元，是全国的1.96倍。

二、京津冀科技成果转化的协同发展

有数据显示，2015年1—9月，河北省从京津地区引进项目多达3330个，资金2397.5亿元。天津从北京引进工业项目130个，签署协议额达190亿元；天津从河北引进工业项目349个，协议投资金额为307亿元。2015年北京流向津冀地区的技术合同成交额为111.5亿元，主要集中在城市建设与社会发展、电子信息、新能源与高效节能、现代交通和新材料等领域。

2014年，北京对津冀地区辐射的技术合同为3475项，成交额达83.1亿元，与2011年相比分别增长22.3%和25.0%，北京是津冀两地最大的技术提供方。北京吸纳津冀地区的技术合同为2877项，成交额为84.6亿元。技术转移示范机构在促进京津冀地区的技术交易、产业转移和成果转化方面发挥了积极作用。

（一）协同发展中的特征分析

一是北京示范机构服务能力辐射全国。北京拥有全国大量的科研成果、技术人才、前沿技术等创新资源，还拥有开放的创新创业环境，能够形成技术转移的资源集聚效应，不断催生出技术转移服务新模式。与此同时，全国各地区对科研成果需求较旺，迫切希望将北京的创新资源引入，从而提升区域科技创新能力。因此，北京的示范机构通过与各地建立分支机构、工作站、产业技术研究院等多种形式将所拥有的技术成果输出。

二是中关村技术转移对外辐射能力强。中关村对全国地区的辐射带动能力强，可以归纳为“自主创新在中关村开花，产业升级在全国结果”。中关村领军企业对外辐射力度不断加大，如神雾环保的燃烧技术、赛美环能的膜法海水淡化技术等自主创新成果均在中关村开展研发，在河北和天津开展成果转化。同时，中关村技术辐射范围持续扩大，中关村技术交易额占全国的1/3以上，其中近80%输出到北京以外地区。截至2015年底，中关村企业在河北和天津设立的分支机构分别为2000家和1100家左右。立足中关村科技优势的协同创新，一些古老的工业开发区焕发了新生。

三是京津冀三地联合开展国际科技合作。京津冀三地通过共建国际科技合作渠道和港澳台科技合作渠道，充分发挥北京的辐射带动作用，推动天津、河北参与中国（北京）国际技术转移大会和中意创新论坛，通过举办天津、河北分会场，加快了国外先进技术在京津冀地区转移转化的速度，进一步加强京津冀地区的国际科技交流合作。据统计，在京津冀地区的技术转移示范机构中，有38家开展了国际业务，占比达到五成以上；促成国际技术转移项目成交数量272项，成交额为13.0亿元。

（二）协同发展成效显著

一是政策协同。针对我国科技成果向现实生产力转化不畅的难题，2015年至今，从修订《促进科技成果转化法》、出台《实施〈促进科技成果转化法〉若干规定》、到《促进科技成果转移转化行动方案》，国家政策层面形成了从修订法律条款、制定配套细则到部署具体任务的科技成果转移转化工作“三部曲”。体现在京津协同发展上，可以看到各地纷纷出台针对成果转化的相关政策，旨在充分调动科技人员创新创业和推动科技成果转化的积极性。2014年6月，北京市人民政府办公厅印发了《加快推进科研机构科技成果转化和产业化的若干意见（试行）》的通知；2015年12月，河北省科技厅联合11个部门印发了《河北省促进高等学校和科研院所科技成果转化暂行办法实施细则》的通知；2016年8月，中国科学院、科学技术部印发了《中国科学院关于新时期加快促进科技成果转移转化指导意见》的通知。

二是产业协同。北京的新定位是全国政治中心、文化中心、国际交往中心、科技创新中心，天津的新定位是全国先进制造研发基地、北方国际航运核心区、金融创新运营示范区、改革开放先行区，河北的新定位是全国现代商贸物流重要基地、产业转型升级试验区、新型城镇化与城乡统筹示范区、京津冀生态环境支撑区。不论新的定位和侧重点的不同，京津冀需要合作治理的问题主要是生态环境和水资源保护，从2013—2015年技术合同登记中“环境保护与资源综合利用”领域即可看出，北京在该领域输出的交易金额逐年上升，河北、天津在该领域吸纳的交易金额逐年上升（详见图4），三地联动协同发展环境保护的决心可见一斑。

三是机构协同。社会化主体积极参与，有力加速区域协同创新进展步伐。北京创业孵育协会、清控科创等一批服务机构都在通过共建孵化器等方式，实现孵化合作；2015年10月，中国国际技术转移中心在河北成立分中心。中国国际技术转移中心充分发挥自身优势，不断完善资源共享、市场开放和政策互动机制，促进技术、人才、资本、管理等创新要素的合理流动、开放共享和高效利用，为建设京津冀协同创新共同体添砖加瓦；2015年底，京津冀技术转移协同创新联盟成立，旨在突破原有界限、壁垒，凝聚京津冀三地创新资源，促进人才、知识、技术、资本、服务等创新要素的跨区域流动和无缝对接，有目的地促进京津冀三地产学研合作。

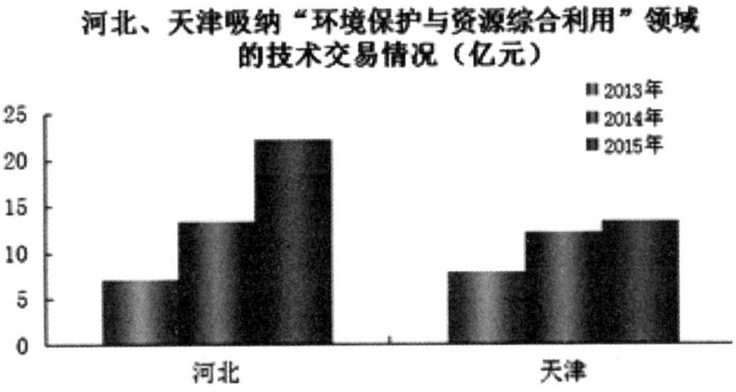

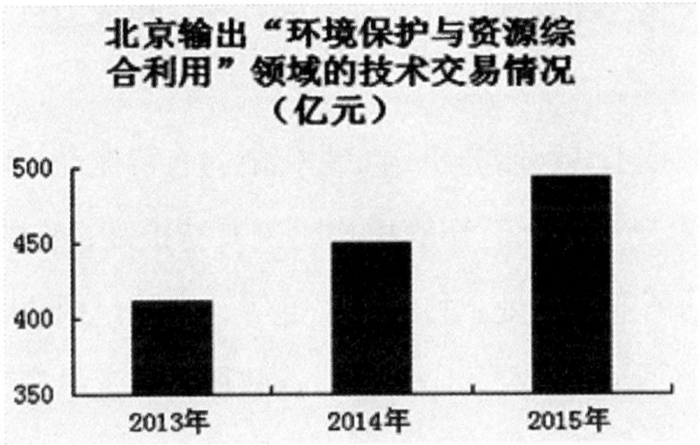

图 4：北京、天津、河北在“环境保护与资源综合利用”领域的技术交易情况

（三）协同发展中的主要制约因素

当前，京津冀地区正处于加快产业升级、结构优化、向创新驱动转型的关键时期，发展面临新的战略机遇和严峻挑战。京津冀区域作为一个“集合体”，同国内外典型经济区相比，市场化程度、产业水平及综合实力偏低，区域协同创新能力不强。结合多次调研中各方反映的实际情况，我们认为，京津冀科技成果转化的障碍主要体现在以下几个方面。

一是长期行政分割惯性没有完全消失。京津冀分属三个独立的行政区，在制定各自的政策时都从各自利益出发、追求行政区内的经济绩效，在城镇布局、职能定位、产业分工、基础设施建设等方面缺乏必要的协调，造成不同程度产业结构趋同、重复建设和恶性竞争等问题，与国内外典型经济区相比，其经济发展不平衡，协同创新性有待改善。

二是技术转移承接能力有待突破。与天津和河北相比，北京的科技创新能力显然更胜一筹。北京拥有许多高水平的高等院校，培养了大批高层次人才；以中关村科技园为龙头的高新技术企业的科技创新实力逐步壮大；众多国际跨国公司的研发中心在北京落户，等等。然而，京津冀地区面临着区域创新要素顺转度和共享度提高的问题，2015年度，北京输出排名前十的省市有：江苏省、福建省、广东省、贵州省、内蒙古自治区、四川省、上海市、辽宁省、云南省、山东省。相比较而言，京津冀地区的产业链与创新链衔接不足。因此，如何将北京的创新能力转化为津冀地区产业提升的推手，也成为京津冀一体化的重要议题。

三是市场化的技术转移服务机构专业化能力有待提升。京津冀的技术转移服务机构中完全实现市场化运作的机构比例有待提高，有的属于法人内设机构，如高校和科研所的科技处、科技开发部等，有的是由政府职能部门衍生的机构，如生产力中心、技术交易中心等。这些机构缺乏内在源动力，没有形成相应的服务链条，产业对接能力、市场导向不足，技术转移专业化服务能力较弱，缺乏一支既具备产业背景又具备市场开拓能力的技术转移经理人队伍，导致创新成果转化率偏低等问题。

三、对京津冀协同创新在成果转化工作中的总体认识及政策建议

正如习近平总书记强调的："科技成果只有同国家需要、人民要求、市场需求相结合，完成从科学研究、实验开发、推广应用的三级跳，才能真正实现创新价值、实现创新驱动发展。"多年来，我国一直存在着科技成果向现实生产力转化不力、不顺、不畅的痼疾。这个问题解决不好，科研和经济始终是"两张皮"，科技创新效率就很难有一个大的提高[3]。京津冀成果转化的协同创新

是一个长期工程，需要不断地通过政策倾斜、经济调控等方式激活区域活力。

一是加强技术转移服务人才梯队建设培养。技术转移转化工作要求科技服务人员具有很高的专业化能力和复合型背景。国外很多知名大学的技术转移中心都拥有一支既懂产业又懂科研，并能够提供信息交流、技术评估、咨询服务、中介协调、资金融通等方面服务。2015年始，科技部火炬中心依托国家技术转移人才培养基地建设工作，推进“基地＋教材＋师资＋管理”四位一体的技术市场人才培养体系。统筹推进技术市场管理人才、技术经纪人、中高级技术经理人等技术转移和成果转化从业人员梯队建设，探索建立国际高端技术转移人才培养机制，逐步形成符合技术市场发展需求，职业化、规范化、制度化的技术市场人才队伍，支撑科技服务业发展，促进技术成果资本化和产业化。

二是完善技术转移服务市场规范。目前我国的技术转移市场尚未完善，建议从项目交易规范、信用管理机制、技术评估与定价机制、交易管理机制四个方面来建立完善技术转移服务市场相关规范。项目交易规范是对带有公共属性的科研项目成果引导其进入技术市场开展技术交易，促进财政资金支持的科技计划项目成果通过进场交易快速转化和产业化；建立完善的信用管理机制，主要包括对各类主体的资质、信誉和专业能力进行认定、审查和监督，积极探索并逐步建立技术市场的社会信用体系；建立技术评估机制，应当在技术交易前对技术的价值、性能、水平和经济效益及对环境、生态乃至整个社会可能产生的各种影响进行评估，评估的过程要确保客观性和真实性；建立交易管理机制，应当在整个技术交易过程中开展的实施流程、操作规范、文件管理等内容中将技术市场监管纳入其中，进一步稳定和健全各级技术市场管理机构，加快推进和完善技术市场管理和监督体系建设，规范技术转移市场秩序。

三是深化技术转移服务机构与创新区域融合。国家自主创新示范区、高新区、双创城市、创新型省市等创新区域是国家创新体系的重要实践部分，也是地方新兴产业发展的主要载体，要充分认识到技术转移转化在促进科技与经济相结合、技术与产业相对接过程中的重要作用。各级政府部门要大力支持和引导技术转移服务机构与各类创新区域合作，通过信息交流、决策咨询、资源配置、技术服务以及技术评估等具体服务形式，充分发挥技术转移机构在区域创新网络中的枢纽作用，不断提升技术转移机构在高新技术推广应用方面的专业服务能力。

四是促进技术与资本进一步结合。推动技术市场与资本市场相融合，以资本化途径提高技术成果的标准性、流通性和价值性，按照“技术产权化”“产权股权化”“股权资本化”的思路促进科技成果转移转化。鼓励社会资金、创业投资、金融信贷等直接、间接投资支持技术转移和产业化。通过开展科技成果路演活动，为科技人员展示创新成果搭建平台，面向科技企业、科研机构、科技园区、投资机构、创业者、创业导师等社会各界展示科技人员智力成果，通过市场发现买家、发现技术价值，鼓励创新交易品种，优化配置各类资源，促进技术与资本结合，研究提供科技创业投资进入与退出的通道。

五是提高地方政府对技术转移服务机构的重视程度。技术转移工作具有不确定性，但也可能带来巨大的经济和社会效益，技术转移服务机构作为技术转移行为的主要承担者和参与者，具有显著的公共属性，离不开社会公共管理部门的积极引导和大力支持。建议地方政府充分重视技术转移机构在活化地方创新要素、推动地方经济发展方面巨大的潜力，从政策、人才、资金等各个方面大力支持技术转移服务机构发展，将其作为一项重点任务体现在地方经济发展的规划、计划等政府文件中，并建立长效机制切实贯彻落实。

总之，把北京的科技创新资源和天津、河北的先进制造优势紧密结合起来，贯通创新链、产业链、政策连、资金链，培育一批以企业集团、科技园区为载体的创新实体，引导中关村的创新资源向津、冀辐射转移，使更多的科技成果在协同创新区域落地生根、开花结果，达到“1+1>2”的效果。

□ 参考文献：

[1] 高智，孔慧珍．京津冀协同发展与河北省产业转型升级 [J]. 河北大学学报（哲学社会科学版），2016，41（2）：57-62.

[2] 丛屹，王焱．协同发展、合作治理、困境摆脱与京津冀体制机制创新[J]. 区域经济，2014，244（6）：75-81.

[3] 张俊芳，郭戎．我国科技成果转化的现状分析及政策建议 [J]. 中国软科学，2010，S2：137-141.

[4] 科学技术部火炬高技术产业开发中心 .2016中国火炬统计年鉴 [M]. 北京：中国统计出版社，2016.

京津冀科技人才发展比较研究[①]

于明言　张玉庆[②]

【摘　要】科技人才是科技创新的主体，是推动区域经济增长和区域科技进步的战略性资源。京津冀地区落实创新驱动发展战略、实现区域协同发展的根本在于科技人才协同发展。本文在比较研究京津冀地区科技人才发展现状的基础上，进一步从宏观、微观两个层面分析京津冀地区科技人才发展环境，提出促进京津冀地区科技人才协同发展的对策建议。

【关键词】京津冀　科技人才　协同发展

习总书记指出，“实现京津冀协同发展是一个重大国家战略，要坚持优势互补、互利共赢、扎实推进，加快走出一条科学持续的协同发展路子。”科技

① 本文为天津市哲学社会科学规划课题《环渤海的破题之举与京津冀协同发展的路径选择》（TJYY10-1-320）的阶段性研究成果。

② 于明言，中共天津市委党校经济发展战略研究所副教授，主要研究方向为区域经济与城市发展。
张玉庆，中共天津市委党校经济发展战略研究所教授、副所长，主要研究方向为环渤海与天津经济。

创新是经济发展的内生动力，是提升区域经济实力和综合竞争力的重要路径，是落实科学发展观，实施创新驱动发展战略的抓手，也是一个区域转变经济发展方式，调整区域产业结构，促进区域经济可持续发展的内在要求，京津冀地区未来经济可持续发展和区域竞争力提升从根本上来说要依靠创新驱动。根据新经济增长理论，技术进步是一个区域经济增长的内生动力，而科技人才是科技创新与科技进步的主体，是推动区域经济增长和区域科技进步的战略性资源。只有科技人才达到一定程度上的集聚，才能起到推动科技进步和促进区域经济发展的作用。而科技人才的数量和其所具有的创新能力则是决定一个区域科技创新潜力能否得到充分发挥的根本因素。因此，京津冀三省市应该开展科技人才合作，实现科技人才互通共享，协同发展。

一、科技人才对于区域经济发展的作用

第一，科技人才推动区域转型升级和经济增长。科技人才的创新活动能够提高区域企业整体技术水平，增强企业竞争力和盈利能力，提高企业生产率，进而创造出更多的产品和社会财富。科技人才的创新成果通过改造传统产业和培育发展战略性新兴产业形成新的经济增长点，进而推动区域经济增长。科技人才的创新活动还起到调整和优化区域产业结构的作用，能够降低区域对于自然资源的依赖程度，使得区域经济增长方式由“高投入—低效率”的粗放型经济增长向“低投入—高效率”的集约型经济增长转变。

第二，科技人才促进高新技术产业发展与集群。高新技术产业迅猛发展，产值在区域 GDP 中的比重不断提高，在区域经济各产业中居于主导地位，逐渐成为区域新的经济增长点。而高新技术产业发展从根本上来说依赖于科技人才的有效支撑，因而吸引、培养和储备一定数量的科技人才关系到高新技术产业发展的前景和区域科技竞争优势的形成。高新技术产业知识技术含量高，无法实现远距离的有效传播，但在区域内伴随科技人才流动而产生的知识技术溢出效应能够加快技术创新，进而产生相关技术产业集聚现象。

第三，科技人才能够提升科技企业的核心竞争力。在知识经济时代，科技水平日新月异，科技企业之间的竞争也日趋激烈。科技企业之间的竞争具体表现为科技产品的竞争和企业创新能力的竞争。科技水平的提高和科技创新活动已经成为企业发展的重要推动力量，是企业的核心竞争力。科技创新归根结底要依靠科技人才，企业之间的竞争从根本上说是科技人才的竞争，特别是高层次科技人才的竞争，谁拥有掌握先进科学技术的高层次人才，谁就能在激烈的竞争中抢占先机，领先于对手，处于不败之地。因此，科技人才是科技企业的核心战略资源，是企业保持核心竞争力的重要保障。

二、京津冀区域科技人才总体发展现状

（一）京津冀科技人才总量比较

2014年京津冀地区研发人员全时当量达到46.01万人／年，占全国总量的12.4%。其中，基础研究达到5.02万人／年，应用研究达到8.4万人／年，试验发展达到32.59万人／年，分别占全国总量的21.36%、20.64%和10.6%。由此可见，京津冀地区整体在试验发展上投入的科研人员全时当量超过基础研究和应用研究，但在全国的比重来看，反而是基础研究和应用研究方面的比重更高，而试验发展方面仅占全国10.6%。

表1：2014年京津冀研究人员结构（万人／年）

地区	R&D人员全时当量	基础研究	应用研究	试验发展
北京	24.54	3.90	5.91	14.73
天津	11.33	0.60	1.26	9.47
河北	10.14	0.52	1.23	8.39
京津冀	46.01	5.02	8.40	32.59
全国	371.1	23.5	40.7	306.8

京津冀地区的研究人员内部分布不均衡，53%的研究人员聚集在北京，天津占有24.6%，河北省占有22%。相对于首都北京，津冀两地的科研人员数量较少。从京津冀地区科技人员研究方向来看，三省市现有科技人才力量都主要投入到试验发展类研究。北京从事试验发展类研究的科研人员占北京研究人员总数的60%，而河北和天津的占比更高，分别为83.58%和82.7%。这说明了京津冀地区最重视试验发展，而忽视应用研究和基础研究。由于基础研究成果在短期内很难产生经济效益，政府对这一研究领域的财政支持力度也有限，因而从事这一领域研究的科技人才最少。

（二）京津冀科技人才创新成果比较

专利申请受理数量、发表科技论文数量等指标体现了区域科技人才创新成果多寡，不仅代表了科技人才创新活动的直接产出，同时还反映了区域科技创新水平、科技创新活力与科技竞争力。而技术市场成交合同数与成交金额进一步反映了区域科技成果应用于生产实践活动的好坏，代表科技成果流动转化情况。这些指标客观衡量了区域现有科技创新的基础以及未来潜在的发展空间，是地区科技人才创新能力和地区科技竞争力的直观反映。

京津冀三省市内部科技人才创新成果分布存在很强的聚集效应，绝大多数科技成果集聚于首都北京。2014年，北京专利申请受理量占京津冀总量的59.7%，专利申请授权量占61.6%，技术市场成交合同数占72.56%，技术市场成交金额占83.9%，四个方面科技成果数量都远远高于津冀两地科技成果之和。这体现了北京在京津冀地区科技创新方面具有绝对的优势，科技人才要素禀赋充裕，科技成果丰富，该城市具有很强的科技创新能力，科技成果应用广泛，科技市场具有活力[①]。

相比之下，天津和河北科技成果偏弱。天津专利申请受理量仅占京津冀总数的27.4%，专利申请授权量占21.75%，技术市场成交合同数占16.27%，技

① 数据来源于《北京统计年鉴2015》《天津统计年鉴2015》《河北统计年鉴2015》，如未标注，本文以下所用数据均为该来源。

术市场成交金额占11.19%。河北省在整个京津冀地区科技成果最少，专利申请受理量占地区总量的12.96%，专利申请授权量占16.6%，技术市场成交合同数占11.17%，技术市场成交金额占4.9%。由此可见，津冀两地与北京相比，科技创新水平差距较大，创新能力相去甚远，科技成果相对匮乏，科技市场交易不活跃。

表2：2014年京津冀地区科技成果

地区	专利申请受理量	专利申请授权量	技术市场成交合同数	技术市场成交金额（亿元）
北京	138111	74661	67278	3136.00
天津	63422	26351	15087	418.11
河北	30000	20132	10360	182.95

三、京津冀科技人才环境吸引力比较分析

良好的外部环境是科技人才产生和成长的必要外部条件，它反映了一个区域各项外部环境条件对科技人才成长的支持程度。科技人才成长环境既包括一个区域的宏观经济环境，例如经济发展水平、科技人员平均工资水平等，也包括承载科技人才的企业微观环境，例如该地区科技企业数量的多少、科技企业工作环境，等等。

（一）宏观经济环境

一个区域良好的宏观经济环境对加速科技人才区域内流动，促进科技人才在本区域聚集具有强大的推动作用。良好的经济环境能够为科技人才创新活动提供项目、资金、载体等方面全方位的有力支撑，能够为科技人才发展自身科研事业、实现自我价值提供良好的物质环境。

从地区经济发展水平来看，京津冀地区整体经济发展水平差异较大。首先，

综合各项指标来看，北京在京津冀地区的宏观经济环境最好，城镇居民人均可支配收入最高，2014年已经达到人均4.39万元 / 年，居民的消费能力最强。其次，北京市政府财政收入最高，能够用于支持科技研发的政府转移支付能力最强。与此同时，北京市的第三产业最发达，2014年第三产业产值达到16627亿元，占地区 GDP 的77.9%，已经进入服务经济时代，发达的服务业能够给科技人才和创新活动提供较好的生产性和生活性服务。

相比之下，天津宏观经济环境弱于北京。2014年天津 GDP 为15726.93亿元，在京津冀地区中总量最低；财政收入2390亿元，仅为北京的33%；固定资产投资达到11654.09亿元，比北京高54%；城镇居民可支配收入为人均3.15万元 / 年，是北京的72%；2014年天津第三产业产值占地区 GDP 的比重为49%，与北京服务业发展水平存在较大差距。

河北省在京津冀地区宏观经济环境最弱。虽然河北省的 GDP 在京津冀地区内最高，但由于河北省所辖面积远超过京、津两市，从城镇居民人均可支配收入来看，河北省在三省市中最低，仅为2.4万元 / 年。此外，河北省第三产业不发达，第三产业占全省 GDP 的比重仅为37.3%。

表 3：2014 年京津冀地区经济发展水平

地区	GDP（亿元）	城镇居民人均可支配收入（元 / 年）	财政收入（亿元）	第三产业（亿元）	固定资产投资额（亿元）
北京	21330.83	43910	7214.54	16627	7562.30
天津	15726.93	31506	2390	7759.32	11654.09
河北	29501.27	24141.34	3764.56	10960.84	26671.92

（二）微观企业环境

高科技企业是区域科技创新的微观主体，是高科技人才赖以生存和发展的载体。一个地区科技企业微观环境是科技人才发展环境的一个重要方面；一个地区高科技企业数量多少和高科技企业净利润是该地区高科技人才吸引力大小的重要标志和推动科技人才跨区域流动的主要动力。高科技企业与其他传统技术企业相比，借鉴和采用国际先进技术与管理经验的意识更强，企业学习和科技创新的氛围更浓。更重要的是，这类企业更加重视高科技人才，能够给高科技人才科研创新提供良好的环境和丰厚的回报。

京津冀地区科技人才发展微观环境远弱于长三角地区。从高科技企业数量上来看，截至2014年底，长三角地区高技术企业总数达到8292家，而同期京津冀地区高技术企业仅有1944家，是长三角地区[①]的23.4%。北京是京津冀地区科技创新优势最强的城市，2014年高技术企业数量达到805家，同年也比长三角地区的上海市少198家。从高技术企业主营业务收入来看，2014年长三角地区高技术企业主营业务收入高达37963.2亿元，而京津冀地区仅为9942.3亿元，是长三角地区的26%。

表 4：京津冀地区高科技企业和研发机构情况[②]

地区	高技术企业数量（家）	企业主营业务收入（亿元）	研发机构数（个）	研发机构 R&D 经费内部支出(亿元)	研发机构有效发明专利（件）
北京	805	4151.6	392	640.90	21711
天津	583	4282.0	60	38.55	1371
河北	556	1508.7	77	30.39	847
京津冀	1944	9942.3	529	709.84	23929
长三角	8292	37963.2	384	380.40	11499

此外，从京津冀区域内部来看，高技术企业分布不平衡。北京的高技术企业数量最多，是天津的1.38倍、河北省的1.45倍。而研发机构的数量差距更大，北京拥有研发机构392个，是天津的6.5倍、河北的5倍。从科技成果来看，北京与天津的科技企业主营业务收入较高，盈利能力较为接近，而河北省科技企业盈利能力较差，仅为北京的36%。从研发机构的成果来看，北京市研发机构

① 本文以上海、江苏、浙江三省市来统计长三角地区。

② 资料来源于《中国科技统计年鉴 2015》。

发表的有效专利远远超过津冀两地，是天津的15倍、河北的25倍。可以看出，北京在研发机构上具有绝对的优势，而天津高技术企业数量虽然少于北京，但是企业的平均盈利能力较强，具有一定的比较优势。

四、促进京津冀地区科技人才协同发展的对策建议

第一，顶层设计京津冀地区科技人才共享体制机制。京津冀地区应通过顶层设计，达到科技人才资源共享、政策协调、制度衔接和服务贯通，逐步建立京津冀区域科技人才信息共享、人才结构互补、人才智力自由流动、人才培养合作共融新机制。京津冀三省市应共同制定区域科技人才发展长远战略，科技人才发展与培养的总体规划，共同设定区域科技人才发展目标，统一区域科技人才引进、培养、使用、激励与保障等各方面的政策，构建区域高效人才培养、管理体系，积极努力进行区域科技人才创新能力建设。三省市应发挥各自科技产业和现有科技人才的比较优势，形成科技产业错位发展，不断完善产业链，培育区域整体科技竞争优势。京津冀地区统一建立和完善科技人才库，实现科技人才信息互通共享。

第二，促进区域科技人才合理流动。科技人才的合理流动能够促进区域经济的发展，是区域知识溢出的主要源泉。科技人才流动不仅是科技人才自身的流动，更重要的是随科技人才一起流动的技术与创新思维等知识。京津冀地区应不断完善区域科技人才流动环境。目前，京津冀三省市宏观经济发展不平衡，工资水平、教育、医疗等存在较大差距，以及户籍制度所附着的利益是造成区域内部科技人才流动不畅的主要原因。从近期来看，应该通过政策优惠、政府转移支付等手段促进京津冀区域科技人才流动。从长远来看，应打破户籍制度的藩篱，促进京津冀地区科技人才发展环境不断提升和趋同，逐渐缩小各省市科技人才收入分配差距，是促进京津冀区域科技人才流动的根本途径。

第三，进一步引进高端科技人才。京津冀地区应统一制定引进、培养、开发科技人才制度与政策优惠条件，并通过各种媒体大力宣传。通过刚性、柔性

引进一批国内外专家、学者等高层次科技人才与区域内企业共同进行研发，打造一批国际、国内领先的高科技企业和科技人才队伍。建立海内外科技人才信息库，在海外科技人才密集的城市设立科技人才工作站，掌握人才发展与流动的动态信息，通过海外招聘、宣讲会、项目洽谈会等方式多渠道、多举措招才引智。大力建设一批高科技产业园区，打造科技企业载体，实施引智项目，吸引高层次外国专家开展研发合作。鼓励科研机构和高校设立短期流动岗位，聘用海外高层次创新人才开展合作研究、学术交流。鼓励跨国公司在京津冀地区设立总部或研发中心，吸引各类国际科技组织、论坛落户京津冀地区。

第四，加大区域科技人才创新投入力度。京津冀地区应设立科技人才发展基金，逐步完善区域科技人才投入体系。各级政府应建立和完善人才投入增长机制，加大财政支持力度。在财政拨付项目经费中，以建立必要的监督约束机制为前提，为项目科研骨干设立一定比例的自主支配额度。对于取得重大成就和做出巨大贡献的科技人才要加大奖励力度。以政府投入为引导，发挥企业对科技人才队伍开发投入的主导作用，鼓励社会力量投资人才资源开发，形成政府、企业、金融和社会资本、民间资本多元化人才开发投入体系。

第五，京津冀各地区应发挥各自优势错位协同发展。京津冀地区应该打破现有行政区划的界限，转变竞争发展思路，更多地谋求高科技产业与科技人才发展合作与共赢。三省市应该充分发挥各自在科技人才与科技产业方面的比较优势，不断完善区域科技产业链，共享科技人才与科技成果，实现错位发展，合作共赢。具体来说，北京应发挥自身科技人才集聚，科技创新能力强，研发机构数量大，科技企业多等优势，着重发展高科技研发和知识产业，同时加大科技研发成果对于津冀两地的辐射力度。天津应充分发挥科技企业盈利能力强的优势，抓住疏解北京非首都功能的机遇，借助滨海新区现有关于科技企业的优惠政策，大力发展先进制造研发。从产业角度，应侧重于具有优势的航空航天、石油化工、装备制造、电子信息、生物医药、新能源新材料、国防科技和轻工纺织等相关的科技创新。河北省应充分发挥农业科技人才聚集优势，加大涉农行业科技研发力度，同时根据河北省的优势产业，加强在电子信息、生物医药、新能源、新材料、环保等重点高新技术产业领域与京津两市合作并加强科技人才队伍建设。

□ 参考文献：

[1] 殷姿 . 长三角一体化进程中科技人才竞合策略研究 [J]. 现代商贸工业，2013（1）.

[2] 纪建悦，张学海 . 我国科技人才流动动因的实证研究 [J]. 中国海洋大学学报，2010（3）.

[3] 张平 . 政府在产业集群科技创新中的作用 [J]. 科技管理研究,2005（8）.

[4] 赵丽洁 . 区域科技人才创新能力与经济发展协同性研究 [D]. 太原理工大学，2013（5）.

[5] 黄惠中 . 天津市加强科技人才队伍建设的对策研究 [J]. 天津科技，2012（4）.

[6] 孙洁，姜兴坤 . 科技人才对区域经济发展影响差异研究——基于东、中、西区域数据的对比分析 [J]. 广东社会科学，2014（2）：15-21.

京津冀协同创新共同体构建研究[①]

赵艳华　罗永泰[②]

【摘　要】加快建设京津冀协同创新共同体是落实党中央、国务院重大战略决策的重要内容。通过对京津冀三地创新发展要素的比较，分析了三地协同创新取得的成效和存在的问题；在此基础上提出京津冀协同创新共同体的内涵、建设目标，并提出建设思路；提出应打造国家级产业创新中心、形成区域园区联动机制、建设京津冀产城融合示范区、提升知识产权保护制度保障等实施举措。

【关键词】京津冀　协同创新共同体　协同创新

建设京津冀协同创新共同体是推进京津冀创新引领、协同发展的重要举措。目前，京津冀协同发展正在深入推进，鼓励协同创新的相关政策支持体系初步建立，区域优势产业已经基本形成。三地可整合的区域创新资源丰富，地

---

① 天津市科技发展战略研究计划项目（14ZLZLZF00044）。

② 赵艳华，天津财经大学商学院管理科学与工程系副教授，硕士生导师，研究方向为管理科学与工程专业。

罗永泰，天津财经大学工商管理研究中心教授，博士生导师，研究方向为企业管理专业。

区人文交流和经济往来历史悠久，具备建设协同创新共同体的基础，但相对于长三角和珠三角区域，协同创新的深度和广度还不够，加快建立京津冀协同创新共同体是深化京津冀协同发展的必然选择。

一、构建京津冀协同创新共同体的基础

（一）京津冀创新发展要素比较

京津冀地区作为我国重要的工业基地，拥有雄厚的经济实力和众多的创新资源，也是科研实力与创新能力最强的区域。2015年，京津冀地区生产总值达69312.9亿元，占全国的10.2%。京津冀地区共有普通高校263所，占全国的10.52%，为区域发展培养了大批的协同创新人才。但同时，三地的创新发展要素又具有显著的不均衡性，三地创新发展要素主要指标如表1所示。

表 1：2015 年京津冀创新发展要素各指标比较

指标	生产总值（亿元）	人均可支配收入（元）	普通高等学校数量（所）	R&D 经费支出（亿元）	R&D 经费占 GDP 比重（%）	专利申请受理量（件）	专利申请授权量（件）	高新技术企业（家）
北京	22968.6	48458	90	1367.5	5.95	156312	94031	12388
天津	16538.19	34101	55	496.15	3.00	80000	37300	3169
河北	29806.1	26152	118	340.0	1.14	44060	30130	1629

资料来源：北京市、天津市、河北省2015年统计年鉴。

从上表中可以看出，京津冀区域的创新资源总量比较丰富，雄厚的经济实力和大批高素质人才的培养为协同创新活动提供坚实创新资源保障。但是，三地创新基础和创新能力的差距较大，北京和天津的经济基础较好，而河北省在各项经济指标上均存在较大差距；北京是创新人才的聚集地，在科研机构数量、

科研人员数量和高新技术企业数量等方面比津、冀两地优势明显；在研发经费投入上，北京投入强度最大，处于国内领先水平，天津研发投入也比较大，特别是近几年增速明显，而河北省相对技术创新投入较低；从专利申请和授权量上看，三地也存在较大落差。通过比较可以看出，北京创新资源最为丰富，科技研发能力强，是整个区域乃至全国的创新高地和技术辐射源头；天津创新资源较好，创新能力提升较快；而河北省创新资源不足，承接成果转化的条件和能力较弱。创新发展要素在三地间的不均衡分布，一方面给京津冀协同创新带来了障碍；另一方面也说明构建京津冀协同创新共同体的必要性和重要性。

（二）京津冀协同创新的现状

1. 京津冀协同创新取得的成效

自《京津冀协同发展规划纲要》发布以来，三地在各个领域的合作创新速度不断加快，为构建京津冀协同创新共同体提供了现实基础。一是已形成无缝对接的区域基础环境网络化格局，在京冀地区设立的无水港达到10个，京津冀公交“一卡通”投入试运营，贯穿京津冀主要城市的区域环线列车使三地之间的来往更便捷；京津冀三地环保厅局正式签署《京津冀区域环境保护率先突破合作框架协议》，明确以大气、水、土壤污染防治为重点，联防联控，共同改善区域生态环境质量。二是具有较强连续性和互补性的区域优势产业格局已基本形成，北京在电子及通信设备制造、仪器仪表、媒体文化、食品制造业、印刷业、医药制造业、专业设备制造业一直保持着显著优势；天津的优势产业在于电子及通信设备制造业、交通运输设备制造业、医药制造业等；河北的新兴产业发展较晚，但近几年传统制造业转型升级速度很快，高端装备技术制造、生物和电子信息三大战略新兴产业培育取得突破。三是产业协作走向深度融合，天津未来科技城京津合作示范区、冀津循环经济产业示范区等建设加快，2015年引进京冀项目857个；河北省精准承接京津产业转移，2015年引进京津项目4124个。四是京津冀协同创新载体建设加快，科技部目前已支持京津冀地区建设高新技术产业化基地达到了18家，国家重点实验室 138 家，国家工程技术研究中心79家，产业技术创新战略联盟71个，国家级国际科技合作基地41家。

2. 京津冀协同创新存在的问题

京津冀三地政府在产业、科技、交通、环保等领域广泛开展协同创新活动，取得了显著效果，但我们也应看到目前三地协同创新还存在一些问题和“瓶颈”。一是协同创新的政策支撑体系尚未建立起来，囿于行政区划，三地各自为政，缺乏开展深度合作的合作机制、激励机制、利益分配补偿机制和支撑区域创新合作的顶层设计。二是创新资源共享度还比较低，创新要素部分的不均衡导致创新资源流动上存在“虹吸效应”，京津地区的科技成果往往跳过河北直接向南落地转移。同时，由于缺乏一个区域间科技资源管理体系，各创新资源分散于各创新主体间，流动受阻、利用效率低下。三是科技链、产业链与金融链的对接不充分，科技创新与产业发展相脱节的现象依然严重，区域创新资源碎片化，企业在区域创新中的主导地位不强、投融资渠道不畅等问题影响了区域创新体系整体效能的发挥。

二、京津冀协同创新共同体的构建

（一）京津冀协同创新共同体的内涵

京津冀协同创新共同体是三地基于共同发展愿景，构建打破行政区划，面向整个区域的研究开发、成果转化、试验示范和产业化发展的一体化发展完整创新链条而组建的协同创新一体化组织机构，实现创新资源的协同统一，创新机构的协同统一；协同创新完成国家创新工程，形成一体化协同创新发展统一体。

创新资源的协同统一是指以三地国家级科技园区为主体的创新资源合理配置与高效利用；创新机构的协同统一是指以三地国家级科研院所为主体的创新机构成为一体化协同创新统一体；京津冀协同创新共同体以赶超国际先进水平，完成国家创新工程项目，建成功能齐备、特色突出、互联互通、开放共享的国际最具影响力的创新高地为发展愿景。

（二）京津冀协同创新共同体的目标取向

通过推进全面创新改革试验，在京津冀区域形成创新体系更加完善，创新人才大量集聚，自主创新能力显著增强，创新创造活力竞相迸发的国际一流区域创新体系，构建网络协同创新平台，加快推进“4+N”功能承接平台建设，打造国家科技成果转移转化试验区，使京津冀成为区域整体协同发展改革引领区和全国创新驱动经济增长新引擎。

实现京津冀区域创新政策有效衔接，创新要素有效流动；京津冀区域作为全国科技创新中心地位进一步强化，区域协同创新能力和创新成果转化效率明显提升，产业链与创新链高效衔接，科技投入明显增加，区域科技功能分工协作明确，京津冀协同创新发展机制有效运转，创新驱动发展局面初步形成，打造一批具有世界影响力的创新型企业和产业集群，形成一批全球领先的原创成果和具有自主知识产权的产品，产业联动发展取得重大进展，区域综合创新能力达到国际顶尖水平，为我国跻身创新型国家前列发挥主导作用。

（三）京津冀协同创新共同体的构建思路

京津冀协同创新共同体应首先完善顶层设计，协同创新一体化的组织机构由三地负责科技的副市长、副省长和科委主任组成共同体领导委员会。委员会的主要职责包括：一是统一制定区域协同创新发展规划和目标；二是由三地政府推动，建立创新资源共享平台，实现数据、信息的对接，要素的无障碍流动；三是研究制定激励和引导协同创新的相关机制和政策，特别是要在利益共享和补偿机制等方面进行体制机制创新，鼓励科研成果跨省市的转化和产业转移。

京津冀协同创新共同体的核心是完善多元主体协同的创新链。高校是进行原始创新的创新源，北京高校资源丰富，可与津冀两地企业建立研发联盟，同时企业的转型升级需求也可引导高校的创新方向；可以依托区域内特别是北京的知名研发机构，跨区域联合建立重点实验室、工程技术创新中心、产业研究院等技术联盟创新平台，对接京津冀区域的企业、产业技术创新的需求；三地的科技中介机构应建立协同创新服务联盟，围绕重大科技成果转化与产业化等目标，解决产、学、研、用间信息不对称和创新资源共享难等问题；三地政府应共同致力于绘制产业技术路线图，明确三地分工，激励和引导做好北京原始创新、天津研发转化、河北推广应用的衔接。创新链的打造要以产业为切入点，构建三地结构优化、分工合理、特色鲜明的产业体系，形成技术领先、配套完备、链条完整的若干产业集群。

创新的软硬环境对协同创新共同体的运行绩效有着重要的影响，软环境包括了支持协同创新的各项体制机制创新、政策、制度等；硬环境包括基础设施、科技园区等各种创新载体和各类有形市场。

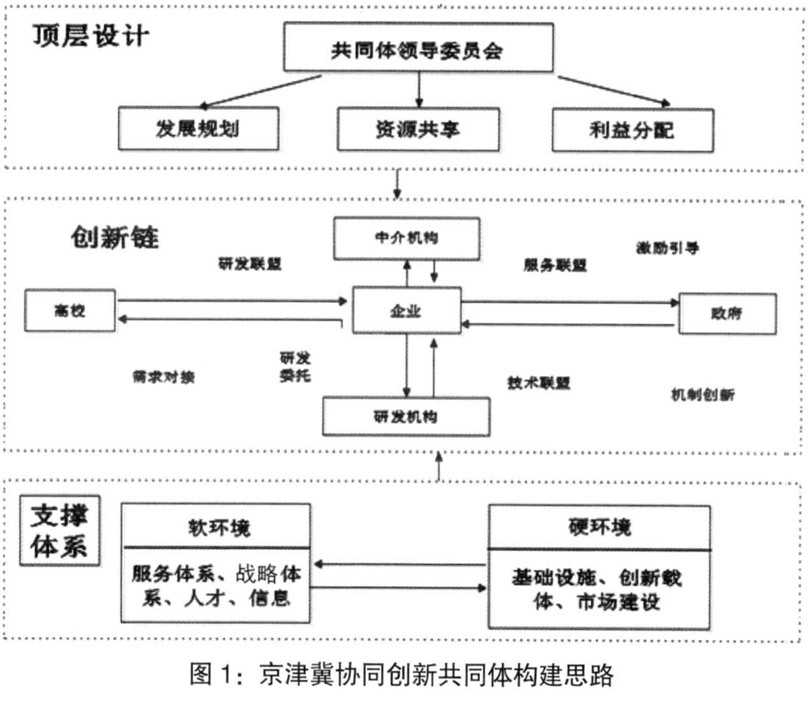

图 1：京津冀协同创新共同体构建思路

三、加快京津冀协同创新共同体建设的建议

（一）构建开放型创新载体保障体系，打造国家级产业创新中心

以中关村和滨海新区为龙头，以京津塘交通干线为轴心，共同打造具有国

际影响力的京津冀协同创新品牌，营造“产业创新生态环境”。一是搭建多功能产业发展创新平台，加快推进“互联网 +”与制造业以及其他生产性服务业的融合发展、集群发展，横向拓宽发展领域。二是全面统筹布局创新载体，瞄准未来产业、技术方向，汲取全球创新能量，全面布局国家、省市级重点实验室、工程实验室、工程技术研究中心、企业技术中心等创新载体。三是鼓励跨国公司在京津冀设立研发机构、技术转移机构和科技服务机构。支持高校、大型企业集团整合利用国内外创新资源，建立具有国际一流水平的高端实验室、国家级企业技术中心、产业技术联盟和创新中心。四是打造战略性新兴产业集群发展的示范区。加快向创新驱动经济增长方式转型，使打造战略性新兴产业和高端装备制造业产业集群的经验和做法可推广、可复制，为全国做出示范。五是创立京津冀区域科技合作专项基金，服务于京津冀重大产业研发与技术应用示范工程的建设，联合打造一批具有国际竞争力的创新型产业集群，加快完善京津冀区域创新体系。

（二）形成区域园区联动机制，引领科技企业创新发展

以打造产学研结合的跨京津冀科技创新园区链为目标，建立健全区域利益分享机制，完善企业、园区跨区域设立生产基地、研发中心、分园的税收分享机制，创新运营管理模式，支持区域内产业链环节转移对接；依托京津冀“4+N”功能承接平台，聚焦新一代信息技术、生物医药、航空航天、新能源、新材料、节能环保、新能源汽车、高端装备等领域，促进业态升级和产品升级，打造一批差异化、特色鲜明的孵化基地和高端产业园区，共同建设一批创新社区和科技园区，构建京津冀科技走廊，以点带面发挥高端引领和辐射带动作用。推广科技“小巨人”经验，搭建京津冀协同创新网络平台，深化科技与产业两大创新中心在教育培训、技术研发、产业培育等领域合作。围绕示范区重点产业领域，加强区域内高等院校、科研院所、企业、中介服务机构的合作，共建跨区域产业技术联盟、科技人才信息共享平台和科技资源信息共享平台。

（三）建造重点产业园区协同创新保障机制，建设京津冀产城融合示范区

推进京津冀创新改革试验区建设，探索校（院）地、部市深度合作机制，构建协同创新共同体和开放型创新生态体系，建设中国产学研合作创新示范基地。围绕园区主导产业，拓展多产业间的融合、联动发展模式，推动京津冀共建滨海新区—中关村科技园等科技园区，创新社区合作，打造研发机构集中、企业活力迸发、成果转化高效、创新环境开放的全国产业创新中心和国际创新城市。在京津冀城市带建设一批各具特色的“产城融合”示范区。

（四）提升知识产权保护制度保障，构建预警和风险防范机制

建立京津冀知识产权保护协同联动机制，完善知识产权侵权预警和风险防范机制、健全知识产权侵权查处机制和京津冀专利执法协作机制，建立京津冀知识产权举报投诉跨区域转办协作机制和京津冀知识产权新闻发布联动机制，加大知识产权保护力度，将侵权行为纳入企业信用记录。同时要加强三地在立案协作、委托取证、联合执法、案件移送等方面的合作。建立健全技术交易市场，完善信息共享、标准统一的技术交易服务体系，引导北京优势知识产权服务向天津市延伸。建立以企业为主体、市场为导向、产学研相结合的自主知识产权创造体系，鼓励和引导企业加大研发投入，推进知识产权质押融资、投融资、专利保险等工作，促进企业专利资本化。建设中国知识产权华北运营中心。完善依托于互联网的技术交易机制，为专利技术、商标以及其他知识产权的转让、许可、入股、融资、并购等提供全过程专业化服务。

（五）发挥区域创新政策优势，集聚全球高端创新人才

推动区域人才合作交流，加快推动高端人才集聚，共同建立京津冀区域人力资源开发培训基地，加强高层次人才联合培养与交流合作，提升京津冀区域整体人才队伍水平；加强区域科技人才制度衔接，搭建京津冀三地人力资源信息共享及人才交流合作平台，促进区域内人事档案管理、社会保险、

职称评定等方面政策衔接，健全跨区域人才流动机制，实现区域人才资源共享和优势互补。

（六）发挥优质科技资源聚集作用，建设国家级科技资源服务业基地

建设国家科技资源服务业基地，吸引一批国内外优秀科研资源服务机构，搭建科研基础资源服务平台，面向研发主体提供服务，最大限度地提高科技资源的利用效率。发展科技资源服务业，建设高标准的科技资源服务业基地，加速优质科技资源的聚集，提高自主创新能力和综合实力，使科技优势加速转变为新的经济竞争优势。

□ 参考文献：

[1] 颜廷标.基于中观视角的京津冀协同创新模式研究[J].河北学刊，2016（3）：149-154.

[2] 王秀玲.京津冀科技协同创新发展路径研究[J].河北经贸大学学报，2015（11）：118-120.

[3] 张建国.加快构建京津冀协同创新共同体[J].经济与管理，2015（1）：11-12.

[4] 孙丽文，李跃.京津冀一体化下协同创新研究[J].河北工业大学学报（社会科学版），2016（3）：1-6.

第 3 篇

协调篇

Chapter 3

Coordination

推进京津冀协同发展的策略探讨[①]

杨 龙[②]

【摘 要】京津冀协同发展是国家重大战略，不能完全沿用以往的区域战略推进方式。其中疏解北京的非首都功能任务艰巨，涉及面广，需要更强的政治合法性，需要获得更广泛的社会共识。北京非首都功能的疏解需要新的思路，即区分首都功能和北京定位，分别维持中央政府行政区和发展适合北京的城市功能。京津冀协同发展的推进还需要在领导小组之下，设立专门的派出机构，以提高执行力，确定协同发展目标的实现。

【关键词】京津冀协同发展 政治合法性 首都功能协调委员会

《京津冀协同发展规划纲要》(以下简称《规划纲要》)已经通过一年多了，三地分别推动，取得了明显的进展。《规划纲要》属于区域政策，主要依靠行政手段来推进。由于协同发展涉及大量跨行政区的活动和事务，在其启动的

---

① 本文为国家社会科学基金重大项目“区域政策创新与区域协调发展研究”（批准号13&ZD017）和天津市教委社科重大项目“京津冀协同发展机制创新研究”（ZX20140248）的阶段性成果。

② 杨龙，南开大学周恩来政府管理学院教授，博士生导师，研究方向为区域公共管理。

初期，还需要借助政治合法性的“势能”来推动，并且设立专门的执行机构。三地向一体化发展仅靠政府的推动无法实现，还需要动员各种社会力量，需要民众广泛参与。实现北京非首都功能的疏解既是重中之重，也是难啃的“骨头”，不妨从区分首都功能和北京的城市定位入手，中央行政区和北京市分别发展。

一、为疏解北京非首都功能创造软环境

有序疏解北京非首都功能是京津冀协同发展的首要任务。《京津冀协同发展规划纲要》出台一年多以来，北京非首都功能的疏解已经在若干领域铺开，一方面通过行政手段，限制非首都功能的产业发展，搬迁政府部门和事业单位，另一方面借助市场机制，通过政策鼓励和刺激非首都功能的企业离开北京市区。由于搬迁涉及机构或企业的整体搬出、人员的再就业、家庭的重新安置等生产和生活的诸多方面，对于政府来说是一项艰巨的任务；对于企业或个人是一项艰难的选择。为了北京疏解非首都功能的顺利进行，需要充分的动员，以便形成搬迁的政治合法性和广泛的共识。

（一）为北京疏解非首都功能提供政治合法性

京津冀协同发展是改革开放以来首个上升为国家重大战略的区域战略，涉及国家的核心区域——京畿地区，跨两个直辖市和一个省，跨行政区协调是首先要解决的问题。京津冀协同发展不仅是为实现区域协调发展，而且是瞄准建成国内最具增长潜力的新兴增长极、世界级城市群等重大战略目标。要完成这样重大的任务，实现这种高规格的区域化，沿用原有的地方间自发合作的方式难以完成，需要借助中央政府较深的介入和直接推进。尽管中央政府可以采取行政命令的方式推动三地的合作，但是毕竟央地有职能分工，如果直接介入地方行政过程，还是需要政治上的合法性。

在推进西部大开发等国家区域战略时，中央政府的介入以项目为导向，根

据项目的需要协调不同的地方政府，协调的内容主要是项目带来的利益如何在相关的地方之间分配，所以区域合作基本上是技术层面的事情。京津冀协同发展以问题为导向，把解决北京的“大城市病”作为首要任务，需要津冀两地配合北京。首先，为了承接北京疏解出来的企业、机构、人员，天津和河北的相关地方需要进行基础设施建设、生活设施建设等，需要投入大量的资金，使用宝贵的土地资源。其次，天津和河北必须修改原有的规划，而修改规划是发展战略的根本性调整，牵扯面大，是艰巨的任务。解决北京“大城市病”问题需要津冀的付出，而不是直接从中受益，这两个与北京平级的省级政府服从北京疏解非首都功能的要求，仅靠行政命令和市场机制难以实现，而是要提高到政治任务的高度，因此，需要为北京的城市功能疏解建立政治合法性。

北京城市功能的疏解必须通过搬迁，要把众多企业、机构、人员搬出目前国内福利最高，文化教育和医疗条件最好的大城市之一，其动员的难度之大可想而知。初期的搬迁以行政方式为主，部分教育、医疗、培训机构、文化团体，行政性和事业性机构、企业总部等的迁出，都需要以政治动员开路。一般性产业的迁出、区域性专业市场的搬出涉及大量人员的生计，动员和组织势必面临困难。完成如此规模大、涉及面广的搬迁工作，市场机制难以奏效，也需要各方树立大局意识，以政治合法性作为搬迁动员的依据。

北京城市功能疏解的政治合法性还可以来自国家安全的考虑。从国家的安全出发，首都的城市功能应该尽量简单，人口不宜过多，市内交通应该随时保持通畅，以便在出现紧急情况的时候，国家的领导中枢能够反应及时，运转正常。一旦明确了首都的这些安全需要，不但天津和河北可以无条件配合，其他地方政府也必须配合，北京非首都功能的疏解将会较为顺利。

实现公平也是北京城市功能疏解的政治合法性来源。由于河北与北京的发展差距悬殊，缩小区域发展差距是河北迫切盼望的事情。北京的搬迁工作如果从缩小北京与天津，特别是与河北的发展差距出发，可以收到“一石二鸟”的效果。北京非首都功能疏解的选点以帮助京外地方的发展为目的，比如把北京的产业搬迁与消除河北的“环首都贫困带”结合起来，缩小北京与天津及河北公共福利供给上的差距等，既可以疏解北京过重的城市负担，又可以帮助周边地区的发展。这种双赢的方法不仅有助于搬出北京人员，而且能够得到周边地区的支持，并且可以进一步塑造疏解非首都功能的政治合法性。

京津冀协同发展推动的前期以行政手段为主，主要使用自上而下的方式。在两个直辖市和一个省强力推进一体化，只能通过中央的安排，借助来自中央的政治"势能"。确立了疏解北京非首都功能的政治合法性以后，可以大大节省三地合作的协商成本，也可以节省推动中央政府相关部门服务于京津冀协同发展的说服成本。

（二）为疏解北京非首都功能建立共识

北京非首都功能的疏解是从经济发达、各类优质资源集中的首都向外搬迁，除了提出搬迁的政治理由，还需要在政府、企业和社会中形成关于首都城市功能疏解的共识。尽管京津冀三地高度重视，大力推进，"但目前也暴露出过于强调政府推动和'从上到下'的执行，'从下到上'的问题反映和解决渠道较弱、市场好社会的积极性未充分调动等问题。"[①]

搬迁共识的形成需要公开的讨论和耐心的说服，例如韩国首都圈城市功能的疏解从20世纪70年代就开始了，直到2015年才完成世宗市的搬迁工作，历时近40年，经历了从朴正熙到李明博多届总统和政党轮替。从部分中央政府部门分流到果川市到最终国务院向世宗市搬迁，期间多种方案提出，经过反复论证，多次修改，面对各种反对意见，甚至经历了违宪审查。[②]在这个漫长的争论和修订过程，韩国朝野以及地方与中央在首都城市功能疏解和城市搬迁工作上逐渐达成了共识，为向行政中心复合中心城市的搬迁进行了较为充分的动员。

京津冀三地行政平级，互不隶属，企业、事业单位、居民也处于不同的政

---

① 宣晓伟．区域协调：京津冀一体化的意义与困难［J］．改革内参，2016，（2）：21.

② （韩）李志京．"国土均衡发展和地方分权的战略：以世宗市原案和修正案的争论点为中心"［J］．法政评论，Vol.27，No.1.

策辖制和引导下。这三个省级政府的规模大，下辖的部门多，下级政府也多，三地间任何一项共同行动都远比在本省或本部门范围内的单独行动困难。这三个省级政府，以及下属的市、区、县，都有自己的利益，各自的权限也在自己的行政辖区之内，合作或利他的行动无法自发形成。此次中央对京津冀协同发展的推动力度空前，但也没有直接介入地方合作的具体事项。中央对京津冀协同发展做出了顶层设计，但具体执行需要各个地方政府、各地的企业和民间的自发行动。京津冀范围内的地方合作除了中央或上级的安排之外，还要依靠三地的企业和民间达成关于合作的共识。北京城市功能疏解涉及搬迁，下级政府和地方的社会及民众形成此项“大工程”的认同是非常重要的，各地各界在疏解北京城市功能上达成共识，会减少搬迁的阻力，降低执行京津冀协同发展规划的成本。

目前三地合作的依据是《规划纲要》，而《规划纲要》2015年4月由中共中央政治局通过，但是一直没有全文公布，只是其领导小组办公室负责人在2015年8月25日的《人民日报》上以答记者问的方式，介绍了《规划纲要》的编制过程、总体目标和要点。相比之下，目前已经出台的其他国家级的区域发展规划都已经全文公布。《规划纲要》没有全文公布给坊间的各种猜测留下了空间，其中有可能出现负面的猜测。猜测者往往依据个体了解的信息，依据自己的知识，出于自己的利益，所以猜测非常不利于共识的达成。另外，政务公开与政府公信度是正相关的，那些不准确的猜测还可能损害政府的公信力。所以，深化改革需要决心和勇气，更需要对问题的充分认识。

为了对疏解北京非核心功能达成共识，本文建议适时公开《规划纲要》全部的内容，或至少在比目前更大范围内公开，配以相应的解释和说明。三地民众中的利益相关者对《规划纲要》的了解越多，越有利于共识的达成。建议加大京津冀协同发展的宣传力度，并且允许在一些非原则性问题上展开争论。争论是达成共识的重要途径，通过争论，可以让各方的利益诉求得到充分的表达。坚持以民为本的执政理念，对于搬迁涉及的所有利益相关者，应该有足够的信任，该知情的应该并让其知情，这样便于就搬迁问题达成共识。

二、区分首都功能和北京城市功能

在确定以疏解非首都功能作为解决北京大城市病的基本思路以后，但是在疏解的过程中，对于什么是非首都功能，学界有不同的理解。[①]对于北京作为全国政治中心、文化中心、国际交往中心和科技创新中心的理解也有分歧，比如是不是所有行业的科技创新中心都设在北京，是不是所有的文化机构、文化企业的总部都设在北京，就有不同的看法。据此，有学者认为应该区分北京的城市定位和首都功能，对北京的四个定位里只有政治中心和国际交往中心属于首都功能，其他两个属于北京的城市定位。[②]对北京城市功能的界定是以北京得自首都的集聚效应而多年累积下来的城市形态和产业格局，比如文化中心是千百年来作为帝都的文化积累的结果。科技创新中心是由于北京集中了大部分国家级的科研机构，大部分最好的高等院校，结果北京目前是全国最大的技术交易集散地，北京技术交易成交额2014年占全国的36.6%。[③]根据以上的分析，目前北京的城市定位并非纯粹的首都功能，因此在如何维持其文化中心和科技创新中心的时候，会遇到定位不清或难以达成共识的问题。而且由于这两项功能存有争议，也有可能导致对其他非首都功能的认识不清，从而影响非首都功能的疏解。

（一）设立“中央特区”或“国家行政中心区”

沿着区分首都功能与北京城市功能的思路，应该把北京城市定位中的纯首都功能与北京的功能分开，划定区域范围，设立“中央特区”或“国家行政中心区”，只承担首都的城市功能，作为政治中心和国际交往中心，由中央财政供养。“中央特区”直属中央政府，其城市功能有别于一般城市，没有发展地

① 张可云．北京非首都功能的本质与疏解方向[J]．经济社会体制比较，2016，（3）：23.

② 张可云．北京非首都功能的本质与疏解方向[J]．经济社会体制比较，2016，（3）：24-25.

③ 童曙泉．北京技术合同年成交额突破3000亿元[N]．北京日报，2015-03-11.

方经济的任务，其运行由中央财政负担，即有别于普通地方财政的“首都财政”。“首都是国家的政治核心，具有至关重要的战略地位，需要通过设立唯一性的特殊行政区方式，由国家最高政府来直接管辖，重点履行和发挥政治行政管理职能。”① 实际上在北京属于政治中心和国际交往中心的机构和部门在区位上也相对集中，因此具备了划定中央行政中心区的空间基础。

“中央特区”之外的部分作为北京市，其仍作为地方政府，保留适合京畿地区的产业结构，比如高科技产业、金融服务业、旅游业等。由于历史的积淀，北京已经发展成为一个特大型城市，过多削减城市功能会导致基础设施等城市资源的极大浪费，因此把中央政府与北京市在区划上分开更合理。目前北京的四项功能中除了政治中心和国际交往中心之外的两项非首都功能由北京市承担，科技创新中心并非首都的核心功能，而是北京作为一个城市的功能，“北京的‘四个定位’中的文化中心与科技创新中心并非必然是首都功能，因而这两个方面的部分功能也可能被列为非首都功能之列。”② 实际上北京市政府的迁出已经在进行，按照《规划纲要》，已经开始在通州建立行政副中心城市，北京市政府很快会搬出。北京的发展重心外移，反过来可以为中央政府保留一个宜居的城市环境。

（二）大力发展适合北京的城市功能

剥离了首都功能以后，北京可以集中精力发展适合于自身的产业。北京不能因为城市功能的疏解而衰落，作为特大型城市，北京的基础设施条件非常好，服务业尤其发达，这个基础必须利用好。按照《规划纲要》的安排，北京要努力维持全国科技创新中心的地位，但是面临其他地方的竞争和挑战。在政府不断简政放权的背景下，市场和社会得到更多的自主性，地方政府也得到中央的进一步授权，科技的发展在空间上走向多极化是必然趋势，所以北京作为全国科技创新中心并非高枕无忧。随着非首都功能的转移，支撑北京科技创新

① 陶希东．我国首都圈跨行政区治理模式构想［J］．改革内参，2016，（2）：37.

② 张可云．北京非首都功能的本质与疏解方向［J］．经济社会体制比较，2016，（3）：24.

中心的制造业、服务业等势必有所削弱，将直接威胁北京作为全国科技创新中心的地位。随着制造业撤出北京，部分大型国有企业的总部也会搬离北京，也会削弱科技创新中心的支撑条件。再加上北京城市的生存空间严重饱和，严重的“大城市病”使得北京的生存环境恶化，生活成本畸高。那些对生存质量要求较高，同时又是工薪阶层的科学技术人员，只要外地有适当的鼓励措施，他们很可能选择离开北京。

为此，北京在疏解非核心功能的时候不能“一刀切”，不能把服务业和制造业都迁出北京，而是要保留必要的生产性服务业和生活性服务业，也保持居民的生活质量。① 与此同时，北京应该大力发展与高科技发展和科技创新活动相关的高端服务业，以及与科研相关的制造业，为科技创新活动提供服务。

北京集中精力强化适合自己的城市功能以后，也便于与天津的产业分工与合作，真正发挥“双城”在京津冀区域的带动作用。比如科技创新活动需要金融服务业，但是北京没有发展金融服务业的城市定位，而天津的定位只有“金融创新运营示范区”。尽管国家金融监管机构设在北京，国内和国际大金融机构的总部也在北京，但是北京的城市定位没有金融管理功能，天津又不可能形成金融管理中心，所以在京津冀没有形成运营和监管一体的金融中心。② 这种分散的产业分布不利于发挥金融对科技创新活动的支撑作用，也不利于实现把京津冀建成国内最具增长潜力的新兴增长极、世界级城市群这样重大的任务。可见，通过区分首都和北京，给予北京发展自身城市功能的空间，不仅有利于维持北京科技创新中心的地位，也可以促进津冀与北京在产业方面的合作，并且实现合理的功能分工。

剥离了首都功能以后，还可以为北京减负。多年来北京作为首都，负有“四个服务任务”，即为中央党政军机关的工作服务、为国家的国际交往服务、为

① 张可云．北京非首都功能的本质与疏解方向［J］．经济社会体制比较，2016，（3）：25.

② 新时期京津“双城记”——京津冀协同发展研究（一）［M］．天津：天津人民出版社，2014：334-336.

科技和教育的发展服务、为改善人民群众的生活服务。仅第一类中央机关的数量，截至2010年有中共中央机关57个，国家机构1940个，人民政协和民主党派33个，群众团体、社会团体和宗教组织2067个。仅这些机构的从业人员31.8万人，相当于一个县城的人口。[①] 为了完成这四项服务任务，需要大量的人力、物力和财力，资金方面，除了从中央政府得到财政转移支付，主要靠北京自身的财政收入。北京城市经济的效率一直不高，与经济总量全国排名第一的上海相比，上海仅用了北京1/3左右的城区面积。[②] 如果首都功能交给“中央特区”或“国家行政中心区”，中央部门和相关人口的公共服务等由中央财政支付，北京不再担负直接服务中央的任务，北京可以“轻装前进”，可以像其他地方政府一样，致力于发展自己的产业，与上海等城市竞争。所以区分首都功能与北京的城市定位，是一种对中央和北京“双赢”的安排。

三、设立京津冀协同发展战略实施的常设机构

为推动北京非首都功能的疏解，实现协同发展，中央为京津冀分别规定了新的发展定位，三地各自的四个新定位与自身以前的发展定位差别较大，三地都已经重新制定了发展规划。[③] 规划只是规定了地方发展的总体格局和方向，至于如何与《规划纲要》相协调，如何执行《规划纲要》还需要各地各部门制订具体方案，其中涉及大量的相互沟通和协调等工作，目前有了领导机制，即京津冀协同发展领导小组，但还需要建立专门的执行机构。

---

① 天津市人民政府驻京办事处，天津市人民政府研究室．借重首都资源[M]．天津：天津市人民政府研究室，2013。

② 北京的面积1.7万平方千米，上海的面积6430平方千米，上海下辖16区1县，北京下辖14区2县1个经济开发区。（以上数据截至2014年10月）。

③ 三地的定位为：北京，政治中心、国际交往中心、文化中心、科技创新中心；天津，先进制造研发基地、北方国际航运核心区、金融创新运营示范区、改革开放先行区；河北，现代商贸物流重要基地、产业转型升级试验区、新型城镇化与城乡统筹示范区、京津冀生态环境支撑区。

（一）充分利用既有的行政系统

京津冀协同发展充分利用了现有的行政体制和行政程序。2015年4月30日中共中央政治局通过《规划纲要》以后，当年年底之前三地专门召开地方党委全会，制定了本地落实《规划纲要》的实施意见，按照《规划纲要》的任务和时间表，把任务分解到省级政府的相关部门以及下属各级地方政府，各级下属政府再把任务分解到各个相关部门，成为各部门自身工作的一部分。这是使用通常的行政方式，利用现有的行政程序，在国内是最为有效的执行方式。

从三地的情况看，在疏解北京非首都功能，推进交通一体化、生态环境保护和产业转移升级三个重点领域都已经取得进展。这些进展得益于在既有行政层级和部门的坚决贯彻，例如，北京市根据《规划纲要》在2020年总人口不超过2300万人的要求，把人口总量控制的指标逐年分解，下放到16个区。起初各单位的压力“山大”，感觉任务的难度很大，由于把任务执行情况落实在干部年度考核中，2015年各区都完成了年度人口调控指标。①

（二）设置专门的执行机构

三地的协同发展还有大量的协调事务，需要三地与其他行政区的政府部门就某项共同的任务或某项事务进行衔接和协商。这些任务不在部门必须履行的职能之内，也不是必需的行政程序，通常是经由专门的机构或固定的机制，定期或不定期地与其他地方政府的相关部门进行工作衔接或事务协商。因此需要执行过程中设立固定的对接机制，“有关中央部门、三地政府及职能部门之间共同参与的日常沟通、议事决策和执行协调机制，及时传达中央精神、反映地方诉求、共同研究决策、协调解决难题……”②

目前京津冀间的领导和协调机制是国务院京津冀协同发展领导小组，作为京津冀协同发展的议事协调与决策机构，该小组的办公室设在国家发展改革

① 《人民日报》2016年2月18日第5版。

② 崔向华．推进京津冀协同发展体制创新的政策建议［J］．改革内参，2016，（2）：30．

委。国务院的一些部委也成立了京津冀协同发展领导小组，如交通运输部、国家税务总局、海关总署分别成立了京津冀区域交通一体化领导小组、京津冀协同发展税务工作领导小组、京津冀海关区域通关一体化领导小组。国务院成立了京津冀及周边地区大气污染防治协作小组，由京、津、冀、晋、蒙、鲁和国家环境部、发展改革委、工信部、财政部、住建部、气象局和能源局共七省八部委组成。

京津冀协同发展是第一个作为国家重大战略的区域战略，其领导小组应该比西部大开发领导小组等区域发展战略领导机制具有更多的行政权力，能够对共同事宜进行统一调度和规划，有足够的政策能量引导三地的合作。但是作为一种议事协调机构，京津冀协同发展领导小组不是常设机构，其成员均为兼职，其精力不可能只集中于京津冀事务，而且政策执行还要依赖于三地政府，领导小组体制难以成为京津冀协同发展的长期解决方案。① 通常领导小组会议不定期开，其工作有间歇性，只有到了有相应工作需要的时候，才“动”起来。“领导小组”是“特殊类型的组织，以专门负责较为重要、但已有的工作部门不适合或无力承担的新型和交叉型事务。这些对常设性的组织部门起着备用性作用。”② 而实际上京津冀协同发展有越来越多的日常性事务，其工作性质是协调国务院部委，协调省级政府，所以适合于设立专门机构。再有，目前京津冀协同发展领导小组的办公室设在国家发展改革委，属于归口管理，行政级别低于三省市，难以有效协调三地的共同行动。③

因此，需要在领导小组下设立常设性机构，作为中央派出机构，负责执行协同发展的规划，处理协同发展过程中出现的跨行政区问题。派出机构代表中央政府执行某项特定的任务，从中央政府得到授权。派出机构可以在不改变派出它的机关规定原则的条件下，灵活处理有关事宜。④ 在京津冀协同发展领导

① 孙兵等．京津冀区域管理体制机制创新的思考[J].改革内参，2016，（2）：7.

② 周望．“领导小组”如何领导[J].理论与改革，2015，（1）：98.

③ 国家发展改革委有协调区域问题的职能，设有几个专门的司负责，如地区经济司，西部开发司、东北等老工业基地振兴司。

④ 中国大百科全书（政治学）[M].北京：中国大百科全书出版社，1992：282.

小组下设的常设机构可以称为“京津冀协同发展（管理）委员会”，委员会从国务院得到授权，执行京津冀合作或一体化事务，这类区域管理机构是“一个具有一定行政管理职能的政府协调机构，但它不是一个综合性的政府机构，只为解决跨行政区发展中面临的重大区域问题而设立。”①

此外，还需要设立专门的推进机构，负责协同发展具体项目或领域的推进工作。这里可以参考韩国的经验。韩国在中央行政机关向新行政首都世宗市搬迁过程中设立的专门组织主要有三个：世宗特别自治市支援委员会、世宗特别自治市支援团和世宗特别自治市启动准备团。这三个组织都是新设组织，负责协调和处理搬迁事宜。由于搬迁没有依托已有的政府系统，在一定程度上预防了政府间和部门间的扯皮可能，特别是韩国实行地方自治制度，政府间并没有上下级隶属关系，如果搬迁工作依托于已有政府组织，将产生诸多的冲突，从而降低搬迁的效率。其中的支援委员会设在总理室下，总理兼任委员长，具有权威性，其在协调和处理相关问题时能超脱于一般的政府间利益。②

我国可以考虑在“京津冀协同发展委员会”下设立专门的分支部门，负责协同发展项目的推进、评估、监督，负责协调三地之间的利益共享和利益补偿等事宜。由于此类机构及其部门的职能定位于实现协同发展，任务明确，权力边界清晰，有利于协同发展具体事项的落实。三地既有的政府部门也可以集中精力于分解到本部门的协同发展任务，它们的执行情况通过本行政系统来考核，也有利于协同发展任务的落实。

由于京津冀多年来分立，各自封闭，没有形成统一的市场，所以《规划纲要》启动期的协同发展主要靠政府推动，企业和民间自发的参与还不够。“目前一些措施的落实，还是靠行政的办法，不管是北京的非首都功能相对收紧，还是我们现在一些产业协同发展的安排，还是交通方面，都还是以行政的方式，

① 肖金成，等．优化国土空间开放格局研究[M]．北京：中国计划出版社，2015：360.

② 见韩国行政中心复合城市建设厅网站（www.macc.go.kr）。

而在真正创造有利于协同发展的体制机制上差距还是很大。”[1] 经过进一步的动员，协同发展的精神深入三地的民心，民间的力量得以调动以后，加上北京的城市定位进一步明确，为特有的产业发展留有充分的空间，均可以使得协同发展的潜力得以进一步发挥。

① 张军扩．权威专家谈京津冀协同发展：问题与建议[J].改革内参，2016，（2）：22.

京津冀都市圈协同发展治理初探[①]

王玉海　聂　梅　宋逸群　冯翰钊[②]

【摘　要】京津冀协同发展的重点和难点是三地合作共治。中国都市圈的形成是大势所趋，中国都市圈的治理也有自己的特色。其形成与治理基于资源共享的机理，实质是如何分享收益和共担风险，核心是相关利益主体的利益协调，利益主体不只是政府，还有企业和公众。都市圈治理中，收益增加是动因，资源共享是基础，产业集群和城市功能是支撑。为此，京津冀都市圈协同共治要逐步培育五大机制：市场机制、合作机制、共享机制、补偿机制、保障机制。

【关键词】京津冀　协同发展　共同治理

① 本文为北京市社会科学基金重点项目《资源共享与首都经济圈协调发展研究》（项目编号：14JGA009）的阶段性成果。

② 王玉海，北京师范大学教授，土地资源与城乡发展研究所副所长，专业方向为资源环境经济管理。
聂梅，北京师范大学资源学院硕士研究生，专业方向为区域发展与人类福祉改进。
宋逸群，北京师范大学资源学院博士研究生，专业方向为区域可持续发展。
冯翰钊，北京师范大学资源学院硕士研究生，专业方向为区域资源环境管理。

京津冀协同发展是一个重大国家战略。中共中央政治局在2015年4月审议通过了《京津冀协同发展规划纲要》，京津冀协同发展的顶层设计基本完成，推动实施这一战略的总体方针已经明确。随着规划的落地实施，现实中的利益协调及其区域治理也就提上了议事日程。探究由相关利益主体参与的跨区域都市圈治理机制，是提升政府治理体系和治理能力现代化的重要内容，也是京津冀协同发展的现实迫切要求。

中国的都市圈具有自己的特色。与国际上发达国家如欧美、日本的都市圈不同，也与中国计划经济时“拉郎配”布局的经济区划和改革开放以来地方政府主导下的发展不同。近年来的区域都市圈是相邻地方政府介于其中，与多元主体交互作用下“主动联合”形成的。是内在动力和外在压力相互作用的结果，内在动力是相邻区域扩大资源利用范围和提高资源共享程度以获得区域经济发展的集聚效应；外在压力是联合起来以解决区域资源环境及社会公共性问题。此外，也有联合起来向中央政府要资金、要项目、要政策的博弈。改革开放30多年的发展，以行政地区为基本单元的发展普遍受制于辖区资源的约束，而通过区域联合利用外部资源以获得区域集聚式发展已成为普遍的目的，与此同时环境以及社会公共性问题的钳制也客观地提出了风险共担的要求。

相应的中国都市圈治理也有自己的特色，与欧美早先大都市区通过协商各自让渡一定权力组建“大都市区政府”的管理方式不同，还与后来新区域主义主导下注重相关主体之间谈判的治理不同，也与我国传统的科层制组织架构和自上而下的政策执行方式不同。新形势下的都市圈治理自有其内在特点，我们需要探索大都市圈治理的内在机理，也需要找到能够切入现实的可操作途径。

一、都市圈治理的基本内涵

都市圈的发展与治理基于相同的机理。区域范围的资源共享是促成大都市圈形成的动力，也是实现跨区域治理的核心关键。区域范围的相关利益主体是区域治理的对象，它们之间的利益协调是治理的内容。为此就要了解不同利益主体围绕利益的相互作用及其过程，从制度层面上构建都市圈治理的体系框架。

（一）资源共享是都市圈形成与治理的共通逻辑

资源及其资源共享是都市圈形成与治理的内在机制。相邻地区之所以愿意主动联合起来，是要突破自己辖区内资源的约束，但不让渡自己的资源，联合也就是一句空话，而让渡资源的结果便形成资源共享。因此，探讨都市圈形成发展及其治理的资源共享机制，是区域实现可持续发展的现实需求。我们要从资源及其资源共享的角度探究都市圈形成与治理的内在机制，如此才能找到促进京津冀都市圈形成发展与实现良好治理相统一的逻辑一致性基础，进而探索出适宜的区域发展模式和治理模式。

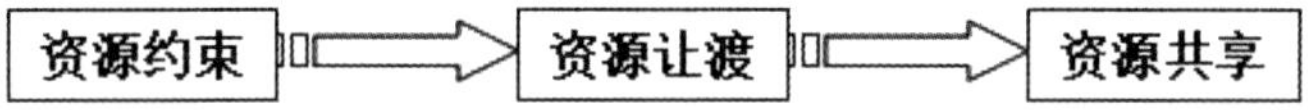

图 1：资源视角下都市圈形成的阶段及其结果

（二）界定多元主体及其利益关系理顺都市圈发展机理

都市圈的形成及其协调发展是相关多元利益主体关系的协调。区域都市圈的形成是多元利益主体在一定地域范围的集聚，集聚的根本是因为有收益增加的动力，这其实就是不同利益主体围绕利益的相互作用及其过程，它包含三个相互联系的层面：一是区域中包括哪些相关利益主体；二是引起这些主体追求的利益动力；三是主体间相互作用的关系进程（见图2）。

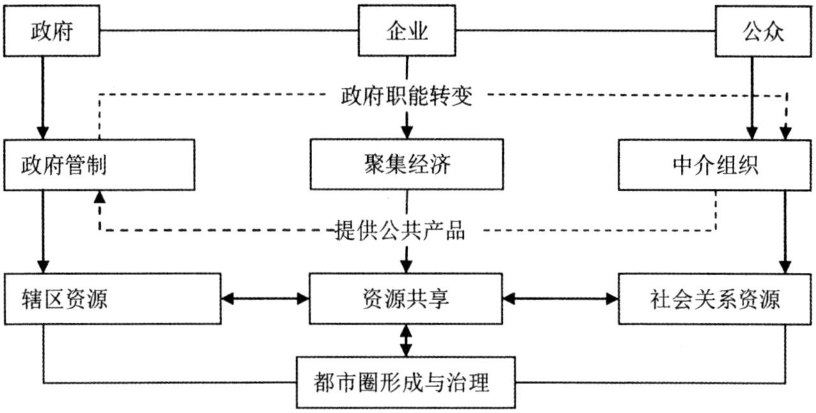

图 2：多元利益主体作用下的都市圈形成与治理

利益主体主要包括政府、企业、公众三个。企业是市场经济的主体，它们为更大范围的资源租金所吸引集聚一地，通过一系列有机整合与聚类集合，逐步形成分工合作的企业群、主导企业群和伴生企业群，最后实现产业集群而获取聚集收益效应；政府在市场化改革中，一方面中央政府与地方政府进行着权益关系调整，通过放权让利，地方利益相对独立，地方经济利益驱动增强，其行为的企业化倾向明显，也在追逐获利较多的资源；另一方面政府与企业的权益关系也在进行调整，政府对资源租金具有相对垄断的权力，但地方政府间的竞争会改变地方政府对企业的态度，因而出现“扶住之手”与“掠夺之手”的差别；社会公众是社会关系资源的拥有者，也是人力资本的所有者，即以个体的形式存在，更多的情况下是通过社会力量的培养，形成非政府中介组织。这些中介组织为政府职能的转变提供组织载体，在中小企业集群发展过程中发挥着不可替代的作用，为其提供了公共支持体系。因此，要改变地方政府作为利益主体的主导地位，分解经济利益职责，转变政府职能，还原公共共享职责，改变地方发展目标定位。

（三）搭建都市圈治理的框架体系

都市圈治理的核心是多元主体参与下的合作共治。这主要涉及三个突出的问题：一是搞清参与主体行为模式以及相互间关系；二是充分发挥资源共享平台的基础性作用；三是要从区域都市圈整体出发塑造支撑载体，这里包括如下几个方面（见图3）。

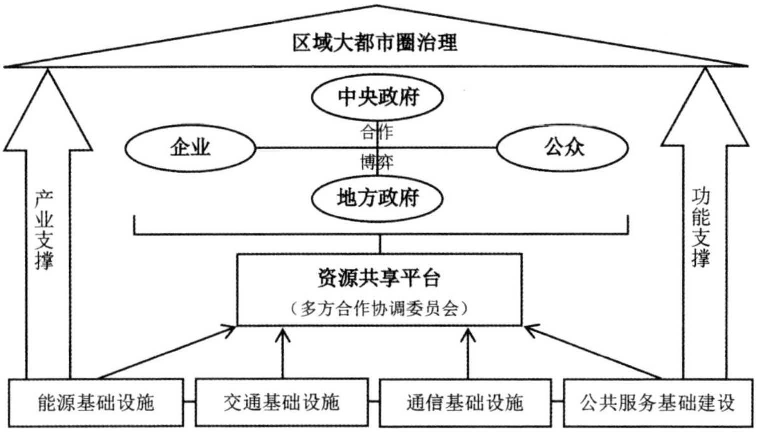

图3：都市圈治理的框架体系

1. 相关主体收益是合作共治的动因。企业以盈利为目标，公众更多地体现在对公共事务和利益的关注，政府则扮演协调平衡的角色，但也不排除政府作为经济人的利益趋向。企业与政府、公众的关系体现为市场关系，市场机制是协调它们关系的最大机制，而政府与社会公众则是民主集中的政治关系，不能掺杂过多的经济利益因素。此外政府之间涉及中央和地方政府以及地方政府间关系，其中既有管理与被管理的关系，也有利益博弈关系。

2. 资源共享是合作共治的基础。合作一般都得有合作的基础，共享资源的提供是不同利益主体合作的关键。在区域治理中，利益各方需要让渡资源以便大家合作共事，通过共享资源平台，整合区域范围拥有的资源。例如，能源基础设施、交通基础设施、通信基础设施、公共服务基础设施都是很好的资源共享平台。在当今互联网趋势下，共享平台的作用显得更为突出、重要。

3. 都市圈治理需要有产业支持和城市功能支撑。一个都市圈需要有相应的功能定位和产业实体，而这恰巧形成了都市圈的支柱，也可以理解为这就是一个区域都市圈得以形成的架构，如果没有功能实体，所谓的区域都市圈也就是一盘散沙，大而不强。

二、深化体制机制改革推动京津冀都市圈治理

都市圈的协同治理在搭建了治理体系框架之后，重要的还是要针对具体的地区体制条件进行体制改革培植机制。京津冀协同共治可以说是中国近年来最大的体制创新、最大的结构调整和最大的经济转型。要坚持问题导向，从京津冀地区发展面临体制机制障碍和约束出发，解决矛盾问题。还要坚持改革试点先行，允许地方进行更多的改革试点。京津冀区域协同共治主要包括五大机制的培植：市场机制、合作机制、共享机制、补偿机制、保障机制。目前主要停留在基础设施、商品生产和商品市场一体化方面。市场的一体化、社会服务一体化严重滞后，尤其是金融协调发展的体制机制、社会体制机制以及生态文明建设的体制机制还比较缺乏。而像社会保障体系、社会医疗、教育一体化还没有提到议事日程。概括来说，京津冀市场一体化的硬件已有一定基础，但市场交易的内涵层次以及市场交易秩序的维护等软件内容还相对滞后。

（一）建立完善市场一体化的体制机制

厘清不符合市场规律、制约京津冀协同发展的体制机制和政策规定方面的问题，按难易程度、分轻重缓急提出破解的意见建议。发挥三省市协调机制作用，属于三省市地方事权的，加强政策衔接，在产业转移、财税分享、平台共建、社保接续、社会管理等方面，选择能够形成共识且容易操作的关键环节，加强沟通，先行先试；属于国家事权的，共同协商提出意见，争取在国家层面予以协调并做出制度安排。

（二）建立利益共享机制

对政府主导、在一定纳税额以上的整体搬迁企业或项目，在一定期限内实

行经济总量与税收分享政策，特别是高新技术成果转化项目和知名院校、科研院所、医疗机构及其他居民生活服务业项目，如转出地按设定比例分享转出企业在转入地上缴的地方税收；探索产业园区跨行政区共建模式，鼓励共同组建企业化运营管理主体，税收和运营收益按出资比例分享；争取国家在北京新机场及临空经济区建设执行京冀一体化财税政策。

（三）健全开放合作机制

推动建立常态化的沟通协调机制，合作建设对外开放平台，如科技园区“一区多园”模式和联合纳入天津自由贸易区，推进京津冀口岸信息互换、监管互认、执法互助的“一站式”通关试点，促进贸易便利化，深化海港、空港、陆港的合作。

（四）完善生态补偿机制

制定生态环境功能区划，划定生态红线。将张家口、承德生态建设与水源涵养功能区列入国家专项规划，建成京津绿色生态屏障，争取国家加大中央转移支付力度，实现生态建设与经济发展的双赢。加强京津冀在水资源保护、防护林建设和清洁能源使用等方面的深度合作，建立京津冀流域水环境补偿机制，把临时性补偿措施固化为符合市场原则的制度性安排。探索建立流域水资源使用权转让制度，推行主要污染物排放权交易制度。

（五）创新公共服务保障机制

在京津冀地区探索户籍制度改革试点，并在环京津周边地区先行开展高等教育、社会保障、医疗卫生等方面的同城化试验，逐步消除户籍及附着利益对人口流动的影响；对接京津冀制度安排和服务水平，尽力缩小公共服务差距，引导京津人口向河北转移。与国家工业和信息化部及电信运营商沟通协调，实现京津冀电信服务统一。

三、京津冀都市圈治理的实现途径

京津冀都市圈的治理要实际有效。针对京津冀都市圈的治理，除了遵从一般跨区域治理的内在要求，还要切合京津冀的实际要求。在京津冀地区，由于长期条块体制分割，行政区内部形成了相对独立的管理体系，将三地协调融合起来协同治理，政府职能的转型调整是必需的，而产业经济利益的分享转移更是不可回避的问题，这些都要有现实的抓手途径，这里我们提出如下三方面的对策建议。

（一）以产业集群为基础夯实京津冀都市圈治理的经济基础

都市圈治理应有自己的经济基础。区域都市圈治理的根本是经济利益的协调，而经济利益突出的表现为产业发展，因此，区域产业调整首当其冲。京津冀的协同发展产业的调整转移不可避免，但产业调整既不是依从产业梯度的区域转移，也不是产业结构升级要求下的产业扩展，更不是在既有产业体系之上进行取舍的“归大堆”，而是要以产业集群为基础进行区域产业空间结构布局调整再造。以此打破既有行政性产业结构体系，形成都市圈范围“齿合型”产业分工结构。

产业集群是企业集聚合作共赢的体现，需要明确产业集群的主导产业，并联系交通道路互联网等线上线下关系，以促进产业集群的发展。在京津冀地区，由于长期条块体制分割，行政区内部形成了相对独立的产业体系，不同地区产业结构层级差异很大，甚至存在着“断崖”而难以有效对接转移，使跨地区产业梯度转移很困难。

近年来京津冀产业集群以园区的形式取得了很大的发展。这为区域产业合作奠定了基础，但还局限于既有行政边界，因此还需要打破园区行政外壳，鼓励支持相关企业入驻不同地区园区。要突破地域结构局限，突破“诸侯经济”的区域行政管辖局限，要充分发挥和利用市场中介机构的作用，通过资产经营、收购兼并、联合、优劣资产的置换，股权转让，对上市公司买壳、借壳上市，以及产权交易等形式，跨区域组建企业集团，促进产业园区范围产业集群的发展。

最近工业和信息化部、北京市人民政府、天津市人民政府、河北省人民政府联合下发的《京津冀产业转移指南》所提出的“一个中心、五区五带五链、若干特色基地”（简称“1555N”）产业发展格局，较好地贯彻了产业集群的要求，在实施中还要具体探索合作共赢做大“蛋糕”的发展模式。

具体应选择京津冀临近重点地区作为产业集群区域调整空间再造的突破口。北京市东部发展带应该作为产业融合的突破口，这一地区主要以京津两大城市为中心，以京津冀城镇群为依托，以各类产业园区为载体，串联相邻产业园区，产业聚集的条件较好。在这一京津冀相邻地区轴状产业带上，我们还要特别指出一些抓手重点，以便抓住重大战略机遇，争取区域协同发展能够率先取得战略突破。一是以北京新机场建设为契机，共建国家级“临空经济区域合作示范区”；二是依托天津滨海新区和天津自贸区，共建中国投资和服务贸易综合改革创新区；三是抓住京津冀三地优化空间结构的机遇，共建国家级“京津科技新干线”。

（二）搭建资源共享平台作为都市圈治理的突破口

区域范围的资源共享是实现资源有效配置的关键。区域经济融合或者一体化，其实质是在区域层面实现资源的有效配置。我们将大都市圈看作有效利用一定区域范围资源的特定组织，是对公共领域资源有效利用的治理结构。其特征是以一定的空间结构综合了地理近邻性和社会近邻性，实现了一定地域自然环境地理资源与社会人文资源的有效整合。总体上，财富的创造过程是自然资源与社会资源的综合，但在区域经济集聚的不同阶段和层次，产业集群共享合作的基础是不一样的，因此，应相应采取不同的促进共享资源提供的措施，这为政府作用发挥提供了一条线索。

针对京津冀协同发展治理，基础设施的资源共享就是区域一体化发展的基础和前提条件。2000年1月，首都机场和天津滨海机场率先实现了中国民航跨区域机场的整合；京津城际轨道于2008年实现通车；目前区域性客运轨道网络，以北京为核心方圆500千米区域的陆路“三小时交通圈”正在建设之中。此外，京津冀在水资源配置、生态环境保护和公用基础设施建设等方面的区域合作范围进一步扩大；在公共卫生和疾病防控体系、动物防疫检疫与植物保护体系、食品安全保障体系建设等方面形成巩固、稳定的互利互惠的区域合作关系；在社会治安、社会稳定和公共安全体系建设方面的合作正进一步改进、完善，以形成能有效保障区域安全的、统一的预警和防范合作体系。这些共享资源领域方面的建设都是区域合作可以率先启动的工作。

（三）转变政府职能促进都市圈治理的政府行为调整

都市圈协同发展的路径和跨区域治理的实现以政府职能的调整为先导。政府对都市圈的支持作用体现在共享资源的提供上，产业分工协作发展的根本表现是市场一体化程度的提高，资源要素在区域范围内进行配置，也就是生产要素进行跨区域流动，人流、物流、资金流、信息流半径扩大，资源的流转、整合、共享程度会提高，政府职能及其作用也随之转变。地方政府职能要根据集群发展的程度进行转变，也即在不同阶段政府发挥作用的侧重点不同，政府职能作用的转型是相对于资源关系调整动态变化的。

第一阶段，以自然资源为基础的共享资源合作阶段。政府主要是通过资本形成，加大共享性资源建设，如建设企业能够共享的人力资本培养和交流市场。

第二阶段，企业集聚阶段。企业追求跨地区资源的利用和对既有范围资源的整合。政府作用的突出表现是，在城镇周边土地上建设基础设施完善且先进的开发区或工业园区，以便集约用地、加强产业联系。

第三阶段，产业集群初级阶段。当企业在一定地域集中并进行它们之间的关系调整时，政府作用的重点是改善公共基础设施、加强交易制度建设、协调产业发展带来的社会问题等共享基础设施的建设。政府主要的作用是通过加强地理近邻性而深化组织近邻关系，实现企业间的分工合作与地域专业化基础上的产业空间再造。

第四阶段，产业集群基础上的产业空间结构形成阶段。更高一级的社会资本成为发展的需求，这时，以信息网络共享资源为基础的建设就成为重点，知识文化制度的共享提供具有重要的意义。政府作用的突出表现是，通过构建信息网络平台、营造“虚拟市场”、加快服务创新等手段推动专业市场的功能拓展。

□ 参考文献：

[1] 王玉海．资源共享与区域都市圈可持续发展研究 [M]. 北京：经济科学出版社，2015.

[2] 刘学敏等．首都区——实现区域可持续发展的战略构想 [M]. 北京：科学出版社，2010.

[3] 王玉海，刘学敏．区域经济集聚的资源视角分析 [J]. 经济地理，2009，（4）.

[4] 王玉海，何海岩．产业集群与京津冀协调发展 [J]. 中国特色社会主义研究（CSSCI），2014，（5）.

[5] 陈瑞莲，杨爱平. 从区域公共管理到区域治理研究：历史的转型［J］. 南开学报（哲学社会科学版），2012，（2）.

[6] 李植斌. 区域体制改革与创新［M］. 北京：中国社会科学出版社，2002：192.

[7] 赵永茂，朱光磊，江大树. 府际关系：新兴研究议题与治理策略［M］. 北京：社会科学文献出版社，2012.

[8] 马海龙. 京津冀区域协调发展的制约因素及利益协调机制构建［J］. 中共天津市委党校学报，2013，（3）.

[9] 李长晏. 区域发展与跨域治理［M］. 台北：五南图书出版有限公司，2012.

[10] 孙久文，原倩. 京津冀协同发展战略的比较和演进重点 [J]. 经济社会体制比较，2014，（5）.

[11] 洪世键．大都市区治理——理论演进与运作模式［M］．南京：东南大

学出版社，2009.

[12] 曹海军，霍伟桦. 基于协作视角的城市群治理及其对中国的启示［J］. 中国行政管理，2014，(8).

[13] Stone，N.RegimePolitics：Governing Atlanta，1946. Kansas：University Press of Kansas，1989.

[14] Karen Mossberger，Gerry Stoker.The Evolution of Urban Regime Theory：The Challenge of Conceptualization[J]. Urban Affairs Review. 2001，(36)：810–835.

京津冀协同发展进程中的障碍与应对策略[①]

郑林昌　张　雷　杨　歆　王念纤[②]

【摘　要】自习近平总书记发表京津冀协同发展重要讲话以来，京津冀协同发展各项工作全面展开，京津冀协同发展备受国内外高度关注和期待。本文系统梳理了近期京津冀协同发展工作进展情况，发现京津冀协同发展工作除具有行动快、重点突出、针对性强等特点之外，还存在信息不透明、认识不够、发展权利未得到充分体现、协调沟通困难、政策障碍明显、行政干预色彩浓重等诸多问题，而这些问题需要通过提高信息透明度、强化宣传教育、设立专职管理机构、加强财政转移支付、构建生态补偿机制等来加以解决。

【关键词】京津冀　协同发展　公共服务　政策障碍

---

① 基金项目：国家社科基金（15BTJ018），河北省社科基金（HB15YJ111），2014年河北省高等学校青年拔尖人才计划项目（BJ2014063）。

② 郑林昌，副教授，主要从事区域经济、产业经济、资源环境等方面的研究。

一、引言

北京市城市规模不断扩大，2015年全市年末常住人口已超过2170万人，相比2005年增加了632万人。人口和产业向北京市过度集聚，不仅带来了北京市交通拥堵、污染加重、房价持续上涨等众多问题，同时还引发了一系列社会问题，成为社会关注的焦点。问题出现的关键在于北京市非首都功能的过度聚集以及与周边地区公共服务水平的差异过大，造成资源配置在个体与集体之间发生冲突。为寻求更多就业机会、更好的公共服务，个人选择到北京市就业和生活的意愿很高；为寻求庞大市场、高端资源等，企业选址北京市的意愿也很高，尤其企业总部、研发、营销等高端职能选址在北京市的意愿很强烈。这不仅增加了北京市的负担，同时还对北京市周边地区产生了虹吸作用，周边地区不得不选择从事低端生产活动，贫困和环境污染等问题随之产生。2014年2月26日，习近平总书记在北京市考察工作时，对京津冀协同发展发表了重要讲话，此后在多个场合就京津冀协同发展发表了重要讲话、做出了重要批示。为落实习近平总书记的重要指示，后期国务院相继成立了“京津冀协同发展领导小组”“京津冀协同发展咨询委员会”等机构推动京津冀协同发展，三地各部门之间的对接活动日益增加，京津冀合作活动空间活跃。

二、京津冀协同发展工作进展

（一）一批规划相继完成，城市副中心加快建设

为指导京津冀协同各项工作开展，《京津冀协同发展规划纲要》和一批专项规划相继出台，为协同发展指明了方向、明确了目标、设置了路线图。2015年4月30日《京津冀协同发展规划纲要》终于得到中共中央政治局的审议通过；2015年12月8日，国家发展改革委和交通运输部联合发布了《京津冀协同发展交通一体化规划》；2015年12月30日，国家发展改革委和环保部会同有关部门共同编制的《京津冀协同发展生态环境保护规划》发布；2016年5月，国

土资源部、国家发展改革委联合印发了《京津冀协同发展土地利用总体规划（2015—2020年）》，水利部印发了《京津冀协同发展水利专项规划》。此外，作为京津冀协同发展关键举措，通州北京城市副中心规划设计总体布局方案已经确定，目前以行政办公区为代表的一批重大工程、重大项目相继开工建设。

（二）产业协同发展加快进行

根据《京津冀协同发展规划纲要》要求，2015年8月北京市修订发布了《北京市新增产业的禁止和限制目录（2015年版）》，首次针对城六区专门出台了禁限目录，并且在全市范围内禁止和限制的产业数量在国民经济统计分类中的占比从32%上升到55%。与此同时，“动批”“大红门”“新发地”“雅宝路”“潘家园”等区域的低端产业改造疏解工作加快推进，六环以内小批发、小零售全部关停。天津、河北积极打造各类产业承接平台。例如，天津市的武清、北辰、宝坻、东丽、滨海科技园与中关村共建京津创新共同体；河北省确定了40个重点产业承接平台，全面承接来自京津两地的产业。

（三）一批重大交通工程相继开工

2015年12月28日，津保铁路正式通车，津保通火车百年梦想终于成真。目前，京沈客专、京张铁路、呼张铁路、张家口至大同铁路、京霸铁路等项目正在加快建设，北京新机场项目已经开工建设，京唐、京滨、廊涿城际铁路前期工作正在紧锣密鼓进行。为消除京津冀三地之间的“断头路”，京台高速、密涿高速、京秦高速已经开工建设。

（四）协同开展了环境保护

2014年11月，京津冀三地启动了“京津冀环境执法联动工作机制”，共同打击区域内环境违法行为。2015年12月3日，京津冀三地环保厅局签署了《京津冀区域环境保护率先突破合作框架协议》，明确以大气、水、土壤污染防治为重点，以联合立法、统一规划、统一标准、统一监测、协同治污等十个方面为突破口，联防联控，共同改善区域生态环境质量。目前，三地已形成了“京津冀大气区域联防联控机制”“京津冀水污染突发事件联防联控机制”等联防联控机制。京冀生态水源保护林、京津风沙源治理二期、张家口坝上地区退化林分改造、密云水库上游稻改旱工程、张承水资源环境治理、地下水超采综合治理、引黄入冀补淀等重大工程有序推进。京津冀三地淘汰黄标车、关闭中小锅炉、煤改气等工程接近尾声。

（五）社会领域全面展开

2015年8月1日起，三大运营商对三地的手机用户在京津冀区域内拨打京津冀电话（固话和手机）取消长途和漫游通话费，接听电话，取消漫游通话费，京津冀通信一体化得到落实。自2015年12月25日起，京津冀三地开始实行交通一卡通，目前河北省7个城市358条公交线路将率先与北京139条公交线路、天津滨海新区所有公交线路实行互联互通试运行。三地初步建立疾病防控、卫生应急、卫生监督管理协同工作体系，北京辖区内约50家医疗机构与河北省100余家三级医院开展了多种形式的合作。人力社保合作方面，北京市与津冀两地签订了《加强人才工作合作协议》《推动人社工作协同发展合作协议》和《医疗保险合作备忘录》。冀京互派干部挂职工作积极开展，以干部人才交流促进生产要素交流和整合。

三、京津冀协同发展存在的问题与障碍

（一）政策不明朗，信息不对称

虽然中央层面审核了《京津冀协同发展规划纲要》，也制订了“京津冀协同发展实施方案”，但一直没有对外公开京津冀协同发展规划详细内容。目前，能够掌握京津冀协同发展总体规划和专项规划的人不多，造成京津冀协同发展相关信息不对称，地方政府和社会容易对此误判，也增加了区域间合作的风险。比如河北省境内几乎所有园区均制定了对接京津产业相关规划，重点打造曹妃

甸、沧州渤海新区、北戴河新区、白洋淀科技新城等承接平台。推动京津冀协同发展到底是否需要这么多承接平台，否则将是一种社会浪费，是对区域发展资源的一种错配。社会对京津冀协同发展相关信息也容易误判。比如受北京市城市副中心建设影响，2015年以来河北燕郊房地产价格的一路飞涨；近期，受安新县、容城县、雄县相关工作冻结的影响，该地区房价一路狂奔。

（二）地方政府和官员对京津冀协同发展的认识不够

自京津冀协同发展提出以来，京津冀三地一些官员和学者对其认识仍不充分。比如河北省和天津市有些官员把京津冀协同发展认识仍停留在产业对接方面，停留在落实上级布置任务上，停留在与北京市相关部门对接上，较少能够从优化区域资源配置、世界城市群建设高度来认识和理解。有些地区在承接京津两地产业转移时对当地优劣势认识不充分，盲目批土地、要项目，没有考虑自身状况、资源环境以及人力物力等要素，导致资源错配。此外，从京津冀三地近期制订的“十三五”规划、区域规划、城市规划、土地规划等来看，京津冀三地规划割据局面仍然突出，三地仍未形成一个统一规划，这一方面与京津冀整体规划姗姗来迟有关，更多的则是主管领导对京津冀协同发展判断和认识不足造成的。

（三）利益诉求不同，发展权利并未得到完全重视

京津冀三地在地理单元上本属于同一区域，但行政区划割据造成三地经济社会发展水平存在差距，特别是河北省与京津两地差距悬殊。三地分属于经济社会发展不同阶段，其发展任务、发展内容就会有所不同。比如目前河北省正处于工业化中前期阶段，产业层次低，环境污染物排放强度大是一种正常现象，故不能对河北省低端产业采取全部打死的手段，既要关停产业也要给予出路。同时，生态涵养地区、北京周边地区区县发展受到抑制，这种发展权利的限制谁来买单，现在依然没有具体实施方案。

（四）地位不对等，协调沟通存在障碍

一直以来，京津冀三地官方之间沟通并不通畅，其根本就在于三地政治地位的不对等。京津两市为直辖市，其党委主要领导是中央政治局委员，而河北省省委书记是正省级干部，三地高层权力的不匹配，河北省在协同发展中处于从属和被动的地位，所以就会出现河北与京津两地领导很难在同一位置上进行沟通与谈判的问题。即使在市、县层面，由于经济实力、掌握资源等不同，造成河北省与京津两地沟通障碍也比较突出，目前河北和天津方面“热脸贴冷屁股”的现象仍然比较突出。

（五）财政收入仍然是制约协同发展推进关键性因素

尽管北京制定了产业指导目录，明确了产业限制、淘汰路线图等，但这些限制多局限在城六区内。目前，北京市郊区县基本都提出了承担城六区疏解的任务，加之企业和人才不愿意离开北京市，功能和产业向城六区之外区县转移可能性比较大，这会进一步加剧京津冀地区区域发展问题。问题的关键仍然在于地方利益，在于财政收入，北京方面并不愿意将“蛋糕”“拱手相让”。

（六）政策障碍存在对协同发展影响很大

由于事权行政负责制，在某些关键领域仍然存在一些政策障碍，阻碍三地之间顺利开展协同工作。比如当前医疗器械许可生产属地认证制度，造成北京市城六区内部已经不再增加医疗器械生产许可，但由于涉及生产监管的问题，持有医疗器械许可的企业又不能到河北省和天津市生产，三地开展医疗器械研产分离难度很大。此外，我国区域之间仍然缺乏利益分享和责任共担机制，造成三地之间难以通过“税收分成”解决北京滞留人口和产业的问题。而三地之间悬殊的公共服务水平和财政实力差异，造成河北出现“小马”拉不动“大车”的局面，难以承担所赋予的协同发展责任。

（七）行政干预色彩浓重，市场未得到充分尊重

京津冀协同发展的基本出发点就是有序疏解北京非首都功能、解决北京“大城市病”，而导致问题出现的关键又在于三地公共服务水平的差异和公平竞争地位不对等。因此，推动京津冀协同发展就应该坚持问题导向，首先解决区域之间公共竞争和公共服务水平差异。工作主体是各级政府和管理部门，它们的职责是提供公共服务和市场管制，而非直接干预市场。从现实情况看，政府在区域经济活动中“拉郎配”的角色仍然比较突出，有些部门甚至直接干预企业生产经营行为，局部出现新一轮产业无序竞争的局面。京津冀产业协同发展需要市场起到应有的决定性作用，过多的干涉市场运行，必然会导致资源三地分布不均衡，生产要素不能得到自由、合理的流动，出现市场又一轮条状化分割。

四、进一步推进京津冀协同发展的对策建议

（一）明确方向，落实责任

建议国家层面尽量明确京津冀协同发展详细路线图，制定风险应对机制，针对社会上出现的各种“波动”，及时发布相关信息，消除各级政府、社会对京津冀协同发展相关工作的猜测，避免区域之间出现新一轮资源争夺问题，遏制市场投机行为，进而引发更大社会波动而损害百姓利益。国家和三地职能部门加快编制专项规划，尽快实现三地规划一张图的目标，尽快落实各自的责任和义务，防止产业无序竞争、功能载体重复建设等现象的发生。依据各地在京津冀协同发展中所承担的任务，将京津冀协同发展工作纳入地方政府绩效考核与干部考核中。适度引入工作问责制度，对于消极执行京津冀协同发展工作任务、为自身利益而牺牲整体利益等行为实施领导问责制。

（二）强化教育宣传，提高协同工作认识

组织熟悉和掌握京津冀协同发展要求的官员和专家，对相关职能部门领导

和地方官员开展各种类型京津冀协同发展系列宣讲和培训活动，提高各级官员对京津冀协同发展工作的理解和认识，尽可能避免和减少决策失误。相关职能部门充分利用各种传媒手段，加大对社会公众有关京津冀协同发展基本常识、常见问题、基本信息等宣传，增强社会公众对京津冀协同发展的了解。严禁和打击各类传播京津冀协同发展不实信息、谣言等行为，维护社会稳定性。

（三）设立京津冀协同发展管理局，发挥专家咨询委员会作用

借鉴国外跨区域治理成功经验，建议设立京津冀协同发展管理局，受国务院和京津冀协同发展领导小组领导，专职管理京津冀协同发展重大事务，国家相关职能部门和京津冀三地政府向其负责京津冀协同发展工作，管理局统筹配置京津冀三地发展资源，负责京津冀协同发展各项规划编制。充分发挥专家咨询委员会在京津冀协同发展中建言献策的作用，适当增加第三方专家在专家委员会中的比重，减少京津冀三地专家比重，尤其减少在京专家所占比重，使专家委员会成员能够从第三方角度客观分析问题，避免主观认识对决策的影响。

（四）设立区域发展专项资金，加强财政资金的转移支付

本着区域公共治理的原则，发挥财政资金转移支付缩小区域发展差异的重要作用，设立由京津冀三地共同出资的区域发展专项资金，专项资金受京津冀协同发展管理局管理，主要用于投资京津冀协同发展的关键领域、重大问题，资金使用适度向公共服务、基础设施、生态环境等领域侧重。资金使用受国务院、财政部、国家发展改革委等部门的监督，同时设立相关委员会等机构对其使用进行评估和监督。

（五）建立自然资源和生态环境购买、补偿机制，重视区域发展权利的平等

充分尊重各地区享有公平的发展权利，遵循环境保护与经济发展之间的演变规律，反对区域发展模式同质化和发展权利的“阉割”，坚持谁使用谁付费、

谁主张谁支付的原则，以国家主体功能区划为依据，设置区域自然资源和生态环境的购买机制、补偿机制，自然资源使用方向自然资源供给方购买资源（主要是水资源、大气资源等），产业和人口主要聚集区向生态涵养区、限制发展区等购买生态，以此协调发展和环境之间关系，实现可持续发展整体最优。

（六）处理好京津冀协同发展与世界城市群建设之间的关系

正确处理好京津冀协同发展与世界级城市群建设之间的关系，将世界级城市群建设纳入京津冀协同发展大局中统筹考虑，以建设世界级城市群的视角来构建京津冀地区城镇体系、优化城镇空间布局。同时，通过京津冀协同发展工作来促进世界级城市群建设，把非首都功能疏解到重点地区、重点城市，以此带动一批城市快速成长起来。同时，强化京津冀协同发展与世界级城市群建设在各地管理部门的宣传教育，将两者关系灌输到思想认识上，落实到各级管理部门的行动上。

五、结论

综上，京津冀协同发展已经被确定为我国三大区域发展战略之首，其意义重大，战略地位重要。为此，国务院、国家各部委、三地各级政府相继制定和出台了一系列规划和措施推动京津冀协同发展，产业限制与承接、交通建设和生态建设等领域成绩斐然，社会领域协同工作已经全面展开，但是京津冀协同发展过程也存在较多问题和障碍：第一，规划内容和协同发展方向各方掌握信息不同，引发局部地区出现投资过热等现象；第二，地方政府官员对协同发展认识不足，容易导致决策失误引发资源配置问题；第三，政治地位不对等、财政实力差距以及发展利益诉求不同等，使得三地难以达成均衡博弈状态；第四，过度行政干预，容易进一步加剧区域资源错配。故本文建议应该从公开信息、强化宣传教育、设立专职职能部门、设置区域发展专项资金、构建自然资源和生态购买补偿机制、正确处理京津冀协同发展与世界级城市群建设之间的关系，化解协同发展过程中存在的问题，破除协同发展进程中的障碍。

□ 参考文献：

[1] 打破“一亩三分地”习近平就京津冀协同发展提七点要求 [EB/OL]. 新华网，2014-02-27.[2014-04-09].http://news.xinhuanet.com/2014-02-27-c_119538131.htm.

[2] 薄文广，陈飞 . 京津冀协同发展：挑战与困境 [J]. 南开学报（哲学社会科学版），2015，（1）：101-118.

[3] 魏进平，刘鑫洋，魏娜 . 京津冀协同发展的历程回顾、现实困境与突破路径 [J]. 河北工业大学学报（社会科学版），2014，6（2）：1-12.

[4] 张可云，蔡之兵 . 京津冀协同发展历程、制约因素及未来方向 [J]. 河北学刊，2014，34（6）：101-105.

[5] 孙虎，乔标 . 京津冀产业协同发展的问题与建议 [J]. 中国软科学，2015，（7）：68-74.

行政区划调整如何助推区域协同发展

——以京津冀地区为例

赵聚军[①]

【摘　要】在我国现行体制下，行政区划对区域协同发展的影响主要表现为行政区刚性约束下的跨界公共事务治理困境以及“行政区经济”现象泛滥。从典型国家和地区的经验来看，行政区划整合对区域协同的推动作用主要体现为解决中心城市发展空间不足、区域公共服务落差过大等问题。相比其他国家和地区的大都市区，京津冀地区虽然具有明显的大都市区特点，但由于京津两个超大城市均为广域市制，目前都还拥有较大的发展空间，还没有达到规模效应外溢的阶段。因此，在推动京津冀协同发展的过程中，不宜贸然调整行政区划，在相当长的时期内都应主要通过促进地方政府合作，以及构建多功能大行政区等准行政区划手段，着力突破区划壁垒对区域协同发展的阻隔。

【关键词】区域协同　行政区划　京津冀　大都市区

---

①　赵聚军，南开大学周恩来政府管理学院副教授。

一、问题的提出

尽管早在20世纪70年代，各界就已经开始探讨京津冀地区的区域合作问题，然而，无论是从京津冀内部考察，还是与长三角、珠三角地区相比，都表明该地区的区域合作所取得的成效非常有限。比较典型的表现就是，在2013年京津冀三地的政府工作报告中，未有一地专门提及京津冀协同发展问题。直到2014年，京津冀协同发展被中央作为一项重大的发展战略提出后，情况才得到迅速扭转。

造成京津冀区域协同发展困局的原因显然是多方面的，但长期以来存在的行政区划壁垒则是一个基本的体制根源。因此，为了加快推动京津冀协同发展，"必须通过深化改革打破行政壁垒，构建开放的区域统一市场，建立区域统筹协调发展新体制，为推动全国区域协同发展探索出一条新路子。"[①] 本文在借鉴典型国家和地区经验的基础上，系统探讨了行政区划与京津冀协同发展的双向互动作用，进而归纳行政区划和准行政区划手段促进京津冀协同发展的可能性和具体的实施路径。

二、行政区划刚性约束下的区域协同困境及其协调机制

在我国现行的体制下，行政区划不仅是政权建设和政府管理的重要手段，而且直接关系资源的整合和各种利益的权衡分配，对经济社会发展的影响重大且深远。具体而言，行政区划对区域协同发展的影响，主要表现为两个层面：一是行政区划刚性约束下的跨界公共事务治理困境；二是依然难以彻底扭转的"行政区经济"现象。

① 参见新华网："京津冀协同发展领导小组办公室负责人就京津冀协同发展有关问题答记者问"（http://news.xinhuanet.com/2015-08-23/c_1116342156.htm.）。

（一）行政区划刚性约束下的跨界公共事务治理困境

任何一个国家的政府，都是在特定的领土范围内对一定数量的居民行使公共权力。当一个国家的领土范围和人口规模突破一定界限的时候，受制于管理幅度，通常都需要将国土划分为若干层次和类型的行政区域，进而建立起完整的地方政府体系。就此来看，行政区划即是国家权力再分配的基本框架，也是政府管理的重要手段。然而，地方政府体系的建立虽然缓解了政府的有效管理幅度问题，但却产生了一个明显的副作用：行政边界的存在，成了地方政府公共权力行使的绝对空间边界。任何一个地方政府，除非获得上级政府的特许，均无权跨界执法。这一问题的负面影响在地方政府职责简单且有限的前现代社会还没有太明显的表现。但是进入现代社会以来，随着政府职责的扩张，尤其是随着政府公共服务职责的扩展，诸如流域治理、大气污染、跨界公共资源开发等具有明显外部性特征的跨界公共事务开始大量出现。面对日益增多的跨界公共事务，通常只专注于辖区内事务的地方政府既无动力也无权力单方面解决跨界公共事务（彭彦强，2013）。基于此，如何采取必要的补救和激励措施，调动地方政府参与跨界公共事务治理的主动性，防止“搭便车”行为的普遍化，同时避免因地方政府间的过度竞争而使跨界公共资源的开发陷入“公地悲剧”，就成为一个重要的研究课题。

近年来，随着我国区域经济一体化的加快，尤其是城市群的快速发展，进一步加剧了跨区域公共事务治理的难度。随着城市群的形成与扩张，同处一个“群”的各个城市之间的经济联系和要素流动，日益频繁和密切。但与此同时，一系列跨界公共问题亦开始凸显：一是生态环境、流域治理等问题，例如现阶段我国主要城市群常见的跨界流域水污染、频繁出现的严重雾霾等问题；二是区域基础设施的统筹规划，典型如机场、港口等具有较大规模经济效应的基础设施的统筹布局、协调使用问题；三是城市群内各行政区之间存在的公共服务落差，乃至鸿沟问题（国家行政学院课题组，2015）。

此外，随着人口、资源的过度聚集等因素导致的成本上升，部分中心城市的规模不经济现象开始凸显，涓滴效应逐步取代聚集效益，成为推动区域经济增长的主导力量。在这种情况下，很多企业开始倾向于离开中心城市，转向区域次中心城市，一些地区由此步入了区域协同发展的“自动阶段”（孙久文、原倩，2014）。然而，区域内各地在教育、医疗、社会保障等方面存在的公共服务落差却成为要素自由流动的严重阻碍。上述问题跨越了自然地理界限和行政区划边界，涉及多地、多个行政主体，属于典型的“复杂社会中的复杂问题”，且日益普遍化：有些地区已经发生，有些地区正在发生，有些地区则即将面临上述问题。

（二）依旧突出的“行政区经济”现象

在完善的市场机制下，经济要素的流动主要受需求关系的驱动，甚至不受国界的约束。然而，改革开放以来，在中央和地方分权改革的同时，我国的各级地方政府却迟迟未能适应市场经济的要求，长期存在突出的直接经济行为，从而使得地方之间的竞争掺杂了太多的非市场因素，进而造成不同地区市场环境的异质性，最终形成一种行政区与经济区的特殊耦合体，即“行政区经济”现象。

也就是说，行政区划对市场要素流动的制约，即“行政区经济”现象，主要是由于地方政府的职能转变不到位，过度依赖行政手段强行干预经济活动的结果，而不是行政区本身的作用（刘君德，2004）。因此，虽然不能否认调整行政区划是理顺体制、推进区域发展的一种简单而有效的手段，但绝不能夸大其作用。改革的正确方向应当是加快转变政府职能，彻底清除“行政区经济”的影响。当然，行政区划作为纯粹的政治和行政手段，通常更强调稳定性。而我国现阶段的区域经济发展虽然仍在较大程度上受到行政手段的强力影响，但市场机制已经逐步占据了主导地位。行政区划与区域经济上述运行机制的差异，往往导致行政区划滞后于区域经济的变化和发展。因此，在政府职能转变迟迟无法到位的情况下，适时进行必要的行政区划调整，以适应区域经济的发展变化，也是改革的题中之意。

（三）区域协调机制的主要类型及其演化过程

如前文所述，我国现阶段面临的跨界公共事务治理困境，既有行政区划刚性约束作用的影响，也受制于地方政府的过度竞争。面对种类繁多、数量巨大的跨界公共问题，以层级关系为基础的科层制实际上已经难以应对。因此，如果适度突破行政区划壁垒，纠正地方政府过度竞争所产生的负外部性，就成为构建区域协调发展机制的主要着力点。

根据合作深度的不同，可以将区域协调机制视作一个以完全竞争和行政区划调整为两端的连续统一体。具体来看，笔者在借鉴彭彦强等人相关研究成果的基础上（彭彦强，2013），将区域协调机制划分为四种呈递进状态的类型（参见图1）。当然，现实中各种协调机制并不是截然对立的，更多的时候呈现为一个综合体。需要说明的是，诸如设立专区、联合组建多功能大行政区等准行政区划手段，虽然仍具有显著的地方间行政权力协调色彩，但由于原来被各地方政府分别独立行使的某些或某项权力授予了专区或多功能大行政区，显然已经涉及权力的横向再配置问题。因此，与合作论坛、行政协议、区域联合会等手段不同，专区和多功能大行政区属于正式的政府结构体系变更，且通常需要获得中央政府或上级政府的审查批准，并完成相应的法律程序，已经具有了一定的行政区划调整色彩，所以本文称之为准行政区划手段。

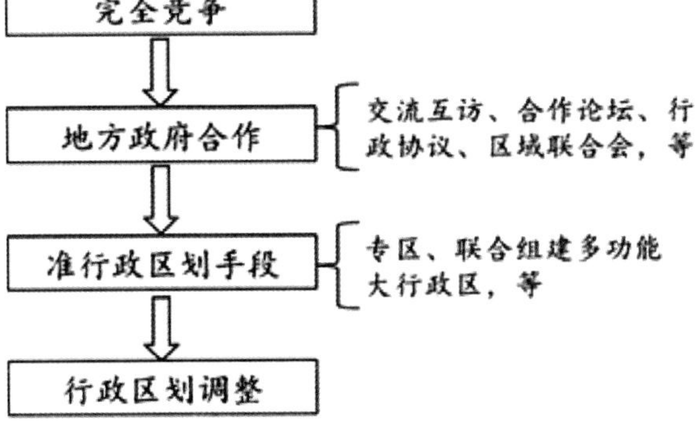

图1：区域协调机制的基本类型

三、行政区划助推区域协同的基本途径

通过行政区划以及准行政区划手段推动区域协同发展，显然需要一定的前提条件。鉴于不同国家和地区的大都市区，特别是区域中心城市在空间特性、面临的主要问题等方面所存在的明显差异，就在较大程度上决定了各地推动区域协同发展的策略选择差异。

（一）行政区划整合助推区域协同的主要切入点

总结典型国家和地区的经验，行政区划调整作为推动区域协同发展的重要手段，其基本作用是解决主要由于人口大量集聚以及地方政府的“巴尔干化”[①]所导致的大都市区中心城市发展空间狭窄，乃至衰败现象，以及区域公共服务落差过大等问题（Rusk，1998）。具体而言，可以将典型国家和地区通过行政区划和准行政区划手段推动区域协同发展的改革实践大致归纳为两类。

第一种类型是以美国、加拿大、英国、德国等为代表的西方典型国家，相关改革主要是为了克服行政区划壁垒对于区域协同发展的阻隔，特别是“巴尔干化”所导致的大都市区中心城市衰落等问题，推动中心城市的健康发展和区域基本公共服务均等化。正如传统区域主义的代表人物海伍德（Robert Haywood）所指出的：大都市区的“巴尔干化”导致了资源与需求的分离，而造成这种分离的原因之一就是中心城市与郊区以及郊区之间的行政壁垒。对此，基本办法之一就是构建统一的大都市区政府（Greer，1995）。具体的实践方面，加拿大从20世纪90年代开始兴起的合并组建单中心市浪潮[②]，比较具有代表性（参见表1）。

① “巴尔干化”是一些学者对美国大都市区地方政区陷入严重零碎化局面的一种形象比喻。美国大都市区地方政府数量之多、名目之繁杂，像一个迷宫，类似于巴尔干半岛林立的小国，互不隶属，而且其发展趋势是逐年增长，几乎失控。

② 合并组建单中心市是指通过将两个或两个以上的（通常更多）城市和地区进行合并，从而创建拥有统一管辖权的单中心市政府。合并组建单中心市是近年来加拿大大都市区行政区划改革的主导模式。

表 1：加拿大通过合并重组产生的单中心市

单中心市名称	组建时间	来源
温尼伯	1972	由 13 个自治体合并组建
圣约翰	1992	由圣约翰市与其周边 2 个城镇合并组建
萨默德赛	1995	由 5 个城市合并组建
夏洛特敦	1995	由夏洛特敦市与 1 个镇和 5 个社区合并
布雷顿角	1995	由 8 个城镇合并组建
米拉米希	1995	由 11 个社区合并组建
哈利法克斯	1996	由 4 个城镇和哈利法克斯县合并组建
多伦多	1998	由 5 个城镇合并组建
查塔姆－肯特	1998	由 23 个城镇和 1 个县合并组建
卡沃瑟湖区	2001	由 17 个城镇和 1 个县合并组建
渥太华	2001	由 12 个城镇合并组建
哈密尔顿	2001	由 8 个城镇合并组建
萨德伯里	2001	由 7 个城镇合并组建
哈尔迪曼德－诺福克	2001	由 2 个城镇合并组建
蒙特利尔	2002	由 28 个城镇合并组建
魁北克城	2002	由 13 个城镇合并组建
加蒂诺－诺尔	2002	由 5 个城镇合并组建
隆格伊	2002	由 8 个城镇合并组建
莱维	2002	由 10 个城镇合并组建

资料来源：理查德·廷德尔等：《加拿大地方政府》，于秀明，等译，北京大学出版社，2005年。

第二种类型是以韩国、中国台湾地区等为代表的部分东亚国家和地区，主要途径是通过调整行政区划，使行政区域与经济区域相一致，从而达到快速协调解决各类跨界公共问题的目的。上述差异的出现，主要是因为韩国与台湾地区并没有强烈的地方自治传统，且经济发展中一直具有比较强的"规划"色彩，政府始终发挥着重要的引领作用。因此，行政区划调整往往更直接地面向区域经济发展的协调难题，特别是大都市区中心城市的发展空间问题，而不像西方国家那样更多地指向区域公共服务供给的均等化问题。这一点，在台湾地区的

“五都改制”中表现得尤为明显[①]。

长期以来，由于人口及产业过度集中于大都市地区，且经济重心严重北倾，台湾地区的南北发展差距问题异常突出。例如，按照2011年的统计数据，台北市在仅占台湾地区0.6%的辖域面积内，却聚集了全台11.5%的人口，贡献了39.5%的地方税收（纪俊臣，2011）。上述区域发展格局反映在行政区划层面，就是多数大都市区经济区域与行政区域的严重不对称，台北等中心城市普遍受制于发展空间之困，行政区划调整的呼声日渐强烈（赵永茂、王皓平，2014）。鉴于此，台湾当局于2010年12月，正式实施了1950年以来最大规模的行政区划调整，即所谓“五都改制”或“县市合并”。之后，桃园县也于2014年12月25日起正式升格改制为“直辖市”，至此形成了“六直辖市十六县市”的行政区划格局。需要指出的是，改制后，新北、桃园、台中、台南、高雄五个“直辖市”都已经由狭域市或适域市转型为广域市[②]，城市发展空间不足的问题得以极大缓解。唯独发展空间最为窘迫的台北市，受制于党派和地方政治势力的阻挠，仍然维持着狭域市的建制[③]。

---

① 五都改制的具体内容是：将台北县改制为新北市，台中县市合并改制为台中市，台南县市合并改制为台南市，高雄县市合并改制为高雄市，再加上原来的台北市，并称为五都（五个“直辖市”）。

② 广域市指行政区域面积大于城市建成区的实际面积，辖区通常包含有农村地带的建制市。与广域市相对的是城市建成区和建制市行政边界相吻合的适域市，以及城市建成区面积大于建制市行政边界的狭域市。目前，我国的绝大部分城市、韩国较大的市通常都是广域市，西方国家的建制市则多是狭域市，我国台湾地区和日本的城市则是三种形态都存在，但以小广域市和狭域市为主。

③ 台北市之所以未能按照原初的设想，通过与新北、基隆等市县的合并，整合为新的大台北市，其中一个重要原因就是由于党派和地方政治利益压倒了对区域长远健康发展的考虑。具体来看，按照台湾“地方制度法”的规定，人口达200万人以上“直辖市”，其区域议员总额上限为62人。如果台北、新北和基隆合并后，总人口达到了756万人，但其地方民意代表总额仍然会被维持在62人，这显然会触及各党派和地方势力的政治利益，因此遭到了普遍的反对。参见纪俊臣：“首都圈的政经发展与行政区划分析”，载第五届“转型与治理学术研讨会”论文集（台北），2011年。

表 2：改制后台湾地区六个“直辖市”的基本情况

城市	辖域面积（平方千米）	人口（万人）	税收（新台币）
台北	271.8	270.2	658228999
新北	2052.5	396.6	168759548
桃园	1220.0	250.0	168299299
高雄	2947.0	277.9	159106413
台中	2215.0	271.0	113801335
台南	2192.0	188.0	56722585

注：以上数据均摘自台湾官方统计，其中税收为2011年统计数字，台北、桃园和台中的人口为2014年统计数字，新北、高雄和台南的人口则分别为2015年、2013年和2012年的统计数字。

此外，行政区划调整是否能够顺利推动，也取决于改革的难度。例如，美国的大都市区虽然深受地方“巴尔干化”之苦，但由于设立地方自治主体过于随意等体制原因和深厚的地方自治传统，以及种族隔离诱发的种族居住隔离等原因，只能退而求其次，通过广泛设立专区（special district）这一准行政区划手段（Greer，1995），从而使得专区成为近几十年来美国增长速度最快的政区类型（参见表3），而德国也在尝试合并重组柏林和勃兰登堡州失败后，才组建了仅限于州际行政权合作的“柏林－勃兰登堡联合规划部”。

表 3：美国大都市区和非大都市区的专区数量比较

年份	专区总数	大都市区内专区的数量和比例		大都市区县平均拥有的专区数量（%）	非大都市区县平均拥有的专区数量（%）
		数量	占专区总数的比例（%）		
1942	8299	1097	13.2	4.1	2.6
1952	12319	2598	21.2	10.1	3.5
1962	18323	5411	29.5	17.5	4.7
1972	23855	8054	33.8	18.1	6.1
1982	28588	11725	41.0	17.5	7.1
1992	31566	13614	43.1	18.4	7.8

资料来源：Ross Stephens and Nelson Wikstrom, 2000.Metropolitan Government and Government：Theoretical Perspectives, Empirical Amalysis, and the Future. New York：Oxford University Press, p. 63。

再者，行政区划的目标导向，也要受到政府宏观职能定位的影响。在西方国家，政府职能的重心已明显地偏向于公共服务。与之相一致，行政区划或者准行政区划手段促进区域协调发展的重心始终指向公共服务以及政府的施政成本、效率以及公平性等目标（Boyne，1995；Sancton，1996）。或者说，即使行政区划或准行政区划调整的目标主要指向区域经济协调发展，但也多是通过统筹区域公共服务供给的形式，为区域经济发展创造一个良好的外部环境。例如，加拿大的一些地方政府在积极推进城市合并整合、组建单中心市的过程中，多以降低施政成本、提高公共服务效率为主要的改革动因加以宣传（Downey&Williams，1998）。

（二）京津冀：广域市制与北京的大城市病

近代以来，京津冀三地始终存在比较明显的区域发展差距。中华人民共和国成立后，在发展惯性和一系列政策因素的作用下，三地的发展差距不断拉大，区域功能布局严重失衡。尤其是河北与京津两地，无论是经济发展水平，还是公共服务水准，都呈现出巨大的落差。然而，在各种资源不断向京津，尤其是北京聚集的同时，也使得北京出现了严重的“大城市病”：一是北京承担了过多的非首都功能，已经严重超出其资源和基础设施的承受能力，典型如人口过度膨胀，交通拥堵，大气污染严重，并由此引发了一系列经济社会问题；二是区域生态环境压力日益加剧，水资源严重短缺，已成为东部地区，乃至全国人与自然关系最为紧张、资源环境超载最为严重、生态联防联治要求最为迫切的区域。特别是近年来，随着区域发展的资源环境约束日益收紧，以及国际城市间的集群化竞争态势日渐突出，北京的持续健康发展已经越来越离不开周边地区，尤其是津冀两地的配合与支持。在这种情况下，津冀两地再次表现出“拱卫京师，以固根本”的战略意义。与之相对应，中央对京津冀协同发展的基本指导思想也是以“有序疏解北京非首都功能、解决北京‘大城市病’为基本出发点”[①]。

需要指出的是，长期以来困扰西方国家的地方政府“巴尔干化”问题，并

① 参见新华网：“京津冀协同发展领导小组办公室负责人就京津冀协同发展有关问题答记者问”（http：//news.xinhuanet.com/2015-08-23/c_1116342156.htm.）。

由此引发的大都市区中心城市发展空间严重受限，乃至衰落等问题，在京津冀地区并没有明显的表现。上述状况的出现，主要是因为中国的大都市区普遍实行广域市制，且行政区划调整变更程序相对简便易行，从而有效避免了政府结构体系的零碎化趋势。各类城市，尤其是大中城市的辖域普遍比较广阔，发展空间比较充足。这一点，从近年来行政区划调整的主导类型以及县（县级市）与市辖区的数量和比例变化，都能够得到印证。

从行政区划调整的类型来看，1997年“县改市”被冻结后，我国行政区划的重点开始转向了大中城市空间的扩张，再加上“扩权强县”和“省直管县”试点工作对地级市政府的反向刺激作用，县（市、镇）改区迅速成为行政区划调整的主导类型。例如，在2012—2015年的县级及其以上行政区划调整中，县（市、镇）改区占据的比重分别达到了35%、42%、67% 和57%①。

从县（县级市）与市辖区的数量和比例的变化来看，近年来各级城市，尤其是大中城市，通过增设市辖区的形式扩展城市的发展空间，已经变得非常普遍。这也导致即使近年来国内大中城市频频出现市辖区合并现象，市辖区的总量仍由1978年的488个增加到了2014年底的897个，增长了近1倍（详见图2）。

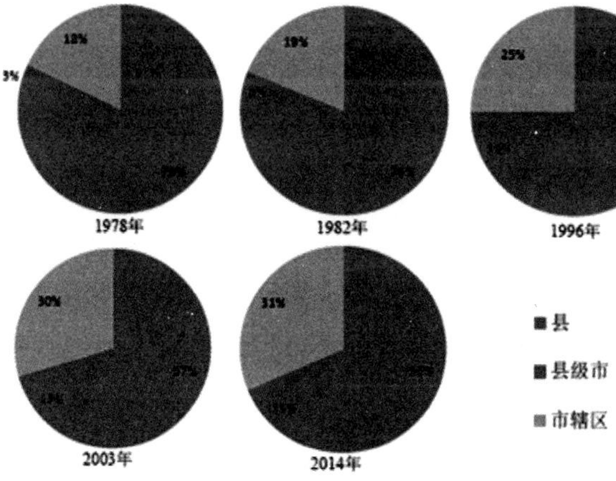

图 2：若干年份中国各类县级政区的比例变化

---

① 以上数据系根据民政部区划司《中国行政区划网》（http：//www.xzqh.org.cn）的相关数据折算得出。

具体到北京来看，从1949—1958年，北京的辖域面积同样经历了一个快速扩张的过程。新中国成立初期，北京的行政区划被大致划定为东至通州，西至门头沟，南至黄村，西南至长辛店，北至沙河。之后，逐渐将原属河北省管辖的诸多区域划归北京：1956年2月将昌平县划归北京；1957年9月将大兴县新建乡划归北京；1958年3月将通县、顺义、大兴、良乡、房山五个县和通州市划归北京；同年10月又将怀柔、密云、平谷、延庆四县划归北京。至此，北京的行政区划格局基本成型。目前，北京的辖区面积达到了1.7万平方千米，在四个直辖市里排名第二，仅次于重庆（8.2万平方千米）。但需要指出的是，重庆在直辖之初就带有鲜明的“大城市、大农村”色彩，其政区格局更像是一个省，与京津沪有较大的不同。在京津沪这三个可比性较强的直辖市之中，北京的辖域面积最大，而经济总量在上述三市中排名第一的上海，辖区面积则仅为6430平方千米，仅为北京的1/3左右，天津的1/2左右。

综上所述，以行政区划手段推进区域协同发展，主要适用于实行狭域市制的西方国家大都市区中心城市。与很多西方国家和部分国内城市亟须通过调整行政区划解决城市发展空间不足不同，京津冀地区虽然具有明显的大都市区特点，但京津两个超大城市目前都还拥有比较充足的发展空间。尽管说相对窄小，但是还没完全填满，尚未达到规模效应外溢的阶段。因此，在推动京津冀协同发展的过程中，不宜贸然采取行政区划手段，相当长的时期内都应主要通过促进地方政府合作，以及构建多功能大行政区等准行政区划手段，打破“行政区经济”“行政区行政”对区域协同发展的阻隔。

四、行政区划手段推动京津冀协同发展的策略导向

（一）推动京津冀协同发展的行动策略

从典型国家和地区的经验来看，协调区域发展的首要问题就是保障区域中心城市的持续健康发展（Bingham & Kalich，1996）。根据这个思路，京津冀协同发展首先是为了解决北京的发展困境，缓解大城市病问题，其次是天津这一

紧邻北京的特大型城市的发展定位和发展空间问题，最后是河北省环京津城市的发展定位以及河北其他地区的发展问题。总体来看，解决北京的“大城市病”问题，一方面需要中央政府的推动和北京疏解城市功能的“壮士断腕”；另一方面也需要津冀在认同北京区域核心地位的前提下，为北京而改变自己，在服务北京的同时借助北京的资源，围绕北京发展自己。

总结近40年的发展历程，可以发现，京津冀协同发展过程存在四个突出的特点：第一，2015年《京津冀协同发展规划纲要》正式出台之前，始终缺乏顶层设计；第二，市场经济发展不成熟，市场配置资源的作用始终得不到充分的发挥；第三，天津参与区域合作的积极性始终较低；第四，河北参与区域合作的热情较高，但始终未找到合适的协同发展方式（张可云、蔡之兵，2014）。

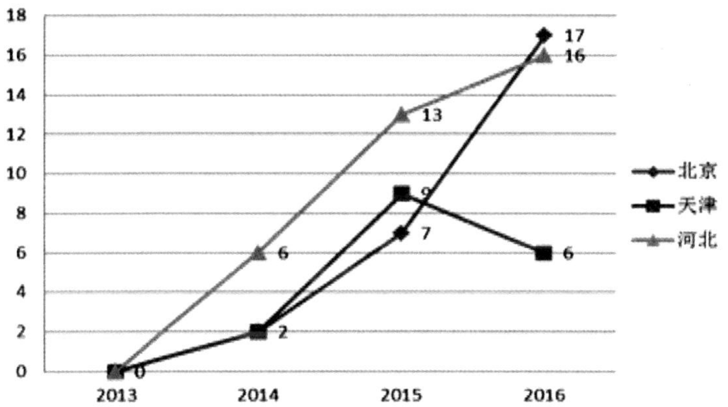

图 3：2013—2016 年京津冀三地政府工作报告提及京津冀协作问题的频次

上述特点的背后，则是长期以来始终未能妥善协调的三个基本关系，即北京与首都的关系、北京与天津的关系、北京与河北的关系。上述三大关系难以妥善处理的关键原因在于北京：作为首都，在北京的府际关系概念里，首要的是北京与全国的关系，其次才是北京与所属经济区域的关系。这就导致北京作为全国的中心，对周边地区及全国的聚集和吸附作用明显，而向周边地区的扩散却很少：一方面，北京想要的过多、承担的过多、愿意放弃的太少；另一方面，北京的首都属性使其凌驾于河北与天津之上（杨龙、胡世文，2015）。由此来看，京津冀三地通过自行磋商的方式推动区域协同发展，很难实质性推进。因此，唯有通过顶层设计，才能快速、深度地推动京津冀协同发展。而且，在“三地四政府”的格局下，京津冀地区实际上是一种“特区”，即国内唯一包含首都的区域。这一点与长三角、珠三角都存在明显的不同，中央势必会介入。中央主导推动的最大优点是可以快速解决三地政府的协调问题。在京津冀地区，不仅需要中央倡导合作，也需要中央在必要的事务中发挥主导作用，如区域整体规划的制定和推进。

除了中央的直接推动，京津冀地区的城市间也需要自身的协调机制。北京作为区域中心城市，是解决“大城市病”的主要获益者，应该承担更多的合作成本。因此，可以由北京发起成立区分不同领域的城市合作机制，配合中央，协调北京与周边城市的合作。在这类城市间协调机制里，既要突出北京的核心地位，也要切实保障其他城市能够从合作中受益。除此之外，京津冀三地以及区域内各个城市之间还需要成立平等的协调和沟通机制作为补充。

（二）构建京津冀协同发展机制的具体路径

通常情况下，推动区域协同发展是一个循序渐进的过程。在京津冀协同发展机制的具体构建路径方面，也应遵循这一原则，采用分步走的策略，并在实践中进行不断地调整、修正。具体来看，在借鉴马海龙等人研究成果的基础上（马海龙，2010），笔者认为京津冀协同发展机制的具体推进路径可以大致分为短期、中期和远期三个阶段（参见图4）。短期来看，考虑到京津冀区域合作的现状和动力，很难期望三地通过平等协商的方式深入推进区域协同发展。因此，短期内应主要强调中央的顶层设计，通过构建中央主导下的京津冀区域协同机构，促使三地政府逐步达成区域协同发展的共识。中期来看，通过初期阶段中央的强力推动，京津冀三地的合作已经取得了一定的成效，三地间的伙伴关系开始初步形成。因此，这一阶段中央政府应适时与三地政府共享区域协同发展的主导权，推进三地构建起类似于京津冀区域政府联合会的协作机构，并使其逐渐承担起扩展区域合作范围、制定协作章程等重要任务。远期来看，经过前两个阶段的建设，京津冀三地已经建立起了比较扎实的伙伴合作关系，因此中央政府可以考虑将区域合作的主导权完全交还给三地政府，只承担有限的监督和仲裁角色。与此同时，京津冀区域政府联合会在区域协同发展中承担的角色则越来越重要，最终将演变为区域发展的核心决策机构（多功能大行政区）。

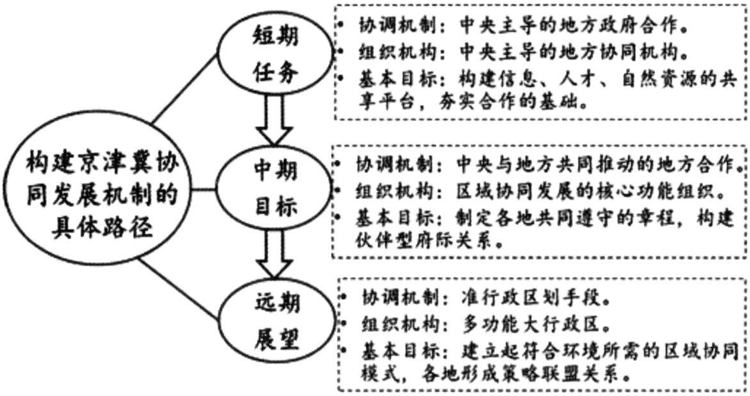

图 4：构建京津冀协同发展机制的具体路径

□ 参考文献：

[1] 国家行政学院课题组 .2015：创新跨区域行政体制促进区域协同发展 [J]. 北方经济，2015，（5）.

[2] 纪俊臣 . 首都圈的政经发展与行政区划分析 [A]. 第五届“转型与治理学术研讨会”论文集 [C].（台北）.

[3] 刘君德 . 中国转型期凸现的“行政区经济”现象分析 [J]. 理论前沿，2004，（10）.

[4] 马海龙 . 京津冀区域治理的模式选择 [J]. 北京行政学院，2010，（6）.

[5] 彭彦强 . 论区域地方政府合作中的行政权横向协调 [J]. 政治学研究，2013，（4）.

[6] 孙久文，原倩 . 京津冀协同发展战略的比较和演进重点 [J]. 经济社会

体制比较，2014，（5）.

[7] 杨龙，胡世文 . 大都市区治理背景下的京津冀协同发展 [J]. 中国行政管理，2015，（9）.

[8] 张可云，蔡之兵 . 京津冀协同发展历程、制约因素及未来方向 [J]. 河北学刊，2014，（6）.

[9] 赵永茂，王皓平 . 展望行政院组织改造后地方政府间跨域治理的运作 [J]. 公共治理季刊（中国台湾），2014，（1）.

[10] [加] 理查德・廷德尔 , 苏姗・诺布斯・廷德尔 . 加拿大地方政府 [M]. 于秀明等译，北京：北京大学出版社，2015.

[11] Bingham，Richard D. and Vernonica Z.Kalich，1996. "The Tie That Binds：Downtowns，Suburbs，and the Dependence Hypothesis." Journal of Urban Affairs. 2：153–71.

[12] Boyne，George，1995. "Population Size and Economies of Scale in Local Government." Policy and Politics. 3：213–22.

[13] Byrum，Oliver E. 1992. Old Problems in New Times：Urban Strategies for the 1990s. Chicago：APA Planners Press.

[14] Downey，Terrence J. andRobert J. Williams，1998. "Provincial Agendas，Local Responses：The Commonsense Restructuring of Ontario's Municipal Governments." Canadian Public Administration.2：210–38.

[15] Greer，Scott，1995. Governing the Metropolis. New York：John Wiley & Sons.

[16] Rusk，David，1998. "America's Urban Problem/America's Race Problem." Urban Geography. 8：757–776.

[17] Sancton，Andrew，1996. "Reducing Costs by Consolidating Municipalities：New Brunswick，Nova Scotia and Ontario." Canadian Public Administration. 3：267–89.

[18] Stephens，G. Ross andNelson Wikstrom，2000. Metropolitan Government and Government：Theoretical Perspectives，Empirical Analysis，and the Future. New York：Oxford University Press.

关于通州承接北京城市副中心的承载能力分析

李珊珊[①]

【摘　要】北京城市副中心建设是京津冀协同发展的标志性工程，对京津冀协同发展具有深远影响。笔者从通州区区域布局、人口特点、经济结构、配套设施等层面对通州承接北京城市副中心的承载能力进行了全面梳理，综合评判了北京城市副中心转移对通州的影响，提出了从“三个并重”合理适度提升通州承载功能的建议。

【关键词】通州　城市副中心　承载能力

根据《京津冀协同发展规划纲要》以及北京《市委市政府关于贯彻落实〈京津冀协同发展规划纲要〉的实施意见》中深入推进通州作为北京城市副中心的指示要求，北京城市副中心建设作为京津冀协同发展的标志性工程，对促进京津

① 李珊珊，国家统计局北京调查总队综合处主任科员，中级统计师。研究领域：宏观经济。研究成果：《战略新兴产业的增长点、难点和对策研究》《北京市高精尖制造业统计体系研究》《北京实现“两个同步”研究》等。

冀协调有序发展具有深远的影响。从当前城市副中心建设推进的情况来看，副中心建设是一柄“双刃剑”。一方面，城市副中心转移将有效提升通州的居住环境、交通便捷程度和公共服务水平，推动通州的产业集聚和人口集聚，有效减轻中心城承载压力，疏解非首都功能；另一方面，当功能集聚达到一定程度，通州有可能成为北京“再聚集”问题的新发地，在发展过程中涌现交通堵塞、房价暴涨、“城中村”等问题。因此，必须坚持适度发展原则，统筹分析通州承载能力和经济社会建设现有水平，严控通州生态红线和发展边界，统筹规划城乡建设，加强与津冀周边地区的协同发展，在功能疏解的同时促进京津冀协同发展。

一、通州基本情况

通州位于北京市东南部，地处长安街延长线东端，区域面积906.3平方千米，具有连接京津冀三地的独特区位优势。2015年，通州实现地区生产总值595.4亿元，占全市 GDP 的2.6%，在5个城市发展新区中居第3位，按可比价计算，比2014年增长9%，分别高于全市和城市发展新区2.1个和0.6个百分点，增速比上年提高0.3个百分点。三次产业结构为3.2∶46.7∶50.1，三产比重首次超过二产，形成了“跨二进三”的产业格局。其中，第三产业在房地产、教育、卫生等行业的带动下，对 GDP 增长贡献率超过100%，拉动 GDP 增长9.3个百分点。第二产业，特别是工业受市场需求不足、结构调整和产业疏解等因素影响，对经济增长的支撑作用减弱，对 GDP 增长贡献率仅为3.5%。分行业看，工业、建筑业和房地产业是通州经济发展的支柱行业，分别占 GDP 的32.5%、14.3% 和13.7%。

2015年，通州全区实现一般公共预算收入70.8亿元，同比增长16.3%，在城市发展新区中，总量仅高于房山，居第4位。全区居民人均可支配收入达到31397元，同比名义增长9.1%。其中，城乡居民分别实现人均可支配收入37608元和21648元，同比分别增长9.1% 和9%。

截至2015年末，通州常住人口137.8万人，其中常住外来人口55.9万人，占常住人口的40.7%，高于全市平均水平2.6个百分点。常住人口中大专及以上学历人口占比仅为22%，低于全市平均水平10个百分点[①]。

作为城市副中心的承接地，目前通州“反磁力”作用发挥不足，经济规模扩张特征明显，基础设施和公共配套服务等方面与中心城差距较大，交通高峰期“潮汐流”现象突出。

（一）区域布局呈现为“一核五区”

随着打造国际新城战略的提出和京津冀协同发展桥头堡位置的明确，通州建设不断提速。按照“一河两翼，南拓东进，组团发展”的规划目标，通州形成了“一核五区”的区域空间格局，未来重点打造的支撑功能设定为商务、文化、行政、医疗和旅游等高端服务型产业（见图1）。

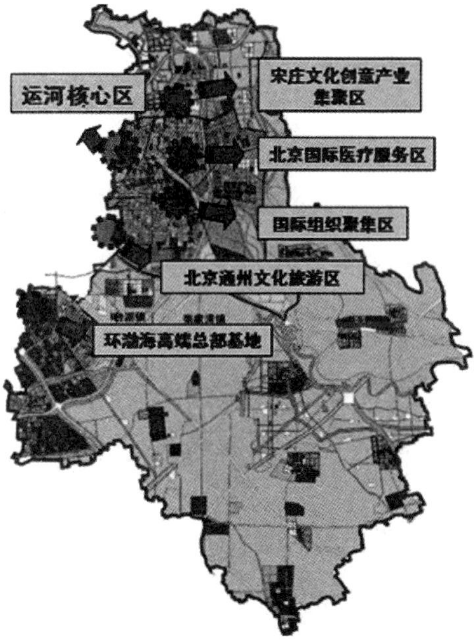

图 1：通州“一核五区”规划示意图

① 通州常住人口中大专及以上学历人口占比为32%。数据来源：北京第六次全国人口普查数据公报。

分区域功能来看，运河核心区是通州建设现代化国际新城的战略引擎区，是疏解中心城商务功能、提升消费功能、聚集文化功能的重要空间载体。以核心区为中心，通州自北向南依次设置五大功能板块：（1）宋庄文化创意产业聚集区，预期打造成北京市面积最大的文化产业聚集区；（2）北京国际医疗服务区，集聚国内外医、教、研、养、康顶级资源，规划了中美医院等1—2家综合性国际医院和洛杉矶儿童医院等8—10家专科国际医院；（3）国际组织聚集区，目前正在进行前期规划研究工作；（4）通州文化旅游区，以环球国际影城为代表的多个项目已开始启动；（5）环渤海高端总部基地，致力于打造高端总部聚集区。

（二）职住分离现象突出

职住分离现象突出，高学历人口成为主要在外就业人群。2015年，通州常住人口137.8万人，职住分离人数在24.8万人①以上（根据2010年人口普查和工作地在外区县人口的专项调查数据测算）。其中，工作地分布在城六区的人口约占通州职住分离人数的79.1%，且70%的人使用公交和地铁作为通勤交通方式，形成了“上班出不来，下班回不去”的“潮汐式”拥堵，一定程度上促进了“大城市病”的加剧。从教育程度上看，在外区县就业的人口中拥有大专及以上学历的占比超过60%，是低学历者的4.9倍。城市副中心转移预计带来30万人的就业人口迁移。如果考虑行政中心聚集的商务、文化、会展等产业就业人口，则就业人口增加总量将更为可观，形成一个人口密集活动的行政功能板块。

（三）高端产业占比较低，城乡发展差距大

通州经济规模扩张特征明显，高端产业占比较低，与功能定位存在差距。2015年，通州区服务业增加值比重为50.1%，分别低于全市（79.8%）和城六区（89.4%）29.7个和39.3个百分点。服务业中，排名前三位的是房地产业、批发零售业和金融业，分别占通州区地区生产总值的13.7%、7.6%和6.6%。从区域功能定位重点发展的行业来看，租赁和商务服务业，文化、体育和娱乐业等与城

① 仅包括居住地在通州、工作地在外区县的人口测算数。

市副中心功能定位相匹配的行业分别仅占地区生产总值的1.5%和0.2%。

乡（村）办单位经济总量小，能耗高，城乡经济发展差距较大。第三次经济普查数据显示，通州3.4万法人单位中，乡（村）办法人单位①1759家，实现营业收入64.1亿元，上缴各项税金4.6亿元，综合能源消费量8.1万吨标煤，吸纳就业人员2.4万人，分别占通州总量的2.1%、3.1%、6.4%和6%。从经济效益上看，乡（村）单位人均实现营业收入26.7万元，上缴税金1.9万元，分别是非乡（村）办单位的34.6%和50%。

（四）医疗教育等公共服务水平成为发展短板

从医疗服务配套情况看，2014年通州每千常住人口执业（助理）医师数、每千常住人口注册护士数和每千常住人口医院床位数分别为2.24人、2.28人和1.77张，均接近或不足中心城区的1/2，分别低于中心城区平均水平2.22人、2.79人和3.38张。从教学配套情况看，西城区、海淀区等中心城区集聚大量教育资源。以核心区为例，核心区共有一级一类幼儿园79所，占全市的近2成，其中，市级示范幼儿园33所，占到全市的近3成；示范性普通高中27所，占到全市的4成；高中一本升学率超60%，远高于全市20%的平均水平（换数）。相比之下，通州优质教学资源相对稀缺。

城市保障功能仍需加强。一方面，通州市容环境有待提升。2013年，通州环境噪声平均值和大气主要污染物中SO_2年均浓度分别达到55.6分贝和0.039毫克/m^3，在各区县中位居榜首。市容环境卫生指数、城市人均公园绿地面积和跨区县水体断面水质达标率等环境质量指标在城市发展新区和全市中均居中等水平。另一方面，轨道交通设施仍显不足，主要干道“断头路”尚未打通。从轨道交通来看，通州现有八通线、6号线和亦庄线3条地铁通过。7号线东延以及R1、S3、S5、S6、M6等通州支线路仍在规划建设中。从公路来看，通州进入中心城区仅有两条主动脉，即京通快速路和仍未全段打通的两广路。

① 乡（村）办单位指隶属于街道、镇、乡以及社区居委会、村委会的法人单位。

二、北京行政中心转移对通州的影响

（一）人口转移将加大“潮汐式”通勤压力

行政中心的迁移，必然导致部分公务人员、产业配套人员和亲属加入“潮汐式”的通勤大军中。目前市属机关、事业单位绝大部分分布在城六区，按照市属行政机关、事业单位迁移30万人口测算，则职住不平衡的人员将新增30万人左右。即使保障性住房配套建设同步投入使用，但考虑到公务人员家庭成员工作地的影响因素，则职住不平衡的人员新增数也将在30万人左右。因此，要充分考虑和评估新增“潮汐式”就业人流对通州交通压力的影响。

（二）产业转移有助于吸纳就业人口回流

城市副中心的建设，将促进商务、会展、文化等高端功能的集聚，在提升产业定位的同时提供更多就业岗位，逐步带动中心城人口向通州转移，从而有效吸纳通州附近地区的就业人口回流，实现就近就业和职住合一，逐步缓解中心城交通压力，推动中心城存量功能疏解，缓解“大城市病”。

（三）功能转移推进配套服务水平提升和基础设施优化

城市副中心的建设带来了区域功能的转移，在一定程度上加快了通州配套水平的提升和市政基础设施的优化步伐。2015年，通州区扎实推进公共、社会配套服务、城市保障功能和生态环境提升，开展供水、垃圾处理、热、气等基础设施立项治理86个；重点建设能源生态类项目10项，总投资102.1亿元；民生保障类8项，总投资180.96亿元；交通类9项，总投资60.2亿元。

三、合理适度推进城市副中心的建议

综合以上分析，推进城市副中心建设的协调有序发展，应注意“三个并重”。一是在推进过程中要坚持人口适度发展原则，实现“进出平衡”和“职住平衡”并重。随着城市副中心建设步伐加快，通州的环境、交通和公共服务水平将极大改善，产业和人口将不断集聚。因此，要坚持人口适度发展原则，一方面，要实现区域内人口“有进有出、进出平衡”，健全“进退并举”的人口调控工作机制，通过加大工业大院的整治力度、加快商品交易市场的调整提升、加速低端产业淘汰退出以及加快棚户区改造进程等方式实现更加有序的“退”。通过副中心功能定位集聚高层次人才，实现更加有为的“进”。另一方面，要实现区域内人口的“职住平衡”，城市副中心的建设必然带来大量的就业人口，将进一步加大交通“潮汐”压力，因此，要同步推进相关配套服务设施的建设，并达到中心城区的标准和水平，以吸引更多的就业人口在城市副中心居住。

二是在推进过程中要注意产业结构提升和基础设施建设并重。当前，通州基础设施建设快速推进，但产业结构刚刚“跨二进三”，第三产业还处于培育壮大阶段。2015年三产占地区生产总值比重为50.1%，低于全市平均水平29.7个百分点，还有较大提升空间。服务业中，排名前三位的房地产业、批发和零售业以及金融业分别占地区生产总值的13.7%、7.6%和6.6%。租赁与商务服务业、信息服务业、科技服务业等与城市副中心功能相协调的行业分别仅占GDP的1.5%、0.3%和2.6%。从当前投资结构看，投资增项主要集中在房地产投资、环球影城项目带动的三产投资和基础设施投资。由于环球影城项目周期较长，产业结构提升效果需要在2019年项目竣工后才有所显现。因此，要重点关注并推进与行政办公和文化旅游相配套的商务服务建设，适当接纳城六区高端商务、总部经济等相关企业入驻通州，加快产业升级的步伐。

三是在推进过程中要坚持城市建设和社会管理并重。副中心的战略定位既给通州发展赢得机遇，也给社会管理带来挑战和压力。区域吸引力的增大，带来人口的涌入，从而导致一系列的发展问题。对通州居民开展的“副中心建设民意调查”结果显示，超半数通州居民担忧人口的大量涌入可能导致社会治安压力增大，32.9%担心“就医人数增多，看病更难”，接近3成担心“房价上涨”和“交通更加拥堵”，还有部分居民担忧发展速度快，管理水平滞后。因此，在推进城市副中心建设的同时，要进一步加强社会管理，建议继续深化“平安通州”建设，扩容升级“数字城管”，深化市容环境综合整治；同时推动医院规范化管理，加强基层医疗卫生人才培养引进力度，提升公共服务水平，优化城市功能，从而提高城市副中心的和谐宜居程度。

□ 参考文献：

[1] 李娜.“长三角”城市群空间联系与整合 [J]. 地域研究与开发，2011，30（5）：72–77.

[2] 陈园园，李宁，丁四保.城市群空间联系能力与 SOM 神经网络分级研究——以辽中南城市群为例 [J]. 地理科学，2011，31（12）：141–147.

[3] 张亚明，张心怡，唐朝生.京津冀区域经济一体化的困境与选择——与“长三角”对比研究 [J]. 北京行政学院学报，2012，6（5）：75.

[4] 钟业喜，陆玉麒.基于空间联系的城市腹地范围划分——以江苏省为例 [J]. 地理科学，2012，32（5）：536–543.

[5] 张占斌.对经济发展特殊困难时期稳增长的思考 [J]. 学习论坛，2013，29（1）：39–42.

京津冀协同发展背景下综合养老社区服务一体化建设

刘亚娜[①]

【摘　要】人口老龄化是京津冀协同发展过程中不可忽视的重要课题。家庭养老、社区居家养老和机构养老等三种养老模式有着各自的优劣点。在协同发展背景下由于区域产业转型升级的新契机、优越的政策支持环境、城市优质资源亟待互通共享、老年群体有异地养老的需求等方面，养老模式的整合与创新有其必要性和可能性，养老产业的加快发展成为破解该问题的有效途径之一。基于养老模式创新的医养结合型、度假休闲型、联盟社区型等三种模式，京津冀协同发展背景下可以建设综合养老社区，完善服务一体化。

【关键词】人口老龄化　京津冀协同发展　综合养老社区服务一体化

---

① 刘亚娜（1977.1—），女，籍贯湖南邵阳，管理学博士，首都师范大学管理学院公共管理系副教授，硕士生导师。研究方向为社会发展与公共政策、人口老龄化与养老保障。

人口老龄化不仅是一个引人关注的社会性议题，也是一个难以破解的世界性难题。中国既是老龄化速度最快的国家，也是老年人口数量最多的国家。京津冀作为世界级的大城市群，区域性的老龄化已经成为目前及未来一段时期内不可回避的问题，将对三地甚至国家的经济、社会保障体系、可持续发展等产生深远影响。

京津冀协同发展是“十二五”期间党中央提出的治国理政新思路，《京津冀协同发展规划纲要》的出台将这一发展思路上升为重大国家战略的新高度。京津冀的协同发展不仅着眼于经济的增长，还将促进区域性民生问题的改善、经济与民生的联动可持续性发展。随着《京津冀民政事业协同发展合作框架协议》的签订以及“十三五”发展规划的通力推进，京津冀的区域性整体发展将迈入实质性发展阶段。

一、京津冀地区人口老龄化现状及养老模式综述

（一）京津冀地区人口老龄化现状及特征

京津冀地区拥有庞大的老年人口规模，是中国人口最密集的地区之一。三地均在20世纪90年代中后期先后步入老龄化行列，人口老龄化速度远高于全国平均水平。从发展趋势来看，三地老龄化状态略有不同。北京65岁以上老年人口比重波动不大，老龄化状态相对稳定，并从2011年开始呈现出逐年小幅下降的趋势；天津65岁以上老年人口比重近年来呈现逐年上升的趋势，且增长幅度较大，2013年65岁以上老年人口比重达到11.45%，成为京津冀地区老龄化程度最严重的城市；河北65岁以上老年人口比重虽然在2011年出现了波动，但近几年总体处于小幅上涨的态势，2013年老龄化水平仅次于天津。[1]

① 王艳婷．京津冀人口老龄化趋势预测与探讨[J]．城市，2015，（4）：16-21。

表 1：2010—2013 年北京、天津、河北 65 岁以上老年人口比重

地区	2010 年	2011 年	2012 年	2013 年
北京	8.71	8.82	8.60	8.58
天津	8.52	9.77	10.46	11.45
河北	8.24	8.17	9.09	9.16
京津冀整体	8.37	8.50	9.18	9.36

资料来源：《中国统计年鉴》。

尽管京津冀三地的老龄化水平不同，但从整体来看，在老龄化过程中表现出以下几个共同的典型特征：第一，老年型家庭增多。老年型家庭是指家庭户中所有成员都是60岁以上的老年人，表现形式包括老龄夫妻核心家庭、无子家庭、空巢家庭、独居家庭和低龄老人与高龄老人同居家庭等。计划生育政策实施30多年以来，我国的人口数量得到有效控制，生育率降低导致家庭规模的缩水，家庭结构趋于简单化、扁平化，“421”式家庭数量急剧攀升。家庭规模和结构的转变使家庭内部有效养老资源减少，且家庭代际成员之间，特别是独生子女家庭的子女所承担的养老负担和压力激增，高龄老年人口的持续增长让家庭养老的风险逐渐增大。人口普查数据显示，1982年京津冀地区的平均家庭户规模为3.91人，2010年仅为2.87人。目前京津冀地区家庭代际数目不超过两代的家庭占比已经超过了82.3%，北京高达89.8%，其中一代户的比重甚至达到50.4%，[①] 这说明家庭代际间传统互哺功能和传承功能的弱化，家庭养老资源的减少会激发老年人对家庭外部资源的需求，因此社会供养负担将进一步加重。另一方面，经济社会的跃进式发展不仅提升了人们的生活质量，也间接影响了人们的行为方式和思想观念，老人与子女分开居住的形式变得非常普遍。2010年京津冀地区60岁以上老年人家庭户占全部家庭户的29.6%，其中单身老年户和老年夫妻户的比例分别为14.5% 和21.6%，老年人独居的比例高达

① 马艳林，李艳杰，张贵祥．家庭结构变迁视角下都市圈养老一体化模式分析——以京津冀地区为例[J]. 商业时代，2015，（6）：95-98.

38.1%。[1] 以北京为例，2012年北京市纯老年型家庭人口48.4万，占老年人口总数的18.4%，[2] 这意味着老年型家庭作为一种新的家庭形态应运而生，并且出现常态化的趋势。

第二，城乡老龄化差异显著。京津冀三地的老龄化都表现出各地区城乡之间不同程度的差异。北京，2010年农村地区老年人口占北京市常住人口的比重为9.7%，比2000年（第五次人口普查）增长了1.3%，而城镇地区两次人口普查数据相比，10年间仅提高0.2%；2010年，农村地区老少比为106%，比2000年增长了62.1%，同期城镇地区仅提高30%，农村老龄化增长速度十分迅速，北京市农村地区所面临的老龄化压力巨大。天津，2010年天津市市内六区的老龄化水平均在11%以上，且高于全市平均水平；其他区县在7%—10%，均在全市平均水平上下。其中和平区65岁及以上人口比重为13.36%，高出全市平均水平4.84个百分点，老龄化水平位列全市之首。河北，2010年河北省市、镇、乡60岁以上老年人口比重分别为11.48%、12.01%和14.98%，其中城镇老龄化水平为11.75%，农村地区老龄化水平比城镇高出3.23个百分点。与第五次人口普查数据相比，河北省城镇老龄化水平在10年间增长了2.22个百分点，而农村地区增长了4.09个百分点，农村地区老年人口所占比例持续高于城镇，且老龄化增长速度快于城镇。[3] 北京、天津两地城镇老龄化程度高于农村地区，而河北省农村人口老龄化程度高于城镇。

第三，外来人口开始老化。北京和天津作为两大经济蓬勃发展的一线大都市，社会经济实力超过河北，因此在经济的吸引之下，北京和天津吸收了大量的常住外来人口。2014年《京津冀蓝皮书》指出，2005—2010年，河北省向北京输送的劳动力平均每年在100万人左右，向天津输送的劳动力平均每年在60万人左右，且呈逐年增加态势。2010年第六次人口普查数据显示，河北省来京人口为155.9万人，占北京常住外来人口的22.1%；在天津市的常住外来人口中，

① 六普数据。

② 《北京市2012年老年人口信息和老龄事业发展状况报告》。

③ 五普、六普数据。

来自河北省的人数为75.45万人，占天津市常住外来人口的25.2%。[①] 城市所面临的养老负担不仅仅来自于城市的户籍人口，未来可能还要承担起外来人口养老的责任。以北京为例，2015年全市常住外来人口为822.6万人，占常住人口的37.9%。在常住外来人口中，0—14岁人口占9.7%，65岁以上老年常住外来人口占4.2%，与2010年相比，上升了2.4个百分点；14—64岁劳动力人口占86.1%，比2010年下降了5.2个百分点，北京常住外来劳动年龄人口比重出现下降。[②]

第四，人口老龄化与社会经济发展水平不相适应。西方发达国家的老龄化历程是在城市化、工业化水平较高，生育观和价值观发生转变，且经济水平较为发达的情况下发生的，同时，又有较为完善的社会保障体系和社会福利事业作为坚实后盾。简言之，西方发达国家的老龄化进程基本与经济发展水平是同步的，并且具备了较强的应对老龄化问题的社会承受能力和物质基础。我国的老龄化出现之时，不论经济发展水平还是社会保障体系都处于比较脆弱的状态，人口老龄化的物质基础薄弱。2014年京津冀地区 GDP 总量达到66474.5亿元，占全国的10.4%，地方公共财政预算收入为8863.8亿元，占全国的11.7%，[③] 虽然区域经济发展水平相对于全国来说处在中上水平，但是经济增长的速度相对于人口老龄化的增长速度还有一定差距，能够有效应对人口老龄化的经济基础还有待提高。同时，京津冀三地之间的经济发展存在严重的不平衡。2014年，北京、天津人均 GDP 均超1.6万美元，而河北仅为6500余美元，不足京津的1/2。[④]

（二）京津冀地区主要养老模式及现状

养老模式实际上属于养老方式的类型化问题，对多种养老方式所表现出的趋同性和均质性特征进行概括。养老模式是解决养老问题的核心环节，各种养

① http://news.eastday.com/eastday/13news/auto/news/society/u7ai1107971_K4.html。

② http://www.zgxxb.com.cn/sdzs/201602150014.shtml。

③ http://news.enorth.com.cn/system/2015/07/10/030365218.shtml。

④ http://tj.sina.com.cn/finance/news/2015-07-10/084816507.html。

老模式是在延续老年人日常生活的基础上为满足老年人不同阶段、不同状态的需求所做出的资源倾斜性安排。养老模式的分类方法众多，按养老的经济来源分，有以房养老、回租养老等；按养老资源的提供者分，有家庭养老和社会化养老；按老年人日常生活场所或居住方式分，有居家型养老和机构养老，其中居家型养老又包括家庭养老和社区居家养老。分类方法虽然不同，但形式和内容上有交叉重叠。本文将目前京津冀地区的养老模式划分为家庭养老、社区居家养老和机构养老三种基本类型来讨论，比较符合当前我国社会养老服务体系建设的规划要求（见图1）。

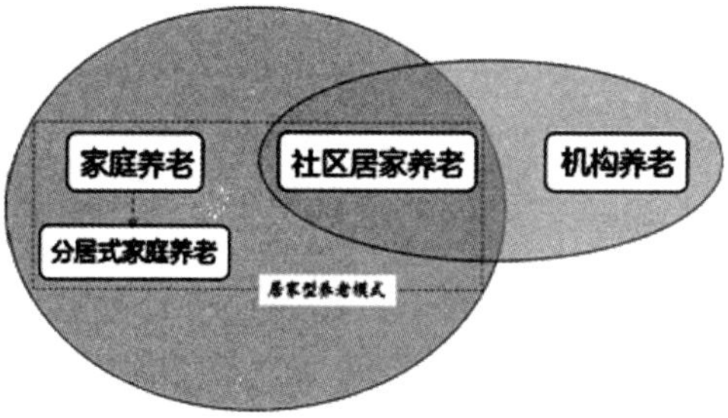

图 1：京津冀地区养老模式分类

第一，家庭养老。指老年人与子女等家庭成员居住在一起，由家庭成员（主要是子女）来提供经济供养、生活照顾、精神慰藉等各个方面的资源供给的养老方式。家庭养老是我国养老事业发展的基础，对养老模式的多元化发展起重要支撑作用。随着家庭结构的剧烈变化、经济生活压力持续增大以及年轻一代养老观念的淡漠，子女一代无法承担养老资源的持续供给，迫使老年人要么压缩养老需求，要么寻求家庭之外的资源，家庭赡养面临失灵的危机。另外，现代意义的养老已经不仅局限于简单的经济供养、生活照料和精神慰藉，亲代对养老的需求有更高层次的要求，即社会性维持和发展需要以及自我实现的需要，这种需要也远远超出了家庭这一单一场域的功能范围。

第二，社区居家养老。社区居家养老是一种以家庭为核心，以社区为依托，引入养老机构专业化服务，通过上门服务形式或以社区养老服务机构为载体，为生活在社区的老年人提供日常生活照料、医疗护理、家政服务、文化娱乐等为主要内容的有偿社会化服务的养老模式。随着政府职能的转型，社区在社会生活中承担更多的职能，又因为社区和家庭之间的空间接近性代行和弥补了家庭养老的部分功能，社区居家养老被视为家庭养老与机构养老之间互通的桥梁。京津冀地区的部分社区都开始提供居家养老服务来帮助有需求的老年人解决生活上的困难，如由经过专业培训的服务人员上门为老人提供生活护理、卫生清洁、饮食起居等生活服务；在社区内部开办托老所或养老服务中心，为老年人提供日托或全托服务等。北京推进社区养老照料中心建设，截至2016年1月，已经建成105个社区养老照料中心。① 天津市建立了以居家为基础、社区为依托、机构为支撑的养老服务体系，97% 的老年人依托社区服务居家养老，3% 的老年人入住养老服务机构养老。②

第三，机构养老。机构养老模式是相对于居家型养老模式（家庭养老和社区居家养老）而言的，是指老年人到专门的养老机构住养，养老机构为老年人提供饮食起居、卫生清洁健康护理、疾病预防与管理、文体娱乐活动等综合性服务。机构养老具有集约化居住、高度统一管理的特点。大部分养老机构配有专门的养老护理人员，提供级别不等的护理看护服务。另外，配有相对齐全的康复设备，以及与医疗机构之间较为密切、较为顺畅的衔接关系，一些条件好的机构还配有专职医生或医务室。尽管京津冀三地的发展阶段、城镇化水平、经济实力有很大差距，但机构养老服务面临着一些共性的问题：养老机构发展不均衡，养老床位供需矛盾突出，养老机构区域分布不合理，运营状况不理想；养老机构服务资源配置不到位，医疗服务资源难跟进，专业服务人员紧缺，设施功能不齐全，养老机构收费标准与老年人的支付能力不匹配，养老机构功能定位模糊等。

① 《北京：社区养老照料中心力争全覆盖》[EB/OL]. http://news.xinhuanet.com/gongyi/yanglao/2016-01/25/c_128666282.html。

② 《天津市社区养老服务全覆盖》[EB/OL]. http://pension.hexun.com/2015-10-13/179774001.html。

二、京津冀协同发展背景下养老模式整合与创新

（一）京津冀地区养老模式整合与创新的必然性与可能性

1. 区域产业转型升级的新契机

京津冀地区是我国三大人口和经济活动密集区域之一，也是我国最重要的三大经济增长极之一。2013年，京津冀地区生产总值达62176.16亿元，占全国生产总值的10.93%；进出口总值达6125.08亿元，占全国的14.72%。虽然京津冀地区整体经济实力强劲，但各城市的产业发展水平参差不齐，产业结构差异较大。2013年，京津冀地区整体第一、第二、第三产业分别占5.64%、38.64% 和46.75%，第三产业优势明显。北京已经呈现出第三产业比重最大、第二产业比重次之、第一产业比重最小的“三二一”型结构，高端服务业和高新技术产业比较发达；而天津、河北仍然处于“二三一”的模式，从数据中可以看出，天津的第二产业和第三产业齐头并进，河北产业结构还达不到全国平均水平，第一产业的产值比例略高，第三产业发展乏力（见表2、表3）。到2014年，北京第三产业比重达到77.9%，并呈明显的高端化趋势，天津、河北第二产业比重仍在1/2左右，分别为49.4% 和51.1%。[①] 三地经济发展出现断崖式差距，京津冀地区内部没有形成有序的产业梯度。[②]

表2：2013 年京津冀和全国主要经济数据对比

变量	北京	天津	河北	京津冀	全国
人口（万人）	2114.8	1472.21	7332.61	10919.62	136072
地区生产总值（亿元）	19500.6	14370.16	28301.4	62176.16	568845
人均 GDP（万元）	9.22	9.76	3.86	5.70	4.18
进出口总值（亿美元）	4291	1285.28	548.8	6125.08	41600

资料来源：全国和京津冀《2013年国民经济和社会发展统计公报》。

① 中国城市发展网 .http://www.chinacity.org.cn/csfz/csxw/245514.html。

② 李俊强，刘昊凝．京津冀产业结构升级一体化的可能性分析[J]．国家行政学院学报，2016，（2）．

表 3：2013 年京津冀和全国产业结构

地区	一产占比（%）	二产占比（%）	三产占比（%）
全国	10.01	43.89	46.09
京津冀	5.64	38.64	46.75
北京	0.83	22.32	76.85
天津	1.31	50.64	48.05
河北	12.37	52.16	35.47

资料来源：全国和京津冀《2013年国民经济和社会发展统计公报》。

随着京津冀三地老年人口比例的不断上升，老年服务业成为新的消费热点。养老产业的创新可以有效推动天津和河北地区第三产业的发展，扩大第三产业的整体规模，推动区域经济转型、融合、升级。对于河北来说，养老基础设施的修建和完善不仅可以直接提升当地老年人的生活水平和生活质量，还可以增加就业岗位，留住本土人才的同时吸引外来人才，进而达到控制年轻劳动人口外迁的效果。此外，养老产业的发展还可以促进区域空间结构的合理分布，为推进区域协同发展和新增长极的形成奠定良好的基础。

2. 优越的政策支持环境

在京津冀协同发展为国家战略的大背景下，为了更好地达成合作，三地在顶层设计方面取得了重大进展，并在国家层面上形成京津冀协同发展领导小组和办公室，组织并编写了京津冀协同发展的规划纲要。2015年底，北京、天津、河北三地民政部门共同签署了《京津冀民政事业协同发展合作框架协议》，标志着养老成为三地重点开展协同发展的领域之一。协议中明确提出，三地将协同规划布局养老机构，引导鼓励养老服务业积极向北京外围地区疏散转移，探索跨区域养老新模式。在京津冀养老服务业对接方面，河北主动提出“探讨北京老人入住河北养老机构可能性”，提出“充分利用河北的资源，分解北京养老机构入住压力”。在 2010 年底，河北省民政厅以服务京津冀三地老年群体为理念，在河北省5个县（市、区）建立第一批养老基地。[①]此外，为了打破政策阻碍和各种制度制约，三地政府将着眼于整合现行养老及医疗制度，实现医疗、养老的跨区域转移接续，推动三地养老资源的互利共享。

3. 城市优质资源亟待互通共享

京津冀具有重要的地缘优势，各具优势养老资源条件。北京作为首都，拥有全国最优质的医疗资源，但作为全国的政治、文化中心，面积仅是河北的8.7%，而人口密度却为河北的3.3倍，核心功能区人口密度是河北的2倍[②]，人口密集而土地资源十分紧缺，加上用地价格过高，养老机构投入成本很高。河北土地价格、人工服务成本和生活消费支出相对低廉，对京津两地外迁提供了良好的条件和基础。另外，京津冀三地的城市功能定位也有意促使养老产业向河北转移。首都北京的城市定位是全国政治中心、文化中心、国际交流中心和科技创新中心。天津要建成北方经济中心、北方国际航运中心和北方现代制造业基地。河北在京津冀协同发展大格局中要强化生态保障功能、改善城镇层级结构、构建现代产业体系、承担交通疏解功能。城市之间功能的错位竞争，可以使各方做到优势互补，引导养老资源向有需要的区位流动转移。

4. 老年群体有异地机构养老的需求

随着独生子女的父母进入老年阶段，双独子女家庭面临更大的养老风险，而社区为老年人提供的居家服务项目有限，考虑到生活、养老成本、生态环境等因素，许多老年人将目光投向京津周边地区，异地机构养老成为京津老年人的新选择。但是目前，异地机构养老并未获得多数老年人的青睐，原因在于老年人有强烈的地缘观念，不愿意轻易离开生活多年的地方；机构养老问题凸显，京津冀三地社会保障水平存在差距，当然，这也为异地机构养老的改革发展指明了方向。

① 赵培培．京津冀一体化背景下养老服务业协同发展研究[D]．河北大学，2015.

② 谷彦芳，赵怡然，王军．疏解北京非首都功能背景下的河北养老服务业发展策略[J]．经济论坛，2015，（2）：11-12.

（二）加快发展养老产业是破解养老问题的有效途径之一

面对养老需求的迅速增长，我国养老服务业的发展远远滞后于老龄化的步伐，发展养老服务业是应对老龄化问题的长久之计。“十三五”规划纲要提出，以居家养老、社区养老、机构养老等模式解决中国老龄化问题。养老产业与政府、企业、社会民间资本有效结合起来，对解决老龄化问题会有一个较大的突破。创新养老机构的发展模式是解决民生和老龄化问题的有效途径之一。社会化养老需要养老产业。《中国老龄产业发展报告（2014）》显示：中国已经处于老龄社会初期，人口老龄化进程加快释放了养老产业的发展空间，未来中国将成长为全球养老产业市场潜力最大的国家。按照我国65岁以上老年人口对家政服务、医疗保健的基本需求，养老市场目前年需求至少为1.3万亿元，2020年将发展到3万亿元，有机构甚至预言将达到4万亿元，年均增长速度为11%—15%。① 养老产业将成为拉动经济增长的重要力量，可以形成经济和社会效益的良性循环，进而发展成“银发经济”。② “十三五”期间，北京市老龄事业发展目标包括社会养老服务体系丰富多样，养老服务市场全面放开，京津冀养老服务协同发展机制基本形成，养老产业或将成为首都服务业新的支柱。养老产业是一种综合性服务业，在当前中国外贸乏力、内需不振的形势下，大力发展养老产业，是调整产业结构，刺激消费，促改革、惠民生的重要手段。③ 养老机构的建设和发展是一个地区养老服务水平发展的

---

① http://www.cncaprc.gov.cn/contents/16/85991.html。2016年6月24日。

② 现阶段养老服务市场呈现出低端、中端、高端三个层次。低端市场是传统式养老院，服务对象是体弱、需要介入照料的老年人群，占老年人口比例的6%左右；中端市场是养老社区、老年公寓等，面向健康“平民老人”消费的老年人群，占老年人口比例的90%左右；高端市场是产权式养老地产、高端养老院等，面向收入较高、生活独立、相对富裕的老年人群，占老年人口比例不到3%。低端市场的盈利性差，政府将关注点集中在需要救助的少数人群中，自然而然走上福利事业的道路；中端市场人气兴旺，当前城市老年人已经具备了一定的消费能力，有一定的“购买力”，但并不太高，有待提高老年人的消费能力，激发“购买欲望”；高端市场是商家以盈利为目的开发的产品，高端人群购买力强，拥有车、房、佣人等，生活习惯早已经融入高端消费市场，他们对养老产品兴趣索然，富裕群体与养老市场的交集很小，因此高端市场人气不足。

③ 张郧．“新常态”下的养老产业发展路径[J]．江汉论坛，2015，（6）：25-27.

标志，同时具有引领、辐射、带动全社会养老服务水平的功能，对推动养老产业的发展起到决定性的作用。①

（三）京津冀协同发展背景下养老模式创新的几种可能

1. 医养结合型

在我国快速老龄化的社会背景下，失能、半失能老年人群体的养老需求已成为养老服务业亟须关注的重点。国务院于2011年发布的《社会养老服务体系建设规划（2011—2015年）》指出，目前，我国城乡失能和半失能老年人约3300万，占老年人口总数的19%。根据2012年全国老龄办对外公布《2010年中国城乡老年人口状况追踪调查结果》显示，在参与调查的全国20个省（自治区、直辖市）的有效总样本19986人中，城乡日常生活完全不能自理（失能）的老年人有1208万，有部分自理困难的老年人为2824万。其中，城镇失能老人438万，自理困难的971万；农村失能老人775万，自理困难的1847万。认为自己日常生活需要照料的比例，城乡合计为13.7%，其中79周岁及以下的占10.2%，80周岁及以上的为39.9%。② 另一方面，健康老龄化的理念也逐渐深入人心，健康状态是老年人安享晚年生活的必要条件。世界银行在1990年提出健康老龄化的战略目标，即指老年人群达到身体、心理与社会功能的完美状态。③ 健康老龄化状态的达成需要医疗服务和养老服务的全方面对接和配合，因而医养结合型模式能助力健康老龄化状态的达成。

第一，内涵及特点。

国务院于2011年发布的《社会养老服务体系建设规划（2011—2015年）》中阐释了机构养老服务的三个核心定位，即生活照料、康复护理和紧急救援，并特别提到鼓励在老年养护机构中内设医疗机构。国务院于2013年引发的《关

① 刘昌平，殷宝明．发展养老产业助推老龄经济[J]．学习与实践，2011，（5）：25-31.

② 《2010年城乡老年人口状况调查结果》。

③ 赵晓芳．健康老龄化背景下“医养结合”养老服务模式研究[J]．兰州学刊，2014，（9）：129-136.

于促进健康服务业发展的若干意见》中特别提到，加快发展健康养老服务，推进医疗机构与养老机构等加强合作。在养老服务中充分融入健康理念，加强医疗卫生服务支撑。建立健全医疗机构与养老机构之间的业务协作机制，鼓励开通养老机构与医疗机构的预约就诊绿色通道，协同做好老年人慢性病管理和康复护理。①

医养结合型养老机构最主要的特点是将医疗服务与养老服务有效整合，强调医疗和养老的有机衔接和融合发展，形成以专业老年机构为依托的集预防、医疗、康复、护理、临终关怀为一体的服务体系。一般来说，医养结合型的养老机构主要有三种模式和类型：一是养老机构与医疗机构合作联合运行，如北京康泰医院与颐乐之家合作的养老机构，与一般敬老院独立选址不同，颐乐之家建在丰台康泰医院内，占用了医院的三层住院楼，是北京市第一批试点护理院之一；二是医疗机构向医养结合转型，例如2004年河北省冀州职工医院就以自办医院为依托创办了老年公寓；三是养老机构增添医疗服务，如北京第一福利院开设的福利医院。

第二，发展面临的障碍。

缺少制度和政策支持。一是医养结合的养老机构在整个养老服务领域中的定位依然是“养老机构”，无法获得医疗身份，这在很大程度上制约了它们在医疗专业方面的发展与进步。二是医养结合的养老机构缺乏有效的行业准入及退出标准，行业规范与监管相对薄弱；对于入住养老机构的老年人的资格界定，机构缺乏入住养老机构资格评估和轮候制度。三是医疗保险制度未能全面覆盖。医养结合型养老机构中，大多无法使用或仅能部分使用医保，很多护理项目不能纳入医保支付，难以免费为老年人提供有效的健康管理和上门护理服务。四是在扶持政策落实方面，虽然政府有关部门已经出台了一系列针对社会力量兴办的养老机构的关于床位补贴、税收减免、贷款等优惠政策，但是民办养老机构在享受这些优待政策时却困难重重；医养结合机构用地仍未纳入政府统一的规划当中，养老机构的建设无法得到优先的用地保

① 《关于促进健康服务业发展的若干意见》。

障；金融支持方面，对医养结合机构的投融资模式比较单一，缺乏政府部门的引导和鼓励；医养结合养老机构由民政部门和卫生部门分管，政出多门的状态使得政策存在碎片化的现象。

服务水平具有局限性。一是由于老年人易患有多种疾病，对机构的医疗服务需求强烈。医养结合机构的服务内容预防保健、康复护理、健康体检、疾病医疗、日常照护以及临终关怀等，每一项内容都要求较高的专业水准。但是由于工资待遇低、职称评聘受限较多等原因，养老机构高端企业管理和护理等专业人才匮乏，流动性大，服务岗位专业标准和操作规范不完善，缺少专业的培训考核。医养结合的机构里面没有跟医院一样完备的升迁制度和空间，阻碍了医疗人员向养老机构流动。二是多数机构的服务比较单一，不能提供特殊的定制服务以及满足高龄、失能老年人生活照料和医疗护理叠加的服务需求等。三是收费较高入住率低。

2. 休闲度假型

休闲度假养老是异地养老的一种方式，它将旅游养老、度假养老和候鸟式养老相结合，使老年人通过对地理区域的选择来拥有更好的养老环境继而享受高质量的晚年生活。选择这种方式的老年人多倾向于把旅游度假同养老生活相结合，像候鸟一样选择气候环境适宜的地区居住，他们大多喜欢自由、不受拘束的晚年生活，追求较高的生活品质。将旅游度假与养老结合的旅居养老产业在西方国家已比较普遍和成熟，美国将这种养老模式称为“地域间永久性迁移的生命周期模式”，“阳光州”佛罗里达就是一个发展该产业的典型地区。

第一，内涵及特点。

休闲度假型最重要是对地理区域的选择，老年人随着时间的变化而改变空间位置使得自身处于最适宜养老的环境中。京津冀地区位于我国平原地区，气候宜人，也拥有河北承德、天津津南等适宜进行度假养老的地区。随着京津冀协同发展进程的不断加快，地区之间的交流合作逐步加深，该区域的老年人在选择休闲度假型养老机构时拥有了更丰富的选择。例如承德市，生态环境优美，水源充沛，森林覆盖率达55.8%，是首批国家历史文化名城，2012年被评为中国“十大特色休闲城市”，有着丰厚的文化底蕴和城市内涵；其地理位置在京津冀地区十分优越，是连接京津冀辽蒙的区域性交通枢纽，随着京承、承唐、承朝、承赤高速公路的全线贯通，京沈高铁、承德机场的加快推进，即将进入首都1小时交通圈。其次，随着人民生活水平的提升和受教育程度的提高，人们的养老观念也在不断改变更新，从“养老”到“养生”的观念在潜移默化中发生转变。老年人在退休之后，有充裕的时间，又有一定的经济基础，旅游度假成了大多数老年人选择休闲娱乐的方式，生态环境优美的宜居地区会对他们产生一定的吸引力，休闲度假型养老机构具有很强的竞争力。

第二，面临的障碍。

首先，在我国现阶段，异地养老存在的最大障碍是不同地区间政策制度的对接。对于老年人而言，社会保障制度和医疗卫生制度的衔接最为重要。医疗报销不便利是由于我国目前的医疗保险统筹层次多为市级或县级，且各地的医疗保险结算起付线、自付比例、封顶额度等计算标准都不相同。另外异地领取退休金以及因户籍限制问题无法享受当地的老年人优待政策对异地养老产生了负面影响。其次，受传统养老观念的束缚。在一部分老年人看来，休闲度假型养老是一种奢侈的行为，承担这种较高消费水平的费用比较困难。加之，中国人的传统观念，故土难离，不愿离开家乡去陌生的环境居住。此外，休闲度假型的养老机构更多的体现自由、自主的特点，多建于远离市中心的地区，占地面积较大。老年人在旅行或移地过程中的安全保障问题、老年人迁移到异地有可能出现的水土不服、饮食习惯、意外情况等还需要给予更多的关注。

3. 联盟型养老社区

第一，内涵及特点。

联盟社区有两层含义：由养老企业牵头，集多种业态的服务资源，在社区内部形成一个跨行业的养老服务供应链联盟，入住的老年人可以在社区内获取各联盟企业提供的服务；养老企业或房地产商在多地建设养老社区或是与其他机构建立合作，形成多点式的互动服务网络联盟，老年人可以在异地获取交换式的服务。养老企业以建设养老社区为目标，根据老年人身体条件、居住需求、消费能力等，在社区内规划建造多种住宅形态的自持型老年公寓，或以租赁的方式出租给有养老需求的老年人，并配以专业化的养老服务。同时，社区建设以养老服务为核心，通过整合养老产业上、中、下游多行业实力企业的优质资源打造出一体化的生活配套系统，如医院、餐饮、健身中心、文化教育、超市、养生会所、休闲公园等，使入住在社区老年公寓的老年人不用走出社区，就能够享受各项服务的“一站式”养老模式。另外，有实力的养老企业通过在其他城市建设模式相同的养老社区，抑或是与国内外品牌度假村、酒店、养老社区等建立合作伙伴关系，入住老年公寓的老年人可以获得异地养老服务，实现老年人的交换式度假需求。

发达国家经济发展较快，进入老龄化社会时间早，此类养老机构的发展也相对成熟。在美国，55—75岁的健康老人进入 AAC（活力长者社区），通过居家式的自主方式养老。75岁后由于需要照顾就会进入 CCRC 社区（持续性照顾的退休社区）养老。[①] 前者一般都建有各种体育、娱乐场所，硬件设施良好，高尔夫球场是标准配置之一；后者主要服务对象为高龄人群，提供专业性医疗护理，医疗设施完备，考虑到居民年老体弱，社区建设最大程度实现无障碍特色。[②] 虽然老年社区对于老年人自身而言依然是一种居家养老式的体验，但是从年龄上对老年人进行相对合理的划分以保证更好地满足不同老年人的需求，可以提供高于居家养老水平的养老服务。其特点表现在以下两个方面：一方面配套设施较齐全。联盟社区型养老机构多以房地产商或养老企业投资建设为主，完备的配套设施是其核心竞争力的内容之一。一些定位较高的养老社区还可依据老年人的不同需求提供定制服务，更为人性化。另一方面，居住氛围和谐。一般选择联盟社区的老年群体特点多为经济条件较好、接受教育程度较高、精神文化需求较丰富，在同一社区能形成统一和谐的交际圈，拥有共同语言，有较为一致的价值观。

第二，面临的障碍。

---

① 刘立峰．养老社区发展中的问题及对策[J]．宏观经济研究，2012，（1）：29—32.

② 张卫国．美国养老社区研究[J]．世界经济与政治论坛，2012，（9）：136-149.

从外部环境而言，高层次的建设标准和统一的准入制度尚不完善。发达国家在养老社区建设标准方面有层次较高的标准，例如美国的设施指南研究所编制的医疗保健设施设计指导手册，对各类养老机构的规模、选址要求等都有具体规定；日本不仅国家对各类养老设施和养老住宅有相应的建设规范和运营标准，各地方政府和相关行业领域也都编写了相应的设计手册和标准图集。①目前我国现有的一些建筑标准，如《城市居住区规划设计规范》，只是普适于所有城市居民区建设，而与养老社区建设有一定联系的《老年人居住建筑设计标准》《老年人建筑设计规范》中，虽然考虑到老年人群行动不便的特殊性而对建筑提出了无障碍设计的要求，但是缺乏更高层次的标准和设计以及针对老年人在日常生活中的更多特殊需求以及细节规范。另一方面，联盟社区刚刚进入我国的养老市场，其投资建设主体多为房地产商，房地产行业竞争较大、逐利性较强，同时在提供养老服务方面经验欠缺，使得此类机构在后期运营管理方面存在较大的隐患，因而需要有严格统一的行业准入标准对此类机构进行严格的筛选和把关。行业内缺乏对养老社区和社区型养老机构类型的准确定位，政府无法通过统一的量化标准对其服务质量、配套措施设置、机构收费等方面进行严格把控，这也使得目前市场上的此类机构大多盲目追求“高端”配置，以宣传豪华的硬件设施作为营销手段，而疏于改进在养老服务提供上面临的不良状况。此外，缺少相应的政策支持。机构的创建与早期运行需要大量资金支持，加之对土地的需求量极大，但我国并未将其与一般的房地产项目区分开来，未将其视为养老事业领域中重要的组成部分，也未给予其相应的政策上的支持和优待。

从机构自身来看，运营管理挑战大。联盟社区型养老机构的规模一般较大，不论是对社区内硬件设施维护，还是对老年人群提供的养老服务都需要全面、复杂的运营系统和专业的组织机构，因而在后期运行和管理所需消耗的人力、物力、财力相较于普通的养老机构较多。目前市场上存在的联盟社区类的项目

① 周燕珉，林婧怡．我国养老社区的发展现状与规划原则探析[J].城市规划，2012，(36)：46-51.

收费偏高，专业化服务尚不健全。实践中，联盟社区型养老机构作为一种新型的机构类型，在养老服务产业中也被贴上了“高端养老”的标签，入住养老社区的老年人相较选择其他传统养老方式的老年人来说，观念和思想上都更前卫和进步，其受众群体多为高知分子等社会精英阶层，这就在很大程度上局限了选择此类机构的人群范围。

（四）典型个案调查——燕达国际健康城，香河大爱城，泰康燕园

1. 燕达国际健康城

第一，燕达国际健康城是医养结合养老社区典范。燕达国际健康城位于北京东燕郊，距北京天安门30千米，距北京国际机场25千米。健康城共由六大板块组成，燕达国际医院、燕达金色年华健康养护中心、医学研究院、医护培训学院、国际会议中心、燕达国际医学院，是一座集合了优质健康管家服务资源的超大规模、国际化、现代化的绿色生态医疗健康和老年养护基地。健康城以国际医疗服务、健康养护服务为核心业务，以医学科研、医学教育为技术和人才支撑，涵盖医疗服务、健康养护、医疗科研、医疗教育、健康管理、健康保险、医疗地产等诸多业务领域。第二，全程化持续照护老年社区。养护中心有着先进的设备、专业化的配套、健康的饮食，实现了健康颐养、全面介助介护、辅之养生康复，并对失能、失智者实施舒缓照护。根据入住宾客的身体健康状况，养护中心分别设置了自理区和非自理区，并配有相关设施和服务。自理区域按家居式花园洋房建造，分别有不同户型，并根据宾客不同的居住习惯，营造了具有个性化的居所，生活设施一应俱全。自理养护区适宜入住人群为日常生活行为完全自理，不依赖各种生活辅助设施帮助及他人护理的宾客。非自理区域按星级宾馆设置，均为星级宾馆式养护楼，每栋楼为一个独立的健康养护区域。第三，养老、养生、康复为一体的绿色生态养护区。养护中心环境优美、文化氛围浓厚。除了专业照护、康复理疗、中医养生之外，社区里还有老年大学、康体运动、营养配餐等，环境优美。第四，智慧型尊贵养老综合生活区。社区里适老配套功能完善，有远

程监控、电子围栏等，提供有超大规模的社区环境，提供万人床位，让老年人在品质社区里实现缤纷生活、智慧尊贵养老。

2. 香河大爱城

香河国家养老示范基地是国家“爱晚工程”的典型示范性项目和河北省重点工程，“爱晚工程”是一项旨在系统化全面推进我国社会化养老服务的大型公益项目，爱晚工程·香河国家养老示范基地旨在打造成国内设施最先进、理念最创新、管理最现代、服务最专业的养老示范区。项目参照 CCRC 国际标准，涵盖医疗康复、生活护理、休闲养生、文化教育、生命研发、生态农业等诸多功能。项目以养老示范生活社区为目标，建设集“医疗、保健、康复、教育、培训、国际合作”于一体的高端养老社区。大爱城创建“大爱·书院式养老”模式，以大爱教育产业为核心引领，以养老服务、健康医疗、现代农业三大产业为支撑。养老中心，为不同健康状况老人提供专业照料；健康医疗，10万·香河大爱医院，提供全面健康保障；终身教育，提供从幼儿到老年的优质教育资源；大爱农场，引进先进农业科技，创造有机、生态、放松的田园环境，为住户提供绿色健康生活。

3. 泰康之家·燕园

泰康之家·燕园社区位于北京昌平新城核心区域，总建筑面积约31万平方米，共能容纳约3000户居民入住。该社区引入国际领先的 CCRC 养老模式，并配备了专业康复医院和养老照护专业设备，是可供独立生活老人以及需要不同程度的专业养老照护服务的老人长期居住的大型综合高端医养社区。泰康之家·燕园是中国首家获得 LEED 金级认证的险资投资养老社区。

三、结论：京津冀协同发展背景下综合养老社区服务一体化建设思考

第一，京津冀地区发挥各自区位优势，扬长避短，开发建设养老服务社区。京津冀地区整合资源，形成地区间养老服务业的协同发展。目前京津冀地

区养老服务业存在资源配置散、空间分布不均、利用率低下等主要问题，可以引导发达地区的老年人迁移到养老服务业发展水平相对一般但自然环境优越的地区，在缓解发达地区的人口和养老压力的同时，欠发展地区依靠自身资源发展地区经济。养老社区的建设可以聚合周边地区的养老资源并逐步形成养老服务链，进而逐渐发展成产业甚至成为该地区的特色项目。

第二，整合养老资源，实现居家养老、机构养老与社区养老多功能全方位的养老模式。

居家养老、社区养老及机构养老三种养老模式所发挥的作用，担负的任务也有所不同。可以将三种模式结合起来，综合各种模式的优势，扩大养老功能。作为养老社区，社区具备基础生活服务和社区商业服务，挖掘社区文化服务空间，建设老年文化活动设施，发展老年公益性文化事业。专业医疗养老机构提供针对老年人的医疗康复体系，对老年人的健康管理提供生活照料服务和专业护理或特殊的护理等。这样全程化持续照护的养老社区，集健康颐养、舒缓照护、养生康复为一体，是一种养老的综合体模式，一种适老配套、功能完备的智慧型的品质养老社区，一种养老、养生、康复为一体的生态养护社区。

第三，京津冀环境下可以以度假休闲为参照，以医养结合型为发展基石，发展联盟型养老社区。

老年群体是一个多层次、多特征的群体，其需求也是多方面的，老有所养、老有所医、老有所为、老有所学、老有所乐和老有所教是老年群体的共同需求，但老年群体是一个个体之间千差万别的群体，需求各不相同，即使同一人，在不同时期需求重点也不一样。养老服务需求越来越多元化和差异性，需求决定养老供给。多元化的养老模式不仅为养老模式的选择提供了可能，而且还为老年人的生活质量提高提供了更多保障。

医养结合型的医疗机构会成为更多老年人的优先选择，一部分群体希望能够选择环境更优的社区养老机构，既能解决半失能、失能老人的住宿问题又能使其享受到完备的看护照料服务；联盟社区型的养老机构多以房地产商或养老企业投资建设为主，完备的配套设施是其核心竞争力的内容之一。在养老社区发展比较成熟的美国，开发者对老年人群体的定位标准已经脱离了单纯依赖经济水平和基本养老需求的阶段，而是更广泛深入地分析现有市场和潜在市场中各种高层次的需求。例如，在美国，依据社区内护理程度逐层增加的标准可以分为生活自理型养老社区（Independent Living）、生活协助型养老社区（Assisted Living）、特殊护理养老社区（Skilled Nursing）和持续照护养老社区（Continuing Care Retirement）。除此之外，还强调各种居民同质性的社区类型存在，例如马术爱好者养老社区（Horse Lovers Community）、校园附属养老社区（Campus-affiliated Community）、同性恋养老社区（Lesbian，Gay，Bisexual，Transgenderretirement Community）、美国退伍军人养老社区（Veterans Retirement Community）等。实际上，发达国家的这些养老社区的分类方式对我国综合型养老社区完善群体定位和分析需求方面有重要的启示。

第四，以借鉴示范先进，政府鼓励并支持吸引社会资本投入建设养老产业。

政府在综合养老社区建设方面要着力于政策引导与支持。政府要设计制定有效合理的政策，引导促进养老服务业的发展；完善与养老服务产业相关的法律法规，以保障老年人的权益；依据法律对养老服务产业进行质量监督和管理；加强人才培养，实施激励机制，建设专业的护理人员培养机构，注重提高养老服务业人员待遇。

第五，企业要更多了解养老事业的紧迫性，以社会责任感为出发点积极发展养老产业。

养老是产业更是社会责任。在现代社会，解决“老有所依”问题，可以通过养老产业化，让社会机构进入养老领域，代替传统家庭、依赖子女来提供合格的赡养服务。但仅仅强调养老的产业化还不够，因为产业可能以盈利最大化为目标，产业化的结果可能会导致养老成本提高，或赡养质量降低，因此在产业化的过程中，必须强调养老企业的社会责任，也即公益性。一方面，价格的合理化、监管以及财政补贴。养老机构提供的养老服务应面对多数人，而不仅仅为少数人所接受。另一方面，服务的完善以及管理规范化，养老机构提供的养老服务不能脱离公益性，积极探索包括养老金融、养老养生服务以及医疗健康服务等在内的养老健康全产业链服务，使养老金的资金管理与养老健康服务有序衔接，构建一体化的养老体系。发挥企业的专业技术与能力，在社区创新探索健康养老领域品牌。

□ 参考文献：

[1] Ron Griffiths. Cultural strategies and new modes of urban intervention [J]. cities，1995，Vol.12（4）.

[2] Bangkok，Thailand. Users' Satisfaction and Perception on Accessibility of Public Buildings in Putrajaya：Access Audit Study [J]. Procedia Social and Behavioral Sciences，2012.

[3] Bruce K. Johnson.Willingness to pay for downtown public goods generated by large，sports-anchored development projects：The CVM approach[J].City，Culture and Society，2012.

[4] 陈波，胡小红 . 我国区域公共文化服务体系的实践模式及发展趋势 [J]. 江汉大学学报（人文科学版），2010，Vol.29（6）.

[5] 李少惠，尹丹 . 公共文化建设评估体系的建构及其应用研究 [J]. 科学 · 经济 · 社会，2010，Vol. 28（4）.

[6] 张景秋 . 北京市文化设施空间分布与文化功能研究 [J]. 北京社会科学，2004（4）.

[7] 于绍璐，张景秋 . 北京城区文化设施利用的空间分异研究——以博物馆、体育馆、展览馆为例 [J]. 北京社会科学，2010（3）.

[8] 左鹏，魏农建等 . 上海郊区文化产业发展策略实证研究——以上海市松江区为例 [J]. 上海大学学报（社会科学版），2010，Vol.17（4）.

[9] 张军扩，高世楫，侯永志 . 借鉴国际经验，建立我国完善的区域规划体系 [J]. 国务院发展研究中心发展战略和区域经济研究部"制度创新与区域协调发展研究"2012-11-21.

[10] 胡联国 . 文化的融合与东北亚的区域经济合作 [J]. 南开学报（哲学社会科学版），2006，（5）.

[11] 刘建中 . 论珠三角文化一体化的必然趋势 [J]. 北京行政学院学报，2010，（3）.

[12] 李明波 . 长江三角洲地区文化认同的历史与现状 [J]. 华东理工大学学报，2005，（1）.

[13] 汪伟全 . 长三角区域文化融合研究：基于区域一体化的思考 [J]. 现代管理科学，2014，（4）.

[14] 胡艺华 . 长株潭文化融合的现实意义与对策思考 [J]. 特区经济，2009，（7）.

[15] 曾万涛 . 长株潭城市群研究综述 [J]. 城市，2008，（10）.

第 4 篇

绿色篇

Chapter 4

Greenness

京津冀生态文明建设：总体评价、认知调查与实践应用[①]

吴殿廷[②]　吴　迪　胡　灿　李炯华　乔路明

【摘　要】本文通过构建并分析京津冀生态文明建设的指标体系，结合自下而上的京津冀居民生态文明认知调查情况的分析，指出生态文明理论在京津冀实践应用中的意义和路径，为推动京津冀生态文明建设提供重要借鉴。京津冀生态文明建设成绩明显，但压力很大。居民对生态文明认知水平有待提高。

【关键词】生态文明　京津冀生态文明建设　生态文明指数

一、自上而下：京津冀生态文明建设总体评价

（一）生态文明指数——指标体系

本课题组形成了27个描述京津冀生态文明建设水平的指标体系（见表1），努力用客观、定量的方法构建京津冀生态文明指数。通过数据的无量纲化和价

① 中央高校基本科研业务费专项资金（2015KJJCB29）资助成果。

② 吴殿廷，北京师范大学地理学院教授，博士生导师。

值型指标的不变价处理，使用熵多样化进行指数合成，得出了近十年来京津冀三省市生态文明建设的总体情况。

表 1：生态文明指数——指标体系

<table>
<tr><th>二级指标</th><th colspan="2">三级指标</th><th>单位</th><th>指标性质(正或负)</th></tr>
<tr><td rowspan="5">（一）经济社会进步状况（文明）</td><td colspan="2">1. 人均 GDP</td><td>元 / 人</td><td>正</td></tr>
<tr><td colspan="2">2. 城镇化率</td><td>%</td><td>正</td></tr>
<tr><td colspan="2">3. 服务业增加值占 GDP 比例</td><td>%</td><td>正</td></tr>
<tr><td colspan="2">4. 建设用地利用效率</td><td>%</td><td>正</td></tr>
<tr><td colspan="2">5. 居民平均预期寿命</td><td>岁</td><td>正</td></tr>
<tr><td rowspan="5">（二）生态状况</td><td colspan="2">6. 森林覆盖率</td><td>%</td><td>正</td></tr>
<tr><td colspan="2">7. 人均林木蓄积量（生物生产量）</td><td>m^3/ 人</td><td>正</td></tr>
<tr><td colspan="2">8. 受保护国土占比</td><td>%</td><td>正</td></tr>
<tr><td colspan="2">9. 建成区绿化覆盖率</td><td>%</td><td>正</td></tr>
<tr><td colspan="2">10. 城市人均绿地面积</td><td>m^2/ 人</td><td>正</td></tr>
<tr><td rowspan="10">（三）环境保护</td><td colspan="2">11. 工业废水排放达标率</td><td>%</td><td>正</td></tr>
<tr><td colspan="2">12. 工业“三废”综合利用率</td><td>%</td><td>正</td></tr>
<tr><td colspan="2">13. 城市大气环境良好率</td><td>%</td><td>正</td></tr>
<tr><td colspan="2">14. 农村安全饮用水保证率</td><td>%</td><td>正</td></tr>
<tr><td colspan="2">15. 生活垃圾无害化处理率</td><td>%</td><td>正</td></tr>
<tr><td rowspan="3">主要污染物排放减少</td><td>16. 二氧化硫</td><td>%</td><td>正</td></tr>
<tr><td>17. 化学耗氧量</td><td>%</td><td>正</td></tr>
<tr><td>18. 氨氮</td><td>%</td><td>正</td></tr>
<tr><td colspan="2">19. 单位耕地化肥施用量</td><td>千克 / 公顷</td><td>负</td></tr>
<tr><td colspan="2">20. 单位耕地农药施用量</td><td>千克 / 公顷</td><td>负</td></tr>
</table>

（续表）

二级指标	三级指标	单位	指标性质（正或负）
（四）资源利用	21. 单位 GDP 能耗减少	%	正
	22. 水资源重复利用率	%	正
	23. 农业灌溉用水有效利用系数	%	正
	24. 耕地保有量减少	%	负
（五）环保制度及政策	25. 人均环保投入	元 / 人	正
	26. 环境污染治理投资与固定资产投资比例	%	正
	27 水土流失治理率	%	正

（二）评价结果分析

1．生态文明建设总体水平——北京最高，天津次之，河北上升快

生态文明建设总体特征是，北京比较好，天津次之，河北上升快，最近几年河北超过天津。但是北京2013年以后出现了下降的苗头，令人担忧。具体情况参见图1。

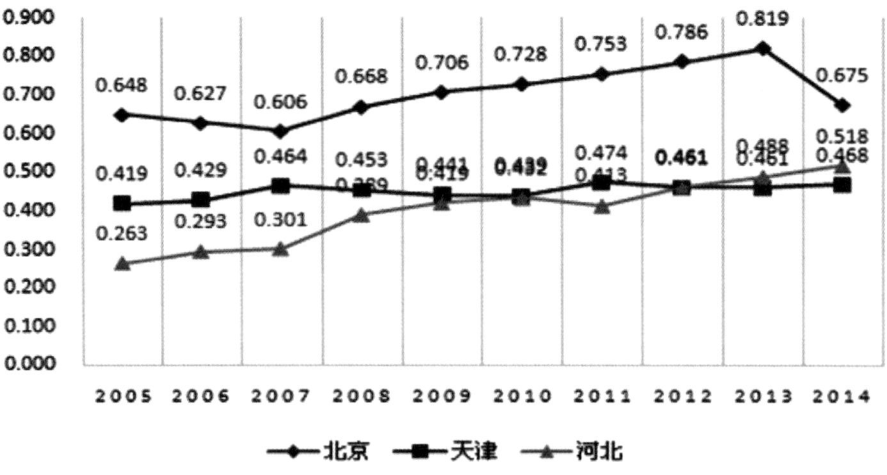

图 1：京津冀三地生态文明水平

2. 经济社会建设水平——北京最好，天津次之，河北略有差距

生态文明建设具体可以从五个方面加以衡量，不同方面表现可能不同。首先是经济社会方面，从评价结果来看，北京比较好，逐年稳定提高；天津也是稳定提高，而且上升的速度还在加快；河北比较低，总体上升也比较缓慢。具体情况参见图2。

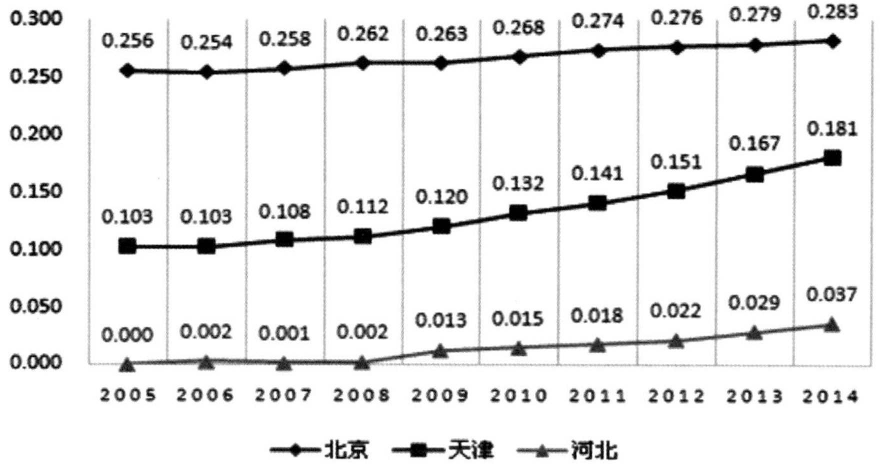

图 2：京津冀三地经济社会状况

3. 生态状况——北京最好，河北快速上升，天津有待提高

生态状况方面，北京市是波动中上升：2008年以前一度下降，但在2008年以后稳步上升。这说明，2008年奥运会对北京生态文明建设的促进作用非常明显。河北上升得快，非常明显。天津上升不明显，直至近几年仍比较低。具体情况参见图3。

4. 资源利用水平——天津最高，北京上升快，河北略有上升，三地差距缩小

资源利用方面天津比较好，这是由于天津处于工业化的高级阶段，在资源利用方面比北京和河北都要好。北京则处于后工业化阶段，产业结构以服务业为主，在资源利用效率提高方面表现不突出；河北产业结构水平低，资源利用效率自然不高，评价结果与客观规律是相符合的。具体情况参见图4。

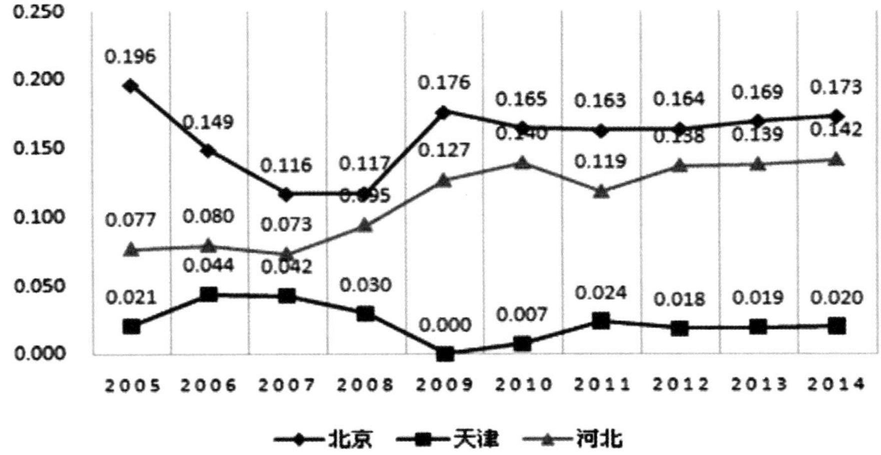

图 3：京津冀三地生态状况

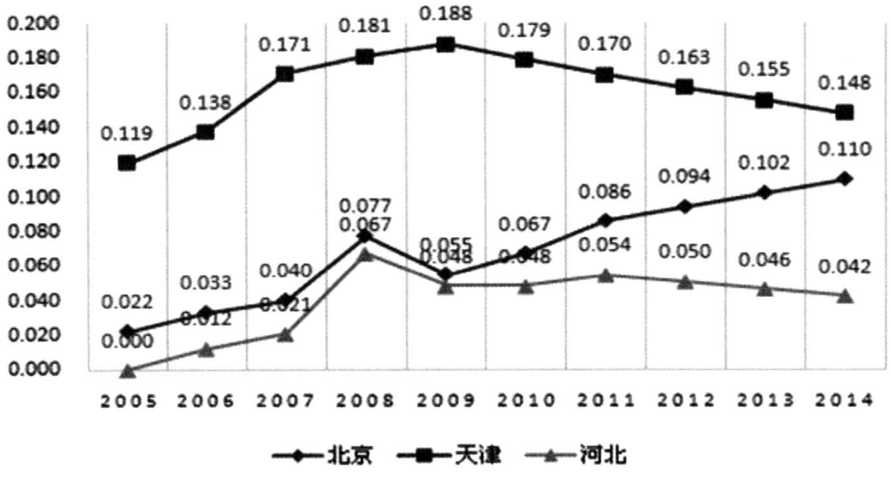

图 4：京津冀三地资源利用状况

5. 环保制度及政策成果——河北最高，北京上升快，天津最低

环保制度方面，多年来河北做出了很大努力，特别是政府层面，颁布了很多政策和规定。当然，在实际执行中也确实仍然存在很多问题，尤其是在微观层面，在具体的落实上打了折扣，导致没有完全达到预想效果。天津最低，而且最近几年还在不断下降，令人担忧。具体情况参见图5。

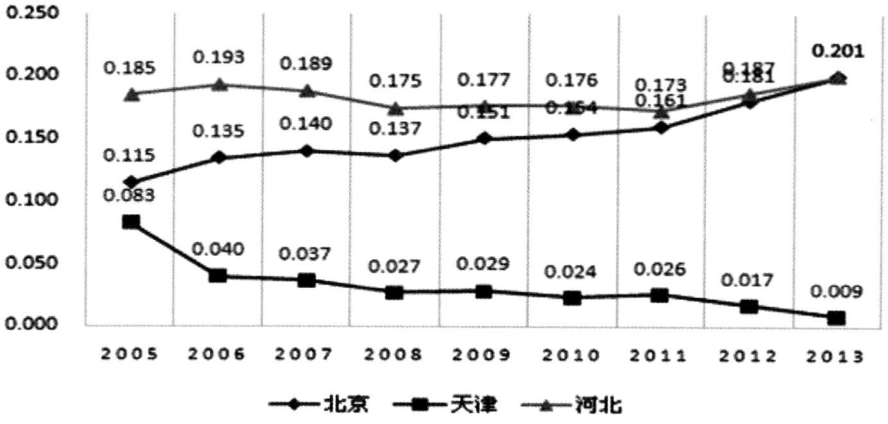

图 5：京津冀三地环保制度及政策状况

6. 环境保护方面——天津最好，北京次之，河北上升快

环保设施建设和环保的治理方面，天津做了很多工作，只是生态环境还没有得到应有的改善，北京、河北也有上升变化的趋势，特别是河北的上升趋势非常明显。具体情况参见图6。

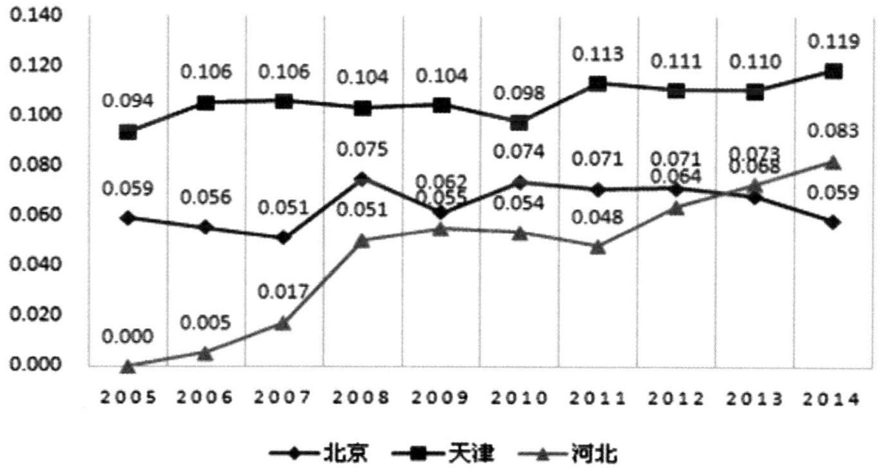

图 6：京津冀三地环境质量状况

近年来在京津冀生态文明建设方面，三地积极配合，做了很多努力，总体情况在好转，但好转的趋势不是很稳定，尤其是微观层面，还存在诸多问题。

尽管京津冀三地都制定和采取了一系列环境方面的政策和措施，区域生态协作也已起步并呈逐渐加强趋势，生态建设和环境保护有所进展，但由于历史原因和产业结构、能源结构的制约，区域生态恶化势头蔓延仍未彻底扭转，生态协作机制建设总体尚处于初级阶段，仍存在诸多困难和问题。三地对生态建设及生态协作的认识方面还存在误区，生态协调管理机构欠缺，生态建设法制不健全，市场机制、社会治理机制还未发挥应有的作用。与此同时，完善环保等公共基础设施也亟待加强。

二、自下而上：京津冀居民生态文明认知调查和分析

课题组在京津冀发放了4000份问卷，收回近3500份，采用李克特量表的方式，力图从生态文明认知的不同角度来揭示京津冀居民对于生态文明的认知情况。

（一）居民的生态文明知识水平——北京最低，石家庄最高

课题组原来设想，北京的生态文明认知水平应该很高，河北和天津可能低一点。但实际调查的结果并非如此。一般把握生态文明建设认知情况，可以从对温室气体、绿色产品的了解和低碳行为三个方面入手。由此得到的结果是：北京的认知水平偏低，而石家庄比北京明显要高。因此，课题组认为，生态文明建设和人们一般的文化素质不是简单的对称关系，这提示我们，生态文明不是简单的文化教育，生态文明建设的制度建设、文化建设更需加强。

（二）居民对环境问题严重性和本地环境质量的认知——大气污染、水污染、垃圾围城最受关注

在现实生活中，与生态文明建设最直接相关的是对生态环境，特别是本地的环境质量的认识。从这个角度看，大多数人对大气环境污染（雾霾）、水污

染和垃圾围城这三个问题比较关注，尤其是大气污染，占到了1/2。

从本次调查结果看，居民对环境问题严重性和本地政府的努力、企业的行为、其他居民的行为的满意情况是：北京、天津并不高，最高的是保定，最低的是张家口。保定市居民对本地的环境质量和政府的努力以及企业的努力感到比较满意。张家口居民对此最不满意。

（三）居民日常生态环境行为状况

居民的日常生态行为方面，需要在认知的基础上通过实践体现出来。从认知到行为是一个内在的转化过程，从这个角度来看，石家庄和唐山的居民行为表现不是很理想，北京居民虽然好一点但程度也不明显。北京居民的交通行为较差。一般居民近的地方会选择步行、自行车、电动车或搭乘公交车，北京居民则是偏爱自驾车等非绿色出行方式。这可能和实际情况有关系——北京面积较大，步行会耗费大量时间；另外，北京的节奏快，步行效率低，影响出行事项完成，因此居民更趋向于选择不环保的出行方式——打车、开车。

居民日常行为还表现在其他方面，包括爱护花草树木、解决环境问题的努力等，这些方面规律不明显，但有一个现象值得人们深思，就是很多人发现问题会写信、上网发牢骚、发表评论，或用微博来说事，这几种方式比其他方式的比例都高，反映了京津冀居民在生态文明建设方面大多眼高手低，愿意说、愿意议论、愿意批判别人，但是轮到自己就是另外一回事，对别人的要求高，对自己要求低。当然，这和现在手机微信、网络的普及也有关系。

（四）居民环境保护的参与意愿——大城市居民并不高

居民环境保护的参与意愿方面，大城市、小城市差别并不明显，相对来说，北京、天津和唐山几个发达城市，居民的环保意愿反倒很低，这可能是由于大城市居民生活压力大，节奏快。小城市刚好相反，生活节奏慢，压力小，环保志愿参与频度高。

（五）不同群体居民生态文明认知

从表2可以看出，不同群体居民的生态文明知识水平存在一定差异。女性的生态文明知识水平略高于男性；居民的生态文明知识水平与年龄呈正相关关系，年龄越大，知识水平越高；学历和生态文明认知水平呈负相关关系，学历越高，生态文明知识水平反而降低，这点不排除有学历对其认知水平理解的偏差影响；收入与学历类似，收入水平与生态文明认知水平呈负相关关系，收入越高，认知水平反而越低，除了高收入人群对其认知水平理解的偏差影响外，收入低于3000元的大部分为大学生。职业方面，机关事业单位的职工认知水平并不高，商人的认知水平并不低，自由职业或其他职业的认识水平反而很高。

三、用生态文明理论指导北京市新市府建设

（一）功能、规模定位——不求大，但求精

首先，不要"高大上"，当然也不能吃"小土特"，"小土特"也不适合现代办公的需求。功能规模定位为中等规模、精致智慧。不要再造一个大的都市区，容纳上百万人，这样的疏解不是疏解，而是"摊大饼"，越摊越大。北京新市府的功能就是办公，很多人提出办产业副中心、产业新城、产城互动等，笔者认为如此举措不但抑制不了北京市的人口，还会使人口越来越多。新市府的功能定位就是政务办公区，兼有少量必要的居住、医疗、文体娱乐和基础教育，不宜搞成产业新城。

另外不宜有大型的服务区、现代化的物流和交通枢纽，那样的话，又会形成"大城市病"。面积不宜过大（30平方千米—50平方千米左右），职住人口规模不超过30万—50万人。但也不宜太小，仅容纳3万—5万人，只有机关搬过去，其他人不过去，家属也不过去，这样会导致"潮汐式"的交通，导致卧城和工作城的分离。

表 2：京津冀不同群体居民生态文明知识水平

项目	性别		年龄（岁）					学历				家庭月平均收入（元）					职业					
	男	女	0—16	17—30	31—45	46—60	60 岁以上	小学或初中	高中或中专	大专或本科	研究生及以上	小于 3000	3001—6000	6001—10000	10001—20000	大于 20000	机关事业单位	专业技术人员	商业	学生	自由职业者	其他
对“温室效应”的了解程度	2.83	3.00	2.72	2.84	3.02	3.07	3.32	3.33	3.16	2.85	2.43	3.07	3.01	2.91	2.55	2.29	2.87	2.80	3.05	2.76	3.08	3.23
对“绿色产品”的了解程度	2.87	2.99	2.71	2.88	2.99	3.04	3.25	3.23	3.10	2.85	2.74	3.06	2.96	2.90	2.69	2.60	2.99	2.89	2.98	2.83	2.92	3.15
对“低碳行为”的了解程度	2.81	2.92	2.63	2.79	2.98	3.04	3.22	3.27	3.10	2.76	2.61	3.05	2.97	2.79	2.46	2.47	2.90	2.74	2.95	2.79	2.94	3.09
平均	2.84	2.97	2.69	2.84	3.00	3.05	3.26	3.28	3.12	2.82	2.59	3.06	2.98	2.87	2.57	2.45	2.92	2.81	2.99	2.79	2.98	3.16

（二）形象定位：生态办公区

形象定位，同样不是“高大上”，不是“小土特”，而是生态办公区。应该将东方园林智慧与现代技术完美地结合起来，打造一个既富有人文气息又绿色低碳环保的生态办公区。具体来说，有这样几个要点。

1. 生态环保，绿色低碳。不要搞奇奇怪怪的建筑。要把现在的节能环保技术用进去，新的生态绿化的技术用进去，“海绵”城市技术用进去，建成一个生态环保、绿色低碳的办公区。

2. 高效有序，智能智慧。虽然表面上不是“高大上”，但要实现智慧智能，包括交通通信、网络化管理等。智慧化建设不能含糊，要高效有序、智能智慧。

3. 塑山叠石，注重理水。要特别强调一点，通州处在北京的下风下水方向。华北平原就是西北高，东南低，北京大体也是如此。下风下水的地方就是九河下梢，脏水往那儿流，脏空气往那儿飘，尤其是冬季，这是自然规律。在这样的地方建办公区，还要有居住功能，不治理不行。怎么办呢？一是注重理水，这里地下水丰富，好水不多，但坏水不少，经过生态化处理，形成大量的水面景观，比如水影、水景、水色。因为北方缺水，这个地方恰恰有这些景观用水，如果能利用、治理好，可以形成美丽的水面风光。二是注意巧妙塑山叠石。平坦、低洼的地方都不好看，一定要有地表的起伏，没有起伏就没有变化，就会显得单调。但是也不能移山填海，形成高山大湖，那样的话既劳民伤财，也破坏地下水脉，破坏运河风貌。所以要巧妙地塑山叠石，形成山水辉映、微山秀水风貌，可以运用一些中国园林的手法，设计一些微地貌。

4. 立体开发，联网运营。现在立体开发技术已经很成熟，向地下要空间，向地上要交通容量，这样在每一座大型的建筑物下都要建设地下停车场，甚至可以建多层地下停车场。因为北京的地下水下降很多，地下的利用空间很方便。还有，每一个重要的建筑物下面都应有网络连接，特别是大楼与大楼之间，建成地下交通联网设施，很方便。相邻的高层楼之间也可以有空中的步行联络线，减少地面迂回交通量。重要的交叉路口采取地下立交的形式，既保证交通的顺畅，也保持地面景观的连续性。

不仅要立体开发，还要联网运营，通州区和北京市老城区要联网运营，再有就是和周边，包括燕郊、天津、北三县，也要实现联网运营，不然的话，变成了局部治理，达不到协同发展的目的。

生态环境治理与京津冀绿色发展：问题与建议

靳利华[①]

【摘　要】京津冀区域因地理位置、自然、历史和经济发展等多种因素，生态环境问题一直是经济社会绿色发展的“瓶颈”。经过近年的环境保护和生态治理，大气环境质量、生态功能、生态质量等有所改善，但是整体上生态环境问题治理中还存在很多问题，对此，京津冀协同治理中应加强政策执行的政府行为，将统筹规划与自身治理结合起来，大力培养专业人才，运用科技力量推进生态治理效果，构建完善的生态法律监管体系，强化民众参与生态治理的意识与行动，实现政府、企业、民众共同治理的多元格局，从而推进人与自然的和谐共生与绿色发展。

【关键词】生态质量　生态意识　生态功能　社会参与

① 靳利华，天津外国语大学副教授，研究方向为生态治理。

党的十八届五中全会提出创新、协调、绿色、开放、共享的新发展理念，对京津冀区域的协同发展、一体化发展具有新的指导意义。京津冀区域作为我国重大发展战略的示范区域，在全国生态环境治理中具有重要的推动作用。国家制定的《京津冀及周边地区落实大气污染防治行动计划实施细则》《京津冀协同发展规划纲要》与河北省通过的《关于加快推进生态文明建设的实施意见》等全面启动了对京津冀生态环境的整体治理，这对京津冀区域新发展具有重大的推动意义。生态环境治理的宗旨是“要解决好人与自然和谐共生问题”[①]，实现绿色发展。通过生态环境治理将提高生态环境质量，改善居民生活质量，推动社会经济的永续发展。事实上，京津冀生态环境治理中还存在一些重要问题，这些问题如果解决不好将会影响到京津冀区域的绿色发展和永续发展。

一、京津冀区域生态环境现状

京津冀一体化以来，生态环境质量开始出现一些改变。中央政府和地方政府的政策和措施接连出台，从上到下开始调整经济结构、布局产业新格局、整合人口分布、保护自然环境。不论是城市生态环境还是农村生态环境都一定程度上出现了一些良性现象，部分地方和城市的某些环境则有明显改善。

（一）大气环境治理效果明显，整体环境质量有待提高

大气污染问题是京津冀区域生态环境治理的主要问题之一。主要表现为：一是大气环境质量明显改善。近几年的减排、控制和能源替代、产业调整等使本区域的大气环境质量逐步得到改善，空气中的 SO_2、NO_2、PMN 等有害成分逐渐降低。二是大气污染物排放总量趋于减少。京津冀的工业废气、SO_2、工业烟尘、工业粉尘等有害物质的排放得到较好控制，向空气中排放的总量在

① 中共中央宣传部．习近平总书记系列重要讲话读本（2016年版）[M]．北京：学习出版社、人民出版社，2016：134.

减少。三是京津冀地区的空气质量达标天数在增加，尤其是城市空气质量的达标天数明显增多。四是京津冀区域的污染物空间分布呈现南高北低的态势。重工业区域依然是污染物排放的重灾区。整体上来说，京津冀区域经过近年来的生态环境治理，空气质量明显好转，局部区域尤为明显，但这种状况与理想的空气质量要求还有很大的差距。

（二）生活环境的生态质量有所提高，城市整体上好于县镇乡村

由于历史和发展水平等各种原因，城市居民的生活环境质量要明显优于县镇乡村，主要包括饮用水、生活垃圾的处理、公共卫生设施的建立、生活燃料的使用等基本生活条件方面。城市已经实现集中供给、集中处理，较好地实现了生活环境的方便、卫生、高效，生态环境质量比较高。县镇乡村的居民生活环境则有很大的差距，尤其是乡村居民，这些基本生活条件基本没有得到解决，生活环境的质量较差。县镇乡村的生活垃圾、废弃物等的自我处理和随意堆放严重污染了环境，影响了自然环境生态的自我修复，导致生态环境质量较低，甚至危及生态平衡。

（三）水、土地等资源生态环境压力大

京津冀区域的水资源严重不足，水体污染、土壤污染、水土流失等生态环境问题十分严重。经过近几年的控制和修复，这些状况有所改善，但整体上并不乐观。京津冀因其所在的地理位置和自然环境，水资源短缺一直是制约社会经济发展的短板，土壤和地表水被长期污染，导致区域自然环境的生态负债累累。同时，京津冀区域还存在地下水超采、地下漏斗区、河床被毁、河道堵塞、山体破坏、土地沙化等生态环境恶劣问题，一旦遇到特大雨水、洪涝灾害将引起严重的次生灾害，因此，京津冀区域的生态资源环境压力很大。

（四）生态环境的生态功能处于恢复过程

京津冀区域一体化实施以来，区域生态环境治理是以政府为主导，运用行

政手段来推进的。中央实施全局规划、战略部署、政策推动，各级政府配合，成效明显。一些严重的生态环境问题在短时间内得到有效的控制和缓解，这是政府职能优越性的表现。政府可以在短时间内集中资源、财政、人力等投入到生态环境某些问题的治理中，实现环境的短期明显改善，如大规模、大面积植树，拆迁污染企业、禁止污染物排放等。这种举措会使区域生态功能得到一定程度的恢复。在生态环境治理中，政府是主推手，是生态环境治理战场上的主角，而企业、个人、民间组织等在保护生态环境中的行为和作用则显得太少，这种治理主体的单一性不利于生态功能的长久有效恢复。因此，京津冀区域的生态功能依然处于恢复状态。

二、京津冀区域生态环境治理中存在的问题

京津冀生态环境治理中“强政府弱社会”的治理结构导致生态治理的效果不理想，不能实现生态环境的根本治理，不能持续实现人与自然的和谐共生。主要在于以下问题。

（一）政策制定与执行出现行政条块化、利益部门化

政府在推进国家经济社会发展中，从中央到地方，各级政府都投入极大的精力，制定发展规划纲要、制定实施政策意见，政府发挥了主导性作用。“中国生态环境治理实行多层次、多部门的管理体制，各级环境管理机构形成了条块分割、层次复杂的治理体系。”[①] 从中央、地方到基层各级政府的职能都不同程度地得到发挥，各级政府各个行政部门将生态环境治理的规划、政策、建议纷纷纳入各自的管理范围之中，形成每一个部门特定的利益，从而破坏了生态环境治理的整体性。在职能冲突的情况下，一些政府部门在利益驱动下制定行政法规或执行差异政策，造成国家利益行政化、行政利益部门化和生态治理破碎化。

① 洪富艳．生态文明与中国生态治理模式创新 [M]. 长春：吉林出版集团股份有限公司，2016：50.

（二）社会参与和监督不足

与政府职能凸显相比，在生态环境治理中社会参与和监督明显不足。生态环境治理是一个持续的常态工程，是与社会经济发展同步的行为。离开社会大众的参与将是无源之水、无本之木。现代社会中公民参与生态环境治理是绿色发展的基础。在京津冀的生态环境治理中社会参与明显不足，既没有形成有一定组织规模的民间环保组织，也没有大量的群众自发的环保活动，更没有有影响力的社会监督部门和组织。这些都严重制约了生态环境治理的永续性和稳定性。

（三）城乡生态环境治理中存在环节脱节和治理盲区

京津冀生态环境治理中不同发展区域之间的衔接脱节是治理中的盲区，影响生态环境质量的整体提升。京津冀的大城市与周边郊县、河北境内城市与乡村之间的过渡区域往往成为政策实施的边缘地区，造成治理环节的落后、脱节，甚至引发治理之间的冲突。这类区域是生态环境承载区的关键节点，治理盲区的存在不利于整体生态环境质量的改善和提高。

（四）京津冀之间生态环境治理水平差异大

从目前京津冀自身的生态环境治理程度、水平来看，北京的生态环境治理开始走向均衡发展，生态环境的生态活力水平较高，但是在空气质量、水体污染等方面还急需提升。天津的生态环境在长期经济快速发展下带来的压力较大，有相当严重的生态环境质量债务，环境质量比较差，生态活力属于中等水平。河北在生态环境治理中生态活力是最低的，环境质量的地方差大，社会发展的任务重，要实现全省生态环境的良性运行，在省内既要整体推进又要突出重点。由此可见，京津冀之间的这种差异对生态环境治理是一个严峻的考验。

（五）民众的生态意识较低

生态环境是与民众的日常生活、工作密切相关的生存空间。民众对自己生活、工作的生存环境的认知、理解和行为，直接关系到生态环境的质量与变化。实际上，京津冀区域的民众在日常行为中因缺乏生态意识而污染和破坏生态环境的行为屡禁不止。农民在收获季节焚烧秸秆，农田的化肥、农药、除草剂的大量使用，农村垃圾随地堆放，农村生活污水、养殖业污水的任意排放；城市市民随地吐痰、乱丢垃圾和废弃物、露天烧烤等。民众不能将自己的行为与生态环境保护联系起来。很多时候民众不是不愿意去维护生态环境，而是他们根本没有生态环境和污染的概念。他们不会联想到污染，不会联想到酸雨，不会联想到全球变暖，不会联想到生态环境，更不会把这些抽象的东西和自己的生活、行为联系在一起。正是这些看似无关紧要的无知把我们的生态环境逐渐逼上危险的道路。

（六）政府对生态环境保护的宣传、引导不得力

各级政府保护生态环境的作为，尤其是基层乡镇政府最为重要，因为它与民众接触最多、最直接。越接近民众的政府对民众产生的影响就越大。在民众心中，政府的作为直接关系到民众的认可度与支持度。据了解，多数村民认为农村基层政府在生态环保方面还有很多工作要做，如要加强生态宣传力度、环保监督力度、自然环境保护力度，还有地区生态环境保护工作不合理、不连续。有的基层政府甚至对本地区的生态环境没有做过详尽的生态环境调查，没有制定过生态保护措施，也没有进行专业性的宣传引导，更无从谈起治理。少有的宣传、无力的引导，使得生态环境保护失去了民众强大的力量之本。

（七）缺乏生态环境治理专业人才

京津冀区域绿色发展是一个社会高度关注生态环境问题中需要解决的核心问题。绿色发展要解决人与自然的矛盾问题，需要专业人员从生态系统环境保护的专业角度给予理论指导和操作方案。实际上，国家对生态环境治理的规划和实施时间并不长，国内还没有形成大量专业性人才。京津冀地区是国家生态文明建设区域示范区，虽然聚集了不少专业人才，但是对整个区域生态环境

的详细专业调查和治理方案还没有完全形成。生态环境治理的人才需求远远超出了现有的人员配置，这种状况在农村更加严重，导致无法对农村的生态环境工作提出科学的应对方法和保护措施，无法制订出长远合理的生态环境维护方案。专业人才的短缺导致生态环境治理中不能从生态角度提供合理有效的解决方案，往往导致“头痛治头，脚痛治脚”。

三、提高生态环境治理效果，推进绿色发展的建议

京津冀区域生态环境治理中的问题已经成为整个区域社会经济协同发展、生态环境持续改善、人的基本发展需求等制约因素，要提高生态环境治理的效果，实现人与自然的持续和谐共生，需要国家的战略规划和大力推动，需要各级政府政策的积极执行以及企业、个人等社会力量的积极参与，营造“上下互动、全民参与、共建共享”的良好环境。

（一）加强生态环境治理政策执行的基层政府行为

中央和各级政府的规划、政策是宏观的、指导性的，要想实现制定的设想与预期目标，关键是政策的执行者。从上到下，一级一级的中间传递与彼此之间零误差的对接，直到基层。其中乡镇基层政府的执行关系到生态治理的效果。乡镇政府在政策的执行过程中既要贯彻国家的政策方针，又要结合本地的生态环境状况适当选择治理方式、治理对策。其中，乡镇政府还要注意民众的态度。能够得到支持与理解是很重要的，关键是政府的行为是不是解决了民众最迫切的、最需要的生态环境问题。只有政府把民众最关注的生态环境问题作为主要问题解决了，人与自然和谐共生的状态才能逐步实现。

（二）京津冀之间的生态环境治理应将统筹规划与自身治理结合起来

基于京津冀自身的生态环境质量、生态活力、生态压力和发展水平等的不同，在生态环境治理的区域规划中要实现自身生态环境重点治理与区域生态合

作治理相结合，二者要同时进行、协同治理，这样才能实现生态环境治理的效果，整体上提升环境的生态质量。一是建立京津冀生态环境质量检测、监督、管理部门。京津冀要成立一个系统的生态环境治理管理机构，从区域生态角度整体上监管环境质量，提供权威的生态质量数据，为有关部门的生态环境治理提供依据。二是分别制定城市、县、乡、村生态环境治理政策与方案，针对生态环境的具体问题，因地制宜，合理规划，多元治理。三是加强京津冀、市县乡村接合部和交叉区域的生态环境协同治理，杜绝生态环境治理盲区，实现绿色发展、协调统一、合作共享是其基本要求。

（三）运用多元途径，推进生态治理的全方位宣传

信息网络日益发达的现代社会，信息传递和思想宣传已经非常迅捷。政府应该注重和加强对民众生态意识、环保方法、自然价值等方面的宣传，“通过环保理念、法制和现实的宣传教育，使更多的人认识到经济社会发展既要考虑当代人的利益，也要注重后代人的利益，积极参与到环保事业中”[①]。一是利用网络电讯平台，录制和播放环保、生态危机等的纪录片，通过直观的方式让民众感知环保的重要性和生态危机。二是利用传统的标语和漫画等通俗形式，简单明了地说明生态环境治理的重要性。三是通过公益广告的循环播放，不断加深民众的生态环境保护意识。四是加强基层部门的生态宣传力度。只有当人们热爱、尊重、敬畏自然了，才会进行有利于自然的行为，才能主动从自身行为出发不做有害于自然的事情，这个时候人与自然的和谐共生关系才能自然形成，人类社会的绿色发展、永续发展才能真正实现。

（四）加强对民众生态素养的培育，增强生态意识，减少对生态环境的破坏

生态环境治理是对已经出现或将要出现的生态环境问题进行综合治理，是先污染后治理的被动行为。为了整体上提升生态环境质量，尽量减少人类社会

① 曹荣湘主编．生态治理[M]．北京：中央编译出版社，2015：137.

对生态环境造成更深、更多的破坏和伤害，应该从根本上提升全体民众的生态素养，每个人都能从自身做起，人人做到尊重自然、保护自然、敬畏自然。首先，幼儿教育中融入保护环境、敬畏生命的教育理念，让幼儿从认知的初期就开始形成生态环境保护的意识。最后，学校在教育课程和实践中将生态环境保护作为必修部分，成为知识学习的一部分。学生通过较为系统的学习形成对生态环境保护的基本了解和认知。最后，高等教育阶段开展更加专业性的生态环境保护课程。高等教育阶段的学生处于价值观的成熟阶段，生态环境专业性的学习使得学生对生态环境保护养成终身行为。民众经过从幼年到成年的各个阶段的适当生态素养的培育，逐渐成为社会经济发展中的生态环境维护者，使得生态环境能够均衡发展，绿色发展也能得以实现。

（五）构建完善的法律监管体系，强化民众参与生态环保

对生态环境治理效果的维护需要国家制定一整套健全、完备的法律法规体系。这套法规章程要有可操作性和针对性，要具体而详细，尤其是要有奖惩的具体办法和可操作的细节。在法律法规的设计中要将法规的性质与量刑区别开来。一些违规者往往钻了法律法规中某些量刑方面的空子，导致环境污染和破坏环境的行为难以有效制止。如对河流的污染，一旦判定某方违反河流污染的法规就没有污染多少的量度之分，就应该受到相应的惩罚。通过法律明确而强力的维护，民众才能对自己的污染和破坏行为有所警惕和警醒，不敢触犯，这样民众的生态保护行为才能逐渐形成。这种法律的监管从硬性方面约束了民众的盲从行为和无意识破坏，为人与自然和谐共生的形成提供了法律武器。

（六）培养专业人才，运用科技力量推进生态环境治理

在京津冀生态环境治理方面，生态治理专业人才明显缺乏，科技运用的空间也很大。要实现人与自然的和谐共生，要实现社会经济的永续发展，专业人才和科技的力量不可低估。一是运用科学技术对遭受工业、化学等污染的生态

环境进行彻底修复。工业现代化、农业现代化、城市现代化发展过程中，科技在起到巨大推动作用的同时也极大地破坏了生态环境，因此，从科技运用中找到解决科技带来污染环境问题的方法，以科技化解科技带来的污染，是一种现实有效的方法。二是利用科学技术对生态环境治理状况进行全程控制和实时监测。生态环境的状态是一种动态的存在，不同构成部分之间的变化是常态的，每一种状态都有一个临近的阈值，有一个弹性空间。因此，运用科技进行检测与适当干预，在一定程度上可以维护区域生态系统的均衡，保护生态环境的良性循环。三是将科学技术标准纳入生态环境治理的操作过程。生态环境治理是一个永续的不间断过程，不同阶段不同时间的治理手段、措施、方法都是不同的。因此，将科学技术标准纳入对生态环境治理过程有着重要的作用，可以保持生态环境质量的稳定性。

总之，京津冀生态环境的治理需要民众、地方、国家三方面的密切配合，只有民众的生态意识提高了，地方的重视程度加强了，国家投资力度加大了，才可以形成生态环境治理科学合理的渠道，使生态环境的发展进入一个良性的循环，绿色发展也才能得以实现。

绿色发展视角下的京津冀区域能源协同发展研究①

肖宏伟②

【摘　要】京津冀能源协同发展是推进能源生产消费革命的重要典范，是保障京津冀能源安全的战略举措。在当前绿色发展理念下，京津冀能源发展面临保障供应压力大、能效水平两极分化、煤炭减量替代任务重、大气污染重点防控等多重挑战，亟须从落实京津冀协同发展战略、坚持节能减排绿色低碳导向、增强科技和体制机制创新能力、加强区外区内能源合作等方面着力，提升京津冀能源系统安全，为京津冀协同发展提供坚强的能源保障。

【关键词】绿色发展　京津冀　能源安全　协同发展　生产消费革命

"十三五"时期是全面建成小康社会和实现2020年碳排放强度相对2005年下降40%—45%目标的冲刺期，是实现2030年左右碳排放总量达峰、碳排放强

① 国家重点研发计划项目《气候变化经济影响综合评估模式研究》（2016YFA0602601）。

② 肖宏伟，经济学博士，国家信息中心经济预测部副研究员，主要研究领域为能源经济、气候变化、经济增长、预测与决策、数量经济模型等。

度相对2005年下降60%—65%等目标的关键期，党的十八届五中全会提出的“创新、协调、绿色、开放、共享”五大发展理念，科学回答了新形势下“我们要实现绿色发展、如何实现可持续发展”的重大问题，是我国生态文明建设必须长期坚持的指导方针。京津冀位于东北亚中国地区环渤海心脏地带，是继珠江三角洲、长江三角洲之后的第三大经济增长极。京津冀协同发展是党中央、国务院做出的一项重大战略决策，是国家三大区域发展战略之一。能源是国民经济和社会发展的基础性要素，经济、能源与环境的协调发展，是实现京津冀协同发展的重要前提。未来十年是我国全面推进能源生产和消费革命的关键时期，绿色发展视角下京津冀能源协同发展对于推进能源革命先行示范和保障京津冀能源安全具有十分重要的意义。

一、京津冀能源发展现状

当前，我国经济发展面临速度换挡节点、结构调整节点和动力转换节点，适应“新常态”、把握“新常态”、引领“新常态”，是当前和今后一个时期我国经济发展的大逻辑。从2014年以来，特别是2015年的情况看，我国能源发展步入“新常态”的特征更加明显。在全国能源发展进入“新常态”的大背景下，京津冀能源发展亦进入“新常态”，但受区域性和结构性矛盾影响，京津冀能源发展呈现能源消费结构矛盾突出、能源自给率低、能效水平两极分化等特点。

（一）能源消费占全国比重高，消费结构矛盾突出

2014年，京津冀能源消费44296万吨标煤，占全国能源消费总量的10.07%，是我国能源消费重心之一。分品种来看，煤炭消费36400万吨，占全国煤炭消费总量的8.43%；石油消费4576万吨，占全国石油消费总量的8.71%；天然气消费215亿立方米，占全国天然气消费总量的11.79%；电力消费5071亿千瓦小时，占全国电力消费总量的9.03%。分地区来看，河北是京津冀地区的主要能源消费地，2014年河北能源消费29320万吨标煤，占全国能源消费总量的6.66%，

占京津冀地区能源消费总量的66.19%；天津能源消费8145万吨标煤，占全国能源消费总量的1.85%，占京津冀地区能源消费总量的18.39%；北京能源消费6831万吨标煤，占全国能源消费总量的1.55%，占京津冀地区能源消费总量的15.42%。分品种分地区来看，河北煤炭消费29636万吨，占全国煤炭消费总量的6.86%，占京津冀地区煤炭消费总量的81.42%，煤炭消费比重远远高于全国平均水平；石油消费较为均匀，京津冀各地区分别占1/3左右；北京天然气消费114亿立方米，占全国天然气消费总量的6.23%，占京津冀地区天然气消费总量的52.82%，清洁能源比重高；河北产业结构以能源、原材料等重化工业为主，受其影响，河北电力消费3314亿千瓦小时，占全国电力消费总量的5.90%，占京津冀地区电力消费总量的65.35%（见表1、表2）。

表 1：2014 年京津冀地区分品种能源消费量

地区	能源合计（万吨标煤）	煤炭（万吨）	石油（万吨）	天然气（亿立方米）	电力（亿千瓦小时）
北京	6831	1737	1538	114	933
天津	8145	5027	1615	45	824
河北	29320	29636	1423	56	3314
京津冀	44296	36400	4576	215	5071

数据来源：《中国能源统计年鉴2015》。

表 2：2014 年京津冀地区分品种能源消费量占全国比重

地区	能源合计（%）	煤炭（%）	石油（%）	天然气（%）	电力（%）
北京	1.55	0.40	2.93	6.23	1.66
天津	1.85	1.16	3.07	2.49	1.47
河北	6.66	6.86	2.71	3.07	5.90
京津冀	10.07	8.43	8.71	11.79	9.03

注：占全国比重以全国各地区合计数为100计算。

（二）能源自给率低，能源供应主要依靠外地调入

2014年，京津冀煤炭一次能源生产量7802.93万吨，远远不能满足36400万吨的消费需求，其中天津100%需要外地调入；石油一次能源生产量3667.17万吨，自给率约80.14%，其中北京100%需要外地调入，天津从外省（区、市）调入4056.50万吨；天然气一次能源生产量38.65亿立方米，82.02%需要从外地调入，其中北京100%需要从外省（区、市）调入，天津、河北均需从外地调入38亿立方米；一次电力生产量202.23亿千瓦小时，自给率仅3.99%，其中北京需从外省（区、市）调入573.35亿千瓦小时，河北需从外省（区、市）调入835.03亿千瓦小时（见表3、表4）。

表 3：2014 年京津冀地区分品种一次能源生产量

地区	煤炭（万吨）	石油（万吨）	天然气（亿立方米）	电力（亿千瓦小时）	其他能源（万吨标煤）
北京	457.49	0.00	0.00	9.76	54.67
天津	0.00	3074.84	21.15	6.31	32.95
河北	7345.44	592.33	17.50	186.16	0.00
京津冀	7802.93	3667.17	38.65	202.23	87.62

数据来源：《中国能源统计年鉴2015》分地区能源平衡表。

表 4：2014 年京津冀地区分品种能源外省（区、市）调入量

地区	煤炭（万吨）	石油（万吨）	天然气（亿立方米）	电力（亿千瓦小时）	其他能源（万吨标煤）
北京	1725.80	1170.60	113.70	573.35	0.00
天津	4563.95	4056.50	37.94	198.58	81.86
河北	22467.90	1364.01	37.79	835.03	0.00

数据来源：《中国能源统计年鉴2015》分地区能源平衡表。

（三）节能减排基础差异大，能效水平两极分化

“十二五”以来，京津冀地区以10%的能源消费，仅创造了10%的国内生产总值，能效水平相对长三角、珠三角地区还有较大差距。以2014年GDP现价计算，京津冀地区万元GDP能耗为0.6659吨标准煤，高于全国万元GDP能耗0.6556吨标准煤的平均水平，而同期长三角、珠三角地区万元GDP能耗分别为0.4595和0.4200吨标准煤，低于全国平均水平29.9%和35.9%。从京津冀区域内三省市能效水平来看，北京、天津万元GDP能耗分别低于全国平均水平51.9%和23.6%，而河北万元GDP能耗高于全国平均水平53.8%，同期长三角区域内的上海、江苏、浙江万元GDP能耗分别低于全国平均水平26.6%、31.6%和29.2%，其能效水平基本趋同。

二、京津冀能源协同发展面临的形势

“十三五”时期是我国推进能源生产消费革命的第一个五年规划期，虽然当前我国能源消费进入增速换挡的“新常态”，全局性能源供需矛盾得到一定程度的缓解，但区域性矛盾依然存在，特别是京津冀地区的矛盾尤为突出。推进京津冀能源协同发展面临诸多挑战，主要表现在：能源需求稳定增长，能源保障要求趋高；煤炭减量替代，其他品种能源将作为补充；大气污染联防联控，能源清洁化替代刻不容缓；区域发展不平衡，能源协同发展亟须创新驱动。

（一）能源需求稳定增长，能源保障要求趋高

从经济发展阶段来看，北京已进入后工业化发展阶段，天津的工业化也基本完成，河北还处于工业化中期，今后一个时期，京津冀地区将率先进入后工业化发展阶段，工业用能下降，相应的用能需求主要集中在建筑、交通、生活等领域。国际经验表明，能源需求在工业化前中期高速增长，工业化后期仍保持稳定增长，但弹性系数小于1，后工业化阶段能源需求增速下降，能源需求

逐步趋于稳定。京津冀地区与长三角、珠三角地区比肩而立，是“新常态”下拉动我国经济发展新的增长极，能源是经济社会发展的“血液”，京津冀协同发展对能源保障提出了更高的要求。

（二）煤炭减量替代，其他品种能源将作为补充

《重点地区煤炭消费减量替代管理暂行办法》提出，到2017年，北京市煤炭消费量将比2012年减少1300万吨，天津市将减少1000万吨，河北省将减少4000万吨，山东省将减少2000万吨；《能源发展战略行动计划（2014—2020）》提出，到2020年，京津冀鲁四省市煤炭消费要比2012年净削减1亿吨，长三角、珠三角煤炭消费总量要求实现负增长。随着京津冀协同发展的稳步推进，能源消费还将合理增加，煤炭刚性削减将会导致能源缺口，保供的压力增加，亟须通过其他品种能源来补充，新形势下天然气将是弥补削减煤炭消费造成能源缺口的主要替代能源，其他能源形式是有益补充。

（三）大气污染联防联控，能源清洁化替代刻不容缓

京津冀水土相连，同在一片蓝天下，防治污染、改善生态环境是京津冀地区人们的共同愿望。京津冀及周边地区作为中国大气污染最为严重的区域，煤炭大规模利用，是区域大气污染物排放浓度过高的重要原因之一。虽然北京、天津煤炭消费比重较低，但河北省消耗了以煤炭为主的大量能源，导致京津冀地区大气污染问题愈加严峻，特别是以细颗粒物（PM2.5）为特征污染物的区域性大气环境问题日益突出。《京津冀及周边地区落实大气污染防治行动计划实施细则》指出，在治理大气污染的压力下，京津冀地区清洁能源的替代利用是降低污染的最佳选择。

（四）区域发展不平衡，能源协同发展亟须创新驱动

受京津冀各地区经济发展、体制机制、科技创新等方面不平衡影响，区域内三省市能效水平两极分化严重，在京津冀协同发展过程中，能效水平趋同

对能源协同发展提出了更高要求和挑战，亟须科技创新和体制机制创新双轮驱动。京津冀地区作为全国科技研发创新基地，适应未来能源发展的智能电网、大容量储能、电动汽车、能源互联网、煤炭清洁高效利用等新能源新技术有待进一步突破，为能源高效可持续发展提供技术保障。同时在全面深化改革的大背景下，通过加快京津冀地区能源政策体系完善和相关体制机制改革来提升资源优化配置的空间巨大。

三、保障京津冀能源安全的战略举措

“十三五”时期是我国全面建成小康社会、迎来“第一个百年目标”的最后冲刺期，京津冀作为我国经济发展活力最大的三大经济增长极之一，“新常态”下要在保持经济平稳增长的前提下，促使能源发展驶入低碳绿色通道，为全面建成小康社会提供坚实的生态文明保障。为确保“十三五”时期京津冀区域实现能源协同发展，必须综合实施如下措施。

（一）落实京津冀协同发展战略，推进能源一体化建设

一是做好京津冀能源发展规划与国家能源总体规划的纵向对接，将京津冀区域能源战略放在“十三五”能源总体规划中统筹考虑，统筹做好京津冀煤油气电与全国能源战略规划的衔接平衡。二是做好京津冀与长江经济带、“丝绸之路经济带”西北六省区区域之间的横向衔接，与区外主要经济带或经济圈加强能源优势互补，优化时空布局，发挥京津冀在能源区域协同发展中的比较优势。三是做好区域内三地能源发展规划与京津冀总体规划的内部衔接，增强能源基础设施互联互通和能源系统结构优化的横向协同，优化能源系统，推动差异发展和协同发展。

（二）坚持节能减排绿色低碳导向，推进能源消费和供给革命

一是严格控制能源消费总量和煤炭消费量，根据京津冀三地未来经济社会

发展所处的阶段，科学合理确定能源消费总量，同时认真落实煤炭消费减量替代，大力削减煤炭消费量，确保2017年京津冀煤炭消费量比2012年减少6300万吨。二是加快实施煤电节能减排升级改造、燃煤机组超低排放改造、成品油质量升级改造、工业节能、绿色建筑和绿色交通行动计划等重点节能减排工程步伐，从能源转型的角度改善京津冀空气质量。三是加强电网、油气管网等清洁能源供应基础设施建设，充分利用河北省张家口市张北地区风能和太阳能丰富的资源优势，大力发展清洁能源。

（三）增强创新发展能力，推进能源科技和体制机制革命

一是充分发挥北京科技创新和天津先进制造研发方面的优势，集中攻关超临界燃煤发电、高能量密度储能、新型储能材料等重大前沿技术。二是依托天津科技研发转化和创新成果产业化基地、河北新能源及储能前沿技术示范基地、京津冀清洁电力外送基地等主要基地，示范应用推广电动汽车、光热发电、特高压智能电网、大规模储能等技术。三是打破三地行政壁垒，在京津冀地区推行电力、天然气、石油等重点领域改革先行先试，充分发挥市场在区域内能源资源配置中的决定性作用，为全国其他地区推行能源体制机制革命提供经验。

（四）加强区外区内能源合作，提升京津冀能源安全保障能力

一是以“一带一路”战略为契机，加强与蒙古国在太阳能、风能和煤炭等方面的合作，推进输电通道等跨境能源基础设施互联互通，加强与俄罗斯在天然气方面的合作，加快中俄东线天然气管道建设，确保2018年开始通过中俄东线天然气管道向中国供气。二是加强与内蒙古、山西、山东等周边能源资源大省之间的合作，优化与区外省份的能源互联互通布局，尤其是亟须加快清洁能源输入通道建设。三是贯彻协同发展战略部署，根据京津冀各自的功能定位，推进三地能源一体化建设，集成优化京津冀能源系统，提升区域内能源系统运行效率。

□ 参考文献：

[1] 郭轲，王立群．京津冀能源消费与经济增长互动关系追踪 [J]．城市问题．2015，（5）．

[2] 仝晓波，傅玥雯．能源规划要注重京津冀协同 [N]．中国能源报．2014-06-16（002）．

[3] 战雪雷．京津冀共谋能源与发展平衡 [N]．中国财经报．2006-04-08（003）．

[4] 傅玥雯，张子瑞．京津冀协同发展，能源产业融合先行 [N]．中国能源报．2014-12-01（001）．

[5] 肖宏伟．“十三五”时期北京市能源消费总量及结构变化趋势预测 [J]．中国能源．2015，（7）．

[6] 邓冠宇，马源良，金雪莲．京津冀电力能源供需状况和战略对策 [J]．中国电力教育．2007，（S4）．

[7] 武定军．天津能源可持续发展的战略思考 [J]．天津社会科学．2006，（5）．

[8] 孙久文，原倩．京津冀协同发展战略的比较和演进重点 [J]．经济社会体制比较．2014，（5）．

[9] 甄春阳，赵成武，朱文姝．从京津冀雾霾天气浅议我国能源结构调整的紧迫性 [J]．中国科技信息．2014，（7）．

绿色转型：京津冀产业协同发展的主基调[①]

牛桂敏[②]

【摘　要】京津冀高度依赖资源能源要素投入的产业发展方式，加剧了经济发展与生态环境保护的矛盾。党的十八届五中全会提出的“绿色发展”理念，为京津冀产业协同发展定下了绿色转型的主基调。绿色转型要求京津冀协同疏解传统优势产业的过剩产能，降低产业结构重量；协同开展绿色、智能制造行动，降低产业消耗和排放强度；协同构筑现代产业体系，降低产业的资源能源依赖度；协同壮大节能环保低碳循环产业，提升产业的环境友好度；协同建设清洁低碳、安全高效的现代能源体系。

【关键词】京津冀　产业协同　绿色转型

---

① 本文为天津社会科学院京津冀及城市群发展研究中心研究项目“京津冀城市群的绿色发展路径思考”（JJJCSQ201601）的阶段性研究成果。

② 牛桂敏（1963—），女，天津社会科学院经济社会预测所研究员，研究方向为生态经济、环境经济，发表论文近百篇。

京津冀协同发展是习近平总书记亲自谋划、亲自部署、亲自推动的重大国家战略，按照《京津冀协同发展规划纲要》的要求，京津冀地区要逐步建设成为以北京为核心的世界级城市群、区域协同发展改革引领区、全国创新驱动经济增长新引擎、生态修复和环境改善的示范区。作为全国环境污染的重灾区，京津冀区域经济发展与生态环境保护的矛盾异常尖锐。党的十八届五中全会适时地提出了包括“绿色发展”在内的五大发展理念，为京津冀“十三五”时期甚至更长远的永续发展指明了方向和路径，也为京津冀的产业协同发展定下了绿色转型的主基调。

一、协同发展：产业转型初见成效

（一）“十二五”京津冀产业转型进展

“十二五”期间，京津冀在产业转型方面取得一定进展。

北京：发布修订了新增产业的禁止和限制目录，不予办理的工商登记业务累计1.3万件；关停退出一般制造和污染企业1006家，退出低端市场228家。金融、信息、科技服务三大优势产业对经济增长的贡献率超过70%，第三产业比重由75.5% 提高到79.8%。制定实施加快发展战略性新兴产业的意见，出台《中国制造2025》北京行动纲要，产业结构加快向高端化迈进[①]。

天津：不断提高产业核心竞争力，经济结构发生实质性变化。淘汰落后产能任务提前一年完成。装备制造成为首个万亿级产业。1.2万家企业成功转型。航空航天、电子信息、生物医药等八大优势产业增加值占全市工业的87.9%，服务业占全市经济比重超过50%，“三二一”的产业格局基本形成[②]。

河北：加大化解过剩产能和结构调整力度。大力实施“6643”工程，累

① 王安顺．北京市人民政府2016年《政府工作报告》[EB/OL]. http://leaders.people.com.cn/n1/2016/0203/c58278-28106432.html，2016-02-03.

② 黄兴国．2016年天津市政府工作报告[EB/OL]. http://jiangsu.china.com.cn/html/2016/kuaixun_0201/3807909.html，2016-02-01.

计压减炼铁产能3391万吨、炼钢4106万吨、水泥6231万吨、煤炭2700万吨、平板玻璃3717万重量箱。“十二五”期间，钢铁、水泥等六大高耗能行业增加值占规模以上工业比重下降了10个百分点。三次产业结构由2010年的12.6：52.5：34.9调整优化为12.0：48.1：39.9①。2015年京津冀三次产业构成由2014年的5.7：41.1：53.2调整为5.5：38.4：56.1②。

（二）“十二五”京津冀产业转型的节能减排效果

京津冀的产业转型，促进了节能减排。“十二五”期间，三地均超额完成国家下达的节能减排目标任务。

北京：万元地区生产总值能耗、水耗和二氧化碳排放分别累计下降25%、24%和27%左右。

天津：全市万元工业增加值能耗累计下降42.1%，超“十二五”目标24.1个百分点。万元生产总值能耗累计下降24%。

河北：万元生产总值能耗累计下降23%以上。

二、发展与保护：产业转型的任务仍然艰巨

京津冀区域是我国东部地区资源环境超载矛盾最为尖锐的地区。据环保部公布的数据：京津冀是我国大气污染的重灾区，2015年，全国空气质量相对较差的前10位城市中，京津冀区域13个城市中就占到了7个③；海河流域水质为重度污染。

除了生态环境承载力先天脆弱外，京津冀高度依赖资源能源要素投入的产

① 张庆伟．河北省人民政府2016年《政府工作报告》[EB/OL]. http：//leaders.people.com.cn/n1/2016/0115/c58278—28056271.html，2016-01-15.

② 陈一诺．京津冀GDP占全国10.2% PM2.5平均浓度降10.4%[EB/OL].http：//bj.people.com.cn/n2/2016/0304/c82839-27867341.html， 2016-03-04.

③ 环保部．环境保护部发布2015年全国城市空气质量状况[EB/OL].http：//www.zhb.gov.cn/gkml/hbb/qt/201602/t20160204_329886.htm，2016-02-04.

业发展方式，在带来经济总量高速增长的同时，也给资源环境带来了巨大的压力，加剧了发展与保护的矛盾。

据2015年12月14日，环保部对华北地区22个城市（区）的环保综合督查结果通报：由于规划布局不合理，“一钢独大”“一煤独大”“产业围城”等现象在华北地区比较普遍，产业和燃煤对环境的污染较重①。

（一）偏重的产业结构加剧了资源环境超载

尽管北京已经进入服务经济时代，天津也基本形成了“三二一”的产业格局，但三地产业发展仍存在明显的梯度“悬崖”，京津冀区域产业结构整体仍然偏重。

从三次产业结构来看，高消耗、高排放的第二产业比重仍较高。天津、河北第二产业比重（46.7%、48.3%）分别比全国平均水平（40.5%）高出6.2和7.8个百分点。河北省仍处于工业化、重工业化阶段，产业结构仍是“二三一”格局。

从工业结构来看，能耗和污染物排放强度高的重化工业比重仍较高。2014年，天津重工业占规模以上工业增加值的比重高达79.11%②。2015年，河北省重工业占规模以上工业增加值的比重高达75.2%。以钢铁工业为例，2014年，我国粗钢产能为11.3亿吨，而河北省钢铁总产能约为3亿吨，占全国总产能约27%。有言称，“世界钢产量中国第一，河北第二、石家庄第三”。这从一定程度上反映出河北省产业结构偏重的现实③。

---

① 张田勘．主要污染源找到了，下一步如何走？[EB/OL].http://toutiao.com/i6229782/?tt_from=weixin_moments&utm_campaign=client_share&from=groupmessage&app=news_article&utm_source=weixin_moments&isappinstalled=0&iid=3309573678&utm_medium=toutiao_ios&wxshare_count=24，2015-12-19.

② 天津市统计局，国家统计局调查总队．《天津统计年鉴》（2015年）[Z]（表13-1）.2015-09.

③ 佚名．钢铁“去产能” 各省基数面临“一刀切”[EB/OL]. http://finance.ifeng.com/a/20160412/14317941_0.shtml，2016-04-12.

偏重的产业结构，使得京津冀的能源消耗强度整体偏高。2014年，河北省单位 GDP 能耗1.02吨标准煤 / 万元，远高于全国平均水平（0.80吨标准煤 / 万元）。

（二）以煤为主的能源结构加剧了大气污染物排放超标

据2015年12月14日环保部对华北地区22个城市（区）的环保综合督查结果通报：除北京、天津外，华北地区煤炭在能源消费结构中占比近90%。整个华北地区每年要消耗的燃煤是4亿吨，占全国的1/10、全世界的1/20①。

2014年，河北省能源生产总量中，原煤占75.42%，能源消费总量中，原煤占88.46%；天津能源消费总量中，煤炭和焦炭占到了73.43%，均远超过全国平均水平（66%）。这是导致京津冀大气污染物超标的重要原因。据环保部对2015年底几次重度雾霾的实时源解析，京津冀区域的首要污染源是燃煤。

偏重的产业结构和以煤为主的能源结构，使得京津冀产业发展对环境的污染较重。京津冀区域主要城市空气污染源解析结果显示：尽管各城市首要污染物存在着时空差异，但产业和燃煤污染无疑都在其中占有较大比重。

河北省石家庄市 PM2.5本地各类污染源排放分担率，以燃煤占比最高为28.5%，其次为工业生产占25.2%，两者合计占到53.7%；廊坊污染源贡献率中，燃煤占到了50%，工业气溶胶占18%，两者合计占到了68%；唐山污染源贡献率中，冶金行业占到了20.67%，燃煤锅炉占10.26%，电力行业占7.47%，水泥建材行业占6.72%，产业和燃煤污染共占45.12%②。

尽管北京和天津的首要污染源分别为机动车排放（31.1%）和扬尘（30%）。但是北京 PM2.5本地污染源中，燃煤占22.4%，工业生产占18.1%，两者合计占

① 张田勘．主要污染源找到了，下一步如何走？[EB/OL].http：//toutiao.com/i6229782/?tt_from=weixin_moments&utm_campaign=client_share&from=groupmessage&app=news_article&utm_source=weixin_moments&isappinstalled=0&iid=3309573678&utm_medium=toutiao_ios&wxshare_count=24，2015-12-19.

② 周迎久．河北11市完成 PM2.5源解析污染源各不相同[EB/OL]. http：//he.ce.cn/gd/201505/15/t20150515_2145420.shtml，2015-05-15.

40.5%①；天津 PM2.5本地污染源贡献率中，燃煤占27%，工业生产占17%，两者的贡献约为44%。可见，燃煤和产业污染也是其中的重要组成部分②[12]。

因而，京津冀要摆脱高度依赖资源能源要素投入的产业发展方式，协调发展与保护的关系，产业转型、能源结构优化的压力仍然较大。

三、绿色转型：协调发展与保护矛盾的必然选择

“绿色发展”是党的十八届五中全会提出的五大科学的发展理念和发展方式之一，是在生态环境承载力约束下，将生态环境友好作为实现可持续发展目标的发展形态。它要求经济发展必须以节约资源、保护环境和生态健康为基本前提，任何经济活动不仅不能以牺牲环境为代价，而且要有利于环境的保护和生态的健康。因而，坚持绿色发展、实现绿色转型是协调发展与保护矛盾的必然选择，也理应成为京津冀产业协同发展的主基调。

绿色转型要求京津冀充分发挥北京科技创新中心、天津全国先进制造业研发基地的支撑作用，协同河北共同建设产业转型升级试验区。努力做好先进制造的“加法”，节能降耗的“减法”，转型升级的“乘法”，集约节约的“除法”。推动建立绿色低碳循环发展产业体系，推动产业结构从过度依赖资源、环境消耗的中低端向更多依靠技术和服务的中高端提升；推广科技含量高、资源消耗低、环境污染少的清洁型生产方式；推动能源结构向清洁低碳安全高效方向转化。

（一）协同疏解传统优势产业的过剩产能，降低产业结构重量

在区域内产业转移中，严格执行京津冀三省市发布的产业负面清单，严禁

① 张航．北京空气污染源解析：PM2.5 污染源三成来自京外[EB/OL]．http：//news.163.com/14/0415/15/9PS0907M0001124J.html，2014-04-15.

② 韩爱青．天津市颗粒物源解析结果公布扬尘是最大污染源[EB/OL]．http：//news.72177.com/a/201408/231871775.shtml，2014-08-23.

超出本地区资源环境承载力的项目再落地建设。共同实施企业转型升级行动，坚决淘汰落后产能。支持京津冀地区企业跨省区兼并重组。鼓励通过市场手段压减过剩产能、处置“僵尸企业”，为优势企业腾出资源和市场空间。

京津冀区域化解过剩产能任务较重，其中压力最大的是河北省。到“十三五”末，河北省钢铁、水泥、平板玻璃产能要分别控制在2亿吨、2亿吨、2亿重量箱左右。以钢铁为例，这就意味着未来五年的时间，需要化解掉近亿吨的产能。而经过前期政府主导的强力压减后，地方政府和企业、职工承受能力已近极限，继续强行压减的难度增大、风险增高，对全省经济增速的影响较大。因而，将各地独立强行压减过剩产能，转变为区域协同向外疏解过剩产能，是降低化解产能风险和损失、提高化解产能实效的重要途径。

京津冀产业协同绿色转型，不仅要关注首都产业向津冀疏解，更需将协同向外疏解区域传统优势产业的过剩产能，作为协同的重要内容。三地政府有关部门、产业协会、行业协会，应将三地钢铁、水泥、玻璃等传统优势产业的过剩产能进行资源整合，借“一路一带”沿线国家加强基础设施建设的有利时机，鼓励和支持有实力的企业，积极抱团儿参与国际产能合作，设立境外生产制造基地、资源保障基地和营销服务网络，带动相关产品、技术、装备、管理、标准输出，为区域先进制造业的发展“腾笼换鸟”、积蓄能量。

（二）协同开展绿色、智能制造行动，降低产业消耗和排放强度

积极对接国家“绿色制造工程”，协同实施区域绿色制造技术改造行动，组织实施一批能效提升、清洁生产、资源循环利用、固体废弃物资源化和无害化利用等专项技术改造项目，协同推广科技含量高、资源消耗低、环境污染少的清洁型生产方式，改造提升传统优势产业。

对接国家“智能制造工程”，实施京津冀联网智能制造示范行动，建设区域工业互联网和工业云平台，加快运用“互联网＋协同制造”，选择三地产业链衔接较好的重点行业，推动企业生产设备的智能化改造，以行业龙头企业为依托，与产业链上的企业开展跨区域协作，推动制造业企业向云制造、分布式

制造、生产外包等方向转型，构建建立在竞合基础上的跨区域智能制造系统。协同推动产业向智能化、绿色化、高端化方向发展，降低传统优势产业的资源能源消耗强度和污染排放强度。

（三）协同构筑现代产业体系，降低产业的资源能源依赖度

首先，协同推动现代服务业发展上规模、上水平、升比重。协同促进金融业创新发展，现代保险服务业加快发展，生产性服务业和现代商贸物流业对接发展，建立大文化旅游产业、健康养老产业发展格局，将其打造成京津冀区域新的经济增长点和支柱产业，提高第三产业比重。

其次，围绕落实《京津冀协同发展规划纲要》，依据《京津冀产业转移指南》确定的产业发展格局，对接《中国制造2025》战略部署，协同实施京、津、冀行动纲要，协同发展战略性新兴产业，加快构筑建立在竞合基础上的区域现代制造产业体系。

最后，重点选择三地产业链衔接前景较好的战略性新兴产业重点领域，加强产业链上下游不同环节的对接合作力度，加快构建跨区域战略性新兴产业链。如北京—天津—保定—秦皇岛—邢台的新能源汽车产业链，北京—天津—石家庄的高端软件、智能硬件、高性能集成电路、高性能服务器、北斗导航终端等高端电子信息技术产业链，北京—天津—石家庄—唐山的运载火箭、空间站、空客、直升机、无人机、通用航空等航天航空产业链，北京—天津的传感器、智能仪控系统、智能机器人、高档数控机床、3D 打印等高端智能装备产业链，北京—天津—石家庄—唐山—秦皇岛的轨道交通产业链，北京—天津—石家庄—沧州—廊坊的生物医药产业链，北京—天津—保定—廊坊—邯郸—邢台等新材料产业链……提升产业技术含量，降低产业资源能源依赖度。

（四）协同壮大节能环保低碳循环产业，提升产业的环境友好度

借京津冀区域环境污染联防联控、生态环境共建共享之机，搭建区域节能环保产业平台，促成三地处于上下游的节能环保技术开发与咨询，节能环保工

程设计、施工、运营、管理，节能环保监测、治理装备制造等，尽快结成几条可以提供整体解决方案的优势产业链，把节能环保产业技术优势尽快转化为产业优势和竞争优势。为企业创造更多参与区域节能环保工程建设的机会，加快企业和产业的成长壮大。

完善资源综合利用产业链，协调建立京津冀区域报废汽车、废旧电子信息产品等工业固体废物回收体系，建立不同城市间一体化、规模化的回收网络，形成资源综合利用产业的供应链，促进子牙循环经济产业园等真正形成环渤海、中国北方地区的“城市矿山”基地。

引导绿色产业项目向张承生态功能区布局，共同打造沿张承线绿色生态产业带，建设绿色生态农业、绿色食品加工（高端乳制品、鲜薯深加工、高档燕麦产品、食用菌及深加工）、生物医药产业（中药材种植、中药饮片、中成药、营养保健品）基地。协同建设张家口、承德大数据、云计算、云服务基地，共建“京津冀大数据走廊”。共同推进津冀（涉县 · 天铁）等循环经济产业示范区建设……

（五）协同建设清洁低碳、安全高效的现代能源体系

将京、津的科技、人才、资本优势与河北省的清洁和可再生能源的产业和资源优势相结合，加大研发和联合攻关力度，解决清洁和可再生能源开发、存储、长途传输、利用中的核心和关键技术以及资金问题。协同建设天津、保定全国首批低碳试点城市，协同建设保定国家新能源与能源设备产业基地，协同建设张家口国家级可再生能源示范区、承德全国新能源示范市。协同做强绿色电池、光伏、风电、智能电网等新能源产业链。协同解决张承地区风电产业发展中的“弃风”问题，加快张承—京津特高压输电线路建设、国家风光储输示范项目、风电基地配套电网工程、张承—京津电网送出工程等项目建设，加大张承地区的风电对京津冀区域供应量。推动清洁和可再生能源的大规模开发利用，提高非碳能源的比重。

协同解决高碳能源低碳化利用中的核心和关键技术问题，如煤炭提质加工

技术，高效燃煤发电技术，工业锅炉洁净燃煤技术，新型煤化工技术（包括煤炭液化，煤制醇醚、烯烃，煤制天然气等）等。为区域经济社会发展提供低碳能源支撑。

京津冀协同绿色发展的问题与对策

邹玉娟[①]

【摘　要】京津冀协同发展，需要解决的首要问题之一就是环境治理，绿色发展是京津冀协同发展的重中之重。本文以如何加快京津冀协同绿色发展为研究目的，采用了理清思路、提出问题、解决问题的分析方法，提出要进一步加快京津冀区域的协同绿色发展，可采取政策先行、目标分期、产业合作、标准统一、市场一体、绿色示范、机制完善等对策措施。

【关键词】绿色发展　京津冀　协同发展

京津冀地区是一个“同呼吸，共命运”的生态共同体，京津冀协同发展，需要解决的首要问题之一就是环境治理问题，绿色发展是京津冀协同发展的重中之重。全面加强京津冀地区的生态建设、环境保护和绿色产业发展，实现生态环境联防联治、共建共享，大幅提高区域生态文明水平和进行产业绿色升级，是京津冀协同发展的首要任务。

---

① 邹玉娟，中共天津市委党校经济发展战略研究所副教授、经济学博士，研究领域为区域经济、生态经济。

一、京津冀地区绿色发展的主要内容

根据习近平总书记系列重要讲话，十八届三中、四中、五中全会，中央经济工作会议，中央城市工作会议，《国家“十三五”规划纲要》《京津冀协同发展规划纲要》等重要精神，笔者认为，京津冀地区的绿色发展可包含以下几个方面。

（一）加大京津冀环境治理力度

加强京津冀生态环境保护和治理，扩大区域生态空间。推进多污染物综合防治和环境治理，实行联防联控和流域共治，深入实施京津冀大气、水、土壤的联合污染防治行动计划。建立覆盖所有固定污染源的企业排放许可制，实施京津冀工业污染源全面达标排放计划。加大京津冀农业面污染源防治力度，统筹农村饮水安全、改水改厕、垃圾处理，推进种养业废弃物资源化利用、无害化处置。

（二）推动京津冀绿色产业发展

打破行政区域限制，促进京津冀绿色循环低碳发展，推进传统制造业绿色改造，推动建立绿色低碳循环发展产业体系。加强三省市绿色产业发展规划衔接，制定京津冀绿色产业指导目录，加快京津冀承接平台建设，加强京津冀绿色产业协作等。加强京津冀生活垃圾分类回收和再生资源回收的衔接，推进京津冀生产系统和生活系统循环链接。

（三）全面节约和高效利用京津冀资源

实行京津冀的能源和水资源消耗、建设用地总量和强度双控行动。提高节能、节水、节地、节材、节矿标准。建立健全京津冀用能权、用水权、排污权、碳排放权初始分配制度，创新有偿使用、预算管理、投融资机制，培育和发展京津冀资源使用权和排放权交易市场。

（四）筑牢京津冀生态绿色安全屏障

实施京津冀山水林田湖生态保护和修复工程，构建生态廊道和生物多样性保护网络，全面提升京津冀森林、河湖、湿地、草原、海洋等自然生态系统稳定性和生态服务功能。开展京津冀绿化行动，加强林业重点工程建设，完善天然林保护制度，增加森林面积和蓄积量。加强京津冀水生态保护，系统整治江河流域，强化江河源头和水源涵养区生态保护。

二、京津冀绿色发展目前存在的问题

（一）京津冀生态环境问题依然严重

在过去10年中，京津冀地区的空气污染情况虽略有缓解，但仍然是全国空气污染最重的区域之一。根据环保部披露的数据，2015年空气质量较差前10位城市中，京津冀地区占据7席。2016年3月16—17日，京津冀新一轮霾污染来袭，京津冀区域13个城市中，北京为严重污染，廊坊、保定、承德、石家庄为重度污染。北京、廊坊、唐山、保定、德州、郑州等城市启动重污染天气黄色预警，天津市启动重污染天气橙色预警，并实施应急响应措施。

除空气污染外，京津冀地区土地、水资源污染也非常严重。京津冀的污染排放物已经远远超过环境承载力上限，而且污染程度是长三角的2倍、珠三角的 3倍。京津冀地区的污染已不仅是环境问题，还可能带来严重的经济问题和社会问题。环境污染问题具有跨区域的典型特征，必须统一行动才能标本兼治。

（二）部分节能减排措施没有有效落实

京津冀工业领域中的节能与环保门槛准入监管不严，超标排放的现象普遍存在。河北钢铁、建材及化工等行业，还存在许多高能耗与高排放的落后中小企业，烟尘和粉尘无组织排放情况比较严重。在京津冀的交通运输领域中，汽车燃油经济性、尾气排放标准监管不到位，还存在许多超标排放的现象。

（三）城市治理水平不能满足绿色低碳发展的更高要求

城市治理监管能力不足、长远统筹能力较弱、统计数据缺乏及时公开的问题仍然突出。虽然我国新颁布了更严格的大气污染物排放标准，但针对重点企业能否长期稳定达标排放，现有监控管理力度和技术水平还存在差距。加之缺少准确、可靠、及时的企业能源——特别是煤炭——消费统计数据，现有关于削减煤炭的各项精细化管理措施能否落实到位，京津冀在实践中还需要进一步探索。

（四）京津冀绿色产业统一市场发展滞后

京津冀绿色产业统一市场发展相对滞后，市场壁垒仍然存在，协同发展还存在诸多体制机制障碍。京津冀地区市场化程度水平较低，国有经济仍然占据了主导力量，政府在配置土地、劳动力及资本等各种要素资源方面具有较大影响力，在现有财税和行政管理体制下，不同行政等级的政府配置资源的能力不同，对产业发展首先考虑的是本行政区的利益最大化，政府对企业的控制力较强，经济行为带有明显的政府行为特征。相对于国企的强势，京津冀特别是天津和河北的民营经济发展较为迟缓，其市场力量还不足以打破区域之间利益分割的限制，资金、技术、信息等生产要素难以形成自由流动的绿色产业统一市场。

（五）京津冀缺乏完善的协同治理机制

虽然京津冀三地之间也建立了区域合作机制，并签订了加强合作的协议，但只是务虚层面的区域合作会议，执行层面的务实项目合作还没有完全跟进。在当前中国各个区域的协同发展问题上，参与各方之间能否建立完善的协调和合作制度，成为区域协同发展能否顺利推进的基础和关键。长三角地区协同发展的成功经验值得京津冀借鉴。目前，长三角地区已经基本形成了层次分明、分工合理的四级区域合作与协调机制。第一层是每两年举办一次的沪苏浙皖等省市主要领导出席的定期会商机制，决定区域合作方向、原则、目标与重点等重大问题；第二层是常务副省（市）长主持的“沪苏浙经济合作与发展座谈会”

机制，负责落实主要领导座谈会的部署，协调推进区域重大合作事项；第三层是每年举办一次的长三角22城市市长参加的长江三角洲城市经济协调会机制，主要任务是将宏观合作目标变成合作专题，在城市之间以专题合作的形式进行不同领域合作；第四层是部门间及行业间的合作机制，长三角城市政府相关职能部门间也建立了联席会议、论坛、合作专题等合作机制。这种从宏观到微观的会商—决策—协调—执行四级联动、有机协调的合作运作机制成了长三角一体化逐渐深入的最重要基础和制度保障。

三、京津冀协同绿色发展的对策

（一）政策先行

京津冀三地应将绿色理念落实在政策中，用政策推动绿色发展的协同，尽快搭建有利于产业协同与互动的管理平台、政策平台。以《京津冀协同发展规划纲要》为指导，共同研究编制京津冀生态环境协同建设的中长期发展规划，统一生态环境保护目标、统一生态环境保护标准、统一划定生态红线，明确生态环境布局，配套产业政策和生态补偿政策。

（二）目标分期

三地各层级行政管理部门应以问题为导向，分层次、分步骤地推进生态建设和环境保护。建议明确京津冀生态环境保护的近、中、远期目标。近期目标是到2017年构建基于生态一体化的合作机制，初步完成区域绿色基础设施的规划和建设，扩大生态空间和环境容量，主要污染物排放明显减少；中期目标是到2020年，生态环境质量得到有效改善，产业绿色化成效明显；远期目标是到2030年，生态环境质量总体良好，基本建成覆盖全区域的宜居城市和美丽乡村。

（三）产业合作

根据《京津冀协同发展规划纲要》，京津冀协同发展的三个重点领域是环保、交通和产业升级转移，其实质目标都是实现绿色增长。应大力发展京津冀绿色产业的合作，通过协同合作，形成规模效应和经济发展的新增长点，加快转变经济发展方式和调整经济结构。京津冀应共同建设现代化的绿色循环经济产业园区，以取代周边地区众多小作坊式的、污染严重的废旧物资简易加工企业。在生态保护与污染治理项目安排上，北京可出技术、出人才、出资金，天津、河北出土地、出劳动力合作建设、运营污染治理设施等。在绿色低碳产业发展中，构建京津冀分工合作体系以及产业链条，形成以北京为研发中心、以天津为科技成果转化中心、以河北为规模化生产制造中心的分工合作方式，形成区域和产业链的整体竞争优势，实现京津冀三地错位竞争、互利共赢的格局。三地只有实现互利共赢才能长期协调发展。

（四）标准统一

京津冀应建立统一的绿色产业负面清单。生态环境问题的治本之策在于产业的绿色化。三地应联合国家有关部门协商制定统一的绿色产业规划，形成京津冀绿色产业的共同目标，统一三地绿色产业标准，明确绿色产业发展负面清单，尤其要坚决禁止高耗能、高耗水、高污染项目。在农业方面，可制定统一的生态农业指导意见，推广生态休闲农业模式，提升绿色食品标准，通过促进落后农村绿色产品的提质达标促进农村经济增长，通过提高产品的绿色标准，而不是粗放地扩大规模来增加农民收入。

（五）市场一体

推动京津冀要素市场一体化，包括推进金融市场一体化、土地要素市场一体化、技术和信息市场一体化等。比如发展京津冀绿色金融，在京津冀节能环保的绿色产业中配置既定的资金，通过金融资源的优化配置，来实现环境污染的最小化和资本收益的最大化，可进行京津冀一体化的绿色金融产品和服务、一体化的支付与结算服务、一体化的公司和个人金融服务、一体化的碳金融交易市场等，京津冀可充分利用互联网金融平台，提供跨空间的绿色金融服务，还可设立京津冀绿色发展基金支持京津冀协同发展。

（六）绿色示范

可探索创建京津冀协同发展生态文明与绿色发展先行示范区。京津冀环保部门可以生态省、生态市、生态县、生态乡镇、生态村、生态工业园区等各个层级建设为主要内容构建生态绿色示范区，形成可复制、可推广的实践成果，为京津冀绿色发展奠定坚实基础。借助生态绿色示范区这个平台，对绿色发展中出现的问题进行研究，针对难题和困难，反复探索和总结。研究制定绿色产业、绿色企业、绿色社区的目标模式、考核评价体系，推动建立一批重点生态文明绿色示范基地。

（七）机制完善

1. 生态补偿机制

京津冀需要建立完善的生态补偿机制，对水源保护地、农业保护区、生态公园和重要生态功能区等进行生态补偿，使这些地区能够在不开发的条件下实现经济繁荣和生活富裕，共享改革发展成果。加大对农产品主产区和重点生态功能区的转移支付力度，强化激励性补偿，建立横向和流域生态补偿机制。

长期以来，河北产业结构偏重，钢铁、电力、建材、石化、化工等高耗能高排放行业比重大，多个城市重化围城，空气质量较差。国家有关部门在继续加大对河北治理雾霾工作的政策倾斜和资金支持力度基础上，应制定特殊优惠政策鼓励河北加快落后产能淘汰和环境污染治理工作。省际补偿机制要从制度上加以确立，更多需要中央政府来决定和建立，而不是地方政府的讨价还价，地方政府的博弈往往会导致政策失灵。

2. 监督评估机制

建立京津冀统一的实时在线环境监控系统，健全环境信息公布制度，探索建立京津冀跨地区环保机构。开展环保督察巡视，严格环保执法。还应培育多元评估，积极探索包括生态资产损失、环境污染、协调配合、资金使用效果等多重评估的模式，强化生态合作的监督机制，在区域生态合作过程中，逐步实现全方位、立体式的评估机制。

3. 协调配合机制

京津冀三地应加强协调配合，从区域整体层面统一协调，建立全区域统一的行政管理协同机制，突破区域行政壁垒，有效实现区域生态政策的协调统一。不断完善区域空气污染监控布局与区域紧急相互响应预案，共同研究实施节能减排、压减燃煤、工业减排、黄标车淘汰、绿色新能源车辆推广等政策。

□ 参考文献：

[1] 薄文广，陈飞．京津冀协同发展：挑战与困境 [J]. 南开学报（哲学社会科学版）2015，（1）：110–118.

[2] 岐洁，韩伯棠，曹爱红．区域绿色技术溢出与技术创新门槛效应研究——以京津冀及长三角地区为例 [J]. 科学学与科学技术管理，2015，（5）：24–31.

[3] 田智宇，杨宏伟．我国城市绿色低碳发展问题与挑战——以京津冀地区为例 [J]. 中国能源，2014，（11）：25–29.

[4] 陈海英．走生态文明之路，实现京津冀地区绿色崛起 [J]. 中国社会科学研究论丛，2015，（2）：71–78.

[5] 周月秋．京津冀一体化中的绿色金融 [J]. 中国金融，2015，（8）：30–32.

[6] 赵峰，姜德波．长三角区域合作机制的经验借鉴与进一步发展思路 [J]. 中国行政管理，2012，（2）：59–65.

第 5 篇

开放篇

Chapter 5

Openness

2022年冬奥会对京津冀体育协同发展的影响研究

王庆伟[①]　吴　昊[②]

【摘　要】本文通过调研发现，2022年冬奥会对京津冀体育协同创新发展顶层设计、协同内容、协同的体制与机制都具有良好的促进和提速作用。国家体育总局、北京市以及河北省都已制定了比较具体的冰雪运动发展规划。在协同内容上，体现比较明显的是冰雪运动场馆设施和京津冀体育赛事活动。在体制和机制方面，三地体育局和教育部都签署了框架合作协议。

【关键词】冬奥会　京津冀　体育协同

① 王庆伟，男，1970年6月出生，博士。首都体育学院运动科学与健康学院教授，硕士研究生导师。

② 吴昊，男，1972年5月出生，博士。首都体育学院运动科学与健康学院教授，博士研究生导师。

一、体育产业迎来黄金发展机遇期

当前，我国把全民健身和健康中国建设上升为国家战略，经济发展进入了“新常态”，供给侧结构性改革向纵深推进，体育对于经济社会发展的独特作用日益凸显。体育与“互联网 +”，体育与旅游、文化、金融、制造、建筑等相关行业的融合发展趋势越来越明显。2014年9月2日，国务院总理李克强主持召开国务院常务会议，部署加快发展体育产业、促进体育消费，推动大众健身，会议要求：要简政放权、放管结合，取消商业性和群众性体育赛事的审批制度，对体育赛事的转播进行“松绑”，为社会资本进入提供条件；推进职业体育改革，鼓励发展职业联盟，让各种体育资源活起来。2014年10月国务院发布的46号文件《关于加快发展体育产业促进体育消费的若干意见》中明确提出，到2025年，体育产业达到5万亿元，随之引发了中国众多的超量级和重量级投资者纷纷涌入，体育产业作为绿色产业、朝阳产业得到扶持，开启了新一轮发展黄金期。2015年3月16日，国务院办公厅印发了《中国足球改革发展总体方案》，成为中国体育单项协会改革的里程碑事件。这说明，一方面体育改革进入了深水区；另一方面，体育产业进入了黄金发展机遇期。社会上把2015年称之为体育产业元年，并不为过。

二、冬奥会与京津冀协同发展之间的关系

冬奥会是“国字号”工程，是世界范围内具有广泛影响力的顶级体育赛事，也是一个复杂的巨系统工程，2015年4月30日，国家颁布了《京津冀协同发展规划纲要》(以下简称《纲要》)。《纲要》明确指出，推动京津冀协同发展是一个重大国家战略，核心是有序疏解北京非首都功能，要在京津冀交通一体化、生态环境保护、产业升级转移等重点领域率先取得突破。这意味着，京津冀协同发展的顶层设计基本完成，推动实施这一战略的总体方针已经明确。为此，中央对冬奥会、冬残奥会和京津冀协同发展都高度重视。把筹办好冬奥会和京津

冀协同发展有机结合起来，是一个重要的双重时代机遇。如果说京津冀协同发展是正在筹划中的化学反应，那么冬奥会的举办就将是这一反应过程的催化剂。而且，冬奥会对京津冀地区的影响将是全面、深入和持久的，尤其是在交通和环保方面。进入2016年以来，为推进京津冀协同发展，三地相继推出多项新举措。千龙智库梳理出以下5条相关动态：(1)2016年底前有望实现京津冀交通“一卡通”；(2)京津冀将实现信访信息共享联合处置；(3)京津冀地区将探索设立跨行政区划法院；(4)京津冀签署教育督导框架协议。2016年6月3日，北京市召开2016教育督导与评价研讨会，京津冀三地签署教育督导协作机制框架协议；(5)京津冀将互通信用体系，推动金融一体化。毋庸置疑，冬奥会对京津冀体育协同发展也将具有巨大的催化剂作用。

2016年3月18日，中共中央总书记、国家主席、中央军委主席习近平在中南海主持召开会议，专题听取北京冬奥会、冬残奥会筹办工作情况汇报。习近平总书记指出，要把筹办冬奥会、冬残奥会作为推动京津冀协同发展的重要抓手，下大气力推动体制创新、机制创新、管理创新和政策创新，推动交通、环境、产业等领域协同发展先行先试，重点突破，以点带面，为全面实施京津冀协同发展战略起到引领作用。要发挥北京冬奥会、冬残奥会筹办对城市发展的促进作用，落实首都城市战略定位，进一步发挥北京对京津冀区域发展的辐射带动作用。这从最高层面明确了冬奥会与京津冀协同发展之间的关系，冬奥会对京津冀协同发展具有重要推动作用和强烈示范效应。

京津冀体育协同发展是京津冀协同发展不可或缺的组成部分。冬奥会必然要对京津冀体育协同发展产生直接的重要影响。

三、冬奥会对京津冀体育协同发展的顶层设计的影响

(一)国家体育总局

国家体育总局颁布的《体育产业发展“十三五”规划》中明确指出，以筹办2022年北京冬奥会为契机，推动冬季运动发展。一是大力普及冰雪运动项目，

研制并实施《群众冬季运动推广普及计划》；二是要提高冬季运动竞技水平，落实《国家体育总局2022年北京冬奥会备战工作计划》，优化冬季项目的结构布局，建立完善国家、省市、社会、高校四级体系，精心打造各运动项目国家队，落实《冬季项目后备人才培养中长期发展规划》，实施“冬季项目后备人才培养工程”；三是积极筹办2022年北京冬奥会，践行《奥林匹克2020议程》，坚持“绿色办奥、共享办奥、开放办奥、廉洁办奥”的理念，将筹办冬奥会作为实施京津冀协同发展战略的重要举措，树立奥林匹克运动与城市良性互动、共赢发展的典范，创造更多持久的奥运遗产。

（二）北京市

为贯彻落实党中央、国务院关于北京冬奥会筹办工作的重要指示批示精神，充分利用北京市冰雪运动资源条件和优势，2016年3月7日，北京市出台了《关于加快冰雪运动发展的意见（2016—2022年）》（以下简称《意见》）及七项配套规划（简称“1+7”文件），这将为北京大力发展冰雪运动和冰雪体育产业，助力办好冬奥会提供非常重要的保障。

《意见》提出了三个突破：第一，按照首都城市战略定位和建设国际一流和谐宜居之都的目标，将全市冰雪运动发展纳入筹办冬奥会大局，在全国首次以地方政府名义出台冰雪运动发展规划。第二，在全国首次明确了冰雪工作的7项核心任务——群众冰雪、竞技冰雪、青少年冰雪、冰雪体育产业、冰雪赛事、冰雪场地设施和冰雪运动人才。第三，首次提出充分调动社会力量全方位参与群众冰雪运动普及、冰雪运动队和俱乐部组建、冰雪体育产业发展、冰雪赛事引进举办、冰雪场地设施建设与冰雪运动人才培养各领域、各环节，实现政府主导、社会主力的冰雪运动发展新局面。

《意见》秉持“创新、协调、绿色、开放、共享”的发展理念，引领北京市冰雪运动发展，提出了“1248”发展目标，即1张“冰球名片”，2套竞技队伍，400亿元产业收入，800万冰雪人口。

《意见》指出，根据冬奥会场馆规划以及各区资源禀赋、发展基础，北京研究制定了冰雪场地设施布局，将优先利用疏解非首都功能过程中腾退的土地，充分利用城市公园、郊野公园及城市空置冰场等新建室内滑冰场16座、室外滑冰场50片，嬉雪场地30片，规范提升现有22座滑雪场软硬件水平，实现“一核一带”多点空间布局。

充分发挥京津冀体育产业协同发展机制作用，组建京津冀冰雪产业战略联盟，协同举办京津冀欢乐冰雪季、滑雪节及冰球联赛等赛事活动，提高区域冰雪体育产业整体实力。与河北省共同建设京张冰雪体育休闲旅游带。大力发展花样滑冰、冰壶、冰球、滑雪等有发展空间的冰雪体育项目，依托本市东北部、北部、西北部山区滑雪场，打造集冰雪运动、旅游、养生、度假于一体的特色区域。

充分发挥共青团及少先队作用，积极开展北京市百万青少年迎冬奥系列活动。校园内开设冰雪运动课程，建设100所冰雪运动特色学校，校园外鼓励青少年接受冰雪运动培训，建设30个青少年校外冰雪活动中心。同时要求各区选择交通便利、覆盖人群较多的地区至少新建1座有效冰面面积不小于1800平方米的室内滑冰场或可拆装滑冰场，保障辖区内中小学校学生开展冰上运动和相关培训的需要。

完善财政金融政策，引导社会资本进一步加大对冰雪体育产业的投资力度，鼓励保险机构积极研发创新型冰雪运动保险产品。完善税费价格政策，明确冰雪体育企业使用的水电气热等的价格按照不高于同区域内一般工业标准执行，滑雪场用水实行定额管理。完善规划布局和土地政策，充分考虑本市冰雪运动发展需求，在本市城市总体规划和土地利用总体规划中，保障公共冰雪设施和冰雪体育产业发展用地。完善人才和就业创业政策，积极吸引国内外优秀运动员、教练员、高层次体育人才等以多种方式参与北京2022年冬奥会筹办和本市冰雪运动发展。完善无形资产开发保护和创新驱动政策引导企业进行冰雪运动品牌建设，开发科技含量高、拥有自主知识产权的冰雪运动产品。

（三）河北省

河北省体育产业发展“十三五”规划指出，筹办冬奥会的机遇和京津冀体育协同发展是河北省面临的两个重大时代机遇。一方面，北京携手张家口筹备2022年第24届冬奥会，将加速环首都地区特别是张家口的城市化进程，促进全省经济结构调整、生态环境治理和民生事业的改善，推动奥林匹克运动的普及，加快全省冰雪运动发展，打造冰雪运动大省。另一方面，国家出台了《京津冀协同发展规划纲要》，为三地体育实现深度融合发展提供契机，大大拓展了全省的体育发展空间，必将有效推动各类体育资源在京津冀间的对接，不断提升京津冀区域体育协同发展的规模效益和品牌影响。

规划指出，推动冰雪运动发展。实施冬季竞技项目重点突破、加大冰雪运动普及力度、加强冰雪运动人才培养、推进冰雪运动场地设施建设。

规划指出，推动京津冀体育协同发展。共同建设京津冀体育健身休闲圈。充分利用京津冀丰富优质的自然资源和体育场馆资源，深入做好“环京津体育健身休闲圈”全民健身户外活动基地培育工作，着力构建特色鲜明的体育休闲区，到“十三五”末在环京津地区打造一批规模大、影响力强的体育休闲基地。联手京津构建惠及全民的健身场馆群，探索建立体育场馆联盟，实行“健身一卡通”。建设完善三地共享的“互联网＋健身”的智慧体育网络。

联合构建国际顶级赛事聚集区。与京津共同谋划、承接和举办国际顶级赛事，建立高端赛事承办的联动合作机制，着力打造与京津冀的国家战略定位和城市形象相匹配的品牌赛事，逐步将京津冀地区打造成具有国际影响的品牌赛事聚集区。推动建立动态更新的京津冀地区群众体育赛事活动品牌库，共同组织开展大型群众体育活动。

协力打造京津冀体育产业带。以体育服务业、体育产业园区为重点，加强联动发展，培育具有全国影响力的京津冀体育产业集聚区，联合申建国家级产业示范项目。合力增强体育用品制造业实力，鼓励域内企业通过联合、兼并、重组等形式整合资源，开展跨地区、跨行业、跨所有制经营，优化区域体育产业结构，打造具有国际竞争力的企业品牌。联合组建京津冀体育产业协会。

合力推进体育人才培养交流合作。突出培养体育管理人才，建立京津冀体育干部联合研修、培训机制，加强三地体育部门人才交流。统筹运动员、教练员、体育场馆运营人员、体育科研人员等优质人力资源，广泛开展区域内的人才交流，加快建立京津冀体育人才智库。

四、冬奥会对京津冀体育协同发展的内容影响

确切地说，2022年冬奥会的举办对京津冀体育的影响将是全面而深刻的，尤其在冬季运动项目的推广普及和提高方面更是如此。本研究从两方面展开分析。

（一）对京津冀体育场馆设施建设影响的分析

北京2022年冬奥会计划使用25个场馆。场馆分布在3个赛区，分别是北京赛区、延庆赛区和张家口赛区。包括12个竞赛场馆、3个训练场馆、3个奥运村、3个颁奖广场、3个媒体中心、1个开闭幕场馆。本届冬奥会共设15个大项，102个小项。按照规划，2022年冬奥会的冰上项目将在北京举行，雪上项目则在北京的延庆县和张家口市崇礼县共同举行。

大赛未办，建设先行。配合冬奥会的举行，北京一系列的竞赛场馆和非竞赛场馆的建设已经开始。由此带动的交通、环保等一系列的投资也都已经或正在启动。

根据此次冬奥会财政预算，赛事编制预算花费约为15.6亿美元，政府补贴占6%；包括竞赛场馆和非竞赛场馆在内的场馆建设预算约为15.1亿美元，其中65%来源于社会投资。

北京赛区共有12个竞赛、非竞赛场馆，其中现有场馆8个、新建场馆3个、临时场馆1个。北京赛区将进行3个大项（冰壶、冰球、滑冰）、5个分项（冰壶、冰球、短道速滑、花样滑冰、速度滑冰）、32个小项的比赛。

北京奥林匹克公园是2008年奥运会的重要遗产，2022年将再次成为冬奥会

的核心区域，冬奥会25个场馆中的7个位于北京奥林匹克公园范围内。国家体育场（鸟巢）将举办冬奥会及冬残奥会的开、闭幕式，国家游泳中心（水立方）将进行冰壶及轮椅冰壶项目的比赛，国家体育馆将进行男子冰球及冰橇冰球项目的比赛，五棵松体育中心将进行女子冰球项目的比赛，首都体育馆将进行短道速滑及花样滑冰项目的比赛，新建的国家速滑馆将进行速度滑冰的比赛。北京赛区的奥运村可容纳运动员和随队官员2260人。

延庆赛区共有5个竞赛、非竞赛场馆，将进行3个大项（高山滑雪、雪车、雪橇）、4个分项（高山滑雪、雪车、钢架雪车、雪橇）、20个小项的比赛。延庆赛区的建设将会带动周边地区交通及市政基础设施的建设，为该区域的发展创造条件，其场馆建设也会尽量与环境结合，减少工程量，节省投资。延庆赛区的奥运村可容纳运动员和随队官员1430人。

张家口赛区位于张家口市崇礼区。崇礼区至今已有20年滑雪产业发展的历史，目前正在运营的滑雪场有5个，该区域是中国滑雪产业发展的龙头，是近中国周边国家众多滑雪爱好者冬季滑雪休闲度假的目的地。张家口赛区共有8个竞赛、非竞赛场馆，将进行2个大项（滑雪、冬季两项）、6个分项（单板滑雪、自由式滑雪、越野滑雪、跳台滑雪、北欧两项、冬季两项）、50个小项的比赛。本次冬奥会将充分利用现有滑雪场的各项资源，结合现有云顶滑雪场的发展需求进行改造，建设云顶滑雪公园场地A和B，可大大节省资金。张家口赛区的奥运村可容纳运动员和随队官员2640人。

2022年冬奥会张家口主场馆设计方案公布，主场馆位于张家口经开区滨河南路东侧，城市南环路北侧；占地面积50公顷，规划总建筑面积约27万平方米；规模为5万人体育场、1万人体育馆、3000人游泳馆、6000人速滑馆、2.5万平方米小球训练馆各一座及配套设施。

尽管有了一些场馆基础，但要看到场馆新建或改造的任务仍然十分艰巨，毋庸置疑，这些新修或改造的场馆对于京津冀地区，尤其是北京的延庆和河北省张家口市的冬季运动场馆和设施将有重大影响。

（二）对京津冀三地体育赛事发展影响的分析

在冬奥会和京津冀协同发展重大国家战略背景下，2015年京津冀赛事较以往明显增多，具体见表1。

表 1：2015 年北京市举办的京津冀体育赛事统计

序号	项目	赛事名称	组别	时间	参加单位	主办单位	承办单位
1	田径	京津冀传统校田径比赛	中小学	待定	各传统校	北京／河北／天津体育局	教研组
2	游泳	京津冀传统校游泳比赛	中小学	待定	各传统校	北京／河北／天津体育局	教研组
3	游泳	京津冀游泳邀请赛	少儿／青年／中年／老年／国际	8 月	北京水立方游泳俱乐部有限公司	北京市游泳运动协会	北京国家游泳中心有限责任公司
4	乒乓球	北京市第九届“和谐杯”乒乓球比赛暨京津冀乒乓球友谊赛	团体组	6—10 月	各区县体育局／职工／大中小学／残疾人及有关单位	北京市体育局等	北京市社会体育管理中心／市乒乓球协会
5	羽毛球	北京市民羽毛球挑战赛暨京津冀冠军挑战赛	社会组／区县组	4—11 月	羽毛球健身爱好者	北京市社会体育管理中心	市羽毛球协会／各区县体育局
6	龙舟	北京市第七届龙舟大赛暨京津冀三地龙舟交流赛	区县组／社会组	6 月 20 日（端午节期间）	区县体育局	市委宣传部／北京市体育局	北京市社会体育管理中心／市龙舟协会／各区县体育局
7	龙舟	京津冀大学生龙舟邀请赛		5 月	三地大学生队	秦皇岛市／山海关区	北京市龙舟运动协会

（续表）

序号	项目	赛事名称	组别	时间	参加单位	主办单位	承办单位
8	柔力球	北京市柔力球大赛暨首届京津冀柔力球邀请赛	成年组/学生组	6月中旬	京津冀柔力球队	北京市民族事务委员会/北京市体育局	北京市社会体育管理中心/北京市民族传统体育协会
9	三大球	京津冀传统校三大球项目比赛	中小学	待定	各传统校	北京/河北/天津体育局	教研组
10	冰蹴球	首届京津冀冰蹴球邀请赛	成年组	1月20日	京津冀冰蹴球队	西城区体育局/北京市民族传统体育协会	西城区社体中心
11	汽车	2015年北京京津冀赛车节（暨京津冀汽车摩托车多项赛）多场赛 场地赛/（房车/方程式/汽车漂移/卡丁车/摩托/直线竞速）越野赛/卡车赛/集结赛/全地形车赛等	成年组	4—11月	京津冀汽摩运动俱乐部/企事业单位/厂商/特邀车队及车手	北京市汽车摩托车运动协会（京津冀三个主办单位之一）	京津冀汽摩协会会员单位/赛车场/赛事推广公司

资料来源：汇总整理北京市体育局《2015年北京市举办体育竞赛活动计划表》。

数据显示，2015年北京市共计举办了11项京津冀体育赛事，虽然说无论从赛事规格、赛事规模和项目的全面性方面都还存在一定差距，但是较以往已经有了明显进步。显然，策划与承办更多京津冀三地的体育赛事，对于加强三地之间的沟通与交流，积极探索体制和机制创新，增强三地社会大众之间的文化认同和心理认同具有不可或缺的影响作用。

五、冬奥会对京津冀体育协同发展的体制与机制影响

2014年7月15日京津冀体育协同发展座谈会在石家庄市举行。三地体育局

共同签署了《京津冀体育协同发展议定书》，这是贯彻落实京津冀协同发展这一重大国家战略的深入体现，也是三地体育事业发展的新契机。从发展全民健身、提高竞技体育水平、推进体育产业发展以及密切相互沟通联系等四方面勾画了三地体育事业协同发展的路径。三方签署议定书提出十三项具体举措，推动京津冀体育协同发展。

大力发展全民健身事业。协力推进“京津冀体育健身休闲圈”建设。充分利用三地的山林、江河、湖泊等自然资源，谋划确定一批体育健身休闲基地，发挥京津冀各方优势，共同推进项目建设，不断满足人民群众日益增长的健身需求。共同组织开展大型群众体育活动。三地联合举办以体育健身休闲为主要内容的大型群体活动，在各自已有的品牌活动中邀请三地群众共同参与，以项目促合作，共同策划创办一些精品活动，不断扩大在全国的影响力。

不断提高竞技体育水平。全力做好2022年冬奥会各项筹备工作，并以此为契机，协同谋划好冰雪运动发展规划，积极组建运动队，努力促进“北冰南移”，在我国普及和提高冬季运动中发挥引领作用。用足用好国家的联合培养政策，在奥运项目上强化三地高水平运动员的联合培养。定期举办三地竞技运动项目教练员培训交流活动。扩大体育科研交流，共享科研成果。共享专业训练基地资源，根据项目发展的特殊需要，积极谋划在三地间共建训练基地，实现共建共享、互惠互利。联合举办高水平体育赛事。组织开展传统项目学校交流赛、协作赛，发现和培养高水平体育后备人才。

积极推进体育产业发展。加强三地间体育产业的交流合作，努力形成跨区域的产业集群。成立京津冀体育产业协会，在市场开发、要素配置、产品研发等方面，搭建交流合作平台，促进企业间的合作发展。打破地域界限与分割，充分发挥三地在体育用品制造方面的优势，推进行业优质资源的优化整合，在产品的生产、研发和销售等方面加强合作。

密切相互沟通联系。建立京津冀体育工作联系机制，定期就有关重要问题进行协商，形成常态对接交流机制。开展三地体育协同发展高层研讨，共同探讨完善京津冀体育事业协同发展的思路和举措。

2016年1月11日，北京市冬季运动管理中心正式成立。北京市体育局将联合社会力量组建花样滑冰、冰球等十余支冰雪队伍。北京市副市长张建东出席成立大会。成立大会上，北京市体育局与北京市世纪星滑冰俱乐部有限公司和北京市冰球运动协会签订战略合作协议，委托世纪星俱乐部组建北京市男女花样滑冰队、男女冰壶队、女子冰球队、男女短道速滑队、男女速度滑冰队、男女单板和双板U型场地滑雪队、男女大跳台滑雪队等15支冰雪专业队伍，委托冰球协会组建男子冰球队，这些队伍将代表北京市参加年度全国性比赛和第十四届全国冬运会。据悉，北京市体育局将充分发挥冬运中心的职能作用，广泛开展群众冰雪运动，掀起群众参与冰雪运动健身热潮；不断夯实冰雪竞技项目基础，提升冰雪竞技运动技术水平；尽快形成冰雪产业发展体系，大力推动冰雪产业快速发展；推进冰雪体育场地设施建设，满足冰雪运动开展硬件需求。

京津冀协同创新发展背景下，催生了各种各样的京津冀研究中心的成立。如北京市哲学社科办京津冀协同创新发展研究中心，北京市教委于2015年10月9日批准在首都体育学院成立了“京津冀体育健身休闲发展协同创新中心”，拉开了高校、政府和企业三方合作探索研究京津冀体育协同创新的序幕。

六、冬奥会对京津冀体育协调发展的后续思考

（一）对冬奥会与京津冀体育协同发展关系的后续思考

冬奥会是催化剂，京津冀协同发展是化学反应，怎样催化京张合作，继而扩大到京津冀，是今后需要进一步深入思考的问题。

（二）冬奥会对京津冀体育协同发展内容影响的后续思考

冬奥会对京津冀协同发展的影响是全面而深入的。重点在交通、环保和产业转型与升级方面，并已经取得一定成效。同样，冬奥会对京津冀体育协同创

新发展必将产生重要影响，尤其对冰雪运动的发展影响更加明显。然而，怎样利用冬奥会的举办，培养更多的人参与其中，怎样培育冬季运动项目文化，怎样影响社会大众冬季运动生活方式的改变，怎样打造品牌京津冀体育赛事活动等都是值得思考的问题。

（三）冬奥会对京津冀体育协同发展体制与机制影响的后续思考

由于是北京和张家口联合申报第24届冬奥会，天津未能被纳入进来。这对京津冀发展来讲，不能不说是一个缺憾。随着冬奥会由申办转到筹办阶段，应从顶层设计角度将天津纳入冬奥会筹办过程中来，充分发挥天津的优势，从而最大限度利用冬奥会促进京津冀协同发展。

京津冀三地在一定程度上存在发展不平衡的问题，尤其是位于北京周边地区的河北省的一些城市，为此，京津冀三地要依据自身定位积极开展互补互促。那么，怎样实现巧对接、建市场与筑平台？例如，打造京津冀重要的体育产业孵化和转化基地，建立和夯实京津冀三地政府部门联席会议，成立更多的冬季运动协会组织，实现京津冀体育人才对接对流。这包括怎样联合培养，怎样交流合作。譬如，建立京津冀区域体育专业技术人员、经营管理人员、党政管理人员等挂职、交流机制。这些问题都是值得进一步深入思考的问题。

□ 参考文献：

[1] 国务院．关于加快发展体育产业促进体育消费的若干意见〔46号文件〕[Z].2014-11-28.

[2] 国务院．京津冀协同发展规划纲要 [Z].2015-04-30.

[3] 国家体育总局．体育产业发展“十三五”规划 [Z].2016-05-05.

[4] 国家体育总局．体育产业发展“十三五”规划 [Z].2016-07-13.

[5] 北京市人民政府．关于加快冰雪运动发展的意见（2016-2022年）[Z].2016-03-07.

[6] 河北省体育局 . 河北省体育产业发展“十三五”规划 [Z].2016−08−02.

[7] 千龙网 . 京津冀协同发展的几个新动向 [EB].2016−06−08 .

[8] 谢晨 . 今晚报 [N].2014−07−15.

[9] 北京冬奥组委官网 . http ：//www.beijing2022.cn/ .

[10] 北京市体育局 .2015年北京市举办体育竞赛活动计划表 . 京体竞管字〔2015〕24号 [Z].2015−12.

[11] 文魁，祝尔娟 . 京津冀蓝皮书 ：京津冀发展报告（2016）[M]. 北京 ：社会科学文献出版社，2016，（4）：1−31，178−197.

冰雪产业综合保税区对京津冀协同发展的意义

河北大学经济学院　河北省国控联合课题组[①]

【摘　要】冬奥会将带动张家口的冰雪运动走向世界，进而拉动高端冰雪运动相关产业的巨大市场需求。而建立冰雪运动相关产业综合保税区，是河北省乃至京津冀区域新一轮改革开放的重要途径。规划张家口综合保税区发展方案并付诸实施，对于提升张家口市经济的竞争力，从而推动京津冀区域协同发展具有重要的现实意义。

【关键词】奥运经济　冰雪产业　综合保税区　保税物流监管区

一、奥运经济、张家口冰雪产业与综合保税区

举办国利用举办奥运会的契机，拉动投资需求和消费需求，促进经济增长

---

① 第一作者顾六宝，男，1953年2月出生，河北阜平人，经济学博士。河北大学经济学院教授、博士生导师；经济学院学术委员会主任，校学术委员会委员。兼任中国统计教育学会常务理事、河北省统计学会副会长等学术职务。

的现象被称作“奥运经济”现象。将对举办城市的经济、社会发展产生强大的推动力量，产生类似加速器或催化剂的作用。奥运经济因其特有的吸附、拉动和辐射效应，而蕴藏着巨大的经济增长潜力。

冰雪产业是我国2022年冬奥会直接受益的产业。习近平总书记曾指出，2022年冬奥会的举办将带动中国3亿多人参与冰雪运动。可以预见，今后冰雪运动相关产业将成为我国重要的新兴体育产业，并且市场潜力巨大。

2022年冬奥会在北京、张家口举办，将为张家口市在冰雪运动相关产业占领市场主导权提供最重要的契机。一是目前冰雪产业在我国还处于产业发展萌芽阶段，市场潜力巨大，抢占市场先机将为区域经济发展奠定重要的产业基础。二是崇礼县拥有华北地区条件最好的滑雪场地，冰雪运动的兴起，可带动赤城、张北等周边县区充分发挥滑雪优势，进一步扩大冰雪运动市场；以此为基础，可由张家口向东北、内蒙古等地区的冰雪运动相关产业辐射，以奠定张家口市的全国冰雪运动中心地位。三是冬奥会将带动张家口的冰雪运动走向世界一流，进而拉动高端冰雪运动相关产业的巨大市场需求。因此，未来10年将是张家口发展冰雪运动相关产业、奠定产业地位的机遇期。

发展冰雪运动相关产业，关键要打通与国外冰雪产业发达国家和地区的联系，以缩小技术与产业发展的差距。而建立冰雪运动相关产业综合保税区，是河北省乃至京津冀区域新一轮改革开放的重要途径。

综合保税区是海关按照我国国情实际需要，借鉴发达国家海关的先进管理经验，与国际通行做法相衔接，适应跨国公司运作和现代物流发展需要的新兴海关监管区域，是我国目前开放层次最高、政策最优惠、功能最齐全、区位优势最明显的内陆地区保税物流监管区域。

我国保税区经过近20年的建设与发展，已成为开放型经济的新生长点，促进了我国外贸出口与港口经济的发展。加入 WTO 后，国家有关部门已经着手推动保税区的改革，先后批准上海、天津、大连、海南、宁波、青岛等保税区向具有国际自由贸易区性质的保税港区转型。我国经济发展区域性特征明显，不同地区经济发展水平差距很大，区位优势不同，各地保税区在发展基本功能的同时，应充分考虑自身优势，以腹地产业发展为后盾，选择不同的特色功能作为发展的重点。

国务院办公厅2015年8月28日发布的《加快海关特殊监管区域整合优化方案》指出了当前深化改革扩大开放对海关特殊监管区域发展的更高要求：逐步将现有出口加工区、保税物流园区、跨境工业区、保税港区及符合条件的保税区整合为综合保税区。

新设立的海关特殊监管区域统一命名为综合保税区。逐步整合海关特殊监管区域保税功能，使其具有服务外向型经济发展和改革开放，连接国际国内两个市场、支持企业创新发展、满足产业多元化需求、发挥集约用地和要素集聚辐射带动作用等基本功能。

二、张家口综合保税区：京津冀又一开放窗口

综合保税区主要是通过其独特功能的贸易与物流产业群，影响城市经济活动的内在传导机制，最终诱发和促进城市经济的增长；并对母城、毗邻地区和腹地的产业结构优化、贸易发展、就业增加和收入提高等发挥重要的推动作用。与保税区业务相关的产业还会刺激和带动整个城市众多非相关产业的发展，在这一增长机制下还会产生一种最具实质意义的“学习”和创新效应，即外商投资企业的技术知识扩散所带动形成的中外客商云集的竞争格局，更会促使所有保税区企业努力创新、完善经营，这一切都会给区域经济注入持久的活力。

因此，张家口市要在京津冀一体化和冬奥会大背景下发展冰雪运动相关产业，建立冰雪运动相关产业综合保税区，是一个十分有效的途径：一是通过综合保税区的优惠政策，可以吸引国外的相关厂家入驻园区，使这里成为冬奥会相关产品国际集散中心，向国内提供廉价的产品，降低运营成本，以此迅速掀起我国冰雪运动的高潮；二是通过学习国外厂家的先进技术和管理经验，复制或创新生产技术和工艺，发展我国的冰雪运动相关产业，从而扩大出口；三是

保税区对腹地的拉动效应十分明显，通过保税区的桥头堡作用，在张家口市周边县区可发展配套产业，发挥集聚效应，形成全国冰雪运动相关产业集聚区；四是按照我国工业2025年的规划蓝图，我国要逐步成为世界制造大国和强国，冰雪运动相关产业也不可或缺，通过保税区及周边地区形成的产业集聚带，可建成世界性的冰雪运动相关产业生产和研发基地，打造中国乃至世界的“雪谷”，使张家口成为京津冀地区又一个开放窗口。

海关方面有关专家对张家口综合保税区也表示了认可与支持，认为从政策上具有很强的可行性和可操作性，从产业定位上也符合张家口的实际情况。而且张家口桥东区已建有空港经济开发区，具备建设冰雪运动相关产业综合保税区的基础条件。

三、张家口市综合保税区与京津冀协同发展

（一）张家口建设综合保税区在京津冀协同发展中的重要意义

通过全面把握我国保税区新的变化特点及发展趋势，调研分析张家口市建设和发展综合保税区的内外部优势，规划张家口综合保税区发展方案并付诸实施，对于提升张家口市经济的竞争力，从而推动京津冀区域协同发展具有重要的现实意义。

1. 能极大地促进张家口经济并带动相关经济区域的发展

综合保税区具有通过其独特的功能和极富活力的贸易与物流产业群来影响城市经济力量的内在传导机制，最终诱发和促进城市经济的增长，并对母城、毗邻地区和腹地的产业结构优化、贸易发展、就业增加和收入提高等发挥重要作用。

随着贸易、物流、出口加工等主体功能的完善和主导产业群的壮大，综合保税区对城市及周边的相关产业发展将起到重要的推动作用。原有产业扩大和新产业出现，一方面通过投资形成初级乘数效应，刺激以贸易、物流和加工业为核心的外向型产业群推动整个城市的繁荣和发展；另一方面新派生或诱发出

来的各种需求又会进一步拉动城市商贸、金融保险、房地产、交通运输、餐饮娱乐、信息与商业服务等第三产业的发展。与这些业务相关的产业在整个城市的繁荣还会刺激、带动众多非相关产业的发展，产生二级乘数效应。

上述过程循环往复构成了保税区活动刺激下的、开放的城市经济持续增长的机制。在这一增长机制下，还会产生一种最具实质意义的“学习”和创新效应，即外商投资企业的技术知识外溢会促进国内企业的产品和业务创新，而在高度市场化和国际化条件下所形成的中外客商云集的竞争格局，会进一步促使所有保税区企业努力创新、完善经营，这一切都会给区域经济（特别是母城经济）注入持久的活力。

可见，综合保税区对母城经济的发展的带动作用，远不只表现在其自身的经济效益上，更深层次的作用则体现在它的产业带动效应和对投资、消费的拉动上。

2. 提升对外开放水平，推动建设地区物流中心

国务院要求：综合保税区要成为我国功能齐全、政策优惠、体制创新的先行区；管理规范、通关通捷、效益明显的示范区；先行先试经济领域重大改革措施的试验区；参考借鉴国际通行做法、具备较强国际竞争力的开放区。从中可以看出，与出口加工区相比，综合保税区的开放度更高、功能更齐全、政策更优惠、辐射更强劲、龙头作用更明显，是我国境内仅次于保税港区的经济区域。

3. 发挥国家级平台的辐射带动作用，形成以综合保税区为核心的外向型新城区

在保税加工方面，综保区将重点发展现代制造业，延伸产业链条，提高产品附加值，提升自主创新能力，推动加工贸易转型升级。我国大多数产品加工层次不高，附加值较低，保税区能利用保税等多种优势，从国外引进先进的产品加工技术、加工设备和加工企业，改造并提升产品精深加工层次。在保税物流方面，大力发展现代物流业，引进先进的物流管理技术和服务理念，延伸物流供应链，支持大型物流枢纽、区域性物流中心建设。在货物贸易方面，积极吸引跨国企业的全球或区域性采购、销售中心入区，使综合保税区成为连接国际、国内两个市场的商品集散地和交易平台。设立综合保税区后，企业可以在“家门口”开展国际业务，降低成本，提高效率。在服务贸易方面，积极发展与保税加工、保税物流、货物贸易相关的服务贸易功能，支持在国际航运中心、采购分拨中心、营运结算中心、期货交割中心建设等方面进行改革实验。

综合保税区的建立，随之会带来生活商务、文化教育、卫生社保、金融保险、信息咨询及市场中介机构进入，城市功能将得到完善，将形成以综合保税区为核心，集加工、物流、研发、金融、信息、居住、酒店及文化、教育、卫生、市场中介机构等综合服务于一体的、第二、第三产业繁荣发展的外向型新城区，从政策上具有很强的可行性和可操作性，从产业定位上也符合张家口的实际情况。而且桥东区已建有空港经济开发区，具备建设冰雪运动相关产业综合保税区的基础条件。

（二）张家口建设综合保税区在京津冀协同发展中的可行性

在张家口设立综合保税区，是借冬奥会发展奥运经济，使张家口成为中国北方又一个开放门户，在京津冀协同发展中具有重要战略意义。2014年2月26日，国家主席习近平在北京主持召开座谈会时指出：实现京津冀协同发展是一个重大国家战略，要坚持优势互补、互利共赢、扎实推进，加快走出一条科学持续的协同发展路子。

目前，河北省主体产业布局基本合理，工业企业发展壮大。全省基本形成以冶金、建材、煤炭、化工、机械、电子、石油、纺织、轻工、医药等产业为主体的资源和加工结合型工业经济结构，且具有巨大的发展潜力。京津冀在一体化的过程中，各地区可以根据自身条件，扬长避短，发挥优势，形成各具特色的多种产业的地域组合。

张家口处于京津冀经济圈的核心位置，目前还属于经济欠发达地区，地域广阔，资源丰富，人民勤劳朴实，发展后劲十足。如果能借助外力，那么实现跨越发展指日可待。申奥以来，张家口提出以发展奥运、园区、生态、县域经济为主要内容的“四型经济”，更能吸引京津与张家口合作。只有加强区域合作，积极推动京津冀协同发展，才能更好地找到首都功能疏解的新空间，找到产业优化升级、可持续发展的新起点；才能更好地发挥北京作为中心城市的辐射带动作用，助力区域经济社会持续健康发展。河北省应通过进一步论证建立冰雪运动相关产业综合保税区的可行性，争取尽早布局，抢占冰雪运动相关产业大发展的先机。

张家口空港经济技术开发区作为省级经济技术开发区和省重点项目，得到省、市、区各级政府在招商政策、股权基金政策、专项资金支持、基础设施贴息和土地指标支持等一系列政策优惠，并获得省重点项目建设“绿色通道”通行记录卡，在行政审批和公共服务方面得到更多优惠和优先权，为成立综保区提供了巨大的政策环境支撑。

张家口市桥东区政府举全区之力建设了“一区五园”，“一区”即张家口空港经济技术开发区，区内包括“五园”，即大学生创业园、高层次人才创新创业园、高科技产业孵化园、上海张江张家口高新技术产业园和全民创业孵化园，为综合保税区的建立提供了人才储备和相关产业的建设条件。针对张家口高新技术开发区中设立综合保税区的发展目标、模式和实施步骤等问题还专门成立课题组进行调研和分析研究，提出了张家口保税区发展规划与建设方案。包括：

（1）北京天竺综合保税区、青岛保税港区发展状况的调查研究；

（2）张家口市高新技术开发区、机场、海关等基本条件的调查研究；

（3）张家口市设立综合保税区的现实性与可能性实证研究；

（4）提出具有较强针对性、可行性的张家口市综合保税区发展的总体思路与建设实施方案；

（5）京津冀协同发展大背景下张家口市综合保税区发展研究。

□ 参考文献：

[1] 国务院办公厅．国办函〔2015〕66号《加快海关特殊监管区域整合优化

方案》[Z] .2015−08−28.

[2] 国务院．国发〔2014〕46号《关于加快发展体育产业促进体育消费的若干意见》[Z] .2014−10−20.

[3] 国家海关总署．海关总署令〔2010〕191号《中华人民共和国海关保税港区管理暂行办法》（综合保税区管理参照保税港区管理）.2010−03−15.

[4] 国家海关总署．署加发字〔2013〕273号《海关总署关于印发〈海关特殊监管区域设立审核办法（试行）〉和〈海关特殊监管区域退出管理办法（试行）〉的通知》.2013−12−16.

PPP 模式融入京津冀基础设施建设的途径研究[①]

梁 林 刘 兵[②]

【摘 要】在基础设施建设领域应用推广 PPP 模式，已经成为快速实现京津冀协同发展的重要保障，合理评估现状可以确定优先开展 PPP 模式的重点方向，并且针对性改进落后因素。本文梳理了 PPP 模式内涵和在基础设施建设中的重要作用；借鉴国内外经验，列举了在京津冀协同发展过程中 PPP 模式融入京津冀基础设施建设的重点领域；应用客观统计数据和主观调查数据，构建综合评价体系，测评了 2013 年京津冀基础设施建设现状。通过对比三地的现实差距，分析了现阶段制约 PPP 模式在京津冀地区实施的主要原因，并提出京津冀加快 PPP 模式融入基础设施建设的解决策略。

【关键词】基础设施建设 PPP 模式 京津冀融合途径

---

① 基金来源：1.河北省社会科学基金，名称：生态创新驱动下的京津冀人才“集聚＋培育”共享机制研究，基金号：HB15GL106；2.河北省博士后科研择优资助经费项目，名称：区域人才集聚系统演化机制及趋势预测研究，基金号：B2013003010。

② 梁林（1983—），河北唐山人，河北工业大学副研究员，博士后，研究方向为区域规划管理。刘兵（1968—），河北乐亭人，河北工业大学教授、博士生导师，研究方向为人力资源管理。

伴随着京津冀区域一体化和新型城镇化以及基本服务均等化程度的不断提高，为保障转移人口享有公平的城市基本公共服务，必然带动轨道交通、公路、铁路、港口、机场等交通基础设施，邮政、物流、供水、供热、供气、供电、绿化环保等市政公用工程设施，养老机构、教育场所、医疗机构、文化娱乐场所、科研机构等公共生活服务设施的大量融资需求，使得PPP建设模式的应用逐渐成为热点话题。

从广义理解，PPP模式是指政府和社会资本为公共基础设施建设和公共服务供给而形成的各种类型的合作伙伴关系[①②]。我国政府从2014年起，开始着力推广政府与社会资本合作（PPP）模式，鼓励优质社会资本参与基础设施和公共事业的建设。应用PPP模式能够有效提升提高基础设施建设效率和公共服务水平，减轻政府财政负担[③]，对于推进京津冀协同发展具有重要的促进作用。但是，京津冀地区公共服务差异性较大，PPP模式在京津冀区域的应用推广仍处于摸索阶段，PPP项目的覆盖程度与快速增长的基础建设需求之间还存在着严重的不匹配，各地均面临着如何推广PPP模式及PPP项目如何运作等各种难题。本文正是试图在分析PPP模式相关内涵以及京津冀协同发展过程中基础设施建设现状的基础上，提出促进PPP模式融入基础设施建设领域的相关策略。

一、基础设施建设领域中实施PPP模式的现实意义

在实践中，我国政府文件所阐述的PPP模式是指在基础设施建设和公共服务领域建立的一种长期的、公私统筹的合作关系。目前，在基础设施建设领域实施PPP模式的重要意义主要在于以下两方面。

① 王灏．PPP的定义和分类研究[J].都市快轨交通，2004，（5）.

② 张喆．PPP三层定义及契约特征[J].软科学，2008，（1）.

③ 贾康，王泽彩．应对气候变化：PPP模式融资机制研究[J].地方财政研究，2013，（8）.

（一）有利于减少政府负债，缓解财政压力

PPP 模式的最大优势就在于通过合理分工将项目建设和运营期间的风险转移至专业化的风控单位。通过应用 PPP 模式开展基础设施建设，政府可以利用少量资金吸引大量社会资本的注入，有利于在漫长的项目施工和运营期内降低一次性成本投入，有效降低直接投资额度，能够减轻财政负担，提高公共品的供应效率。

一是同传统的基础建设模式比较，政府仅投入固定的购买公共服务费用，明确了政府相关预算制定工作，有效地降低了政府财政支出的不确定因素。二是通过将项目的施工、前期运营和后期维护等任务分配至社会机构，有效提高社会资本的工作积极性和效率，同时将施工工期不确定性风险、施工预算超支风险等转移至更具专业化风控经验的社会机构，为了保证项目的经营盈利，社会机构必定会采取多种方式降低项目风险，通过创新手段来降低成本。私人部门会积极采取各种措施管理风险，并通过创新来节约成本。三是由于项目竣工后的特许经营期内的运营维护归属社会资本，保证工程质量也成为社会资本施工过程中的关注点。

（二）有利于提高公共服务质量，多样化公共服务供给方式

应用 PPP 模式开展基础设施建设，社会资本可以更直接地参与从设计融资到建设施工再到运营维护等整个项目期，一方面可以发挥社会资本在技术、项目经验和融资等方面的专业化优势；另一方面也可以让政府部门从繁重且并不擅长的具体业务中解放出来，将工作重点转移到项目的协调、管理和服务职能上，从而有效地提高服务质量。

此外，通过应用 PPP 模式引入大量社会资本，引导到基础设施建设中。从近期来说，能够提升基础设施建设投资的专业化水平和资金充裕程度，加快经济的发展。从长远来看，能够有效地丰富基础设施建设方的多样性，提高基础设施的建设质量，提升公共服务水平。PPP 项目需要设计咨询公司、律师事务所、金融机构、建筑施工公司、物业管理公司等多种行业的协同合作，多样

化公共服务的供给方式，促进区域内产业的协同发展。

二、PPP 模式重点应用领域的基础设施建设情况评价

（一）京津冀协同发展过程中 PPP 模式的重点应用领域

基础设施是公益性用途产品，主要目的是为社会群众服务。因此，以往主要是由政府财政收入提供建设资金。然而，随着我国财政收入与经济发展增长速度不匹配的制约，单纯依靠政府投资已经不能满足快速增长的基础建设需求。从京津冀协同发展的现状来看，当前正是加快三省市产业协同、生态协同、交通协同的关键阶段。伴随着三大重点领域的优先发展，三省市新型城镇化的进程也在日益加快。根据财政部测算，为实现京津冀一体化，在未来6年间，需要投入42万亿元。在协同发展的三个重点领域，交通基础设施建设属于重中之重，城际铁路、城市轨道交通、航空、港口的综合立体化规划都在设计和实施当中。同时，新型城镇化过程中，带动人口集聚，也将带来房地产、生态环保工程、居民养老、教育、医疗等公共事业设施的快速建设，从而产生了空前的基础设施建设需求。可见，PPP 模式在京津冀协同发展过程中，将发挥巨大作用，表1列出了目前京津冀协同发展过程中 PPP 模式的重点应用领域。

表 1：PPP 模式在京津冀地区基础设施建设中的重点应用领域

交通基础设施	高速公路、城市轨道交通、城际铁路
市政公共基础设施	地下管廊、停车场、公厕与垃圾回收场、社区能源站（供热、供气）
公共事业基础设施	养老社区、教育场所、医疗机构、经济保障房

（二）重点应用领域的基础设施建设情况评价指标体系构建

基础设施建设是一个动态阶段性的推进过程。目前，京津冀三地之间基础设施的建设现状存在较大差距。为了客观衡量三省市目前基础设施建设发

展现状，探索未来有针对性地引入 PPP 模式的基础建设领域，本文将依据 PPP 模式在京津冀地区基础设施建设中的重点应用领域，构建建设现状综合评价体系。

1. 评价目的

建立京津冀基础设施建设现状评价指标体系的目的在于经过科学量化评估，通过比较三省市现有各项基础设施建设水平，分析程度和优劣势，进而从薄弱环节出发，有针对性地选择重点开展 PPP 项目的领域，从而提高京津冀基本公共服务均等化水平。

2. 评价原则

为加快京津冀协同发展过程中 PPP 模式融入基础设施建设的进程，科学评估三省市基础建设现状，并考虑未来发展 PPP 模式的趋势，本文将借鉴王曰芬（2011）等提出的评价指标体系设计原则[①]，遵循兼顾公平与效率、客观数据与主观经验等原则，设计京津冀基础设施建设现状评价指标体系。

3. 数据来源

本文使用的主要数据来源包括以下两种。

（1）客观年鉴数据：《2014年中国统计年鉴》《2014年北京统计年鉴》《2014年天津统计年鉴》《2014年河北统计年鉴》。以上数据主要用于评价指标体系中二级测量指标的选取和量化，以及二级指标权重的计算。

（2）主观访谈和调查表数据：第一，京津冀三省市相关人员的访谈内容分析数据，用于界定研究范围；第二，73份有效《区域基础设施建设评价指标调查表》的问卷数据，用于测算指标的权重赋值。

4. 评价指标体系的设计

根据京津冀地区基础设施建设中 PPP 模式可重点应用领域的划分，本文首先将京津冀主要基础设施建设现状分解为交通设施建设现状、市政设施建设现状、养老设施建设现状、教育设施建设现状和医疗设施建设现状5个一级分

① 王曰芬，戴建华，李鹏翔．图书情报机构知识服务能力及评价研究（Ⅱ）——评价指标体系设计与权重赋值[J]. 情报研究，2011，（1）.

项指标。交通设施建设现状分解为公路通车里程、高速公路通车里程、客运量3个二级指标；市政设施建设现状分解为自来水综合生产能力1个二级指标；养老设施建设现状分解为参加基本养老保险人数、收养性单位数2个二级指标；教育设施建设现状分解为普通高等学校、普通中等学校、小学3个二级指标；医疗设施建设现状分解为卫生机构、医院2个二级指标。最后，将二级指标作为具体测量指标，以统计年鉴中真实数据来计算京津冀基础设施建设现状的评价结果。京津冀基础设施建设现状的评价指标体系如表2所示。

表 2：京津冀基础设施建设现状

一级分项指标	一级权重	二级测量指标	二级权重	原始统计数据		
				北京	天津	河北
交通设施	0.25	每万人人均公路通车里程（千米）	0.29	10.25	10.68	23.80
		每万人人均高速公路通车里程（千米）	0.37	0.44	0.75	0.77
		每万人人均客运量（万人）	0.34	33.60	20.05	14.04
市政设施	0.21	每万人人均自来水综合生产能力（万立方米）	1.00	0.21	0.31	0.09
养老设施	0.17	每万人人均参加基本养老保险人数（万人）	0.39	0.62	0.45	0.17
		每万人人均收养性单位数（个）	0.61	0.21	0.28	0.32
教育设施	0.18	每万人人均普通高等学校（个）	0.38	0.04	0.04	0.02
		每万人人均普通中等学校（个）	0.30	0.36	0.42	0.40
		每万人人均小学（个）	0.32	0.52	0.57	1.71
医疗设施	0.19	每万人人均卫生机构（个）	0.51	4.79	3.19	10.70
		每万人人均医院（个）	0.49	0.31	0.23	0.17

注：本指标体系中所有指标均为数值越大、评价值越高的正向指标。

5. 评价方法和模型构建

（1）综合评价的模型

本文采用的综合评价模型如式（1）所示。

$$Xi = \sum_{j=1}^{N} T_{ij} \times A_j \qquad (1)$$

其中，i 表示地点，即北京、天津、河北，$i=1,2,3$ 。j 表示第 i 个地点的第 j 项指标，$j=1,2,...,n$ 。Xi 表示 i 个地点的综合评价值。T_{ij} 表示原始统计数据的标准化数据。A_j 表示第 j 项指标的权重。

（2）数据的标准化处理

本文采用了统计年鉴中的量化数据作为二级指标的具体测量值，但各项指标的量化值和单位存在差距，因此采取了极差法对原始统计数据进行了无量纲化标准处理。计算公式如式（2）所示。

$$T_{ij} = \frac{a_{ij} - \min a_{ij}}{\max a_{ij} - \min a_{ij}} \qquad (2)$$

（3）指标权重赋值

本文采取了主观和客观相结合的方式进行指标体系权重的赋值[①]。具体来说，一级分项指标并无对应的量化数据，需要采取主观赋值法和客观赋值法相结合的方式，通过调查明确指标权重的赋值；二级测量指标均采用统计年鉴中的量化数据，可以采取客观赋值法来量化权重值。

★一级分项指标的权重赋值

参考层次分析法计算权重设计流程[②]，本文将通过专家调查法和层次分析法相结合的方式，确定一级指标的权重。通过发放调查表，获取被调查人员对京津冀基础设施建设现状评价指标体系一级指标权重的评分，计算得到指标的权重。赋值过程为：首先，设计发放《区域基础设施建设评价指标调查表》，发放对象为京津冀三省市基础建设领域相关从业人员、政府管理人员和高校科研人员，共发调查表97份，实收73份；其次，与受访对象沟通联系，编写相关

① 王昆，宋海洲．三种客观权重赋权法的比较分析[J].技术经济与管理研究，2003，(6).

② 彭国甫，李树丞，盛明科．应用层次分析法确定政府绩效评估指标权重研究[J].中国软科学，2004，(6).

的指标说明书，请受访人员根据了解情况对各项指标进行评分；最后，通过计算分析，得出一级指标的权重赋值，如表2的“一级权重”列中所示。

⋆ 二级测量指标权重

本文采用了熵权法进行二级指标的权重赋值，计算原理是计算指标体系中各指标的信息熵，其数量值与指标在整个评价指标体系中的权重成反比。

信息熵的计算公式为：

$$\begin{cases} E_j = -(\ln m)^{-1}\sum_{i=1}^{m} p_{ij}\ln p_{ij} \\ p_{ij} = \dfrac{Tij}{\sum_{i=1}^{m} Tij} \end{cases} \tag{3}$$

m 表示地区 i 的数目，即 $m=3$。进而，可以构建基于熵的二级指标权重的客观赋值模型。

如果 p_{ij} =0，则定义 $\lim_{p_{ij}\to 0} p_{ij}\ln p_{ij}=0$。进而，可以根据式（4）计算各项二级测量指标权重值，具体计算结果在表2的“二级指标权重”列中所示。

$$A_j = \frac{1-E_j}{n-\sum_{j=1}^{n} E_j} \tag{4}$$

（三）重点应用领域的基础设施建设现状评价结果

1. 总体情况评价结果

从京津冀基础设施建设评价排名来看，北京为第一位，而且较天津和河北优势明显，当然这与京津冀三地发展进程、现有资源不平等配置等原因有直接关系。如图1所示。

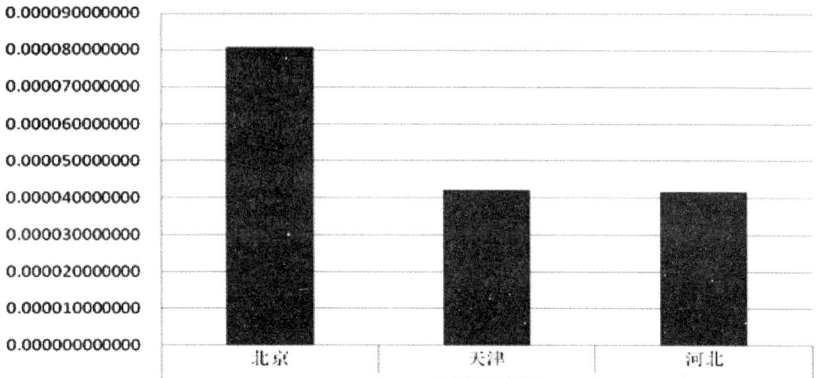

	北京	天津	河北
	综合评价值		
■总体情况	0.000080737140	0.000042123495	0.000041725220

图 1：京津冀基础设施建设总体评价结果

2. 分项情况评价结果

从图2的分项评价结果来看，目前京津冀三省市差距最大的环节为交通设施和教育设施，反映出未来京津冀协同发展过程中融入 PPP 模式的重点建设和改进的方向。

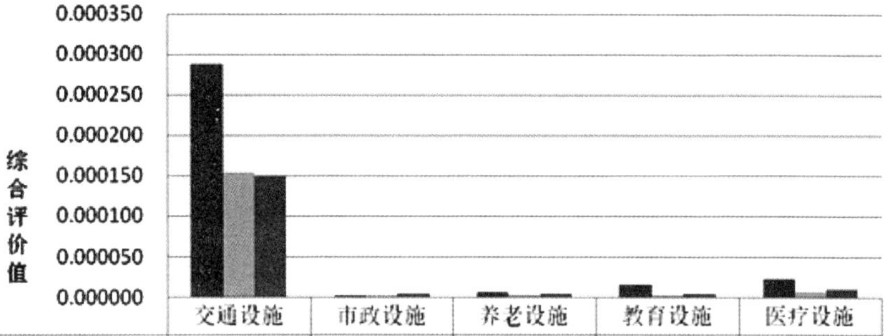

	交通设施	市政设施	养老设施	教育设施	医疗设施
■综合评价值 北京	0.000288	0.000002	0.000006	0.000016	0.000022
■综合评价值 天津	0.000155	0.000002	0.000004	0.000003	0.000007
■综合评价值 河北	0.000150	0.000005	0.000005	0.000005	0.000010

图 2：京津冀基础设施建设分项评价结果

从图2的排名情况来看，北京除市政设施一项指标位于第二位外，其他分项指标均排名第一位，反映出在市政设施建设方面，北京已经趋近饱和，在新型城镇化进程中，天津和河北在市政设施建设方面还具有广阔的发展空间，也成为融入 PPP 模式最为关键的领域。另外，在交通设施和教育设施上，三地差距最大，反映出三省市可优先在这两个领域开展对接合作，利用北京的先进经验，优先发展 PPP 项目。

三、制约现阶段 PPP 模式实施的主要原因

从国内外经验来看，PPP 项目的有效推广需要完善的顶层法律法规体系设计、各方协调机制和明确的角色定位。目前我国特别是京津冀地区推进 PPP 模式过程中，主要存在以下三类突出问题。

（一）相关法律与法规不健全

PPP 模式是基于政府和社会资本所签订的合同开展的，以双方的契约精神为基础。一般说来，与传统的“投资—移交”模式相比，PPP 模式具有更长的投资效益回收周期。因此，出于保护政府和社会资本双方的责任和权利，以及保障投资合同的顺利履行，必须从法律和法规体系提供相应的支撑。PPP 项目的实施过程中涉及各级政府、金融单位、第三方测评机构、社会出资方、大众群体等多方主体，缺少明确健全的立法体系，就无法对项目实施和服务的各方主体利益进行有效保障，还会影响更多社会资本的介入意愿。近年来，我国已经从法律、法规、管理制度等多重角度进行设计，但从严格意义上看，我国目前尚没有一部专门针对 PPP 模式管理的法律法规。

现有的《国务院关于创新重点领域投融资机制社会投资的指导意见》（2014）、《国务院办公厅关于政府向社会力量购买服务的指导意见》（2013）、《国务院关于加强地方政府性债务管理的意见》（2014），以及《关于印发政府和社会资本合作模式操作指南（试行）的通知》（财经2014〔13〕号）、《关于政府和社会资本合作示范项目实施有关问题的通知》（财金2014〔1112〕号）、

《关于开展政府和社会资本合作的指导意见》（发改投资2014〔2724〕号）等文件都是出自国务院及相关部委层面；另外，一些地方政府先于全国，针对PPP项目实践的问题，也出台了一些指导性文件和操作指南，比如《湖南省财政厅关于推广运用政府和社会资本合作模式的指导意见》（2014）、《安徽省城市基础设施领域PPP模式操作指南》（2014）等，这些法规都是从不同职能对我国现行PPP模式的笼统性、概括性的指导，还尚未形成法律效力。从法律角度来看，现行法律法规内容比较单一，主要包括《中华人民共和国行政许可法》《中华人民共和国城乡规划法》等，从不同方面规范了PPP项目开展过程中的相关问题，但在实践应用中，还存在涉及面和规范性不足的缺陷。

更为紧迫的是，关于PPP应用的国家法律体系与相关部委、地方政府现行的法规体系还存在不一致，需要对现有法律法规体系进行系统梳理，加强政府政策的统一性。虽然，国家发展和改革委员会已经启动了PPP领域的基本法，即《基础设施和公用事业特许经营法》起草工作，但目前仍在探讨过程中。

（二）PPP各参与方关系的协调机制有待探索

PPP项目实施过程中，必然会涉及政府部门与非政府部门的合作协调关系。PPP模式中，各方通过分工合作，共享共担担效益和风险。PPP模式的优势就在于引入社会资本，可以更好地发挥其在项目投资运作中的成本性和专业性优势，减轻政府的财政负担，盘活社会资金总体利用效率，但同时，政府也需要参与项目运营的各个周期，避免社会资本在项目开展过程中的不良行为。这就要求政府和非政府部门在项目实施过程中设计良性的协调机制，主要涉及两方面的内容：一是政府部门内部的协作关系，二是政府部门与非政府部门的伙伴关系。

政府部门主要包括国家财政部、发展改革委（主管单位）和各级地方政府及职能部门（执行单位）。目前，从国家到各级地方政府对PPP项目实施的理解和指导原则大致相同，但在具体实践过程中，发展改革委与财政部在推动PPP模式的制度安排如项目运作方式、项目实施机构、采购依据、采购方式、储备方式等方面有所不同，对项目操作的流程也有差别，PPP运行尚缺乏统一监管部门。

非政府部门主要是指各类社会资本、临时成立的项目公司、第三方机构、金融借贷和担保机构等。政府部门与非政府部门之间的伙伴关系，体现在 PPP 项目建设过程的各个阶段：在项目建设期，政府部门要发挥社会资本的先进技术和专业经验，但也要注意监督社会资本在建设过程中受利益驱动产生的偷工减料、偷税纳税等舞弊行为；在项目运营期，政府要与社会资本通过协商确定效益分成模式、公共服务的标准、收费价格机制、设施回收周期、风险共担机制等问题。这是 PPP 项目能否成功完成的关键。

当前，缺乏必要的管理协调机制，造成了 PPP 项目运作过程中融资比例、资本担保、项目收益与设施回收、责任承担与利益共享等影响项目成功关键问题还存在不明确性，成为制约 PPP 模式广泛推广的重要因素。

（三）政府与社会资本的角色定位仍不清晰

目前，我国 PPP 模式在基础公共设施领域的应用具有投资规模大、建设经营周期长、风险系数高的特点。在 PPP 模式中，政府与非政府部门作为合作伙伴共同开展项目的建设。在建设过程中，政府是社会大众利益的代表，承担着公共利益最大化的责任，需要发挥好服务者、监督者的角色定位；而基于人性理论，社会资本作为营利机构，在项目开展中，自然会将资本收益最大化作为参与目标，需要明确项目建设的主体角色、项目运营者和服务者角色。

政府与社会资本是 PPP 模式的双方主体，只有实现双方的地位平等，责任明确，才能在项目实施过程中形成良好的合作关系。然而，长久以来，我国政府在经济增长中长期占据主导地位，尤其在公共服务领域“政府为大”的思想仍然存在。另外，各级政府官员的“官本位”思想也会影响 PPP 项目的顺利开展。

从项目整体运作过程来看，政府与社会资本按照一定融资比例，成为共同投资方和合作者，同时也是监管控制者和直接经营者。为满足社会大众日益变化的多样性需求，保障公共服务和设施建设的品质，政府迫切需要转变思路，积极寻求与具有专业经验的社会资本合作，发挥“有限政府”的监管与服务功能。

从 PPP 项目开展的契约合同公平角度来看，社会资本作为项目实务的具体操作者，应在建设期和运营期发挥主导作用，但是鉴于基础公共服务具有垄断特征，在运营期，非政府部门的管理可能会导致定价机制的垄断，从而违背基础公共服务的公益性。此时，就需要政府发挥监督者作用，对公共设施的运营严加规范。

四、加快 PPP 模式融入基础设施建设的策略

在中国老龄化和城镇化加快、财政收入增速放缓、政府职能转变的背景下，推动私人资本参与基础设施建设具有重大意义。国内外区域的实践成果证明，推广成熟的 PPP 模式有助于盘活社会存量资金、减轻政府负债，同时能够提高基础设施建设效率、提升区域整体基础公共服务水平。当前，PPP 模式在我国正在进入快速推广的阶段，特别是对京津冀地区来说，虽然 PPP 模式已经在一些地区得到应用，但整体来看，实践规模和基础仍然偏弱，尤其是制度设计层面的问题依旧突出。因此，在京津冀地区发展 PPP 模式还应从以下方面力求改进。

（一）借鉴国外发展 PPP 模式的先进经验，明确 PPP 模式的内涵和作用

积极总结英国、加拿大等发达国家的先行经验，同时更要特别注意国外在发展 PPP 模式过程中出现的问题和弯路，从以往的经验中学习解决困难的办法。从国外经验看，英国、加拿大、美国等国家都围绕 PPP 模式开展过程中的融资、管理等环节建立了专门的法律法规制度体系。从项目开展的时间维度来看，加强前期招标、项目施工、特许运营和项目移交等环节的管理；从项目实施的重点环节来看，加强合同制订、绩效评定和实施主体关系的管理。

准确理解 PPP 的内涵和作用，既要看到 PPP 模式在缓解政府财政负担上的积极作用，但也要重视 PPP 模式在拉动区域经济发展和满足社会大众公共服务需求过程中的重要作用。评估一个基础建设项目时，首先要开展 PPP 模式应用可行性分析，通过核算成本收益，评估是否需要和适合应用 PPP 模式。

（二）完善 PPP 模式的法律法规制度建设，完善 PPP 项目建设的制度框架

PPP 模式的成功开展需要健全的法律法规制度环境和有效的第三方监管，以降低项目建设和经营的风险，保障项目如期迅捷地实施，防止发生项目运作过程中的“权力寻租”行为。尽快从国家层面完善 PPP 项目的立法和从地方政府层面形成 PPP 项目建设的法规约束，可以明确 PPP 模式中各类主体的职能定位，加强社会资本进入基础设施建设的信心，同时规避项目建设过程中多头管理、工程质量监管不力、项目运作不透明等风险。

完善的法律法规制度是我国现行 PPP 模式稳定开展的关键前提，特别是需要明确界定公私合作关系中，政府与社会资本机构之间的权利与权益、责任与义务、监管与服务等层次的法律定位。从法律法规的角度，界定社会资本属于投资者的定位，具体的管理和实施需要由公私双方共同成立的专门公司来执行。从而，将政府和社会资本的职能定位剥离为监管服务和投资管理，并且引入第三方机构发挥监督与评价职能，甚至还可以通过立法将公共服务消费者——人民群众代表作为第三方监管者，全面参与到基础设施项目的立项、预算、施工中期评估、验收机构的选择、竣工质量验收等环节中。

（三）明确各级政府的监督和管理功能，加快建立健全市场机制

PPP 项目引入社会资本的前提是各级政府更为积极主动的前期投入，包括国家层面的政策引导（各部委关于支持 PPP 模式发展的资金支持、土地、介入方式等方面的优惠政策）和地方政府层面的项目运作支持。政府在恰当时点的有度介入有利于推动基础建设项目的持续积累、吸引大量社会资本介入、稳

定资本市场的投资需求，并且保持行业内部的竞争性，从而保障项目实施的效率和质量。同时，还要注重发挥市场机制作用。首先，PPP 模式在应用中一般涉及的投资主体较多，而且项目开展时间较长，需要加强管理制度建设；其次，平等对待各类投资主体，利用特许经营、投资补助、政府购买服务等方式吸引民间资本参与经营性项目建设与运营；最后，加快建立健全的资本市场，特别是债券融资市场，通过资本市场为 PPP 模式的顺利开展引入多种类型和层次的社会资本。PPP 项目一般资金规模较大，完善健全的资本市场不光可以为基础设施建设供给稳定有效的资金来源，还能够通过健全市场机制，为项目的实施从资本角度加强约束。

（四）建立 PPP 模式的三省市及相关部委的定期联席会议机制

在京津冀区域推进 PPP 模式，首先要转变政府“一家独揽”的传统理念，根据 PPP 模式的要求，完善政府和社会资本合作关系、财务、项目招标、合同管理等一系列规则制度。京津冀协同发展已经成为国家战略，建议在京津冀领导小组的统一协同和领导下，成立基础设施建设 PPP 模式联席会议制度，由国家发展改革委、财政部和三省市地方政府及对口机构等相关部门围绕特大专项项目和地方项目的常态建设机制等问题，定期碰头，联合办公，解决京津冀地区在推进 PPP 模式过程中的各种问题。

（五）以新型城镇化为依托，选择优先发展领域的示范项目作为重点试点

目前，京津冀协同发展正处于发展的关键时期。在协同发展过程中，新型城镇化进程也是推动 PPP 模式发展的重要催化剂。新型城镇化的关键在于在维持农业生产和保护生态环境的前提下，改善农民的生活水平，促进城乡基础设施的平等化和公共服务的均等化，促进区域经济社会发展和实现人民群众的共同富裕。推进新型城镇化战略，需要兴建大批公共基础设施。从京津冀三地的新型城镇化现状来看，特别是河北省目前农村相对落后的现实来说，新农村

建设、基础教育场所、经济保障房、公立医疗机构和养老社区、环境保护工程等领域是京津冀地区PPP模式的重点应用领域。因此，建议在三省市产业协同发展和承接的重点地区，选择轨道交通、电力、教育机构等一批试点示范项目。通过公开试点项目的情况，打消社会资本进入基础设施建设的顾虑，同时吸引国外资金参与到京津冀地区的基建项目中。

（六）成立京津冀区域PPP模式发展建设基金

2015年10月，财政部联合建设银行等8家银行、中国社会保障基金理事会、中国人寿保险公司共10家金融机构，共同发起成立了规模近2000亿元的PPP专项建设支持基金。目前，普遍认为此基金将主要为我国重点区域的铁路工程项目、大型工程机械项目和基础设施建设项目提供快捷和必要的融资保障。此基金的成立也从顶层为区域级PPP模式发展建设基金的成立提供了参考借鉴依据。同在2015年，河北省成立了城市建设投融资协会，该协会在《河北省人民政府关于推广政府和社会资本合作（PPP）模式的实施意见》等文件精神的指导下，将河北省内相关企业、金融机构以及相关领域专家联系到一起，并牵头成立了首个PPP模式发展建设基金。可见，在国家及地方已有经验的基础上，京津冀地区可以统筹成立区域级的PPP模式发展建设基金，重点用于京津冀协同发展进程中大型基础设施的前期融资，便于引入更多社会资本，有效推进现阶段产业承接地区的基础设施建设。

京津冀协同发展视角下河北省承接产业转移能力分析与路径选择

——基于主成分分析法

刘 浩 田励平[①]

【摘 要】针对京津冀协同发展背景下产业转移问题，以河北省内 11 个城市的承接产业转移能力为研究对象，运用主成分分析方法，依据 2014 年各城市的相关数据，对各城市承接产业转移的能力进行综合评价，从而找出各城市在承接产业转移能力上的优势及不足之处，结合观测结构相似系数、区位商，提供承接产业转移的路径选择，为产业持续发展提供理论参考。

【关键词】京津冀协同发展 承接产业转移能力 主成分分析

京津冀协同发展是一项重大的国家战略，其中，关键的一环是支持和推进河北省产业结构优化，缩小河北省与京津两市梯度差距。河北省承接京津产业

---

① 田励平，河北科技师范学院讲师，专业为博弈论。
刘浩，河北科技师范学院讲师，专业为计量经济学。

转移正是加快河北省产业结构优化，实现京津冀协同发展战略的有利选择。产业承接的顺利开展，依赖于承接方是否具备承接转移产业的能力及能力的大小，笔者从河北省作为产业转移承接方的视角，运用主成分分析，依据2015年《河北省经济年鉴数据》，论证了河北省11个城市的综合承接能力，进一步，结合产业结构相似系数、区位商的观测，提出各城市承接产业转移的路径设想。

一、河北省优势产业

河北省各城市优势产业有较严重的同构现象，按中间需求率和中间投入率大小划分的不同产业群划分 ①，主要集中于中间投入率大、中间需求率大的中间产品型产业，中间投入率小、中间需求率大的中间产品型基础产业，而现代服务业优势未见明显趋势，工业化平均水平处于工业化中期。具体表现见表1，钢铁工业、建材业、能源、纺织、石化有较广分布，散见于各城市优势产业中，石家庄作为资源与生产要素的集散地，其在医药产业、先进装备制造业等高新技术产业上显露出相对优势，唐山的装备制造业与能源产业始终位于省内行业前列，保定的新能源与汽车及零部件产业具有区域特色，廊坊的电子信息制造业在全省具有鲜明区域优势，邯郸、邢台、衡水等地主要以钢铁等重化工业为主，承德、张家口主要以矿产品加工、黑色金属采选及冶炼等产业为主。

表 1：河北省 11 城市优势产业分布现状

城市	优势产业
石家庄市	装备制造业、医药工业、食品工业、纺织服装业、石化工业、钢铁工业、建材工业
唐山市	钢铁、装备制造业、能源行业、化工行业、建材行业
保定市	汽车及零部件业、纺织服装业、食品业增长、建材业、新能源及输变电业

① 杨治．产业经济学导论 [M]．北京：中国人民大学出版社，1985.

（续表）

城市	优势产业
邯郸市	钢铁工业、纺织服装业、食品工业、装备制造业
沧州市	石油化工、管道装备及冶金、机械制造、纺织服装、食品加工
廊坊市	电子信息制造业、金属冶炼及压延业、食品加工业、装备制造业、家具制造及木材加工业
秦皇岛市	食品加工业，专用设备制造业，计算机、通信和其他电子设备制造业
邢台市	钢铁深加工、煤化工、装备制造、食品医药、纺织服装、新型建材和新能源
衡水市	装备制造业、食品加工业、石化工业
承德市	黑色金属矿采选业、黑色金属冶炼及压延业、电力生产和供应业、装备制造业、食品医药加工业
张家口市	装备制造业、矿产品及精深加工产业、食品加工业、新型能源产业

资料来源：2014年各市国民经济与社会发展统计公报。

二、承接产业转移能力实证分析

（一）承接产业转移评价指标体系

按照指标合理性、系统性、独立性、数据可得性原则，通过严格分析和筛选影响承接产业转移的各种因素，并参考已有研究成果，建立了承接产业转移能力评价指标体系，体系共分4个层次、9个二级指标、19个三级指标，见表2。

承接产业转移吸引力包括消费力、供给力、制度力，分别对应市场潜力、成本吸引力、政策吸引力、消费力，考虑到宏观经济学的收入理论，确定了易得的社会消费品零售总额（亿元）、限额以上批发和零售业销售总额（万元）、工业企业主营业务收入（亿元），目的是包括最终产品以及中间产品的消费能力。供给力即成本的影响因素，分别选取了城镇非私营单位在岗职工平均工资（元）、商品房平均销售价格（元/平方米），从生产要素的角度考虑应该包括劳动力成本、土地成本、资本成本，但由于统计数据的欠缺，未能找到合适的数据替代，因此只保留了上述两项指标，这两个指标的选取与展宝卫的理论相一致。制度力即政策影响因素，一般用与非国有因素有关的比重来表示政府对经济的干预程度及干预方向，这里考虑到《河北省经济年鉴》的可得数据，选取了私营企业数量、实有外商投资企业数量、私营工业企业单位数/国有及国有控股企业单位数三项指标。

表 2：产业承接力评价指标体系

一级指标	二级指标	三级指标
产业吸引力	消费力	社会消费品零售总额（亿元）x1、限额以上批发和零售业销售总额（万元）x2、工业企业主营业务收入（亿元）x3
	供给力	城镇非私营单位在岗职工平均工资（元）x4、商品房平均销售价格（元/平方米）x5
	制度力	成本利润率（%）x6、实有外商投资企业数量（个）x7、私营工业企业单位数/国有及国有控股企业单位数（家）x8
产业选择能力	信息力	普通高等学校在校学生数（人）x9
	论证能力	每万人高等学校专任教师数量（人）x10
产业支撑能力	基础支撑力	第二产业生产总值（亿元）x11、全社会投资总额（万元）x12
	辅助支撑力	第三产业生产总值（亿元）x13、单位 GDP 能耗（吨标准煤/万元）x14、年末实有城市道路面积（万平方米）x15
产业发展能力	技术研发力	专利申请授权量（件）x16
	获利能力	资产贡献率（%）x17、规模以上工业企业业务成本 x18、每万人规模以上工业企业单位数（个/万人）x19

承接产业转移选择力包括了信息获取和规划能力两项识别和筛选转移产业的能力，即信息力和论证能力。限于无法在《河北省经济年鉴》中找到与承接力理论相对应的直接指标，暂用普通高等学校在校学生数（人）、每万人高等学校专任教师数量（人）两项指标共同代表总的选择能力。

承接产业转移支撑力包括了基础支撑力与辅助支撑力，由于承接产业转移主要是低阶段经济发展区域承接高阶段经济发展区域的二次产业，而且多是劳动密集型、资源型或资源加工型，由此基础支撑力选取了第二产业生产总值（亿元）、全社会投资总额（万元）。辅助支撑力与关联产业配套、基础产业配套是统一含义，由于关联产业范围广泛，难于找到合适的数据，这里主要考虑基础产业配套，即包括生产性基础产业、生活性基础产业，采用第三产业生产总值（亿元）、年末实有城市道路面积（万平方米）两项指标，数据相对易得，另一方面，考虑到环境承载因素，采取了单位 GDP 能耗指标。

承接产业转移发展能力包括技术研发力、获利能力，考虑到承接产业转移的目的是产业结构优化，产业结构优化中，从利润最大化的目标假设出发，得到产业结构优化的表现是企业不断进行技术的创新与扩散，而创新和扩散的前提是具备技术研发的能力。所以采取了专利申请授权量的指标。对于获利能力主要采取资产贡献率①、规模以上工业企业业务成本、每万人规模以上工业企业单位数（个 / 万人）三项指标。

（二）河北省 11 个城市产业承接力统计分析

原始数据来源于《河北省经济年鉴》（2014、2015）和《中国城市统计年鉴（2014）》，借助于 SPSS19.0进行主成分分析，见表3。

表 3：因子分析检验

KMO and Bartlett’s Test		
Kaiser—Meyer—Olkin Measure of Sampling Adequacy.		0.690
Bartlett’s Test of Sphericity	Approx. Chi—Square	785.000
	Df	171
	Sig.	0.000

资料来源：统计软件 SPSS19.0。

在主成分分析中，首先进行 KMO 和 Bartlett 检验，结果显示，KMO 检验值为0.690，Bartlett 检验值显示概率值为0.000，两类检验均已通过，满足主成

① 杨凡，陶涛，家顺良 . 中西部地区产业承接能力分析 [J]. 合作经济与科技，2010，（8）：24-26.

分分析的基本要求，KMO 检验的结果虽然未达到最理想的0.9以上，但已经极其接近0.7，并满足大于0.65的基本要求。笔者认为，这一结果主要是因为采样个体数不够充分大，而指标过多形成的，所以如果把不同时间的同一采样城市看作不同的个体，继续扩大采样数据的时间范围，KMO 检验值仍然会上升，Bartlett 检验值也会远小于0.05，代表指标间两两无关的原假设被拒绝。

根据初始特征根的值大于1的原则，且考虑到建立的指标体系的层次，确定4个因子，这四个因子累积解释了总方差的87.915%，即累积贡献率位于80%—85% 以上，可以较客观地涵盖19项指标的整体信息。从初次得到的因子载荷矩阵中发现第一主成分代表有太多的信息，形成了综合影响因子，无法给出明确分类信息，进而，采用最大方差法进行旋转，第二次得到的因子载荷矩阵相对首次结果有明显改善。

（三）11 个城市产业承接力综合评价

根据各主成分特征根和载荷计算结果，运用主成分得分公式计算出河北省11个城市在第一、第二、第三和第四主成分上的得分，然后用主成分的方差贡献率乘以对应的主成分得分值，即按照公式 F=Wi Fi（Wi 代表某城市 i 因子的贡献率、Fi 代表某城市 i 因子的得分），就可以得到11个城市产业承接力的各因子得分、综合得分及排名位次结果，见表4。

通过表5，可以看到排名位次与经济表现基本一致，主要从产业承接的吸引力、选择力、支撑力、发展力四个方面，给出了承接产业转移的综合能力。

1. 南部和东部的产业承接能力明显好于北部和西部的产业承接能力。石家庄、唐山、保定、邯郸、沧州、廊坊占了前六位，而秦皇岛、邢台、衡水、承德、张家口这些北部、西部城市则占了后五位。

2. 承接产业能力的差异根源非常显著。前六位中，省会城市石家庄，拥有行政优势，随之带来了区位优势，以及密集的科技、资金、人力资本等生产要素，医疗、就业、社会保障、教育等生活资源和配套交通、运输、水、电、能源等公共基础设施。唐山属于矿藏资源丰富、交通便利、产业承接基础较强的

表 4：2014 年河北省 11 个城市各因子得分、综合得分及综合排名位次

城市	F1	F2	F3	F4	F	位次
石家庄市	1.61645	2.23814	−0.10048	0.74146	1.376667	1
唐山市	1.85245	−1.04341	0.63882	−0.16575	0.983089	2
保定市	0.17933	1.14955	−0.50745	−0.01816	0.21812	3
邯郸市	0.58911	−0.56014	−0.24112	−0.95379	0.112105	4
沧州市	−0.08506	−0.98668	0.61507	1.83008	0.080115	5
廊坊市	−0.67455	0.09729	2.39013	0.87256	0.058891	6
秦皇岛市	−0.99491	1.16982	1.40212	−1.11136	−0.3139	7
邢台市	−0.48161	−0.29546	−0.6994	0.02986	−0.42535	8
衡水市	−1.01487	0.01203	−0.83871	1.466	−0.54656	9
承德市	−0.87982	−0.13214	−0.31515	−0.49439	−0.63472	10
张家口市	−0.76873	0.0502	−0.69453	−0.92018	−0.64136	11

地区。保定以轻工业、汽车制造业为主，同时是国家主要的输变电设备生产基地之一。邯郸以钢铁、能源（电力）、资源采掘为主。沧州以石油化工、管道装备及冶金、机械制造为主。廊坊以黑色金属冶炼及压延业、通信设备计算机及电子设备制造业为工业主导产业。而后五位城市由于相对缺乏资源、区位优势不明显而落后。

3. 按照产业承接能力情况，根据各因子的得分，将11个城市分为三类。

第一类包括唐山、石家庄、邯郸、保定、沧州、邢台等老重化工业为支柱产业的城市，这也代表这一类城市有着较好的二次产业承接基础，但由于技术升级缓慢，生产效率和产品质量得不到显著提升，导致与其他经济区域进行产业对接和承接时出现明显的梯度差距。第二类为具有新型工业、生产性服务业为重点发展产业的城市，例如石家庄、秦皇岛、保定、廊坊等，一个明显的特征是这类城市的人力资本相对比较集中。第三类与第四类城市区别不是很明显，从指标来看，第三类主要表现为商品房平均售价与非私营单位在岗职工平

表 5：2014 年河北省 11 个城市各因子得分及排名位次

城市	F1	F2	F3	F4	F1 位次	F2 位次	F3 位次	F4 位次
石家庄市	1.61645	2.23814	−0.10048	0.74146	2	1	5	4
唐山市	1.85245	−1.04341	0.63882	−0.16575	1	11	3	7
保定市	0.17933	1.14955	−0.50745	−0.01816	4	3	8	6
邯郸市	0.58911	−0.56014	−0.24112	−0.95379	3	9	6	10
沧州市	−0.08506	−0.98668	0.61507	1.83008	5	10	4	1
廊坊市	−0.67455	0.09729	2.39013	0.87256	7	4	1	3
秦皇岛市	−0.99491	1.16982	1.40212	−1.11136	10	2	2	11
邢台市	−0.48161	−0.29546	−0.6994	0.02986	6	8	10	5
衡水市	−1.01487	0.01203	−0.83871	1.466	11	6	11	2
承德市	−0.87982	−0.13214	−0.31515	−0.49439	9	7	7	8
张家口市	−0.76873	0.0502	−0.69453	−0.92018	8	5	9	9

均工资高的城市，这类城市中，一个较明显的特征是私营企业相对比例高，经济呈现多样化、中小规模。第四类主要表现为每万人规模以上工业企业单位数高、市场活跃度高、资产贡献率高的城市。从实际意义来看，这两项指标都大致概括了经济中的集聚效应、盈利情况、市场在经济中的作用大小。

（四）结论

1. 综合排名前六位的城市，各项指标都比较靠前，这说明，四个方面的指标彼此之间是有比较强的联系的，这也说明，在产业承接能力的提高上，不能只注重单一的某一方面，而应综合规划，整体发展四个方面的产业承接能力，从而使城市的经济持续发展。

2. 唐山、石家庄、廊坊的指标具有很强的一致性，与它们已经显露出来的经济发展实力是完全正相关的，这也说明，这样的城市适合全面发展四个方面的能力。其他的城市在看各项分指标的时候，可以发现，保定、秦皇岛、沧州、衡水、邯郸都是在某一项指标上有比较好的表现，这说明，在这些城市承接产业转移的能力提高上，应该注重不平衡的战略，发挥自己的特长，先行提高某一方面的能力，带动产业的发展，积累资源，再全面提高四个方面的承接能力。

3. 承德、张家口的指标靠后，不能简单地归为经济原因，还应该包括很多非经济因素的影响，毕竟它们承担着艰巨的生态任务，这很难用经济指标简单把它们的发展成效体现出来。

三、河北省承接转移产业的路径选择

（一）11 城市产业结构相似系数与区位商观测

从上面的实证分析可以观察到，产业承接划分为四个方面，其中吸引力是首先要考察的，也是相对更重要的，针对这一点，笔者认为，在承接转移产业前，应做好承接方的产业内部调整，更多地表现为产业的横向联合与产业链方向上的纵向分工，通过这种方式，达到规模生产、精细分工。这必然使研究的关注点转向衡量一个地区产业的整体及内部发展状况，通过两个因素——相似系数、区位商，即专业化生产程度来表示。笔者通过产业结构相似系数，对2005—2014年京津冀地区三次产业结构趋同情况进行动态分析，见表6。

观测2005—2014年京津冀10年的三次产业结构系数，发现三个地区之间，河北省与北京市的相似系数平均值为0.770，并有下降的趋势，按照经验临界值0.85判断，产业趋同现象并不严重。根据三次产业增加值比例结构的变化得出：北京的产业结构表现在“三二一”水平，平均产业结构比为1：24：75；河北的产业结构表现在“二三一”水平，平均产业结构比为12：53：35。可以初步预期，河北省与北京市可以进行产业链上的纵向合作。河北省与天津市的相似系数平均值为0.978，并且从图1观察，离散趋势很弱，按照经验值判断，产业趋同现象十分严重。根据三次产业增加值比例结构的变化得出：河北省与天津市的产业结构均表现在“二三一”水平，并且河北省平均的产业结构比为12：53：35，天津市的产业结构比为2：53：45，相对比可以发现，天津市的

表 6：2005—2014 年京津冀三次产业结构相似系数

年份	冀 / 京	冀 / 津	京 / 津
2005	0.803	0.980	0.870
2006	0.787	0.982	0.851
2007	0.770	0.980	0.839
2008	0.738	0.979	0.822
2009	0.793	0.983	0.846
2010	0.768	0.976	0.857
2011	0.752	0.976	0.850
2012	0.759	0.975	0.855
2013	0.760	0.975	0.859
2014	0.770	0.975	0.868
均值	0.770	0.978	0.852

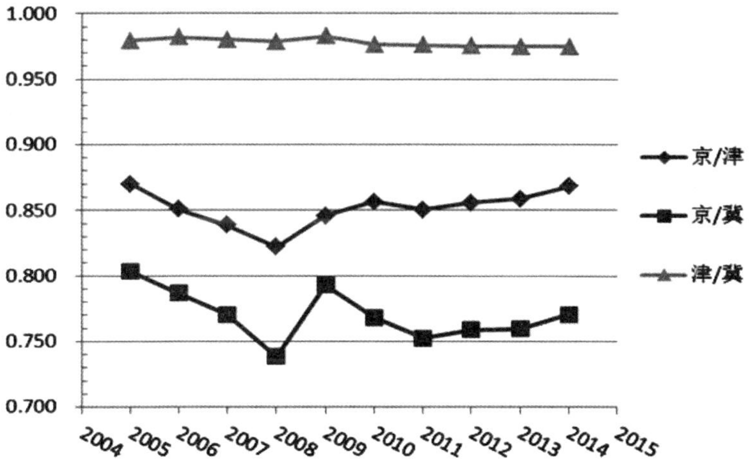

图 1：2005—2014 年京津冀三次产业结构相似系数

三次产业比例超出河北省10个百分点，初步估计，河北省在承接转移产业的过程中，与天津市会形成竞争局面。

进一步讲，对京津冀2014年产值前十位的工业行业进行排序，发现京津、津冀的工业产业结构趋同，而京冀工业产业结构趋异。从工业各行业的区位商指标观测发现，北京的主导产业分布在服务业和知识、技术密集型的现代制造业；天津的主导产业分布在设备制造业和加工型现代制造业；河北的主导产业分布在劳动、资本密集型制造业和资源加工型制造业。

对于上面的分析，仅仅是从宏观的层面，得出一个粗略的估计，对于产业结构的内在情况，还需综合其他层面来得出结论。

表7：2014年河北省11城市三次产业结构相似系数

	石家庄市	承德市	张家口市	秦皇岛市	唐山市	廊坊市	保定市	沧州市	衡水市	邢台市	邯郸市
石家庄市	1.000										
承德市	0.979	1.000									
张家口市	0.989	0.988	1.000								
秦皇岛市	0.984	0.951	0.986	1.000							
唐山市	0.974	0.988	0.963	0.924	1.000						
廊坊市	1.000	0.948	0.988	0.980	0.980	1.000					
保定市	0.984	0.999	0.986	0.952	0.994	0.988	1.000				
沧州市	0.993	0.992	0.984	0.960	0.994	0.996	0.997	1.000			
衡水市	0.993	0.996	0.995	0.972	0.985	0.995	0.997	0.996	1.000		
邢台市	0.987	0.998	0.995	0.968	0.983	0.990	0.997	0.993	0.999	1.000	
邯郸市	0.991	0.997	0.990	0.964	0.991	0.994	0.999	0.999	0.999	0.998	1.000

从表7可得，11个城市的相似系数均大于0.97，远超0.85的范围，而且石家庄与廊坊无限趋近，我们从宏观层面无法得到更多的信息，只能粗略估计，全省的发展模式十分相似。再做出11个城市三次产业结构比例（见表8），观测到11个城市中秦皇岛的比例是15：37：48，是一个“三二一”的产业结构，其余的10个城市均属于“二三一”的产业结构。如果从第一产业角度分类，石家庄市、唐山市、廊坊市、沧州市大致归为一类，第一产业比例为9%、10%；秦皇岛市、衡水市、邯郸市大致归为一类，第一产业比例为15%、13%、14%；承德市、张家口市、邢台市大致归为一类，第一产业比例为18%、17%。按照库

兹涅茨的产业结构演变理论，石家庄、廊坊的“二三一”产业结构比例已经接近“三二一”的边界，而其他城市的“二三一”产业结构比例中，二产的比例仍然处于显著地位，距离“三二一”的产业结构相对较远。

上述特点，从表9也可以得到验证。11城市中，除唐山的第一产业是自给性部门以外，其余10城市在第一产业的区位商均大于1，属于专业化部门；同时，第二产业中，11城市的区位商均大于1，唐山的值最高为1.35，比较优势明显；在第三产业的区位商中，秦皇岛、石家庄、廊坊的值超过0.85，而且只有秦皇岛达到了1，河北省的第三产业呈现比较劣势。但同时全省的11城市第二产业均超过全国的平均比例，说明河北省第二产业具有比较优势，这既是河北省承接、升级第二产业的基础，也为承接、发展第三产业，尤其是高端第三产业做了准备。

表8：2014年河北省11城市三次产业结构比例

	石家庄市	承德市	张家口市	秦皇岛市	唐山市	廊坊市	保定市	沧州市	衡水市	邢台市	邯郸市
第一产业	0.09	0.17	0.18	0.15	0.09	0.09	0.14	0.10	0.14	0.17	0.13
第二产业	0.47	0.50	0.43	0.37	0.58	0.48	0.52	0.52	0.48	0.47	0.50
第三产业	0.44	0.33	0.40	0.48	0.33	0.42	0.34	0.38	0.38	0.36	0.37

资料来源：2015年《河北省经济年鉴》。

表9：2014年河北省11城市三次产业区位商

	石家庄市	承德市	张家口市	秦皇岛市	唐山市	廊坊市	保定市	沧州市	衡水市	邢台市	邯郸市
第一产业	1.03	1.83	1.94	1.59	0.98	1.03	1.53	1.11	1.58	1.81	1.43
第二产业	1.09	1.17	1.00	0.88	1.35	1.12	1.21	1.22	1.12	1.11	1.17
第三产业	0.91	0.69	0.82	1.00	0.69	0.88	0.72	0.79	0.78	0.75	0.76

资料来源：2015年《河北省经济年鉴》。

（二）河北省承接产业转移的路径选择

1. 顺应北京和天津迁出企业的市场选择，同时政策倾斜向北京周边城市地区或具有特殊地理优势或资源的城市地区，具有港口、矿产、产业、土地、劳动力等优势的城市地区，注重缩小省内原有的经济发展差距，对较落后地区实施政策优惠，并且政策优惠不应仅停留在财政支持的总量层面，应深入了解地区实际所面临的难题，结合理论规律，有针对性地落实支持政策。对原有经济活跃度高、资本雄厚、资源丰富的地区适当放松政策管控，让市场更全面地渗透其中，同时政府做适度引导，将各种资源向相对落后地区引流。

2. 在推动利用自身比较优势不断进行产业分工和产业转移基础上，政策推进产业创新，通过创新促进产业结构转化和升级能力的提升，实现从以劳动密集型为主向资本密集型为主、以资源型为主向资源加工型为主、并从以资源加工型为主的配套和零部件生产的分工体系到加工型为主逐步过渡的多层次、系统化全面转型，最终实现以工序、区段、环节为独享的产业链分工体系。

3. 根据城市功能定位，确定城市产业发展路径。根据城市自身经济发展，明确各城市在全省的地位和作用，从而实现合作竞争。石家庄既是河北省省会，又是国家重要的综合交通枢纽，结合实证分析可知，该城市具备成为河北省第一增长极的条件，可以作为重要的战略新兴产业和先进制造业基地。唐山作为省内的工业中心，一直是河北省东部重要的中心城市，同时也是与北京联动的临港产业协作示范区，该城市对河北省东部的产业发展具有较强的带动作用，应该把唐山作为河北省第二增长极。廊坊由于独特的区位，成为众多北京转移产业的首选地，已经形成了战略新兴产业与现代生产性服务业的聚集区。应该将廊坊定位于科技研发创新成果转化示范区。保定在国家政策的带动下，已经在新能源与先进制造业发展方面有所突破，可以期望，其在自身作为重要交通枢纽的基础上，利用国家政策，结合首都的科技扩散，发展成为创新驱动示范经济区。邯郸的区位优势不及前面的城市，但因其具备较雄厚的工业基础，可以发展先进制造业，与京津联动，参与到产业的垂直分工体系当中。沧州与邢台，根据其现有的工业基础与主导产业情况，可以分别在重化工与清洁能源产业、新能源产业领域谋求发展。秦皇岛、衡水、承德、张家口虽然区位各有不同，但都是受政策影响较大的城市，其发展的方向也因此受限，三个城市都需要在环保节能、绿色产业领域找出路。秦皇岛作为知名的沿海旅游城市应结合高新技术、养老、休闲、体育产业，发展高新科技创新、孵化、体育旅游、旅游养老、养老休闲等第三产业，建设国际化的创新城、健康城。衡水、承德、张家口分别在农副产品生产、文化遗产旅游、绿色农产品生产等高端农业与第三产业上着力发展，在做好京津绿色屏障的前提下，找到可行的产业发展道路。

□ 参考文献：

[1] 薄文广，陈飞．京津冀协同发展：挑战与困境 [J]. 南开学报（哲学社会科学版），2015，（1）：110-118.

[2] 吴良镛，毛其智．京津冀区域发展二论 [J]. 城市规划建设，1994，（5）：25.

[3] 李玉涛．京津冀地区基础设施一体化建设研究 [J]. 经济研究参考 .2015，（02）：28-47.

[4] 王曼怡，李雷．金融支持京津冀产业结构调整研究 [J]. 国际经济合作 .2015，（10）.

[5] 张峰，肖文东．京津冀产业转移与承接的金融支持问题分析 [J]. 商业经济研究 .2015，（35）：90-91.

[6] 邬晓霞，李青．京津冀区域金融一体化进程的测度与评价 [J]. 广东社会科学 .2015，（05）：34-40.

[7] 谷瑞，周宇涵．基于 F-H 模型的京津冀金融协同发展程度测量．商业经济研究 .2016，（01）：205-206.

[8] 臧秀清．京津冀协同发展中的利益分配问题研究 [J]. 河北学刊，2015，35（1）：192.

[9] 马俊炯．京津冀协同发展产业合作路径研究 [J]. 调研世界，2015，（2）：3-9.

[10] 孙久文，姚鹏．京津冀产业空间转移、地区专业化与协同发展——基于

新经济地理学的分析框架 [J]. 南开学报（哲学社会版），2015，（1）：81–88.

[11] 孙芳，刘明河，刘立波 . 中国农业资源与规划 [J].2015，36（01）：63–70.

[12] 刘雪芹，张贵 . 京津冀区域产业协同创新能力评价与战略选择 [J]. 河北师范大学学报（哲学社会科学版），2015，38（1）：142–148.

京津冀协同发展战略下产业对接协作与金融创新支持研究

张 杰　高正平[①]

【摘　要】伴随《京津冀协同发展规划纲要》顶层设计正式出台，京津冀协同发展正在加速向纵深推进,不仅要解决区域协调发展问题，更要发挥在我国转型升级关键阶段引领经济发展“新常态”，以创新驱动为全国转型发展和全方位对外开放提供示范作用。在这个过程中离不开各类金融资源的服务，特别是各种金融创新的有力支持。本文在分析京津冀三地产业结构特征与对接协作方向的基础上，针对金融服务产业发展中存在的问题进行探讨，并就如何发挥金融创新的支持作用提出了确定服务方向、建立监管协调机制、找准突破点等具体对策。

【关键词】京津冀协同发展　产业协同　金融创新　金融协同

---

① 张杰,天津财经大学大公信用管理学院金融学博士,讲师,研究领域为投融资理论与应用、企业管理理论。

高正平，天津财经大学教授，博士生导师，研究领域为融资理论与实务、中国资本市场改革与发展。

《京津冀协同发展规划纲要》(下文简称《规划纲要》)正式出台，标志着京津冀协同发展战略进入加速纵深推进阶段。《规划纲要》明确了京津冀协同发展推进的时间表，近期重点在三地交通一体化、生态环境保护、产业升级转移等领域率先取得突破。其中，产业升级转移是三项重点工作的重中之重，在此过程中离不开各类金融服务，特别是各种金融创新的有力支持。金融作为现代经济的核心，需要率先发展、创新发展，促进三地产业布局调整和转型升级的顺利实施。

一、京津冀三地产业结构特征与对接协作分析

京津冀三地在区域所处发展阶段、面临的机遇和挑战不尽相同，客观分析三地产业结构特征是准确定位产业协同发展的方向和金融支持重点的基础。

(一)京津冀三地产业结构特征分析

京津冀三地产业对接协作在协同发展中具有重要基础地位，综合来看，京津冀三地在区域所处发展阶段、面临的机遇和挑战不尽相同，呈现出不同的特征。

首先，从近年来京津冀三地经济发展和产业结构的整体情况来看，处于不同发展阶段。根据库兹涅茨的三次产业产值比重变化判断工业化阶段的理论及指标，结合2009—2015年的统计数据来看，北京第三产业产值比重超过70%，已经开始迈向后工业化阶段；天津第三产业比重尚未超过第二产业，处于工业化后期阶段；河北第一产业比重大于10%，第二产业比重大于第三产业产值比重，处于工业化中期向工业化后期转化阶段。

其次，京津冀产业发展存在一定的梯度性，大致呈现出北京—天津—河北由高到低的梯度次序。北京第三产业占主导地位，产业优势主要体现在创新优势、总部经济和高端服务三个方面。天津第二、第三产业增加值远远高于第一产业，产业优势主要在高端制造、研发转化和国际港口，在石油天然气开采、

食品制造、原材料加工等方面具有优势，整个产业结构以加工业为主导，基本处于产业链的中游。河北产业发展以传统产业为主，属于资源型为主导的产业结构，在承接产业梯度推移扩散方面处于强有力的保障地位。京津冀三地在产业、技术层次上存在一定的差距，这种技术、产业上的梯度性以及生产要素禀赋的互补性，是京津冀产业协同发展的重要基础。

最后，通过计算近三年产业同构系数发现，京津冀三地的工业内部结构有所差别。整体来看，京津冀地区产业互补性在逐年提升。北京工业总部特征、高端化特征明显；天津工业兼顾基础原料深加工和现代制造业，近年来以滨海新区为代表的制造业增长及发展优势明显；河北工业门类齐全，以资源型和基础型工业为主，具有明显的上游化与初级产品特征。在京津冀三地产业协同发展诉求方面，北京是去功能化，需要将部分产业迁出北京，留出空间继续调整产业结构；天津是去加工化，不同功能区承接不同的产业转移重点，如天津港保税区以物流、港口、船舶制造为主，南港工业区以制造业、石油化工为主，中心商务区以现代金融为主等；河北是去重型化，逐步从北京的附属地位中解脱出来，做好京津两大城市产业转移的承接工作，在钢铁、建材、石化、水泥等重化工业出现产能过剩时，一些区域性的服务业可以成为经济发展的新增长点。

（二）京津冀三地产业对接协作方向

在协同发展视角下，京津冀三地都面临着产业结构调整的任务，依照各自的发展基础和条件，分别承担了不同的职能分工。从三地产业对接协作的具体方向来看：

北京应继续走高端产业发展之路，优先发展现代服务业，大力发展高新技术产业，适度发展现代制造业，农业水平向现代化、都市型提升。

天津要建设具有更多自主知识产权和品牌的现代制造业基地，重点发展电子信息产业、化工产业、汽车产业、石油钢管和装备制造、现代医药产业基地。大力发展与制造业相互促进的加工服务业，建立和完善现代金融服务体系，发挥金融业在促进区域经济合作中的作用。

河北需立足于资源优势和产业基础，打造特色产业和功能性城市。加大技术改造力度，大力发展循环经济，走新型工业化道路。并进一步巩固农业的基础地位，增强农业综合竞争力，做好京津两地的产业转移承接。

工信部等部门已经制定了京津冀产业转移指导目录，明确北京现有的信息技术、装备制造、商贸物流、教育培训、健康养老、金融后台、文化创意、体育休闲等八大类产业需要转出。此外，京津冀三地还有一些新的高端合作项目，如滨海中关村科技园、北京新机场临空经济区、曹妃甸循环经济示范区、京津未来科技城合作示范区等。从一般产业到高端产业合作，以园区作为点来支撑，到京津、京冀产业带合作，京津冀正在逐步形成全方位的产业转移和产业合作。

二、金融服务支持京津冀产业协同发展的现状与主要问题

产业协同发展主要涉及产业链中企业群的转移，企业群转移的核心是生产要素组合的转移，金融资本是企业发展中最为重要的生产要素之一。因此，产业转移必然会带动金融资本的转移，同时也会派生出对金融服务的新需求。京津冀产业升级转型目标的实现离不开各类金融资源和服务的支持，产业转移需要传统金融服务支持，更需要综合化金融服务支持，在经济发展“新常态”大背景下对金融创新的需求则更为迫切。

（一）金融服务支持产业协同发展的现状与方向

近年来，京津冀三地在不断推动区域金融合作方面做了大量工作，如京冀签署区域金融合作协议，围绕要素市场、科技金融创新、信用体系建设、金融后台服务基地、金融风险防范、金融综合改革等九方面开展合作；津冀、京冀先后签署《天津市河北省深化经济与社会发展合作框架协议》和《北京市河北省2013—2015年合作框架协议》，从政府层面提出了加强区域金融合作的相关

措施。《北京市天津市关于加强经济与社会发展合作协议》《天津市河北省深化经济与社会发展合作框架协议》等均将金融合作作为协议的重要内容。金融服务在支持三地产业发展过程中，形成了不同的分工，承担着不同的角色，发挥着越来越大的作用。

首先，北京主要发挥金融服务的“中心＋辐射”作用。以优化首都金融生态环境为依托，着力构建开放、包容的金融市场环境，提升首都金融业的行业竞争力、资本辐射力和创新引领力。如北京银行从服务国家战略全局的高度，积极促进京津冀协同发展，为环境协同治理、交通网络布局、产业对接协作等提供资金支持。

其次，天津主要发挥金融服务“联动＋崛起”作用。相较北京高度集中的金融资源，天津的发展更具特色与创新力，以融资租赁、股权投资基金为代表的现代金融服务业实现了产业化、体系化发展。在强化合作机制建设，加快推进业务协同联动发展、区域内金融机构合作方面取得了初步成效。如国家开发银行成立由其总行相关部门、京津冀三家分行、子公司参加的领导小组，协同推进支持京津冀一体化发展相关工作；华夏银行发行京津冀协同卡，打造“大同城”金融服务圈，使三地异地客户可享受与同城客户完全相同的金融服务；中信银行分别同天津市政府、石家庄市政府签署全面战略合作协议，支持京津冀地区建设发展等。下一步，天津金融服务应发挥好“承上启下”功能。一方面，不断增强对金融机构总部的吸引能力，对接协作北京的金融资源，实现金融崛起；另一方面，鼓励本地金融机构拓展业务范围，带动河北地区经济发展，实现协同目标。

最后，河北主要发挥金融服务“承接＋补充”作用。发展特色化、区域化的金融服务是河北的务实选择，在完善各类金融机构总部产品研发、客户服务和数据备份中心等后台机构配套建设方面可以着力推进。根据前面的分析，河北原来的产业结构倾向于重工业，在创新驱动结构转型的大背景下，河北也确定了转型升级、绿色崛起的战略，实现产业结构调整、培育新兴产业目标，各类金融资源和服务的大力支持必不可少。

（二）金融服务在支持产业协同发展中的主要问题

目前来看，在京津冀产业协同发展中主要依靠的还是传统的银行信贷服务，存在三地金融政策落差不明显、金融服务机制灵活性不足、金融风险管理难度较大等问题，其他金融创新支持的力度仍要不断加大。

1. 金融政策落差不明显，金融驱动产业转移力度不足

一是从区域规划看，金融政策同质化现象较为突出。京津冀“十二五”规划中提出的要重点发展的13个产业中，京津相同或相似的行业有9个，津冀相同或相似的行业有10个。三地产业发展导向同质化不利于各地金融机构制定差异化的金融政策。

二是从经营理念看，金融机构与政府的短期目标不尽相同，基于城市功能定位的金融政策实施难度较大。金融机构的经营目标是追求利润，其服务的客户中包括一些不符合协同发展规划的功能定位，但盈利能力较强，短期内经营风险可控的企业；对于政府而言，其管理目标则是实现当地城市的功能定位。存在政府和金融机构目标不一致的情况，这会影响产业对接协作中金融杠杆作用的发挥。

三是从合作机制看，三地金融管理部门统筹力度不足，推动产业对接协作的金融政策梯度尚未形成。当前，三地金融管理部门在引导辖内金融机构如何更好地服务本地经济方面发挥了较好作用，但是三地金融管理部门共同对京津冀区域金融统筹引导能力有待加强。

2. 金融服务机制灵活性不足，金融创新能力有待提升

一是异地贷款灵活性不足。多数金融机构为了控制风险，限制分支机构异地开展融资，这不利于三地产业对接协作过程中产业转移企业融资。同时，对于行业内优质客户对外转移，也会对转出方金融机构经营产生负面影响，降低转出地金融机构的合作积极性。

二是授信评级体系灵活性不足。对于产业转移的企业，在新的区域往往会产生现金流量、盈利水平、偿债能力等主要指标难以达到金融机构评级授信要求的问题，获得融资相对困难。加之产业转移企业的落户以进驻产业园区为主，用地所用权、厂房多以租赁方式使用，不利于办理抵押贷款，信贷渠道易产生阻塞。

三是从创新融资模式看，北京新产品应用能力更强。融资方式创新能力影响一个地区融资渠道，创新能力强，融资渠道就更宽，更有利于当地企业发展。信托贷款、企业债券和股票融资是市场化程度较高的融资方式，其在社会融资规模的比重也能够体现出当地融资创新能力。在融资模式创新方面，北京优势明显，河北地区融资创新能力明显偏低，低于全国平均水平。融资创新能力偏低不利于企业在当地拓展融资渠道，降低企业由北京向河北流动的积极性。

3. 金融风险管理难度较大，金融机构参与积极性有待增强

一是产业对接协作后的经营不确定性影响金融参与积极性。新的生产经营环境使得企业面临一些新的不确定性因素，如由于产业转移引起的物流成本改变，原材料供应等配套服务需要重新选择和磨合，原有的产品营销体系可能需要重新整合。产业转移还可能带来高端人才的流失，企业品牌运作能力和技术创新能力都可能面临负面效应。因此，产业和企业对接协作后，经营存在不确定性，可能会影响承接地金融机构介入的积极性。

二是异地银企信息不对称加大了金融机构风险管理难度。金融机构调查企业资信状况的主要途径包括查询征信系统、内部员工访谈以及走访上下游客户等。当前，征信机构市场化程度不足，央行征信系统信息还不能成为金融机构决策时的有力依据。企业转移后，在当地经营时间较短，金融机构对转入企业存在较为严重的信息不对称，在一定程度上加大了金融机构风险管理难度，出于风险规避的考虑，不利于企业在承接地金融机构获得融资支持。

三、以金融创新支持京津冀产业协同发展的对策

针对上面的问题，除了商业银行等传统金融机构需要加强合作、全面统筹京津冀区域经营和发展，逐步解决信贷融资中存在的制约因素之外，不断加强特色金融服务和各类金融创新对京津冀产业协同发展的支持，是未来应着力推进的重点工作。

（一）明确京津冀区域金融创新服务产业发展的重点

对北京而言，应鼓励金融机构加强对现代服务业和总部经济的服务力度。针对现代服务业尝试开展专业化团队服务，组建现代服务业、高新技术产业等行业专业营销团队，开展“产品＋服务”方案的团队营销。针对总部经济特征，开展总部营销和跨区域营销。对北京区域内的企业总部，重点进行总部营销，大力开展银信、银证合作为基础的投行业务。对北京区域外的延伸服务，重点是基于银银合作的银团贷款、互联网金融等产品为主的跨区域营销。以便能够在京津冀都市圈内，为集团客户的母公司、子公司、项目、上下游客户提供系统方案服务。

对天津而言，应突出开展综合经营、金融创新实验。鼓励金融机构在银行、保险、信托、融资租赁和股权基金等方面进行综合经营试点，来提高金融产品、服务的创新能力。建设动产融资交易市场，盘活应收账款融资。以海洋经济、港口物流和现代化制造业务为重心，进行传统业务与投行业务相结合的综合服务，尝试发展公司上市、上市公司配股和公司并购等关联业务服务，带动中间业务增长等。

对河北而言，应突出传统产业的金融服务。鼓励金融机构把握产业转移路径和城镇化发展趋势，重点发展企业信贷、贸易融资等传统对公业务和储蓄，代理销售、个人按揭等传统个人业务，承接京津两地转移产业客户的延伸营销，服务好钢铁、石化、能源、汽车零部件、机械制造、港口、化工等传统工业行业。

（二）建立京津冀区域金融监管协调机制

在金融发展中风险防范不可缺位，需要建立相应的监管协调机制。建议在京津冀地区建立由地方政府、“一部三局（人民银行营业管理部、银监局、保监局、证监局）”、地方政府金融办（局）和京津冀三地龙头金融企业共同参加的区域金融监管协调合作组织，并在政府、监管机构和金融机构之间开展不同层次之间的对等协商、交流与合作。这一合作组织初步可定位于建立四个机制。

一是区域政策协调机制。协调区域间的经济发展政策和金融企业跨区域设立分支机构的审批进程，打通区域内资本市场、货币市场、外汇市场、保险市场等金融市场的管制壁垒，推进金融一体化。

二是区域金融信息交流机制。实现区域内金融信息的交流与共享，建立区域内法人金融机构之间的金融信息沟通机制。以网络互联为平台、以信息互通为纽带、以维护网络安全为保障，建设一体化网络基础设施，实现“互联网+金融”。

三是区域金融业务合作机制。强化区域间金融机构的业务合作，加强区域银联合作，共享银行卡、通存通兑等金融结算业务基础设施；开展私募股权投资等金融产品开发、创新合作；组织银团贷款，研究跨区域风险提示和控制；促进三地要素资源的自由流动和优化配置，探索京津冀地区统一的抵押质押制度，推进京津冀支付清算、异地存储、信用担保等业务同城化，显著降低跨行政区划的金融交易成本。

四是区域金融资本合作机制。由京津冀区域金融监管协调合作组织实施京津冀地区的金融企业并购重组活动，统筹协调区域内各城商行进行增资扩股和并购重组，支持地方金融机构集中力量在京津冀地区发展。

（三）找准金融创新支持京津冀产业协同发展的突破点

《规划纲要》中明确提出天津要建设金融创新运营示范区，《天津市贯彻落实〈京津冀协同发展规划纲要〉实施方案（2015—2020年）》对此进行了细化。在京津冀协同发展战略实施中，天津可充分发挥在金融创新方面的优势，联合京冀两地在推动融资租赁、股权投资基金、动产融资平台建设以及互联网金融发展等方面进行突破和创新，更好地为京津冀产业协同发展提供服务。

1. 以融资租赁对接京津冀产业协同发展需求

目前，我国融资租赁行业正处于经济结构调整、金融改革和区域产业政策多重红利驱动的黄金发展时期，未来前景看好。建议发挥滨海新区“海空两港优势+东疆政策优势+融资租赁先发优势”，推动产业高端化，并辐射到河北。

具体而言，一是可通过税收优惠等政策引导租赁企业加大对先进制造业、高科技行业的融资支持，助力京津冀产业转型；二是在京津冀淘汰落后产能中，催生产业技术升级，由此派生的资金需求可通过融资租赁引进尖端设备加以实现，同时也为科技型企业提供了资金来源，发挥金融对产业结构调整的作用；三是缓解企业融资贵、融资难的同时，盘活存量资产，降低生产企业的资金占用，提高资金使用效率，优化财务报表，不产生货币空转现象。在此过程中，值得关注的是融资租赁行业自身在对接实体经济过程中，产业链趋势日益明显，与特定产业链相结合的服务型租赁将成为核心的业务模式和产品形态。

2. 设立服务于京津冀产业协同发展的政府引导基金

通过建立两市一省政府引导母基金，具有起步快、见效大、自主推动的优势，有利于减少行政区划的分割干扰，避开金融监管的分离束缚，促进金融资源跨区域流动与配置，以杠杆的手段，迅速直接支持产业技术的转移、转型和转化。建议按照统筹分工的原则，设立京津冀协同发展母基金，按照1+N的管理模式分设若干引导基金，引导基金以市场化原则，委托专业机构管理，通过参股的方式，与国有资本、社会资本共同发起设立一系列的各类子基金。投资引导方向“一横三竖”，“一横”就是通过基金的优选机制，由过去更多的放权、补贴、免税转变为注资、增权、助力，重点支持中小企业的发展；“三竖”就是与协同发展战略相呼应，围绕交通、生态、产业三个重点领域，以企业投资为主体推动产业调整升级和转移承接。同时，引导基金可以利用自身的信誉和资源优势，与国家级的产业母基金，国家的政策性金融机构，还有其他实力雄厚的国有集团和民营企业与外资机构配合，带动更多资金投入京津冀一体化进程。

3. 建设服务于京津冀产业协同发展的区域应收账款交易市场

在当前经济下行压力不断加大的背景下，增加企业融资渠道，盘活企业应收账款的需求在不断加大。目前我国应收账款融资仍然主要是以银行应收账款质押贷款这种传统的方式进行，尚未建立真正意义上的兼具集中化、规模化、全流程和公信力的应收账款交易平台。建议在京津冀区域建设立足区域、辐射全国的应收账款交易市场，开展动产融资创新试点。总体建设思路是：京津冀三地政府在达成共识的基础上，在市场环境营造、区域性政策法规制定等方面给予充分保障；以京津冀三地企业符合要求的应收账款作为最终交易标的物，以标准化产品形式，依托互联网技术，对接货币市场基金和全国各类投资者，实行市场化运作；交易市场的自身运作实行公司制下的客户会员化管理，性质采取混合所有制为宜。交易市场可选择在天津建设，一是天津在应收账款融资交易方面已经积累了较为丰富的经验；二是人行征信中心的动产融资统一登记平台与应收账款融资服务平台均落户天津，依托央行的指导，与各类监管机构的关系便于协调；三是《京津冀协同发展规划纲要》对天津市的定位是“全国先进制造研发基地、北方国际航运核心区、金融创新运营示范区、改革开放先行区”，在金融创新运营示范方面天津责无旁贷，有利于应收账款融资新平台的政策制定与市场建设。

4. 推动三地互联网金融与产业协同发展的不断融合

京津冀三地都非常重视互联网金融业的发展，北京已经形成以中关村为代表的覆盖互联网金融各类模式的较为完整的金融生态链；天津在加快互联网金融发展过程中不仅出台相关文件，而且还推出了一系列税收和人才引进等方面的优惠措施吸引企业落户；河北互联网金融仍处于起步阶段需要大力发展。互联网金融的发展特点决定了它涉及的领域较为广泛，与很多产业能够相互融合，在京津冀协同发展深入推进的背景下，三地应抓住互联网与各个产业融合和重构的战略机遇，加快传统金融产业转型升级，调整京津冀互联网金融布局，提升京津冀在全国互联网金融领域的地位。具体而言，建议结合互联网金融发展趋势，积极试水股权众筹、科技众筹等新模式服务三地转型升级的企业，推出类似于浙江股权交易中心“浙里投”这样的“政府助推”下的股权众筹平台。政府助推的含义主要有两点：一是投资指向与投资项目的提供；二是建立比纯商业性股权众筹公信度明显高的平台，吸引更多市场主体加入。政府可从平台建设、项目遴选、运行模式、监管规范等方面予以引导和支持，组织专门人员研究制定相关政策，依托产权交易中心建设服务于各类企业的股权众筹平台，发挥好金融创新对产业发展的推动作用。

□ 参考文献：

[1] 胡九龙，王迪南，李海波 . 发挥金融支持京津冀协同发展的作用 [J]. 前线，2015，（3）：84-86.

[2] 赵玉睿 . 金融如何发力助推京津冀协同发展 [N]. 金融时报，2015-09-07.

[3] 王禹，李文哲 . 对金融支持京津冀协同发展的几点思考 [J]. 河北金融，2015，（11）：9-11.

[4] 高正平，张杰 . 基于京津冀协同发展战略的区域应收账款交易市场构建思路与建议 [R]. 京津冀协同发展2015年年会优秀论文，2015.

[5] 沈艳兵，雷町函 . 京津冀互联网金融发展问题探讨 [J]. 城市，2016，（5）：51-53.

京津冀金融一体化程度的实证研究①

张婷婷②

【摘　要】京津冀作为全国综合实力较强的代表性区域，经济增速超过全国平均水平，区域金融合作加强。尽管金融一体化是京津冀经济一体化的重要组成部分，但长期的不均衡发展使得京津冀各区域之间的金融业发展状况差异很大，北京作为首都对区域金融一体化的影响较深。本文基于京津冀金融一体化发展的趋势，对目前京津冀区域金融一体化的程度需要进行细致分析和研究，运用 Eviews6.0 软件，采用面板数据分析出 2005—2014 年京津冀金融一体化的程度，同时阐述京津冀金融一体化所面临的问题并提出建议。

【关键词】京津冀　金融一体化　一体化程度

① 天津哲学社会科学一般项目“基于金融功能视角的互联网金融发展与监管的研究”（TJYY15-039）。

② 张婷婷（1978—），女，天津市人，规制经济学博士、副教授，主要从事社会性规制的研究。

一、引言

一些研究者（Frankel，1988；Lemmen and Eijffinger，1993）通过利率平价方法来研究金融一体化程度。他们使用各种平价条件以及各异的研究样本，发现在经济协作与发展组织（OECD）国家间利率平价并不成立。Feldstein和Horioka以信贷市场一体化来间接反映金融一体化，首次提出储蓄—投资相关性检验，认为储蓄与投资的相关性可以检验资本的流动性从而体现区域内金融一体化的程度。该方法的理论基础是，由于一国总储蓄或总投资的变化会引起经常账户的变动，于是经常账户余额就等于国民储蓄减去国内投资。资本流动可以分为资本的纵向流动和横向流动，资本的纵向流动指资本从储蓄转化为投资的过程，每个国家的储蓄将会对世界范围内的投资机会做出反应，都能流向回报率高的地区，获取更高的收益，而人们趋于逐利性对每个国家出现的投资机会都会尽可能地参与。国际资本的完全自由流动，代表着国内储蓄和国内投资之间没有必然联系。

中国在各层次上开展区域合作，以研究该问题的热点——金融一体化为切入点，包括金融开放程度、金融一体化的重要性，推动金融市场的一体化和遇到的障碍、组织结构、欧元区金融一体化和美元国际化问题进行分析。俞颖（2010年）认为排除了财政政策及收入水平等因素之后，从资金跨国流动角度来讲，东亚金融一体化可以促进经济增长，东亚地区不断完善其基础设施，改善资本分配、金融体系和风险分摊机制运作效率，以及防范金融风险是促进东亚经济增长和发展的方法。李喆（2012）对京津冀区域的金融一体化进行研究，认为该地区经济发展协调是上升趋势，影响贸易、金融公开性在该区域不断增加，金融市场不稳定的金融一体化越来越明显、快速进展。孟祥林（2010）则以设立京津冀银行为思路，为区域金融一体化做铺垫，列举华北地区金融一体化的进展程度及其主要特点，并指出其存在的问题及主要原因。邬晓霞、李晶玲、何德旭（2015）则分别研究了京津冀金融一体化相关的模式选择与运作机制。

本文采用 F-H 模型，选取了京津冀地区3个城市的金融机构年末存款余额与 GDP 的比值作为自变量，年末贷款余额与 GDP 的比值作为因变量，探讨京津冀金融一体化的发展程度。

二、模型构建及检验

（一）相关数据与模型

1. 模型的说明

鉴于数据的准确性和翔实的优势，时间序列数据之间的差异可能表明各节论述数据可以反映随着时间的推移，具有活力、全面、动态的效果。因此，本文采用面板数据模型对地区金融一体化程度进行研究，选取了京津冀区域地级及以上市包括：北京、天津、河北省管辖的11个市加起来共13个市的相关数据建立模型。

2. 数据查找与变量选取

在本文以京津冀地区所有地级市2005—2014年间的地级市面板数据作为实证检验数据，在中经网统计数据库的城市年度库里面查找并筛选原始数据。

本文主要研究京津冀金融一体化的程度，金融一体化体现在区域金融资产的自由流动，而资本流动对地区储蓄与投资的相关性造成了影响，所以，本文采用 F-H 模型，选取了京津冀地区3个城市的金融机构年末存款余额与 GDP 的比值作为自变量，年末贷款余额与 GDP 的比值作为因变量。以下是对实证所关联的变量做的简单说明。

用金融机构年末贷、存款余额代表该地区的储蓄与投资，在资金自由流动情况下，该地区的储蓄可以用于本地投资也可以用于异地投资。

3. 模型的建立

无条件的 F-H 模型：

$$(I/Y)_i=\alpha+\beta(S/Y)_i+\varepsilon$$

其中 I 表示投资，Y 表示地区生产总值，S 表示储蓄，β 是储蓄投资相关系数，参照银行存、贷款之间相关性系数间接反映储蓄投资相关系数，将公式变形为（L/Y）$_i$= α + β （D/Y）$_i$+ ε ，L 为金融机构贷款资金存量，D 为金融机构存款资金存量。β 取值范围是（0，1），Eviews6.0软件检验出的 β 值越接近0，说明京津冀地区金融一体化程度相对过去越高。

（二）实证检验过程

平稳性检验

利用时间序列数据进行计量回归分析时，必须考虑时间序列是否平稳，否则直接运用变量的水平值来研究经济现象之间的均衡关系，结果容易导致伪回归。单位根检验是检查序列平稳性的普遍方法，我们用 Eviews6. 0计量软件对单个变量依次进行单位根检验，检验结果是两个序列均是平稳的，不存在单位根，可以做进一步的检验。

F 检验

如表1，F 检验结果显示：

表 1：F 检验结果

Effects Test	Statistic	d.f.	Prob.
Cross—section F	35.887912	（12，116）	0.0000
Cross—section Chi—square	201.529588	12	0.0000

F>F_0.05（12，116）

所以拒绝原假设，应该建立个体固定效应模型。

Hausman 检验

进一步使用软件检验数据模型是随机效应模型抑或是固定效应模型，零假设是“方程的残差项与解释变量不相关”，若拒绝零假设则确定使用固定效应模型，反之则选择随机效应模型。检验结果如表2所示。

表 2：固定效应模型估计结果

变量	回归系数	标准差	t 统计量	概率值
C	1.263774	0.108236	11.67605	0.0000
DY	0.674135	0.078924	8.541552	0.0000
可决系数	0.904221	调整后的可决系数	0.893487	
F 统计量	84.23974	F 统计量对应的概率值	0.000000	

固定影响模型形式：

$$(I/Y)_i=1.263774+0.674135(D/Y)_i+[\alpha_i]^{\wedge\star}+u_i$$

β 系数的取值是0.674135。

（三）计量结果分析

由 F—H 模型中的储蓄—投资相关系数的定义知：若 β 趋向1，则本地储蓄一大部分用于本地投资，用于异地的几乎没有，此时资本存在流动障碍，即金融一体化程度最弱；若 β 趋向0，则储蓄与本地投资没有相关性，此时称地区之间资本自由流动，本地储蓄全部用于异地投资。无条件的储蓄—投资系数 β =0.674135，表明京津冀地区之间资本流动受到一定的阻碍，金融一体化程度不高。有如下表现。

一方面，经过比较京津冀三地的存、贷款率年均增幅可以看出，尽管北京市存、贷款占三地总量接近1/2，但近年来增速基本保持不变，在京津冀三地中排到最后。近年来天津市政府对金融行业的大力扶植使得其金融业如雨后春笋般飞快增长，最突出的表现是天津市的存、贷款年均增长率位于三地第一名。

另一方面，北京市金融机构存款与贷款金额都较多，排在第二的是河北，天津市最低，但从金融机构人均存、贷款水平来对比，天津市金融机构的人均存、贷款水平比河北省高，缘于河北省全省面积较大和人口数量较多，也就是说，京津冀三地金融资本分布不均衡。

三、对策及建议

（一）京津冀金融一体化所面临的问题

1. 金融竞争大于金融合作

在经济政策地方上存在分歧，人为鸿沟区域开放经济会影响区域金融协同作用。区域金融协同必然要求区域内金融资源的自由流动、合理配置，京津冀分属不同的行政区必然导致各地将金融资源过度集中于自己的行政区内，而不是共同辐射至周边毗邻地区，金融机构原则上不允许异地营销，缺乏区域合作意识和利益驱动。与珠三角、长三角经济圈对比，京津冀地区的金融合作目前仍然处于规划的初级阶段，金融一体化发展程度明显落后于长三角、珠三角经济带。主要表现在以下三点：首先是缺乏统一的大行政区经济观念下的区域金融合作意识，地方政府、金融监管机构对区域金融合作缺乏系统长远整体的规划、适当合理的政策引导及统筹协调体系。各地区金融行业发展呈现各行其是的局面，三地金融一体化发展缺乏在京津冀区域整体框架下的具体定位；其次是缺乏金融合作平台，精确高效的信息沟通不容易实现。相关政府与企业尚未就区域内产业布局、基础设施建设以及金融合作战略性问题达成共识；最后是缺乏完善的金融合作体系，没有形成“一体化市场”意识形态。以前建立的合作存在一定的盲目跟风，京津冀三地金融机构还存在抢夺和竞争关于基础项目的融资。

2. 经济协同程度低

长江三角洲经济圈和珠江三角洲经济圈各自在区域内经济协同互助发展，但同样是经济圈的京津冀在经济协同上力度明显不如前两者。在地理位置上，河北省被天津市沿海岸线分割成不连续的两段，空间整体布局被打乱；在产业布局方面，京津产业过度集中，区域整体布局缺乏统筹，产业分布不均衡，产业结构雷同，产业衔接不畅导致产业链断裂。京津部分功能定位交叉，这样就无法避免同质竞争，津冀突出的问题是沿海产业结构相同；在经济协同方面，由于政府主导经济发展，存在很多行政壁垒，以致京津冀区域国有企业所占比重过高，民营企业数量少且发展不活跃；从城市定位看，京津两市经济总量过于强大，与河北省及其余地区形成鲜明对比，城市规模大小不一。河北省的城镇化率比较低，北京的首都功能像磁铁一样吸附河北省内的各种资源，继而在北京周边出现了一圈贫困带。因为京津冀地区长期各自为营，泾渭分明，经济发展自我封闭，不仅京津对河北省经济缺乏辐射带动效应，京津两地还在某些方面存在不同程度的竞争。京津冀区域经济规划编制不一、产业链不对接、市场不是一个整体、金融机构没有实现异地同样的服务、信息不共享、交通不处于同一个网络，是阻碍京津冀协同发展的几个方面。更严重的是，京津冀产业间缺乏相互合作，导致了异地间融资成本的差异，降低了资金流动需求，区域内的金融资源难以被整体有效利用。

3. 缺乏金融监管

目前，我国的金融监管实行纵向管理、分业监管。京津冀三地金融监管机构由分属不同职能部门派出机构组成，实行分级管理。京津冀目前的实际情况是，三地的金融监管部门没有建立协调机制、缺乏合作的环境、缺少信息交流沟通平台，有时还信息不对称，不仅市场准入政策不一致，金融监管的监管方式、执行标准、能力水平都不统一。在行政区划分相互独立的情况下，各金融监管部门分支机构需要优先考虑当地的金融发展，考虑本地政府的行政诉求与利益，只监督所管辖范围内的金融机构，对金融机构异地经营活动的整体监管不到位。在现行政府体制下，管辖权限不统一，信息沟通受到制约，跨区域经营、资金的跨区域流动等区域金融合作的首要形式难以被有效监管，因而容易暴发金融风险。天津作为金融创新示范区，金融混业经营模式已经发展到了一定深度，在与北京、河北进行金融合作过程中，必然会得到更深一步发展。混业经营模式相较分业经营模式更容易发生金融风险，监管部门对金融机构混业经营进行监管本身就很难，对异地的混业经营进行风险监管更难。

（二）提高京津冀金融一体化的政策建议

1. 完善监管与协调机制

为促进京津冀三地金融市场一体化的健康发展，三地政府应联合出台相关法律、政策和标准。出台保障京津冀金融一体化发展的相关法律制度政策，规范金融市场主体行为，完善监管机制。在监管机制方面，要推行严格、高层次的监管机制，成立区域金融一体化发展协调组织，完善金融突发状况应急处理机制，一致携手防范金融风险。与此同时，还应尽快出台京津冀三地金融一体化特殊规划，三地金融发展应相互协作，优势互补。减少行政干预，采取市场与政府两方相结合的方式，共同促进金融一体化的有序良好发展。市场应在资源配置中起决定性作用，市场运行是一个试验的过程，会不断地调整区域内金融资源配置，最终金融资源会达到最优配置。而在这一过程中，政府应减少其不必要的行政干预，使金融市场运行保持一定的空间。

2. 跨区域业务合作

跨行政区划的金融一体化不只是表面上在同一银行系统下各分支机构实行统一相同内容的金融业务，更深层次的是各不同系统的银行之间开展范围更广的业务合作。在异地建立分支机构是目前商业银行最为高效的运作方式，在落户京津的诸多商业银行向河北省地区增设分支机构不积极主动的情况下，河北省的商业银行可以在京津设立分支机构并在异城之间享受到同质同城服务。虽然这样会加大河北省金融机构的运营成本，但在联通京津冀经济运行方面是率先实现主动出击的最优办法。京津冀的各家商业银行之间可以在银联业务、信息共享、同业拆借等重要方面进行全方位的合作，使得金融服务的需求者可以花费最短时间便捷、高效地享受自身需要的金融服务，在收取一定费用的情况下减少金融服务需求者的机会成本。

3. 金融机构共享信息

建立京津冀金融机构信息共享制度，使三地实现信息的对称透明。具体可从两方面着手：一是建立专业的数据收集分析机构，负责信息收集并利用互联网对外进行披露；二是定期组织召开既有政府、金融机构等部门参加，又有企业参加的金融研讨会议，共同讨论、分析和制定区域经济金融一体化健康发展策略。加大对区域金融公共设施支持力度，加强金融服务基础设施建设，改善和创造便利的金融环境。提升区域金融业整体服务水平，降低京津冀三地金融行业信息不对称性，实现金融资源在京津冀三地间自由流动。

4. 京津冀各自应扮演的角色

（1）北京定位于三地的金融中心

北京作为全国的政治、文化中心，亦应定位于三地的金融中心。一方面北京金融体系完备，各类全国性金融机构的总部多数坐落在北京，在金融政策制定实施和金融人才培养等方面的实力均远远高于其他地区，毫无疑问在这些方面应发挥其在京津冀三地中总统领的作用，可对津冀两地加强政策指导和输送大量金融人才；另一方面虽然北京金融资源集聚效应明显，但是辐射周边地区金融的能力较弱，在其发展总部经济的同时，也应注意毗邻周边“分部经济”的发展。因此，而北京应注重在京津冀地区的金融发展功能和作用方面加大对津冀周边地区的辐射拉动作用，借北京非核心产业向津冀疏散需要巨大金融支持这一良机，不断增强津冀地区的资金外溢效应，持续缩小京津冀三地经济和金融发展的差距。

（2）天津定位于金融创新基地

作为第四大国际港口城市和中国北方经济中心的天津，金融行业崛起迅速。天津依托较为完善和成熟的金融发展体系，不断增强金融服务创新能力，提高金融对外开放程度，其角色应定位于构建现代金融服务体系，创立服务京冀的金融改革创新前沿阵地，源源不断地向两地输送超前的金融改革理念和成果。在京津冀经济协同发展过程中，充分利用天津跨境人民币创新试点这一优势，加大跨境人民币业务创新步伐，将新的活力注入京津冀区域金融发展中。

（3）河北定位于三地的金融腹地。

河北拥有很多金融机构，金融机构资产总量大，金融发展速度快，但个体规模较小。河北省金融行业创造的增加值较低，占 GDP 的比重只有北京的1/4、天津的1/2，金融发展方向应偏向如何更好地运用北京、天津释放的金融改革政策和外溢资金，逐渐将其打造成华北地区的金融腹地。一是河北要在更进一步积极接纳京津地区金融产业的转移与疏散，努力吸纳北京、天津在金融政策探索与创新道路上取得的优秀成果和先进经验的基础之上，使实体经济得到金融强有力的支撑，提高金融产业创造增加值对GDP的贡献程度，促进河北经济持续高速发展，尽力弥补与京津地区在金融业方面的差距。同时把河北打造成京津冀金融业的总后勤，建设成中国北方金融行业的后台服务基地和重点金融街区，建立金融后台服务中心、经济金融数据备份中心和金融培训中心等机构，邀请国内外分支机构和地区总部入驻，形成聚集发展路径。

□ 参考文献：

[1] 朱华培．中国金融市场开放度——基于两类模型的比较研究 [A]. 当代经济科学，2009，31（3）.

[2] 俞颖．东亚金融一体化与经济增长：基于资本流动视角 [A]. 2010.

[3] 李喆．基于储蓄—投资相关性的京津冀金融一体化的现状分析 [A]. 中国管理科学，2012,（20）.

[4] 孟祥林．京津冀金融一体化：以设立京津冀银行为切入点的思路介析 [A]. 青岛大学学报，2010，6（1）.

[5] 邬晓霞，李青．京津冀区域金融一体化进程的测度与评价 [A]. 广东社会科学，2015,（5）.

[6] 李晶玲．京津冀区域金融发展现状及存在问题研究 [B]. 华北金融，2015（9）.

[7] 何德旭，董捷．京津冀金融一体化模式选择与运作机制 [A]. 中国社会科学院研究生院学报，2015,（3）.

[8] Feldstein M, Horioka C.Domestic saving and international capital flows [J].The Economic Journal，1980，（ 90 ）：314-329.

[9] Lemmen，J.J.G.&S.C.W. Ejiffinger. The Quantity Approach to Financial Integration：The Feldstein-Horioka Criterion Revisited [J]. OpenEconomics Review，1995,（6）.

[10] Dumas，B.&B. Solnik. The World Price of Foreign Exchange Risk [J]. Journal of Finance Review 1995,（502）：445-479.

[11] Obstfeld，M. Capital Mobility in the World Economy：Theory and

Measurement [J]. Curmegie Rocheslen CorrJererrce Series on Public Policy, 1986, (24): 55–104.

[12] Obstfeld M.&K. Rogoff, The Six Major Puzzles in International Macroeconomics : Is there a common Cause? [J].NBER Working Paper, 2000, (15): 411–412.

第 6 篇

共享篇

Chapter 6

Sharing

构建京津冀长城文化遗产廊道

董耀会①

【摘 要】京津冀长城在中国的长城史上具有重要的地位，但是到目前为止，京津冀长城并没有被作为一个完整的、文化遗产进行整体保护和利用，更没有构建起遗产廊道。本文从历史、现实和未来的视角分析京津冀长城的重要价值和地位，提出构建京津冀长城文化遗产廊道，实现对京津冀长城的有效保护和可持续利用。

【关键词】京津冀长城 长城文化遗产廊道 文化遗产保护

长城从东北、华北到西北，横跨中国北方数千里，已有两千多年的历史，明代长城也有六百多年的历史。长城具有丰富的历史文化内涵，是中华民族乃至全人类的文化遗产，是一条极为珍贵的文化遗产廊道。京津冀地区的长城，又是中国长城最有代表性的地方，构建京津冀长城文化遗产廊道，意义重大，势在必行。

---

① 董耀会（1957—），男，河北抚宁人，教授，著名长城专家，现任河北地质大学长城研究院院长。20余年来，一直致力于长城的研究和写作工作，并为长城的保护、维修、宣传和开发做出了重大贡献，著有《明长城考实》《长城纵横谈》《长城》《长城万里行》《秦皇岛历代旧志校注》《瓦合集》等。

国家旅游局《“十三五”旅游业发展规划》提出构建长城文化生态旅游带，《北京市“十三五”时期加强全国文化中心建设规划》也提出了“发挥京津冀地域相近、文脉相亲的地缘优势，统筹推动长城文化带、运河文化带、西山文化带建设，实现历史文化遗产连片、成线整体保护”的规划。京津冀长城文化遗产廊道，是一条休闲的廊道，也是生态的廊道，推进京津冀长城文化遗产廊道建设，将是京津冀长城保护利用的主要任务。

一、长城是人类文明的标志

第29届夏季奥林匹克运动会期间国务院新闻办出版了一套礼品书《长城》，由董耀会主编并作序，曾写到“长城是人类文明的标志”，后来相关的学术交流中曾有外国学者对这句话提出质疑，董耀会认为长城作为人类文明的标志主要体现在三个方面。

（一）生存

一个国家，一个民族，生存永远是第一位的，当人类灭亡的时候，人类文明就失去了对人的价值。长城作为冷兵器时期的军事防御工程，从产生之初到冷兵器时期军事防御功能的结束，首先解决的问题就是生存。也可以说，长城一直要解决的首要问题就是生存问题。

（二）秩序

长城位于农牧交错地带，实际上是构建农耕和游牧两种不同生产方式、生活方式、族群生活和生产秩序的重要设施。牧民在长城外放牧，农民在长城内种地，通过长城千万座关口进行贸易。事实上，中国的长城绝大部分都没经历过战争，即便打过仗的地方，打仗时间也很短。为什么呢？因为有了长城，规避和减少了战争。笔者曾经陪外国国家元首如克林顿、布什等登上长城，笔者告诉他们，长城是为不打仗修的，不是为打仗修的。道理很简单，修长城的人，不可能背着长城打别人去。而且不是今年不打，明年缓过手来就打你，之所以费力把长城建得这么坚固，就是世世代代都不想打，所以长城是维护秩序的象征，也可以说，长城是和平的象征。

（三）传承

从人类文明的视角来看，长城所代表的中华文明对人类文明最大的贡献是什么？今天，长城对人类文明的价值又在什么地方？中华民族是多元一体的格局，多元有多元的利益，一体又有一体的利益，如何在多元利益平衡的基础上寻求一体利益的最大化。中华民族找到了多元利益平衡基础上一体利益最大化的共生之路，长城就是这条和平之路的标志。这也是中华多民族能几千年走到一起的一个根本原因。修建长城肯定不是想把长城外面消灭掉，而是要与之长期共存。

中央电视台制作了196集《长城内外》的电视节目，笔者给他们讲长城内外的概念时说：可以用中国的“中”字来理解长城，把中间这一竖当作长城，左边是长城外，右边是长城内，这就是“长城内外”。长城内外两边相对独立，又相互依赖，谁也离不开谁，是一个整体。

二、京津冀长城概况

在明代，长城的管理、使用都是一个整体，长城内外在中华文明的大发展当中又是一个整体。京津冀长城就更是一个整体了，今天的京津冀长城在明代是一个整体，长城的修建、管理都是一个整体。

京津冀的长城在中国的长城史中占有非常重要的地位，明代的长城全长8851.8千米，山险墙、人工墙体6227千米，其中京津冀长城有1905千米，占很大的比例。京津冀长城中北京占526.6千米，天津占40.3千米，河北占1338千米。除长度之外，京津冀长城在整个长城历史上是没有断代的，从战国时期以来的历代长城在京津冀都有修建，尤其是明代的长城，最精华的地段都在京津冀，可以说历代长城中，京津冀长城占非常重要的位置。

目前来看，长城各个重要的节点都有开发，如山海关、八达岭等，但是节点之间缺乏联系，是孤立的、点状的开发。这种碎片化、低层次的利用，很容易对宝贵的长城资源造成破坏。这样的开发既对长城文化遗产本身构成破坏，同时对重要的文化资源和旅游资源也造成很严重的破坏，而且这种破坏是不可逆的。

京津冀长城在中国的长城史上具有非常重要的位置，但是迄今为止并没有被作为一个完整的、整体的文化遗产进行保护和利用，更没有构建起京津冀长城文化遗产廊道。京津冀长城深厚和丰富的文化内涵，完全可以支撑起在京津冀区域内构建重要的文化遗产廊道。从历史、现实和未来的视角，构建起京津冀长城文化遗产廊道，是非常迫切的，能够对长城实行有效保护和可持续利用。如果在京津冀协同发展的过程中，能携手保护长城，同时制订好规划，进行整体的、保护性的利用，这应该是一件利国利民的大好事。

三、构建京津冀长城文化遗产廊道意义重大

长城，特别是北京周边以及京津冀地区的长城，是民族认同的重要标志，是具有标志意义的符号。中央提出文化自信，长城就是文化自信的底气。如何从国家战略的高度，在京津冀地区建立起长城文化的高地，应该是我们的重要任务。京津冀长城作为中国长城最有代表性的地方，更应该彰显民族身份，发挥促进文化认同的作用。这是中华民族文化传承的历史担当，我们义不容辞。

要认识长城文化的价值，应该从历史、现实与未来多视角去分析研究京津冀地区的长城，从可持续利用的立场出发，全面研究长城在满足社会、文化、经济发展需求方面的功能。只有这样，才能全面认识长城的社会价值，真正了解长城保护工作。

长城是把历史和今天连接起来的重要纽带，是中华文化活化的重要资源。比如通过长城旅游，让更多的人在游玩中感受历史文化。长城文化遗产廊道的

构建，对长城的保护和整个区域的发展都具有很重要的意义。让长城沿线的农村因为长城而致富，大家保护长城的热情才能高起来，才能实现可持续发展。

四、构建过程中应注意的问题

（一）保护文化遗产的前提下提高旅游体验

构建京津冀长城文化遗产廊道要在不破坏自然景观、不降低长城文化遗产价值的前提下，为游客提供高品质的旅游体验。比如过去开发商向农民收购长城的文字砖，农民在利益驱使下破坏性拆取，这种行为不仅违反了《文物保护法》，也违反了《长城保护条例》。构建文化遗产廊道，制定相关的保护措施，这样才能真正地保护长城的文化价值和历史价值。

（二）搭建共同平台，建立联动机制

通过京津冀长城文化遗产廊道的建设，搭建起省市县各级联系的平台。长城的存在是与各个省市县相连的，比如天津蓟县黄崖关长城外是河北的兴隆，北京密云长城外是河北的滦平，北京昌平长城外是河北的怀来等。如果在长城保护和利用工作中，各算各的账、各寻各的利益，将不利于长城的保护，也不利于长城的利用。通过建立保护和利用的协同机制，加强联系，创新旅游模式，使长城文化遗产廊道有利于长城保护和整体可持续发展。

（三）做好整体规划，统一协调发展

构建京津冀长城文化遗产廊道，首先要做好遗产廊道的保护规划。规划先行，就是为了强调整体性。通过规划，从系统的整体空间组织着手，保护和开发京津冀长城文化遗产廊道，为长城内外所有的村镇提供经济发展的机会。京津冀长城文化遗产廊道建设，是对长城区域自然和文化资源的综合利用。只有做好规划，才能防止低层次、碎片化的旅游开发损害长城的真实性和完整性。

关于京津冀文化认同的思考

沈湘平[1]

【摘　要】文化认同对京津冀整体协同发展有着极其重要的作用，但目前这方面并没有得到足够的重视，从而大大制约了京津冀一体化的进程。本文结合现状分析和理论思考，提出了促进京津冀文化认同的五条建议：在中国乃至全球视野中充分认识京津冀文化认同的重要战略意义；从共同叙事入手厚植京津冀文化认同的历史根基；在良性互动中夯实京津冀文化认同的经济基础；牢牢抓住“人”这个京津冀文化认同的根本；突出体制创新这个京津冀文化认同的关键。

【关键词】京津冀　文化认同　协同发展

对于任何一个个体和共同体来说，要形成或维系自己整体性的存在，就必须达成一种自我认同，形成一种清晰的自我、我们的归属感，知道和确信“我是谁”，从而获得一种本体性的安全。这是一个个体、共同体存在和发展的前

① 沈湘平，北京师范大学北京文化发展研究院执行院长，北京文化发展研究基地主任、教授，马克思主义哲学专业。

提，在此前提之下，其他一切才有可能。在诸多自我认同因素中，文化是一个共同体，例如民族、国家、区域的灵魂所在、精神所系，是共同体得以凝聚的纽带和黏合剂，因此，对共同体而言，文化认同是自我认同中最根本的方面。文化认同说到底是人们对生活于其中的共同体文化持肯定态度，视之为遵循规范，是社会的黏合剂，是一种精神支撑。相对于经济、政治、社会而言，文化认同更内在、更基础、更持久，它既是共同体安身立命的根本，也是共同体一切活动的“合法性”基础。成功的文化认同，对内能够引导个体确定自己的身份，融入自己认同的共同体；对外能使作为集体的“自我”即“我们”与“他者”即“他们”区分开来，确认自己的独特性。

京津冀一体化是京津冀协同发展的必然要求与归宿。2014年习近平同志在听取京津冀协同发展工作汇报时就特别告诫三地：要“自觉打破自家‘一亩三分地’的思维定式，抱成团朝着顶层设计的目标一起做”[①]。“一亩三分地”就是京、津、冀各自的“自我”认同，“抱成团”就是要把三个“自我”提升为“我们”，使分开的“京、津、冀”真正成为整体的“京津冀”，形成共同的归属感，获得一种整体的自我认同。这种自我认同中最根本、内在的就是文化认同。拥有这种文化认同，对内才能凝聚京津冀为一个整体，对外才能与其他区域相区分。离开一种共同的文化认同，京津冀协同发展和一体化只能是纸上谈兵，即使在外在的方面把三个地方机械地拼凑、捆绑在一起，也只能是魂不附体、貌合神离，最终一切努力都将白费。

自“京津冀协同发展”作为国家战略被提出以来，三地“协同”发展的思路更多是经济、贸易、交通、空间布局的一体化发展。当然，文化方面的协同发展也一直在推进。2014年三地签署了《京津冀三地文化领域协同发展战略框架协议》，强调京津冀三地应在优势互补、共建共享、统一开放的原则下，推动三地文化发展实现同城化谋划、联动式合作、协同化发展，具体提出了统筹

① 习近平．优势互补互利共赢扎实推进努力实现京津冀一体化发展 [N]. 人民日报，2014-02-28.

规划区域文化发展布局、推进现代公共文化服务体系建设、推进演艺文化交流与合作、加强文化产业协作发展、加快优秀传统文化的保护与利用、培育统一开放的区域文化市场等方面工作，还成立了京津冀文化协同发展工作领导小组，加强文化领域各项工作的统筹协调及领导力度。应该说，这是一个很有远见的举措，并且取得了不少实实在在的成绩。例如，目前三地已开展或拟开展文化合作项目超过50项，尤其是在演艺方面，签署了《京津冀演艺领域深化合作协议》，组织成立京津冀演艺联盟、艺术职业教育协同发展联盟、图书馆、群艺馆协同发展联盟，强调共同打造一个采购平台、共同培育一个演艺品牌、共同创作一部艺术作品、共同搭建一个资讯推广平台、共同组建一个资源统筹平台。[①] 目前已经搭建演艺平台作为抓手，集中了三地的优秀剧目、优秀院团和著名艺术家，共同举办了一系列有影响的活动。2015年6月，北京市文化局联合天津、河北两地举办京津冀非物质文化遗产大展暨传统手工艺作品设计大赛等。

上述文化协同发展战略框架协议的实施和活动的开展，有力地促进了京津冀文化一体化进程，也对三地一体的文化认同产生了积极作用。但是，我们必须看到，与京津冀协同发展的总体战略目标比较，目前京津冀文化认同方面的工作还远远不够，还存在着诸多不足。这其中固然有体制机制的障碍、发展不平衡造成的问题，但最主要还是观念滞后和顶层设计上存在盲区。到目前为止，文化协同发展基本上还只是把文化作为协同发展一部分、一方面的工作，而且在这一部分中更多突出的又是三地文化的交流与合作，还没有自觉地上升到文化认同高度，进而把文化认同作为京津冀协同一体的内在动力和根本保障来加以重视。或者说，有些领导和学者已经开始从文化认同谈到京津冀协同一体的问题，但其含义也与文化协同大体相当，并未真正达到文化认同的高度和深度。总的来看，目前京津冀文化协同发展所理解的文化主要是外在的、形式的、低端的。比如前述《京津冀三地文化领域协同发展战略框架协议》，其中强调了“顶层设计”，但实际上这个文件是由北京市文化局、天津市文化广播影视局、

① http://news.xinhuanet.com/local/2015-03/28/c_127630422.htm。

河北省文化厅三个职能部门签署的，没有也不可能真正达到一个超越职能工作的战略高度。与此同时，在促进文化认同，三个“小我”形成一个“大我”的过程中，必然有一个超越“小我”的问题。但实际工作中，三地往往各怀心思、各打盘算。害怕自己独特的文化认同及其背后的固有利益，在一体化中都被同化、被牺牲，为他人作嫁衣裳，京津冀三地的文化心理已经形成了微妙的理论相吸、实际相斥的奇特关系。要心甘情愿地自觉打破“一亩三分地”的思维定式，诚心诚意地“抱成团”，就既要解决思想认识问题，又要解决文化认同问题，后者更为根本。尤其对于领导干部来说，“抱成团”第一位的可能是思想认识问题，但对于三地的居民百姓来说，这首先是一个共同文化心理的建构即文化认同的过程，也就是必须让他们在文化心理上接受这个“团”，认同这个“团”就是他们的“团”。基于以上认识和分析，我们就增强京津冀文化认同提出如下几点建议。

一、在全国乃至全球视野中充分认识京津冀文化认同的战略重要性

毋庸讳言，京津冀协同发展的初衷是为了疏解非首都核心功能、解决北京“大城市病”问题。但这里有两个值得注意的问题：一是北京不是一般的省份、城市，它是中华人民共和国的首都，北京的战略定位是“坚持和强化首都全国政治中心、文化中心、国际交往中心、科技创新中心的核心功能，努力把北京建设成为国际一流的和谐宜居之都”。因此，疏解非首都核心功能、解决“大城市病”绝非仅仅只是北京的事，而是具有全国乃至世界性的意义。二是北京相对于天津、河北而言，总体上处于更高的发展水平，因此，京津冀协同发展不仅仅对北京有利，更不是牺牲天津、河北来发展北京，而是也有利于天津、河北的发展。所谓协同发展，不是简单的1+1+1=3，而是一种合作共赢、系统优化，结果应该是1+1+1>3。当前，有专家指出，京津冀正在成长为全球最大的超级城市群。从文化认同的角度看，京津冀城市群的建设事实上肩负着继承

和弘扬中华优秀传统文化，在兼容并蓄西方文化的基础上，融会贯通，创新出具有中国特色、中国气派、中国风格的新文化，代表中国走向世界，树立中国的新形象，掌握话语权，增强民族自信心和凝聚力的重要使命。因此，京津冀城市群要在增强中国文化自信、提升中国文化“软实力”乃至实现中华民族伟大复兴的大格局中定位，在与长三角、珠三角文化的对比乃至与美国东北部大都市群、日本太平洋沿岸大都市群、英国英格兰大都市群、欧洲西北欧大都市群的文化对比中，形成京津冀“文化一脉、协同共荣、辐射全国、走向世界”的战略，打造中国城市文化最古、最新、最高的一极，做城市群文化一体化的世界模范。

二、从共同叙事入手，厚植京津冀文化认同的历史根基

文化认同是一种力量，但其自身也是一种结果，一种无数实实在在工作的“历史效果”。所以在战略上予以重视以后，全部工作就要转向对这种文化认同的深耕与培植。在这方面，做到三地文化资源的共享是必要的，但更重要的是要为人们在文化上认同京津冀“一体化”做基础性、前提性的工作。正如哲学、心理学指出的，自我认同是基于经历反思性地理解到的自我规定性。简单地说，就是通过对历史的叙述，回答“我从哪儿来”“我到哪儿去”来确认“我是谁”。通过探寻历史我们知道，今天看来各自相互独立、特色鲜明的三地文化其实同根同源，血脉相连，都是燕赵文化孕育出的灿烂花朵，源远流长的燕赵文化是三地文化的“根”“脉”“谱”，基因一致、天然相亲，拥有先天文化认同的强大基础。因此，三地要有组织地开展共同叙事工程，把地理概念上升为文化空间，把历史事实转化为历史叙事，对燕赵大地上的人、事、物、思想进行系统梳理，形成与其他区域文化相对独立的谱系，通过“讲故事”使得民众形成共同记忆。当然，共同叙事既有历史的叙事（例如梁勇的《燕赵文化史》），也应当有现在的叙事，还应该有未来愿景的叙事。这些共同叙事就像安德森所说的，是一种想象（imaginging），但并不等于捏造（fabrication）和虚假（falsity），而

是一种创造（creation），是认同不可或缺的认知过程和文化方式[①]。只有做好这些工作，才能持续激发民众的向心力、认同感和文化信念，获得真正的安全感、归属感。其实，共同叙事的核心是价值观，文化认同的核心是价值认同。作为燕赵文化及其现代转化的京津冀文化所蕴含的价值观，与当代中国的社会主义核心价值观的关系很值得研究，我们不仅可以研究社会主义核心价值观的燕赵资源，还可以研究社会主义核心价值观在促进京津冀文化认同过程中的规范作用与具体机制。

三、在良性互动中夯实京津冀文化认同的经济基础

文化不同于经济，但离不开经济。这不仅是因为文化属于经济基础决定的上层建筑，也不仅是因为思想文化一旦离开利益就注定要出丑，还因为经济活动本身就具有文化的性质，而文化在市场经济条件下也部分地具有经济的性质。所以，与以往时代不同，市场经济条件下的文化认同不是一般地需要一种经济基础，而是需要经济与文化在良性互动中创造的经济基础。一方面，京津冀地区及其企业在经济发展过程中形成了特有的经济文化，即体现为心理、行为和物质层面的经营之道、企业精神、职业道德等（例如同仁堂、滨海新区）。这种经济文化是企业和地方的名片，具有很高的辨识力，深刻地影响着一个地区人们的文化认同。当然，其前提是这些地区、企业的经营是成功的、正能量的。另一方面，京津冀城市群有发展文化产业的丰富资源和坚实基础，文化产业不同于一般产业的特点就在于它不仅具有经济功能，而且具有社会功能尤其是文化功能，文化产业的壮大不仅促进经济发展和文化繁荣，而且能大大助力文化认同。目前，京津冀文化产业发展的核心问题在于顶层设计，做好产业链条中的分工合作。可先采取国有大型文化企业进行跨地区、跨行业、跨所有制兼并重组，组建一批大型文化企业集团，扩大规模，扶持弱小，推动产业链条

① [美]本尼迪克特·安德森．想象的共同体 [M]. 上海：上海人民出版社，2005：（6）.

延伸。京津冀三地还应合作建设一批主业突出、特色鲜明的文化产业园区或示范基地，将北京发展成熟的文化园区的积极经验推广到津冀两地，引导好项目和特色文化企业进园区，提高文化产业规模化、集约化和专业化水平。在从顶层设计到具体实践的过程中，文化产业都应该更为自觉地突出文化认同的内涵，自觉承担促进京津冀文化认同的重要使命。

四、牢牢抓住“人”这个京津冀文化认同的根本

文化的含义极其丰富，但最基本的含义是“人化”与“化人”，其中最为根本的是“人”。胡锦涛同志的科学发展观提出发展要以人为本，习近平同志的新发展理念强调发展要以人民为中心，我国的新型城镇化突出要以人为核心。这些思想不应该被简单看成基于政治的考量和原则的宣誓，而应该看成是对发展的规律性把握。就文化而言，就是达到了文化认同的真理。一种文化怎样才能得到人们的认同？马克思曾经说，理论要说服群众、把握群众，就必须彻底，而“所谓彻底，就是抓住事物的根本。但是，人的根本就是人本身”。[①]因此，文化认同得以可能的根本就在于从人出发，研究人、尊重人、依靠人、满足人、以人为目的。简而言之，京津冀一体化的主体不应该是三地及三地的职能部门，而应该是三地作为复数的人们。只有真正激发他们的主体性、能动性、创造性，一切才会变得水到渠成。为此，首先，不仅要从“晓之以理”的角度让人们明白京津冀协同发展和一体化的意义，还要从“动之以情”的角度让人们体会到京津冀“抱成团”的温暖与情谊，更需要让人们共享协同发展带来的实实在在的“红利”，特别是在就业、教育、社会保障等民生问题上能确实感受到“好处”；其次，文化认同需要政治、文化、商业等各界精英分子的自觉努力，形成合力，更需要精英分子从普通百姓的生活实践出发去启蒙和引领他们，逐渐形成一种超越各自自我文化认同的新的文化认同；最后，文化认

① 马克思恩格斯选集（第 1 卷）[M]. 北京：人民出版社，1995：9.

同不是一劳永逸的，而是动态的，也必须是可持续的，在形成可持续的文化认同的过程中，教育和专门人才的培育极其重要。一方面，要抓住基础教育到高等教育的国民教育各个环节，真正使京津冀一体的文化认同思想进教材、进课堂，最终在年轻公民一代根植于心、落实于行；另一方面，要通过国民教育和专门培训，有计划地培养从事文化认同工作的专门人才或相关人员，不断提升他们促进文化认同方面的专门素质和能力。

五、突出体制创新这个京津冀文化认同的关键

就一个群体而言，任何观念、思想要落地，都必须有可操作性的体制机制作为保障。体制机制是长远的，是化思想为行动、变目的为效果的关键。京津冀文化认同的最终落实也有赖于体制机制的保障。或者说，创新一种文化认同的体制机制是京津冀协同发展的一项重大任务。首先要把文化认同摆在京津冀协同发展方方面面工作的突出位置，通过研究，形成自上而下一体的顶层设计，使全部工作能提纲挈领、纲举目张。其次要在一些领域先行先试，推进文化认同也是复杂的工程，不能停顿、等待和齐步走，而应该开展试点。例如，通过共同叙事和基础教育促进文化认同的问题，可以设立专项课题，在一些中、小学的校本教材中先进行探索。再次是京津冀要在哲学社会科学研究项目设置和申报中一体规划，设置京津冀文化认同的攻关课题，鼓励和资助在大学或研究院设立有关京津冀协同发展、文化认同的研究机构，充分发挥其智库作用。最后，要建立文化认同的反思性评价机制。文化是软的，文化认同也是看不见、摸不着的，但其发生的作用又是实实在在的。所以需要组织力量研究，建立京津冀文化认同的指标体系和数据模型，对现实中文化认同程度以及推进这项工作的进度进行检测、监控，使文化认同变成“看得见”的和可以及时“调控”的东西。这样，就能在尽可能的程度上把握规律性、突出针对性、增强实效性，推进文化认同工作，进而推进京津冀整体协同发展。

□ 参考文献：

[1] 张延群，许立勇，王瑞雪. 京津冀一体化中的文化协同发展 [J] . 河北工业大学学报（社会科学版），2015，7（3）：1–7.

[2] 徐同修，鲍建辉，李树奇. 京津冀文化产业协同发展探究 [J]. 统计与管理，2015，（1）：54–56.

[3] 陈秀山，李逸飞. 世界级城市群与中国的国家竞争力 [J]. 人民论坛·学术前沿，2015，15（6）：41–51.

[4] 贺艳. 京津冀文化创意产业协同发展的问题及对策研究 [J]. 理论与现代化，2015，（3）：26–30.

[5] 张亚明，张心怡，唐朝生. 京津冀区域经济一体化的困境与选择——与“长三角”对比研究 [J]. 北京行政学院学报，2012，（6）：70–7.

[6] 李磊，张贵祥. 京津冀城市群内城市发展质量 [J]. 经济地理，2015，35（5）：61–64.

[7] 胡惠林，王靖. 中国文化产业发展指数报告（CCIDI）（2013）[M]. 上海：上海人民出版社，2013：27–132.

[8] 刘伟刚. 城市文化软实力与文明城市创建的关系 [J]. 经济研究导刊，2015，（11）：98–99.

守护红色文化圣地

——长城抗战遗址遗迹的保护与利用调查研究[①]

张百霞[②]

【摘　要】长城抗战遗址遗迹是京津冀特有的历史文化资源，但目前大部分相关遗址遗迹处于荒废破败状态，损毁严重，亟须抢救性保护和有效利用。本文在实地调查基础之上，对长城抗战遗址现状及存在问题进行深入分析，并提出保护对策。

【关键词】长城抗战　遗址遗迹　调查研究

长城抗战遗址遗迹是京津冀特有的历史文化资源，对其进行调查研究是增强京津冀协同发展文化认同的途径之一，既可以丰富和拓宽红色文化的研究内容和空间，为京津冀三地协同发展凝心聚力，还可以为充分挖掘和发挥红色文化资源的现实功能，推动京津冀区域经济发展和精神文明建设尽绵薄之力。

---

① 此文为2016年河北省社会科学基金项目《守护红色文化圣地——长城沿线抗战遗址的保护与利用调查研究》（项目批准号：HB16SH043）。

② 张百霞（1971.5—），女，河北迁西人，唐山学院社科部讲师，硕士研究生，研究方向为中国近现代史。

一、长城抗战遗址遗迹现状及存在问题分析

（一）长城抗战

“九一八”事变后，日军陆续占领了整个东北，1932年3月日本扶植前清逊帝溥仪成立了伪“满洲国”，为了割断东北军与关外的联系，并为刚成立的伪“满洲国”扩大生存空间，1933年初，日本关东军第6、第8师团、混成第14、第33旅团、骑兵第4旅和航空兵、海军各一部共4万余人及伪军3万多人向东起山海关，西至古北口千里长城一线进犯，伺机进占冀东，威逼平津。1933年1—5月，中国国民政府指挥下的国民革命军25万余人在长城沿线榆关（即山海关）、冷口、喜峰口、古北口等地抗击侵华日军进攻，并以大刀等落后武器与装备先进的日军展开殊死搏斗，这一时期的战斗史称“长城抗战”。虽然长城沿线最终失守，但短短五个月的战事却诞生了许多可歌可泣的军民团结御辱的抗战故事。

（二）长城抗战遗址遗迹现状

为了方便研究，我们选取了“长城抗战”中著名的喜峰口战役和冷口战役遗址为调研重点。

喜峰口战役遗址概况。喜峰口是万里长城一个重要的军事关隘，位于迁西县北部的滦阳镇。1933年，爱国将领宋哲元、张自忠、赵登禹等率国民革命军29军官兵在此与日军展开殊死搏斗，以大刀等落后武器对付装备先进的日本侵略者，用大刀砍出了民族骨气，给予侵华日军以沉重打击。喜峰口战役的一幕幕壮烈场景在当地民营企业家张国华的心灵深处扎根，他为家乡能够拥有这样一段光荣历史感到自豪，同时又感到责任重大，决心为这些抗日英烈建造一个灵魂家园，为后人建立一个祭奠英雄的平台，更为人们筑起一座精神的丰碑。从2003年开始，在民革各级部委的大力支持下，历时十余年，张国华先后投资1.3亿元建成了喜峰口雄关大刀园景区。期间他多次辗转京津、台湾、日本收集抗战遗物、史料、日军日记及影视资料等，最终在园中

建成了拥有3000余件展品、内容丰富翔实的“喜峰口长城抗战纪念馆”。如今大刀园已成为百余家单位的爱国主义教育基地和国防教育基地。

冷口战役遗址概况。冷口关在河北省迁安市建昌营镇北冷口村的凤凰山上，是明蓟长城重要关隘之一，是沟通长城内外的交通要道，也是1933年3—5月长城抗战中的一个重要军事关隘。1933年，由国民党32军军长商震及139师师长黄光华指挥的冷口长城保卫战在此爆发。冷口关所在的北冷口村是迁安市建昌营镇一个满族聚集的小村落，全村由最初的20多户人家发展到现在的60余户，距迁安市32千米。村子建在东西两山之间，也就是“口子”上，村里靠北有一座已被修缮的关城，冷口关沙河西侧有一段保存较完好的城墙，其余城墙大部拆毁，个别地段存留夯土残址。如今，村子里除了上了点年纪的老人之外，已经没有多少人了解那段可歌可泣的抗战史了，村南埋葬国民革命军139师牺牲将士的“万人坑”也早已变成了庄稼地。

总体上说，由于长城抗战是由中国国民政府领导的国民革命军为作战主体，中华人民共和国成立以来，大陆很少有人对长城抗战遗址进行调查研究，因此，关于长城抗战的遗址遗迹保护和利用情况不容乐观。除部分地区，如榆关（山海关）、古北口、喜峰口战役遗址等，由于民间力量的推动和努力得到了地方政府或国家重视、保护和宣传外，大部分遗址遗迹由于缺乏有效管理和深入研究，正逐渐被湮没在历史的长河之中。例如，河北省宽城县独石沟乡蓝旗地村的村民默默守护长城抗战国民革命军29军阵亡官兵墓80年后，才于2013年长城抗战80周年之际公之于世；迁安市建昌营镇北冷口村掩埋着1000余名32军139师717团阵亡将士的“万人坑”，早已经变成了庄稼地和果园，直到2016年清明之际（4月3日）才由民间热心人士共同推动和出资相继竖起了“长城抗战抗日英雄纪念碑”“长城抗战冷口关进攻战遗址”碑；迁西县汉儿庄乡岔沟村已经瘫痪在床3年的92岁高龄的王香德老先生，念念不忘的是后山上当年由百姓掩埋的100多位长城抗战阵亡将士，80多年来，那块墓地始终没有耕种，但现在也已经被人承包，栽上了栗树苗；滦平县青石梁阻击战战场遗址，前些年还有部分堑壕遗迹，现在也荡然无存。

（三）长城抗战遗址遗迹保护利用中存在的问题

首先，重视不够，投入不足，缺乏管理和引导，损毁严重，历史价值严重受损，亟须抢救性保护和有效利用。目前，虽然有像喜峰口大刀园的创建者张先生这样的民营企业家热心保护和开发长城抗战遗址遗迹，但个人的力量毕竟是有限的，况且喜峰口只是长城抗战中13个重要战场之一，其余除了山海关、古北口等少数地方得到了一定程度的保护和修缮之外，大多处于荒废破败状态，很多国民党将士忠魂长眠于长城脚下却鲜为人知。即使是保护较好的喜峰口抗战遗址也还有很多地方亟须抢救性保护，比如我们在登喜峰口战役遗址“二道边长城”及当年战斗最惨烈也是最高峰的老婆山时，发现这里的情景和山下大相径庭，由于早年战火、自然灾害、人为拆毁，再加上山高路险等原因，这里的长城破损严重，一路走来，脚下尽是七零八落的长城砖，深藏柴草中的长城夯石基墙没有做任何警示标识，游人稍不小心就有可能一脚踩空掉下去。因此，长城抗战遗址的修缮和保护工程非常浩大，这项工作不是依靠个体力量能做好的，迫切需要各方力量协同推进，特别是需要国家和政府各级相关部门给予切实关注、科学规划和资金支持。

其次，部分抗战历史遗迹虽建立了纪念馆和纪念设施，但为了争得狭隘的地方经济利益，不尊重历史史实，导致一些跨地域的战场遗址归属发生混乱，甚至严重错误，重复建设的情况较为严重，既严重浪费了大量的物力和财力，又误导了民众，使其爱国主义教育的严肃性受到削弱。

最后，史料挖掘、研究不足，各相关部门和媒体的关注和宣传缺位，多数抗战遗址遗迹没有得到有效的保护和利用，很多甚至被挪为他用。这种情况在冷口比较严重，我们在村中走访时发现，很多长城砖都被当地百姓盖了房子、修了院墙、搭了猪圈，偶尔还能看见墙角随意丢弃的防敌武器“石雷”。通过与当地资历较深的老人及国民革命军老兵的后代座谈，我们得知，1933年国民党32军139师黄光华指挥的冷口长城保卫战，是长城抗战中我军的唯一一次进攻战，也是持续时间最长、最艰苦的战役，更是牺牲人数（1000余人）较多的一次战役。但目前相关论著和媒体却鲜有宣传报道，外界也很少有人知道冷口保卫战的英雄事迹及爱国将士。谈到冷口抗战遗址保护利用情况时，村民们感到非常遗憾，前些年在村子里还能看到抗战遗物，如当年被国民党139师打落的日军轰炸机，20世纪90年代在搞房屋建设和农田开发时，还挖出过日军的战刀和大炮。但由于当时对国民党抗战缺乏客观态度，这些抗战遗物没能引起相关部门的重视，加之村民文物保护意识淡薄，除了少部分被放到迁安市博物馆，其余大多被破坏和遗失了。被当地百姓称为“万人坑”的埋葬千余名国民党将士忠魂的地方，现如今已经长满了庄稼和果树，没有墓碑，甚至连坟头都没有，没有任何的标识，要不是知情村民讲述，我们根本就不知道这块土地下竟然有1000多位英魂长眠于此。尽管如此，村民说：“前些年，每年都有很多国民党将士后裔来冷口寻祭亲人，由于没有祭奠的地方，他们就在路边烧烧纸，以寄托哀思。”

如今，随着对抗战史研究的重视及对抗战老兵的待遇的提高，冷口村的村民迫切希望政府相关部门对冷口抗战遗址的保护和修复给予重视和支持，至少要为牺牲在此地的139师的抗日英烈们竖块纪念碑，殷切希望宣传部门及各级媒体宣传冷口抗战事迹和英勇无畏的抗战精神。

二、恢复和保护长城抗战遗址的建议与对策

（一）扭转态度，客观公正地评价历史

长城抗战是由中国国民政府领导的，在未完成祖国统一大业之际，我们应该加强对这段历史的研究和挖掘。中国的抗日战争是国共两党携手合作、团结全民族力量打赢的，没有国民革命军爱国将士浴血拼杀，我们的卫国战争也不可能早日取得胜利。我们不能忘记那些为捍卫民族利益而战的爱国将士，不论共产党还是国民政府领导的军队，只要是为了民族的尊严和正义而牺牲的将士，我们都应该纪念，其事迹就应该得到整理和留存。

（二）明确长城抗战遗址的地位和作用

首先，抗战历史遗址遗迹是抗战精神的载体，在历史的硝烟弥散淡化之后，

是抗战遗址遗迹将消失了的时空保存了下来，将特殊时空锻造的民族精神凝固成型，给后人留下真切可感的历史场面和民族精神。一个个抗战遗址，就是一座座民族精神的丰碑。

其次，抗战历史遗址遗迹是进行爱国主义教育的鲜活教材，警示后人，勿忘国耻。恢复和保护抗战遗址，既可以为全国人民提供凭吊、记忆的平台，又可以增强人民的忧患意识，坚定和平信念。有效保护抗战遗址，进行科学利用，既是尊重历史、呼唤和平、保护历史文化资源的客观需要，又是充分发挥这些文化资源的现实功能、强化地方经济建设和精神文明建设的必然要求。

再次，抗战遗址遗迹是中国人民同仇敌忾、浴血奋战、团结一致共御外侮的见证，更是日本军国主义给中国人民造成深重灾难的铁证，是反击日本右翼势力的有力武器。

最后，保护好长城抗战遗址遗迹利于祖国统一大业。特别是在国共两党友好接触的新形势下，充分研究和挖掘长城抗战史实，维护好长城抗战遗址遗迹对台湾同胞和海外侨胞会形成新的吸引力，对祖国统一大业的尽快完成具有重要意义。

（三）恢复和保护长城抗战遗址的措施与建议

一是从山海关到张家口的长城沿线各县、市民政部门及相关研究机构应逐村开展对长城抗战遗址，特别是长城抗战阵亡将士墓地的普查工作。二是在普查落实的基础上，建立完善的保护机制，强化政府的主导地位，京津冀三地协同出台措施，保护相关遗址，完善长城抗战沿线的纪念设施。三是深入挖掘和丰富长城抗战史料，研究其精神价值，加大宣传力度。媒体不但要宣传长城抗战的事迹，还要关注抗战遗址保护和修缮工作，扩大社会影响，增强保护意识。四是建立爱国主义教育基地，组织民众尤其是中小学生参观祭奠，接受爱国主义教育，传承抗日精神。五是将抗战遗址遗迹保护与传承和当地的生态旅游业开发相结合，充分发挥当地的红色资源和绿色生态农业资源优势，走“以红带绿，以绿促红”的可持续发展之路。

京津冀都市圈近现代建筑遗产区域保护探讨

—— 基于“主题性建筑遗产线路”概念的思考

秦红岭①

【摘 要】“主题性建筑遗产线路”概念是指从一定范围城市间区域合作的视角，结合建筑文化遗产的特征、保护状况与展示需要提出的一个概念。以此为基础在京津冀都市圈的背景下，本文提出三个主题线路并指出京津冀都市圈主题性建筑遗产线路的建构原则。

【关键词】京津冀都市圈 建筑遗产保护 主题性建筑遗产线路

一、主题性建筑遗产线路：区域建筑遗产保护新方法

（一）相关概念

从20世纪80年代开始，建筑遗产保护在范围上有显著的扩展，从单纯保护单体建筑，已扩大至跨区域的线性遗产保护，如历史文化名城、街区甚至国家。

① 秦红岭，北京建筑大学文法学院教授。

此外，对于遗产价值有了新的认识，建筑文化遗产保护的空间尺度显著扩展，除了遗产的历史价值、文化价值外，越来越重视从展示层面认识建筑遗产所具有的独特文化价值。正是在这样的背景下，区域遗产保护的概念如遗产廊道、文化线路、遗产足迹等纷纷出现，本文在上述概念的基础上，从一定范围城市间区域合作的视角，结合建筑文化遗产的特征、保护状况与展示需要提出主题性建筑遗产线路的概念。

1. 遗产廊道

作为一种线性遗产区域，比较常见的是河流峡谷、运河、道路以及铁路线等，但也可以是把单个的遗产点串联起来的、具有一定历史意义的线性廊道。比如美国第一条国家遗产廊道——伊利诺伊与密歇根运河廊道（The I&M Canal National Heritage Corridor）（见图1）。

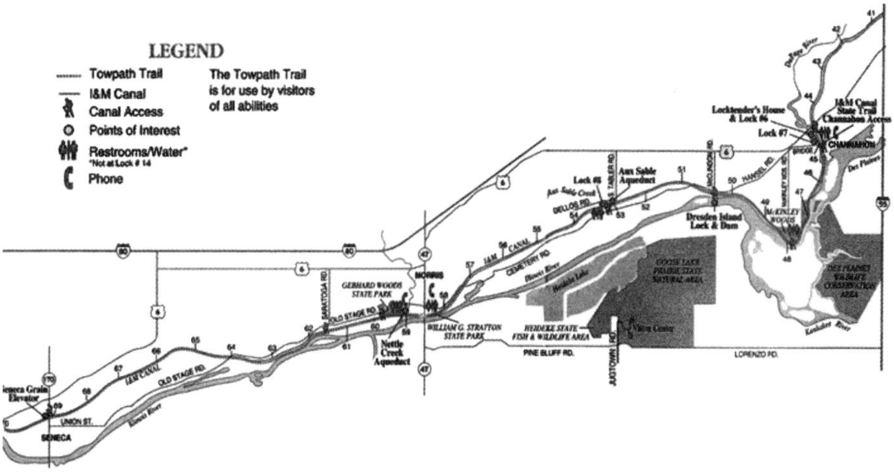

图 1：美国第一条国家遗产廊道——伊利诺伊与密歇根运河廊道

2. 城市遗产足迹

主要是指美国城市中一种以历史遗产保护与游览展示为主要功能的线性景观类型。如美国波士顿以展示美国独立革命历史遗迹为主题，将市中心区域17个遗产点串连而成的“自由足迹”。它是美国城市中一种以历史遗产保护和旅游游览展示为主要功能的线性景观。这种方式在北京，包括京津冀区域都可以采用。

3. 文化线路

《国际古迹遗址理事会文化线路宪章》界定："无论是陆地上、海上或其他形式的交流线路，只要是有明确界限，有自己独特的动态和历史功能，服务的目标特殊、确定，并且满足以下条件的线路可称为文化线路：（1）必须来自并反映人类的互动，和跨越较长历史时期的民族、国家、地区或大陆间的多维、持续、互惠的货物、思想、知识和价值观的交流；（2）必须在时空上促进所涉及的所有文化间的交流互惠，并反映在其物质和非物质遗产中；（3）必须将相关联的历史关系与文化遗产有机融入一个动态系统中。"

4. 主题性建筑遗产线路

本文将主题性建筑遗产线路界定为：无论是在一个城市内，或是在一定范围的城市群内的建筑遗产，只要建筑遗产的类型及其文化价值有较突出的主题叙事，并且地域分布上具有一定聚集性，能够通过主题提炼、阐释及文化规划等方法，将相互关联的建筑遗产有机融入一个线性或网状结构的整体保护与展示系统之中，便可称之为主题性建筑遗产线路。

与文化线路相比，主题性建筑遗产线路有三方面的不同：一是主题性建筑遗产线路的空间尺度比文化线路和遗产廊道的线路尺度相对小一点，适合于中尺度，比如说京津冀都市圈300千米以内的尺度比较合适；二是主题性建筑遗产展示要素相对于其他两个概念来说比较单一，主要是展示建筑遗产和建筑景观等非自然遗产；三是文化线路、遗产廊道的形成是历史上长期形成的线性遗产资源，而主题性建筑实际上是人为的，通过主题筛选、规划设计等手段，将具有文化相关性和文化主题的建筑遗产资源联系起来，组成一个线性或者是点状区域。

（二）主题性建筑遗产对京津冀文化保护的意义

1. 主题性建筑遗产线路是一种整体性保护策略

旨在以共同的文化主题为纽带，搭建并加强单体建筑遗产节点之间的内在联系，整体上提升建筑遗产的文化价值，实现整体价值大于线路上各部分遗产价值之和的共赢效益。有很多建筑遗产，从单体建筑遗产的角度来看，由于历史重要性不够高，文化价值不大而得不到妥善保护，如果构建了主题性建筑遗产，就能得以妥善保护，这是传承城市文脉的需要。

2. 主题性建筑遗产线路是展示建筑文化遗产的有效途径，并具有带动本地和区域文化旅游发展的重要作用

建筑遗产保护和文化旅游并不是绝对矛盾的，比如欧洲提出文化线路概念在相当长时期内，它的线路都被定位为传播当地历史，带动当地文化旅游。我们基于京津冀区域近现代建筑，将其定位为整体性的建筑遗产保护线路，也是一种特殊的区域文化旅游线路，有助于强化区域文化的建筑特征，提升旅游竞争力。

二、京津冀都市圈近现代建筑遗产线路的主题提炼

本文提到的京津冀都市圈包括北京、天津两个直辖市和8个河北的节点城市，覆盖区域300千米以内，这里面有5个中国历史文化名城，包括北京、天津、承德、保定和秦皇岛的山海关区，可以说区域内文化遗产现象非常密集，并具有相似的文脉传统。可以从这个区域中找到能够提炼的共性建筑文化的因子很多，这恰恰是推动京津冀遗产协同保护的内在动力。目前这方面的工作已经展开，如北京市城市规划设计研究院的《京津冀区域文化遗产保护情况梳理及规划建议》中提到：结合历史形成的文化脉络与遗产分布的空间特征可以发现，京津冀区域的文化遗产形成了“一轴两带四廊多点”的空间结构。以太行山东麓为主轴，横向是长城遗产带，纵向为大运河遗产带，廊道分别是京西古道、居庸关大道、古北口大道、燕山南麓大道4条大道（见图2、图3）。

（一）“革命之路”：京津冀革命纪念建筑遗产线路

革命纪念建筑主要是与中国近现代革命运动、重要革命历史事件或革命历

图 2：京津冀都市圈

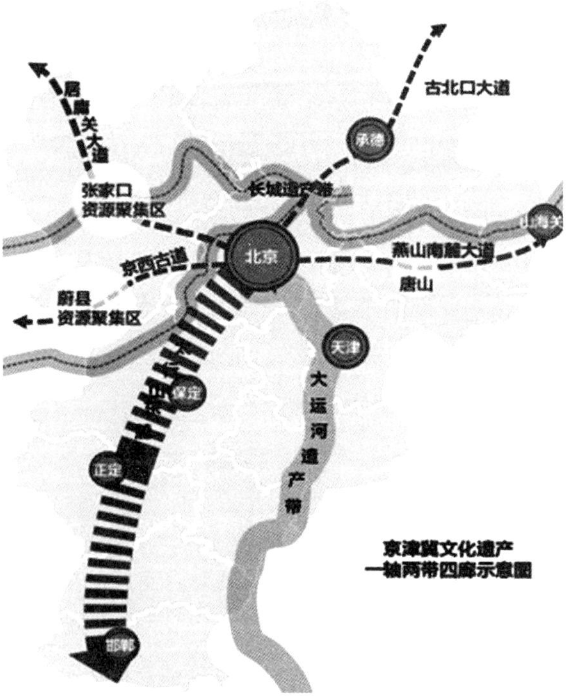

图 3：京津冀文化遗产“一轴两带四廊”

史任务有关的建筑遗产，这方面的建筑遗产在京津冀都市圈非常之多（见表1），可以把列入全国重点文物的革命纪念建筑遗产作为核心节点元素，将现存不同等级、不同类型的革命纪念建筑遗产串联起来，构建主题鲜明、具有爱国主义教育价值的线性文化景观。

表 1：京津冀都市圈节点城市列入全国重点文物的革命纪念建筑简况及主题元素描述

名称	所在地	时代	主题元素描述
天安门	北京东城区	始建于明代	“五四运动”“五卅运动”“一二·九运动”“三反运动”等
北京大学红楼	北京东城区	始建于 1916 年	五四运动主题
长辛店“二七”大罢工旧址	北京丰台区	1923 年	工人运动主题
辛亥滦州起义纪念园	北京海淀区	1937 年	辛亥革命主题
焦户庄地道战遗址	北京顺义区	1943 年	抗日战争主题
人民英雄纪念碑	北京东城区	1958 年	纪念英雄主题
八宝山革命公墓	北京石景山区	近现代	纪念英雄主题
大沽口炮台	天津滨海新区	1858 年	明清时期北方海防的军事防御设施之一
冉庄地道战遗址	保定清苑区	1942 年	抗日战争主题
晋察冀边区政府及军区司令部旧址	保定阜平县	1938—1948 年	抗日战争主题

（二）“崛起之路”：京津冀工业建筑遗产线路

京津冀比较突出的是积淀了丰富的近现代工业建筑遗产，主要指1840年以后出现的用于工业、仓储、交通运输业等具有一定历史文化价值和可以改造再利用意义的建筑遗产，可以此为节点来打造一批主题线路。这方面国外有很成熟的模式，比如欧洲的“工业遗产之路”和德国鲁尔区的“工业遗产旅游之路”，在整体性保护与文化旅游开发方面特别值得借鉴。德国鲁尔区“工业遗产旅游之路”，有统一的视觉识别符号设计，包括19个工业遗产旅游景点、6个与技术和社会史相关的博物馆、12个典型的工人住宅聚落、9个利用废弃工业设施改造而成的瞭望塔作为旅游景点。打造这条线路后，把整个鲁尔区的工业遗产串联起来，这样的保护模式是非常有效的。

我们也可以选取具有代表性文化价值和教育意义突出的工业建筑遗产作为核心节点，将这些节点元素组织起来，形成主题性的地区线路，规划统一的视觉识别符号设计，能够成为覆盖较大区域的遗产保护线路，比如北京的京张铁路等资源可以打造成工业遗产旅游路线。

（三）“名人之路”：京津“双城记”之名人故居线路

习近平总书记2013年5月在天津调研时提出，“要谱写新时期社会主义现代化的北京、天津双城记”，北京和天津近代建筑遗产保护开发可以借鉴欧美的经验，尤其是在名人故居方面。京津有众多的名人故居，可以打造京味文化和津味文化的名人故居，有的名人既在北京、又在天津留下了重要足迹，可以综合起来，充分发挥名人故居独特的文化功能和资源，也可以尝试北京、天津城际合作。

三、京津冀都市圈主题性建筑遗产线路的建构原则

（一）真实性原则和整体性原则

真实性原则和整体性原则作为建筑遗产保护的一般原则，同样是“主题性建筑遗产线路”构建中应遵循的基本原则。虽然近现代建筑要注重它的展示性，但是有一些底线原则是不能突破的。打造近现代遗产主题线路，首先要遵循底线原则，真实全面地保存建筑遗产线路元素的历史信息和文化价值。其次要遵循整体性原则，我们提出的主题线路保护就是整体性的保护，北京现在对于整体性的保护已经有了很多考虑，市一级层面已经注意到建筑遗产线路必须有一些整体性的保护策略，但是在京津冀协同发展背景下，北京与天津、河北在区域层面的主题性的整体保护模式，目前看来还不够。

（二）适宜性开发原则和“可参观性”原则

对现代建筑遗产，适宜性开发是对保护的扩展性认识。对建筑遗产的认识，不仅应该将其当作珍贵文物，还应该是一种文化资本。为了更好地发挥文化资源和文化资本的综合价值，有助于增强公众对于建筑遗产的了解，有助于增强公众对地域文化的认同感，对现代建筑遗产可以进行适度的开发。

传承城市文脉，让文脉具有可读性很重要。主题性线路的打造，就是让我们的文脉凸显出来并具有可读性。英国学者贝拉·迪克斯的可参观性原则是值得借鉴的，他指出可参观性原则取决于你对你的建筑文化的展示程度。首先以真实性文化展示根基作为前提，通过各种展示策略和标识系统的阐述，建构一种文化得以整体性阐释的主题性环境，使场所具有可读性，这样才能吸引市民的注意力，促进市民对建筑文化整体性的文化消费。

在构建京津冀区域建筑遗产保护的同时，通过对建筑遗产进行文化规划和再开发，尤其是通过主题性展示方式和整体标识系统的规划设计，使得原本比较支离破碎，甚至深藏城市深处难以识别的建筑遗产，变得完整、清晰、可读，成为可参观的文化空间。这样才能培育公众的文化认同感，才能发挥建筑遗产有助于展示和提炼城市文脉的功能。

明长城军事防御体系整体性研究与建议

李 严　张玉坤[①]

【摘　要】长城是我国古代一项极为浩大的边境防御工程，其中保存至今最完整的是明代的“万里长城”。目前从历史和长城学的角度对长城本身的研究较多，而长城军事防御体系的整体性研究尚未引起学术界的重视，本文基于明长城军事防御体系整体性研究的重要意义，将目前取得的研究成果与读者分享，并提出进一步研究尤其是京津冀协同研究的建议。

【关键词】明长城　长城军事防御体系　长城军事聚落

一、研究意义

（一）保护长城文化遗产的紧迫性

2009年国家测绘局发布明长城测绘数据显示：74.1%的长城墙体损毁严重，3/4的关隘堡寨亦多已损毁。加强长城保护工作刻不容缓。长城资源调查业已

---

① 李严，天津大学建筑学院副教授。
张玉坤，天津大学建筑学院教授。

结束，各地亟待进行长城保护规划和示范，因此，深入开展理论研究、保护规划与工程示范势在必行。

（二）拓宽和深化对长城文化遗产的认识的必要性

总结一下各个学科从各个方面对长城做的一些研究（见表1），历史学、考古学在长城本体和防御体系的历史研究比较多，军事学、社会学、民族学等在长城防御体系方面进行考证，并有边疆、经贸方面的研究，地理学和建筑史学、历史地理学和空间人文学等也在长城的历史研究和空间定位关系方面做了一些考证，研究成果非常丰硕。我们觉得研究在整体性和系统性方面还有一定欠缺，所以这是我们这项研究的一个主要内容。

表 1：明长城学科研究现状

学科领域	长城本体	防御体系	经贸及其他	实地考察
历史学 考古学 军事学 社会学 民族学 地理学 建筑史学	最初形态 位置走向长度 沿袭关系 修筑方法 修筑背景	历代兵制 明九边卫所 边镇城池 烽燧障塞 相关遗存	互市贸易 屯垦与人口 生态环境 民族关系 保护与开发	文物普查 资源调查 长城学会 学术团体 民间个体

（三）加强长城真实性、完整性保护的重要性

图1是从对国际文化遗产保护的理念整体性和原真性认识的过程来反观我们对于长城保护和研究的历程。从国际文化遗产保护的理念方面也经历了从历史建筑、单体到群体，到自然遗产、无形遗产，到大遗址，再到文化线路、文化景观，对于文化遗产的整体性、原真性研究不断加深。在这个过程中，我国颁布了如《长城保护条例》等一系列的保护条文，对长城进行整体性、原真性

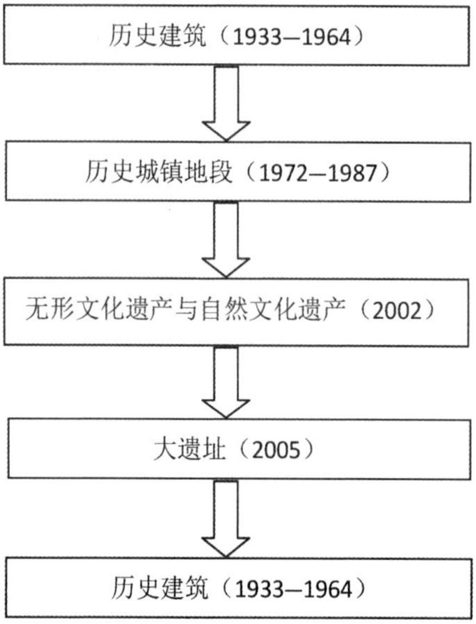

图 1：国际文化遗产保护理念的发展

的保护，对长城的认识有所加深。

长期以来，传统观念中我们认为长城是线性墙体，而线性墙体是没有办法阻碍北方铁骑进攻的。实际上长城不光是线性墙体，《长城保护条例》里提出，长城包括长城的墙体、城堡、关隘、烽火台和敌楼。通过资源考察，对长城集合性的认识有了更进一步的加深，对于长城的系统性认识更接近于长城的本真。

不过，对于长城的系统性认识还有一定局限性，一是分学科研究影响认识的整体性、系统性；二是“线性”“类型”“集合”的概念妨碍对长城的复杂性认识；三是“体系”或“系统”的认识尚停留在概念层次；四是理论研究与保护实践脱节，妨碍了对长城真实性、完整性的保护。

（四）提升长城历史文化价值

1. 建筑史学与城市史学意义

在中国建筑史学研究中，军事防御性建筑的历史远未得到充分关注。军事聚落是在一定军事管理制度下的聚落形态，各个军事聚落之间分段防守又互相连接，且为减轻军费开支驻防合一、耕战结合，具有自己独特的布局特征、聚落形态与建筑形式。目前在“建筑史”和“城市建设史”研究中都没有将军事聚落作为一种重要类型进行研究。本研究希望弥补中国建筑史学、城市史学或聚落史学缺环，使之臻于完善。

2. 军事史学意义

军事聚落与防御体系，是明朝初年“都司卫所”军事防御组织制度的物质体现。长城沿线的各级屯兵城池，完整的体系和布局成为研究明朝军事史的重要实物，是古代军事史学研究的活化石，蕴含着明朝的边防政治变迁、驿传交通系统、对外贸易交流、军事管理和军事技术等重要历史信息。

3. 人文社科学科意义

长城军事聚落处在文化地理学、历史学、考古学等多学科之间的交叉地带，分布广泛，类型各异，携带丰富的历史文化信息，有较高的文物与文化价值。通过对这一历史形态的发生机制、演变脉络以及文化内涵等方面的发掘研究，为文化遗产保护开发的实际操作提供学术支持与理论参考。此外，还有一项更重要的遗产保护意义——揭示了长城防御体系的整体性、层次性和系统性，这可以为现实的长城文化遗产保护提供重要线索和参考。

二、研究过程

（一）1991—2005 年前期基础考察与研究

1991—1995年：山西平遥古城和介休张壁古堡调研测绘。

2001—2002年：秦晋地区重要堡寨两次实地考察。

2003—2005年：河北、山西、陕西、甘肃、山东等地的军事聚落实地考察。

以往考察完成了9篇硕博士学位论文和30余篇学术论文。

（二）2006—2008 年基础性研究

2006—2008年有两项国家自然基金的支持，在此支持下，做了大规模的实地考察，对明长城全线军事聚落的空间分布有了一定的认识，并主要对我国北方长城分布的区域做了大量考察。在此过程当中，因为工作量非常大，所以引进了无人机技术，进行航拍和高精度测绘，并不断推进。

（三）2009 年至今《中国长城志》与数据库建设

在董耀会会长的大力支持之下，从2009年开始参与《中国长城志》的写作，负责其中第四卷，即《边镇·堡寨·关隘卷》，全书已于2016年3月由凤凰传媒出版集团出版。后面我们还做了 GIS 的数据库，把整个长城防御体系在 GIS 里面做一个空间分布。

三、研究内容

（一）研究对象

长城是集军事防御和民族交融于一体的“秩序带”，是反映我国历朝历代军事、政治、经济、民族、文化的多层次、立体化、系统性的“综合体”；是具有物质和非物质双重性质、举世无双的文化遗产和伟大的古代“建筑奇迹”。

图2是对长城防御体系的一个概念性的图解，我们认为长城防御体系由东西向横向分段，南北向纵向分层，从中原地区到边疆地区再到长城线，实际上是由不同层次的军事聚落构成的，从高一级到低一级，从镇城、路城、卫城、所城、城堡，到边墙的敌台、关口、烽燧设施。各个军事聚落之间有运输线路，从内往外是生命线，是后勤等运输线路。从边疆到内陆是信息传递系统，是一个网络，北面有外面的前哨，甚至还有游牧部落的防御体系，是一个动态的敌我力量对比的秩序带。

（二）研究内容

图3是明长城九边十一镇的分布情况，为了做长城的整体性、原真性研究，我们认为防御体系是一个完整的系统。这个系统里面有要素、环境、结构，

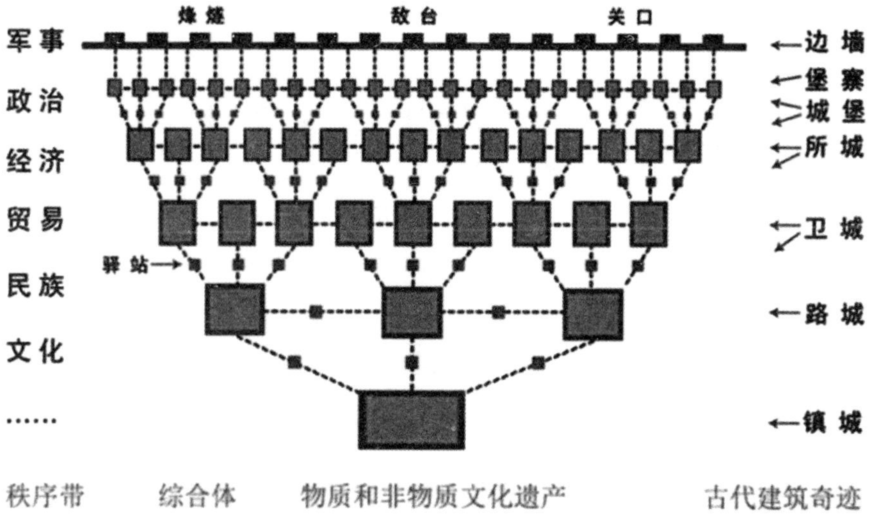

图 2：对长城的认识——长城防御体系概念图解

要素包括长城本体、军事聚落和驿传烽传，环境包括自然环境和社会环境。自然环境包括地形、地貌、气候、水系、土壤资源，等等；社会环境包括军事、政治、经济、贸易，等等。它们之间相互关系，通过这样一个系统来研究长城防御体系。

四、研究成果

（一）长城军事聚落的空间分布规律，绘制长城防御体系分布图——整体性

课题将整个长城的军事聚落作为整体进行研究，绘制了明长城沿线的军事聚落分布图。以目前的中国行政区划图为依托，将明长城及其沿线的九边重镇、各镇的路城、卫城、所城、堡城及重要关城的位置标注其上，全面展现长城防御体系全貌及其在我国疆土上的位置分布，填补目前长城地图研究的空白。图4为明长城军事聚落的空间分布图，图中大概有1100多个军事聚落，还有几百个重要关口，这是2005年画的一张分布图，现在看并不是很全。为了研究军事

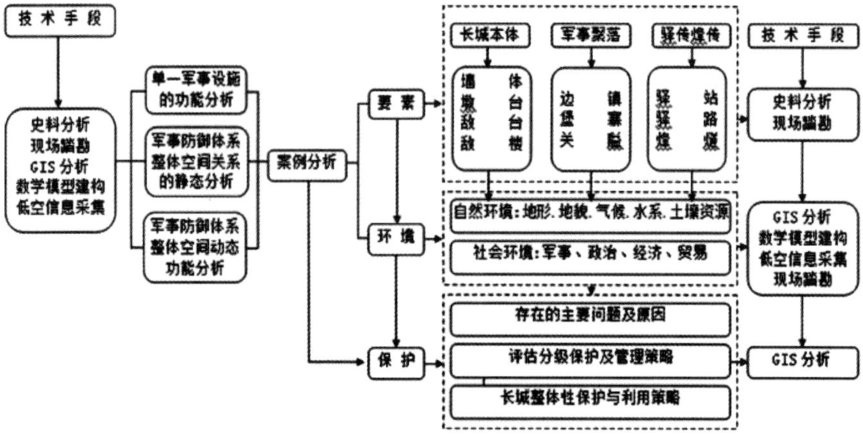

图 3：明长城防御体系结构、构成要素与外部环境

聚落的时空演变过程，对发生在明朝870多年的军事战事进行整理，总结出三个主要阶段。第一阶段主动进攻时期（洪武和永乐年间），战事比较多，修筑堡的数量也比较多。这个阶段经历了从洪武时期到永乐宣德年间的退防退守，放弃了河套地区。第二个时期是军事转型时期，第三个时期是被动防守时期，分别都有军事聚落的空间分布情况。

（二）长城防御体系的整体性和军事聚落的系统性

图5展示的是军事聚落跟战事的关系，可以看出，军事聚落修筑有时候是预防性的，有时候是亡羊补牢式的。有一些军镇里面，如宁夏镇和延绥镇，军事聚落的修筑跟战事发生的情况基本保持一致。这个是对于军事聚落层次体系的认识。明朝的军事制度主要是总兵镇守制度（图6），还有都司、卫、千户所制度（图7）。都司、卫、所这样的层次体系，都有自己的城池驻地。边疆地区将整个长城线分成几个大镇，每个镇下面又分路，路下面统辖一些堡，从城池的级别上，有镇城、潞城和堡城三个层次，上面这两个军事级别合并起来就出现了镇城、路城、卫城、所城、堡城五个层次。这个是按城池级别来说的，不是军事级别。为了理清明朝的边防军制层次体系、沿袭关系，我们逆推前朝边

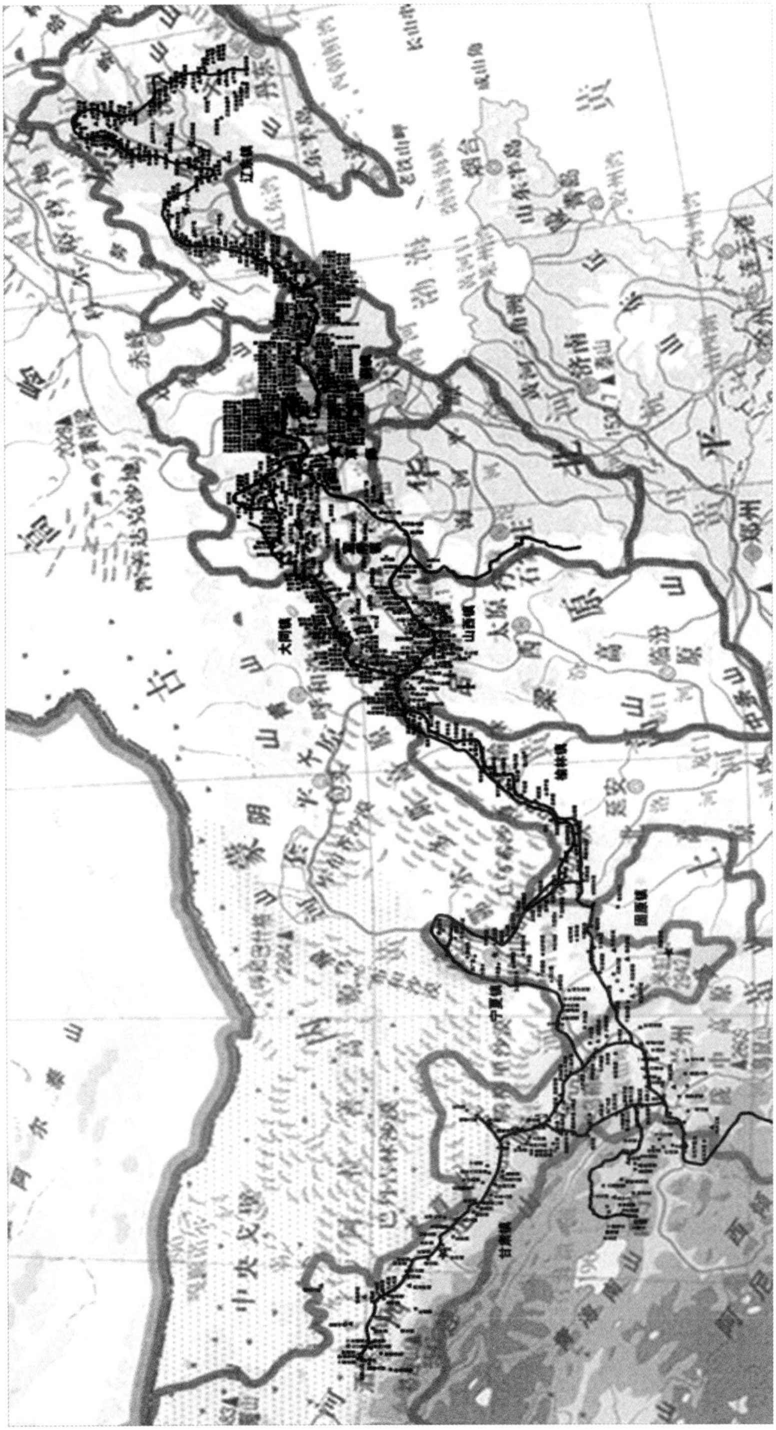

图 4：明长城重要军堡分布

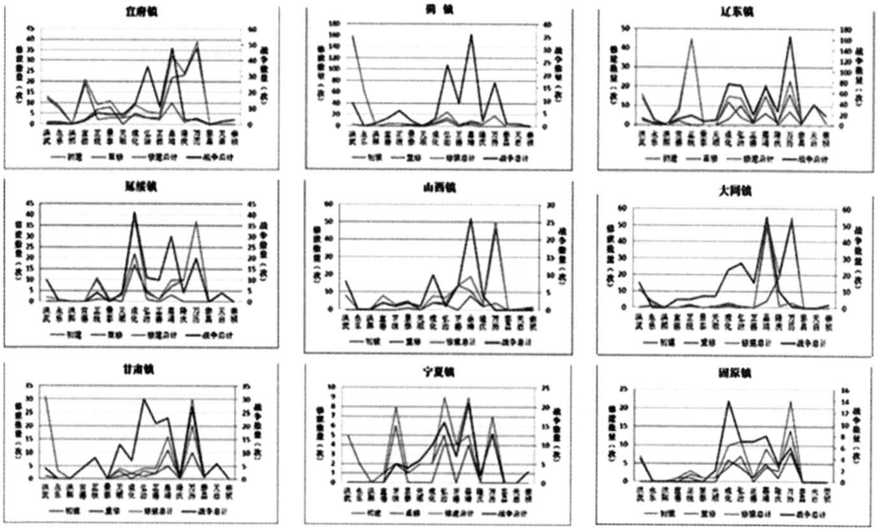

图 5：各镇军事聚落初建、重修及修筑总量与战争次数数据对比示意

注：各镇统计图中，四条曲线的波动趋势部分相符，其中修建总计与战争总计的符合程度相对较高。

各镇的符合程度存在差异，其中宁夏镇、延绥镇的四条曲线基本保持一致，而山西镇、宣府镇的曲线交错较多。

各镇中，战争数量与修建数量即使无法整体一致，在某段时间，尤其是明中期，符合程度也相对较高。

引自：范熙晅《明长城军事防御体系规划布局机制研究》。

防军制层次体系，发现实际上是有一些关系的，但现在还不太成熟，以后可能会继续研究。

（三）长城防御体系的整体性和军事聚落的层次性

研究中采取将长城军事聚落作为一个整体进行研究的方法，是对以往专门进行单个聚落研究方法的突破。探索军事防御体系中各级组织机构的组成和相互之间的关系，将都司卫所制度下的明长城军事聚落按照城池的级别及规模，分为镇城、路城、卫城、所城、堡城，提升各级城池是长城防御体系防御主体的实质。厘清九边军事重镇的形成过程、防御级别、军事防御地位、人口构成等情况；对镇城、路城、卫城、所城、堡城及防御工事——墩、烽火台的建置

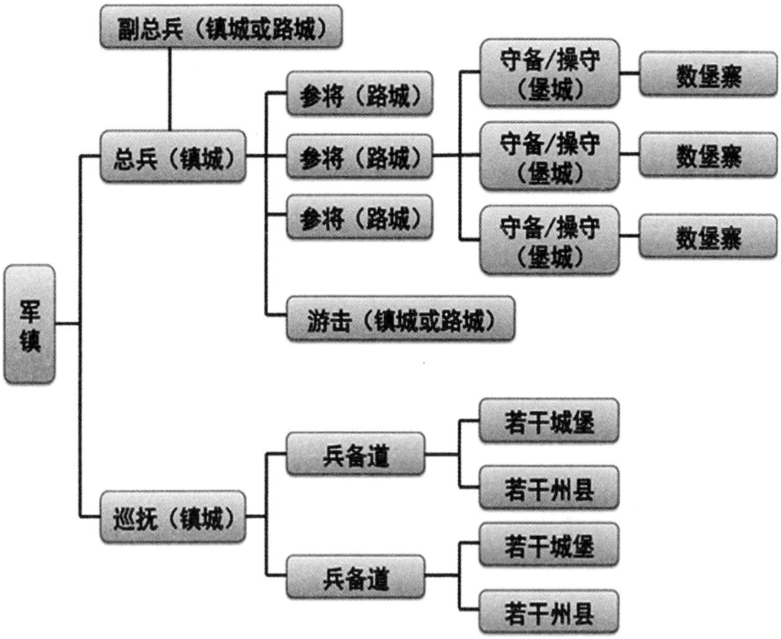

图 6：总兵镇守制度

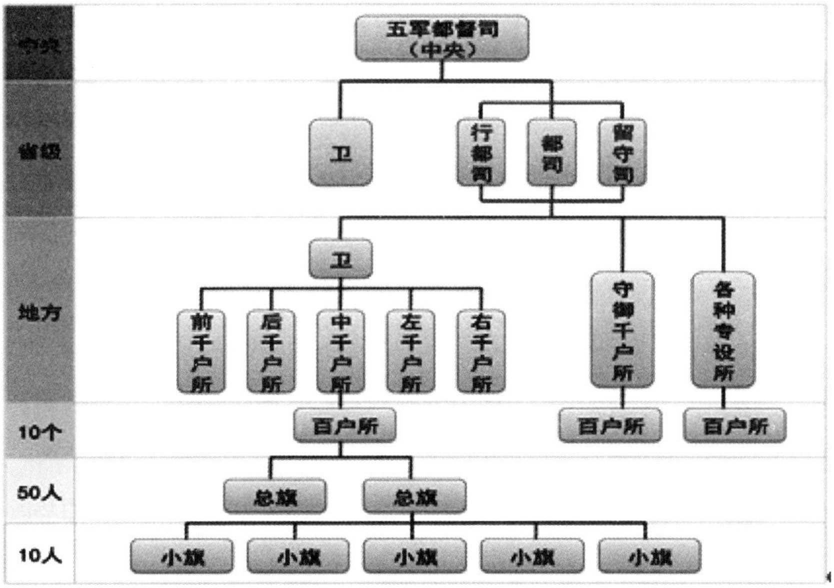

图 7：都司、卫、所制度

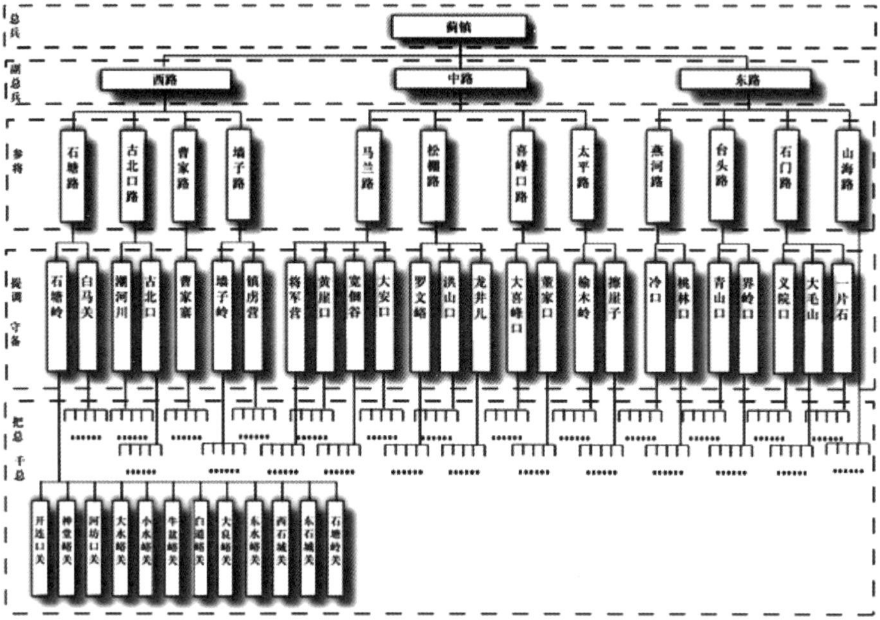

图 8：长城军事防御体系系统性

引自：王琳峰《明长城蓟镇军事防御性聚落研究》。

沿革、地形选址的防御性、聚落的组成特征、布局结构、内部建筑组成、与周围外部空间关系及各个城堡之间的联系性进行重点研究（见图8、图9）。

（四）长城防御体系的整体性和军事聚落复杂系统

1. 驿传系统（见图10）

2. 贸易性（见图11—14）

辽东镇互市贸易市场具有很强的连续性，运作周期短，互市频繁。在繁盛的互市贸易过程中，明廷对蒙古势力仍存在戒心，从互市市场的选址中可见，除考虑互市地点便利以外，还将防御性纳入考虑范围，在互通有无的同时，时刻保持警惕。另外，作为明长城军事防御体系的重要组成部分，互市市场的选址和变迁也会受到防御体系内其他部分的影响和限制。[1]

---

① 范熙晅：《明长城军事防御体系规划布局机制研究》。

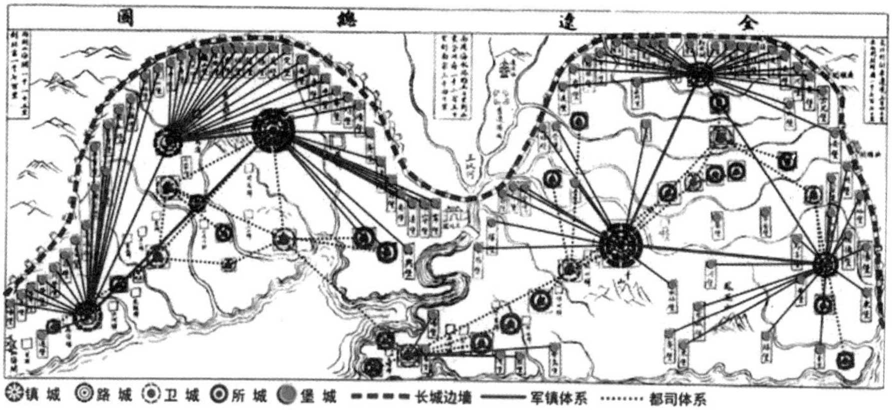

图 9：明辽东镇军事防御体系层级结构

图 10：嘉庆、乾隆年间长城沿线驿路驿站

引自：范熙晅《明长城军事防御体系规划布局机制研究》。

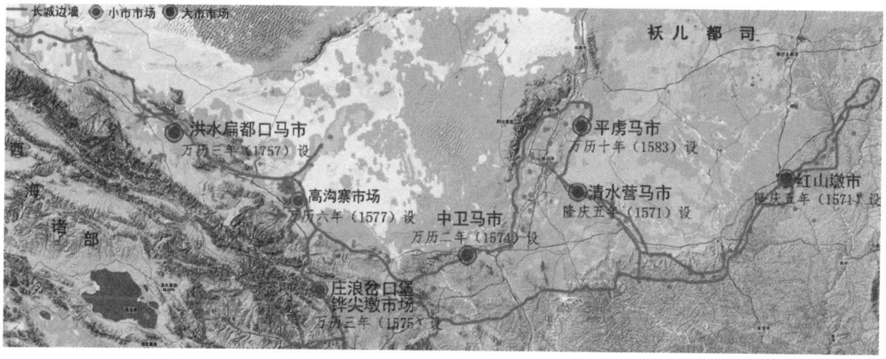

图 11：古长城贸易系统

引自：范熙晅《明长城军事防御体系规划布局机制研究》。

图 12：辽东镇明蒙互市市场布局

引自：范熙晅《明长城军事防御体系规划布局机制研究》。

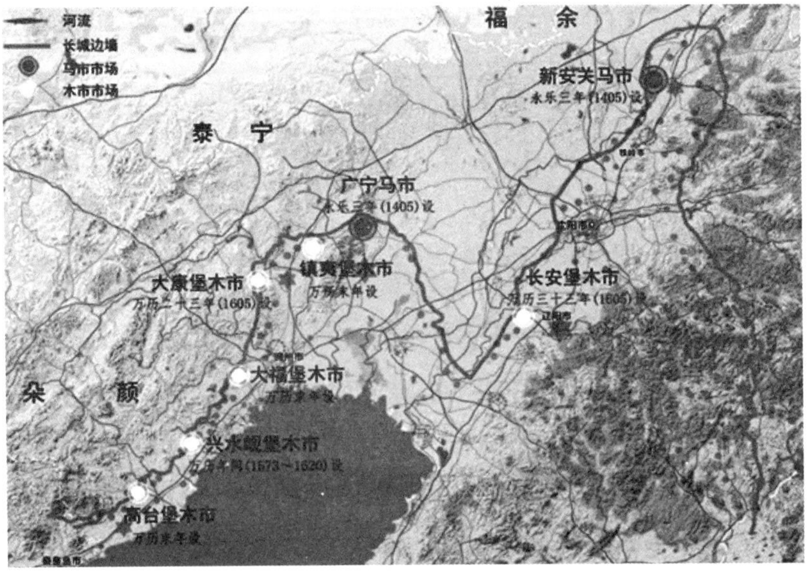

图 13：新安关马市迁址

引自：范熙晅《明长城军事防御体系规划布局机制研究》。

图 14：宣府、大同、山西三镇明蒙互市市场布局

引自：范熙晅《明长城军事防御体系规划布局机制研究》。

（五）各镇长城防御体系和军事聚落的专题研究

明代为管理和防务的需要将整个明长城分成九边重镇分段防守，每段有相对独立的军事管理层次和相应的各层次军事聚落，课题组成员以“镇”为单位进行划分，展开专题研究。除此之外，还对明长城修筑以前的第二大万里长城“金长城”展开初步研究。

（六）出版了大量的学术著作

1. 学术著作

出版《长城志・边镇关隘堡寨卷》《长城经典建筑实测丛书》《长城研究丛书——明长城防御体系整体性研究》等书籍。

2. 学位论文

分段			论文题目	作者、硕/博、时间
总体		1	《明长城“九边”重镇军事防御性聚落研究》	李严，博士学位论文，2007.9
		2	《明长城军事防御体系规划布局研究》	范熙晅，博士学位论文，2015.6
		3	《明长城宣、大、山西三镇军事防御聚落体系宏观系统关系研究》	曹迎春，博士学位论文，2015.6
九大镇	辽东镇	4	《明辽东地区海防聚落工程体系研究》	刘文斌，硕士学位论文，2012.12
		5	《明辽东镇军事防御性聚落及防御变迁研究》	魏琰琰，博士学位论文，2014.6
	蓟镇	6	《地理因素影响下明蓟镇长城防御体系研究》	郭栋，硕士学位论文，2013.12
		7	《明长城蓟镇军事防御性聚落研究》	王琳峰，博士学位论文，2011.12
		8	《明蓟镇长城沿线关城堡寨聚落研究》	苗苗，硕士学位论文，2005.3
	宣府镇	9	《明宣府镇长城军事堡寨聚落研究》	倪晶，硕士学位论文，2005.3
		10	《明长城宣府镇军事聚落体系研究》	杨申茂，博士学位论文，2013.6
	山西镇	11	《明长城山西镇防御性军事聚落研究》	赵紫微，硕士学位论文，2012.12
	大同镇	12	《山西省雁北地区明代军事防御性聚落探析》	李哲，硕士学位论文，2005.3
		13	《明长城大同镇军事聚落整体性研究》	王力，硕士学位论文，2011.10
	榆林镇	14	《宋明两代军事堡寨研究——以陕北地区为例》	李晴，硕士学位论文，2011.12
		15	《榆林地区明长城军事堡寨聚落研究》	李严，硕士学位论文，2004.2
	西北地区（含宁夏镇、固原镇）	16	《明长城军堡形态规制研究与比较——以西北地区为例》	徐凌玉，硕士学位论文，2013.12
		17	《明长城西北四镇军事聚落研究》	常炜，博士学位论文，2014.6
	甘肃镇	18	《明长城甘肃镇防御体系及其空间分析研究》	刘建军，博士学位论文，2013.6

（续表）

分段			论文题目	作者、硕/博、时间
三大关	居庸关	19	《明长城居庸关防区军事聚落防御性研究》	刘珊珊，博士学位论文，2011.5
		20	《明长城居庸关研究》	张曦沐，硕士学位论文，2005.6
	山海关	21	《明长城山海关防区防御体系与军事聚落》	庄和峰，硕士学位论文，2011.12
	嘉峪关	22	《明长城肃州路嘉峪关防区军事防御体系研究》	刘碧峤，硕士学位论文，2012.12

3. 期刊论文50余篇

（七）基金项目

方向	项目类别	项目名称	项目负责人	时间
聚落变迁遗产保护	国家自然科学基金项目	中国北方堡寨聚落研究及其保护利用策划（面上项目）（50278061）	张玉坤	2003—2005
		明长城军事聚落与防御体系基础性研究（面上项目）（50578105）	张玉坤	2006—2008
		聚落空间信息采集与处理新方法研究（青年基金）（51008204）	李哲	2011
		明代海防军事聚落与防御体系整体性研究（面上项目）（51178291）	谭立峰	2012—2014
		基于空间信息技术的明长城军堡空间关系研究 （青年基金）（51108305）	李严	2012—2014
		明长城军事防御体系整体性保护策略研究（面上项目）（51478295）	张玉坤	2015—2018
	国家科技支撑计划课题	明长城整体性研究与保护规划示范——以京津冀地区为例（2014BAK09B02）	张玉坤	2014—2016
	国家社科重大项目子课题	我国线性文化遗产保护及时空可视分析技术研究（1&ZD231）	张玉坤	2013—2015

（续表）

方向	项目类别	项目名称	项目负责人	时间
聚落变迁遗产保护	建设部科学技术项目	明长城建筑遗产三维数据库系统研究（2008—k9—20）	李严	2008—2010
	教育部博士点基金项目	中国古代农村聚落分布规律与文化生态学研究（20040056059）	张玉坤	2005—2007
		明长城军堡三维数据库建设——以河北地区为例（新教师基金）（200800561088）	李严	2009—2011
		明代海防军事聚落与体系研究（新教师基金）（20090032120054）	谭立峰	2010—2012
	国家出版基金资助，文号（新出厅字〔2009〕549号）	中国长城志卷六·边镇堡寨关隘（250万字）	张玉坤	2009—2014

（八）专利技术

序号	专利名称	专利类型	发明人	申请号/专利号	授权年度
1	无人机监控用戴具	实用新型	李哲、李严、张玉坤	ZL200620026472.5	2007
2	建筑物理数据快速三维采样方法	发明专利	李哲、李严、张玉坤	ZL200810052102.2	2008
3	涡轮轴无人驾驶直升机桥梁式机身结构	发明专利	赵曙光、李哲	ZL201110434831.6	2012
4	涡轮轴无人驾驶直升机桥梁式机身结构	实用新型	赵曙光、李哲	ZL201120543793.3	2012
5	有限空间内无人机全景拍摄云台	实用新型	李哲	ZL201520357300.5	2015
6	全景拍摄用多旋翼无人机	实用新型	李哲	ZL201520355828.9	2015
7	古建筑顶部摄影测量用标靶布设装置	实用新型	李哲	ZL201520165921.3	2015

四、京津冀协同研究的意义

（一）长城保护管理的协同需求，根源于长城遗产本身就是一个系统性整体

京津冀地区明代所辖范围（见图15）包括明长城蓟镇、真保镇、昌镇和宣府镇四大防区和居庸关、山海关、八达岭、古北口等诸多关隘，西依太行山、北靠燕山山脉，地处京师咽喉，是保护京师的最后一道屏障，历史上此区域本是一体。

图 15：京津冀地区明代所辖范围

（二）借助国家推动京津冀经济协同发展战略

全面协调三地交接地段文保单位连属管理，共同协商整体性保护规划和管理措施，协同开发旅游资源，实现三地明长城军事防御体系的整体性保护和遗产资源效益的最大化，具有国家战略意义。

（三）京津冀明长城军事防御体系整体性保护策略与方法的研究

既可为三地明长城的整体性保护实践提供理论支持，也可由此及彼，为绵延8600余千米、跨越11省（直辖市、自治区）的明长城全线的整体性保护实践提供重要参考和示范。同时也可为京津冀其他文化遗产保护，如大运河、明清

皇家园林陵寝的整体性保护提供方法论的借鉴。

五、明长城保护的重点

（一）统一规划

一是明确三地交接地段长城跨界节点和原所属军事防御层次体系。二是制定京津冀协同明长城整体性保护策略和政策建议：原真性、整体性保护概念、原则与方法；保护层次体系划分方法；各层次体系保护范围界定依据；整合资源环境和遗产本体的可持续发展保护利用策略。三是制定三地协同整体性保护规划大纲。

（二）协同管理

制定京津冀协同整体性保护管理机制框架，进行三地连属管理、共同保护和协同开发可行性分析及政策建议；开展国际视野下大型遗产整体性保护策略分析比较研究。

（三）联合修复

京津冀明长城重点地段与现行政属地交接地段（如三地交界的红石门长城和京冀交界的古北口长城、南口长城等）进行保护修复工程时，按连属管理、共同保护和协同开发原则，制订区域性保护规划示范方案，实施保护工程。

六、明长城数据库

为了做整体时空分布的演示，或者是资料的一种收集，我们做了一个 GIS 的数据库，上面的点是800多个军事聚落，有一些地点还没有确定，如确定的话大概是1100多个。将来可能会展示每个镇的军事聚落情况。每个点点开之后会有一个属性表，大概二三十条，记载尽可能全的历史、现状信息，将来能够为保护工作提供帮助。

京津冀长城文化遗产联动保护与合理利用

张宝秀[①]

【摘　要】京津冀地区的长城历史悠久，具有很高的遗产价值，对其实施联动保护十分必要。本文从京津冀地区长城的起源与发展、京津冀地区长城的地位与价值进行分析，在此基础上提出京津冀长城文化遗产联动保护与合理利用路径，以期为相关研究提供借鉴。

【关键词】京津冀长城　文化遗产　联动保护

一、京津冀地区长城的起源与发展

京津冀北部、东北部是燕山，西部是太行山。南口大断层是燕山和太行山的分界线。沿着燕山和太行山内侧山脊而筑的长城是万里长城最重要的组成部分，也是我国北方一条重要的农牧分界线，是北方牧猎民族与中原农业民族之间的“拉锯”地带，自古以来就是多民族频繁接触、争战、交往、融合的前沿之地。燕山和太行山北部地区，曾是山戎、东胡、匈奴、乌桓、鲜卑、奚等北方民族的活动区，为契丹、女真、蒙古、满族等曾建立全国或北半个中国统治

---

① 张宝秀，北京联合大学应用文理学院院长。

政权的少数民族南下中原的必经之地，民族迁徙频繁，长城沿线发生过多次民族迁徙和农牧文化交替，各民族由杂处交流到融合，数千年经久不衰，民族文化融合程度不断加深。目前，仍为汉、满、蒙、回等多民族杂居地区。

京津冀地区长城的修建有三个重要阶段：战国时期，京津冀地区最早出现长城；北魏和北齐所修长城形成了今天京津冀地区长城的基本格局；明朝是历史上修筑长城的最后一个朝代，最终完善了长城军事防御体系。可以说，战国燕时期长城的始建，北朝时期长城格局基本形成，明代基本利用北朝长城，并少量增建，长城军事防御体系建设达到最高峰。

明代长城从山海关到嘉峪关，绵延一万多里。国家文物局曾于2009年首次公布明长城调查数据，我国明长城总长度为8851.8千米。为了便于防守，明朝在长城沿线先后设置了辽东、宣府、大同、延绥、宁夏、甘肃、蓟州、太原和固原九个军事重镇，分地守御，合称“九边”。后来为了加强京城和皇陵防务，又在北京西北、西南增设了昌镇和真保镇，共十一镇。北京地区的长城分属于蓟镇、宣府镇和昌镇。清朝不像以往历代修筑长城以限内外，而是采取怀柔政策，恩威并施，笼络蒙古等民族的上层贵族。在今河北省承德地区辟建木兰围场与热河行宫（避暑山庄），就是清朝实施怀柔政策的有力措施。

二、京津冀地区长城的地位与价值

（一）中华民族文化的重要象征和世界文化遗产精华所在

历史上，京津冀长城地处京师畿辅要地，是万里长城精品段，是古代长城建筑艺术的宝库，是华北平原、东北平原、内蒙古高原民族交往、文化融合的纽带，为中华民族形成有中心多元一体的统一多民族国家格局贡献卓著、功不可没，是古代保卫中原农业文明的重要屏障，是推动东部、中部北方地区经济开发的杠杆，是中华民族文化性格的重要表征。我们是爱好和平的民族，是内敛的，修筑长城是为了防御，不是为了进攻。

（二）较为完整的长城军事防御体系遗产

长城是由点、线、网组成的古代军事防御体系，这个体系是硬件和软件相配合，硬件是镇、路、关、堡、敌台、城墙等长城建筑体系，软件就是驻守长城的军事力量体系和中央军事指挥机关。戚继光在其《练兵实纪》里清楚记载了长城城墙、空心敌台等建筑的设计与设置，在京津冀长城沿线至今还有不少当年屯兵、驻军的城堡，如北京市密云区的古北口城、司马台堡、遥桥峪堡等，还保留了很多地名文化遗产，像密云区的不老屯、太师屯等，都是过去长城沿线屯兵的地方。

（三）高品位的宝贵文化旅游资源

长城具有深刻的文化内涵和很高的文化价值，保存相对较好的京津冀长城是高品位的、富有魅力的、宝贵的文化旅游资源，对国际国内游客都具有较大的吸引力。

三、京津冀长城文化遗产联动保护与合理利用路径

（一）设立京津冀长城文化带保护与利用联盟

需要建立京津冀长城文化带协同保护理念，建立一个联动保护联盟，建议在中国长城学会下设一个京津冀长城分会，把三地的政府部门、专家资源、企业力量汇聚到一个平台上，为京津冀协同发展做贡献，为整个万里长城的保护起示范和引领作用。

（二）纳入京津冀协同发展战略实施计划

《京津冀协同发展规划纲要》提出要建立京津冀一体化遗产保护体系，这需要做出完整的遗产保护体系规划，长城是带状的，京津冀长城连接着北京、天津、河北三个省市，又是物质文化遗产和非物质遗产相结合的一类综合文化遗产，可以作为京津冀建立一体化文化遗产保护体系的纽带和切入点，尽早纳

入京津冀协同发展战略实施计划。

（三）建立统一的京津冀长城文化带信息系统

应组织开展京津冀长城文化带联合调研，摸清底数，建立统一的信息系统，并在京津冀地区有关部门、长城保护员和志愿者的帮助下保持数据的动态更新。同时，推出京津冀长城旅游APP等，利用新媒体技术将系统信息转化为文化资源传播出去，有助于人们深入了解长城遗产、深刻理解长城文化，并把中华民族的长城精神传承下去。

（四）编制京津冀长城遗产联动保护与合理利用规划

文化遗产的保护和利用是相辅相成的，只保护，不利用，是保护不好的，保护是为了更好地利用，利用是为了更好的保护，但保护是前提，利用是有限度的，要合理地利用。建议编制京津冀长城遗产联动保护和利用规划，兼顾保护和利用两个方面。

（五）投入专项资金改善京津冀长城文化带周边环境和基础设施

京津冀协同发展国家战略的实施，会有专项资金投入，京津冀长城作为一个文化带整体，不仅需要投入资金修缮文物本身，还需要投入资金改善周边环境和基础设施条件，既能吸引游客前去游览长城，亲近长城，又能起到富民强区的作用。当然基础设施的修建和完善，需要进行深入研究和科学设计，不能破坏长城景观和生态环境。

（六）统筹设立京津冀长城文化带主题旅游线路

可以统筹设立京津冀长城文化带主题旅游线路，分不同地段，设计各有侧重的主题，线上线下相结合，在京津冀三省市以及国内外联合开展精品段营销、推广活动。

京津冀区域旅游产业协同发展研究

——基于产业集群理论的视角①

李 刚②

【摘 要】在当今世界经济发展中，尤以区域经济发展迅速。而纵观各地区的经济发展历程，产业集群化已成为经济发展的主流和趋势。作为未来经济增长点的旅游产业，其产业的集群化已成为其发展的一大特点。本文的研究目的就是基于产业集群理论的视角，运用文献研究和比较研究以及实地考察等研究方法，结合京津冀区域旅游产业的发展现状，探讨这一区域协同发展的可能性和必要性，并在我国旅游产业集群模式的基础上，提出以产业集群化这一形式来推动京津冀区域旅游产业协同发展的相关建议和策略。

【关键词】京津冀区域 旅游产业集群 协同发展

---

① 本文为2013年度国家社会科学基金项目一般项目——“旅游目的地周期性演化与治理机制研究”（项目批准号：13BGL089）、2015年度天津市哲学社会科学研究规划项目——“京津冀区域旅游协作可持续发展保障机制研究”（项目编码：TJYY15—009）的部分研究成果。

② 李刚（1964.6—），男，天津市人，留日博士，天津财经大学商学院旅游系教授、硕士生导师，主要研究方向和领域为区域经济政策学、旅游经济学、旅游心理学、语言文化学。

一、导言

在世界范围内拥有产业集群的地区，其经济增长的速度远远高于其他地区。例如，美国的好莱坞娱乐产业、华尔街金融产业、硅谷IT产业、日本的温泉休闲度假产业、韩国的“韩流文化”产业以及我国的珠江三角洲、长江三角洲、环渤海一带的家电产业等都是产业集群带动地区经济增长的典型代表。首都——北京、直辖市——天津、农业大省——河北构成的京津冀区域的旅游产业发展，应充分发挥各自的优势和特点，进一步深化和加强三地的合作，实现三地旅游产业的有效对接和联合。这对促进京津冀区域旅游产业的协同发展具有重要的战略以及深远的现实意义。

二、产业集群和旅游产业集群的概念

（一）产业集群的概念

美国哈佛大学教授迈克尔·波特在《国家竞争优势》（The Competitive Advantage of Nations, 1990）一书首先提出产业集群（Industrial Cluster）一词。他认为，产业集群是一组在地理位置上靠近的相互联系的公司和关联的机构，它们同处或相关于一个特定的产业领域，由于具有共性和互补性而联系在一起[①]。这个概念基本上被广大学者和研究者所接受并广泛引用。

在我国国内的研究者中，刘尚华（2007）认为产业集群是相似或相关的产业在同一区域日益积聚、规模集约，相互之间依存度越来越大，以一种或集中核心技术产业作为引力，逐渐吸纳相关产业为之配套服务，而且处于不断发展壮大之中[②]；凌嵩（2004）则把产业集群定义为一群既独立自主又彼此依赖，既具有专业分工、资源互补现象，又维持着一种长期的非特定合约的企业在一定

① ［美］迈克尔·波特．国家竞争优势［M］．李明轩，邱如美等译．北京：华夏出版社，2002：124.

② 刘尚华．论我国工业产业集群化发展趋势［J］．工会论坛工会管理干部学院学报（山东省），2007，（13）1：82.

地域范围内的聚集[①]。

笔者在参考了相关学者对产业集群的定义和见解之后认为：产业集群是指在某一区域或领域内，一些相互联系的企业、产业及机构在某一特定区域内聚集起来，通过专业分工、资源互补、技术共享来提升产业整体竞争力的现象和过程。

（二）旅游产业集群的概念

关于旅游产业集群的概念，目前学术界尚无定论。比较常见的有几例，其中，邓冰、俞曦、吴必虎（2004）认为：旅游产业聚集是指旅游核心吸引物、旅游企业及旅游相关的支持企业和部门，彼此存在密切的经济联系，在一定地域空间内集中并协同发展[②]；尹贻梅、陆玉麟、刘志高（2004）则将旅游产业集群界定为：聚集在一定地域空间的旅游核心吸引物、旅游企业及相关企业部门，为了共同的目标，建立起紧密的联系，协同工作提高其竞争力[③]。

基于产业集群概念并结合旅游产业的特征，笔者尝试将旅游产业集群定义为：在一定地域空间范围内，以旅游核心吸引物为基础，围绕旅游六大要素（食、住、行、游、购、娱），旅游产业链中的上下游企业和相关支持企业以及机构在一定旅游目的地区域内大量聚集而形成的具有竞争优势的经济群落，同时具有竞争与合作关系的旅游企业及与旅游相关的支持企业和机构，彼此存在密切的经济联系，在一定地域空间内集中并协调发展。

三、旅游产业集群的构成、特点和优势

（一）旅游产业集群构成

笔者根据各行业与旅游产业紧密联系的程度，将旅游产业集群分为三个

① 凌嵩．集群化——中国开发区产业发展的新方向[J].港口经济，2004，（1）：51.

② 邓冰，俞曦，吴必虎．旅游产业的集聚及其影响因素的初探[J].桂林旅游高等专科学校学报，2004，（6）：53.

③ 尹贻梅，陆玉麟，刘志高．旅游企业集群——提升目的地竞争力新的战略模式[J].福建论坛，2004，（8）：22.

层次。

第一层为核心层，即旅游资源产业。它是旅游产业群中最基础的部分，它几乎涉及旅游活动的全部，即食、住、行、游、购、娱等各个部分。旅游资源是旅游业赖以发展的物质基础。旅游资源产业从事旅游资源的开发工作，使集群区域内形成旅游客体；旅游对象是旅游吸引物，从而使游客前来游览观赏。

第二层为紧密层，即旅游要素产业。它是旅游产业的发展保障部分，包括农业、工业、邮电通信业、保险业、文化艺术业、教育业、医疗保健业等。旅游要素产业、旅游资源产业的外围散布着为游客提供行、食、住、游、购、娱等服务的旅游企业即旅游要素产业，包括了旅行社、饭店、休闲娱乐设施等。

第三层为相关层，即旅游相关产业。它虽处于旅游产业集群外围，却极大地影响着旅游产业的发展。在旅游要素产业的外围，形成了第三层次的旅游相关产业为旅游产业提供补充性服务，包括园林绿化业、培训机构、金融、电信、公用事业、新闻媒介等。

旅游产业的特征决定了旅游产业集群由旅游资源产业、旅游要素产业和旅游相关产业构成[①]。这三者在旅游产业集群中所处的关系和地位见图1。

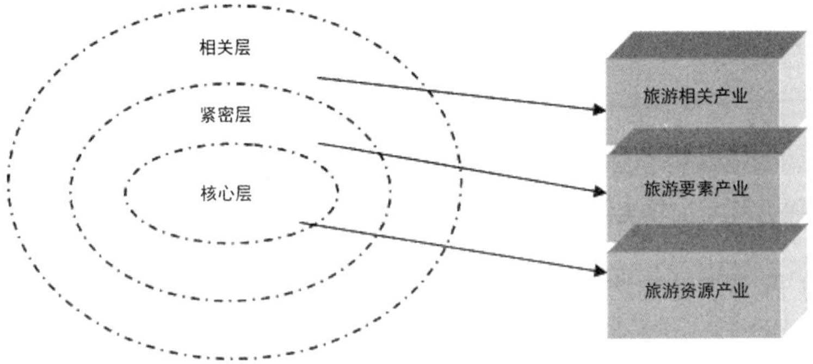

图 1：旅游产业集群构成

① 何玉荣，卢剑鸿．旅游产业集群——提升黄山市旅游竞争力的有效途径[J]．黄山学院学报，2007，（1）：53-56.

（二）旅游产业集群的特点

1. 产业链形成的诸多条件

为满足旅游者的各种需求，除了旅游资源这个核心层和旅行社、旅游住宿、餐饮、娱乐、购物等要素供应层，还需要更多的旅游企业共同完成，从而形成一个产业链。

2. 经济外部的相互关联性

各个行业、部门之间相互依赖，某企业的优质服务吸引了游客，这将给其他企业带来经济效益，促进其成功。由此可见，集群成员数量越多，对客源市场的控制力越强[①]。

3. 市场销售渠道的直接性

由于旅游产品生产和消费的统一性，因此产业链中的每个行业都可以直接与市场渠道相连，对旅游者直接提供服务，以保证旅游消费者第一时间里得到相应的旅游产品。

4. 集群产业理念的创新性

旅游产业集群的文化面临其他旅游产业集群竞争对手的挑战和持久的、强大的客源地文化的冲击。因此，旅游产业集群文化必须创新。形成能领导群内所有企业的经营管理理念和文化价值内涵，提升整个产业集群竞争力[②]。

（三）旅游产业集群的优势

1. 集群模式形成的优越性

由于旅游产业的产品和服务在生产技术上具有垂直分离的特征，产业内围绕为游客提供食、住、行、游、购、娱等方面的企业间形成天然的专业化分工的、较长的价值链，因此，比起其他的产业集群，旅游产业集群模式的形成过程具有天生禀赋的优越性。

---

① 袁莉，刘鞠林．聚集与旅游产业群的培育[J]．经济问题探索，2004，（1）：117-118.

② 邓念梅，吴南．建设三峡区域旅游产业集群的思考[J]．特区经济，2007，（221）6-172.

2. 获得互补性收益的特点

集群内各个成员之间互相依赖、互相补充，它们协同合作产生的力量远远大于其各部分简单相加之和。例如，一次旅游质量的好坏不仅取决于基本吸引物的优劣，还有赖于补充性企业的质量[①]。

3. 市场信息优势的必然性

在旅游产业集群内部，由于各个企业都具有市场渠道的直接性，所以它比其他的产业集群具有更充分的市场资源共享机会，并且信息的传播速度更快、更准确，所需成本也更低[②]。

四、旅游产业集群发展模式和京津冀区域旅游产业集群模式选择

（一）旅游产业集群的发展模式

笔者在参考了相关学者的研究成果后[③]认为可根据市场化水平和政府干预的强度不同，将旅游产业集群模式主要分为两种：一是政府扶持性，即主要依靠政府的扶持来完成旅游产业集群的成长和演进，旅游产业集群的产生是自上而下的，是通过国家和地方政府的干预和扶持政策而促成的；二是市场主导型，即旅游产业集群通过旅游企业对旅游产业集群好处的追逐自发形成，旅游产业聚集的产生是自下而上的。

（二）京津冀区域发展旅游产业集群的模式选择

在京津冀区域内行政区域层次较多，分割过细，城市群各城市隶属关系不同，无法形成一体化，这给城市之间协同发展带来很多制约因素。因此，由三地政府来扶持的产业集群化发展模式是京津冀区域旅游产业集群的必然选择。然而，一旦在旅游产业形成自我发展机制和集群以后，政府应转换职能，转成

---

① 袁莉，田定湘，刘艳．旅游产业的聚集效应分析[J].湖南社会科学，2003，（3）：117.

② 麻学锋．旅游业产业集群的创新研究[J].市场论坛，2004，（11）：63.

③ 庄军．旅游产业集群研究[D].武汉：华中师范大学，硕士论文，2005：24-25.

为“服务者”的角色，减少行政干预，把工作重心放在为旅游产业集群创造良好的法律和政策环境，让京津冀区域旅游产业集群自主和适应性地发展，以此有效提升竞争力，顺利完成产业集群的升级①。

为此，笔者认为，应采用政府引导和产业自主发展相结合的发展方式。这一建议制作如图2所示。

五、京津冀区域旅游产业协同发展的现状分析和对策建议

笔者将以SWOT分析法为基础，从旅游产业集群构成角度，探讨京津冀区域旅游产业集群化的问题，并对京津冀旅游产业协同发展提出相关的对策和建议。

（一）京津冀区域旅游产业协同发展的现状

自1985年京东旅游区的成立拉开了京津冀区域旅游合作的序幕，三地的合作再未间断；1987年，由北京旅游学会发起，联合天津旅游学会、河北旅游学会，在北京密云白龙潭召开了第一次“京津冀区域旅游合作研讨会”，而后，参与的省市越来越多，发展为北方十省市旅游联谊会，并促成了每年一届的“北方旅游交易会”，由各地轮流举办。2003年9月19日，京津冀三地旅游局在北京中华世纪坛广场举办了“京津冀旅游宣传周”活动；2007年4月，京津冀签订了《京津冀旅游合作协议》，根据该协议，京津冀将建立区域旅游协作会议制度；策划设计共同的旅游宣传口号，统一发布使用；联合挖掘开发三地的若干条精品旅游路线或旅游产品；共同建立联动机制，完善救援应急机制，对旅游市场进行规范整顿②。

① 杜宇．基于产业集群理论的山西省旅游产业发展研究[D]．硕士论文，山西大学，2006：53-54.

② 白翠玲，李占乔，苗泽华．旅游经济——京津冀区域旅游发展中政府合作机制研究[J]．商业时代，2008，（18）：93.

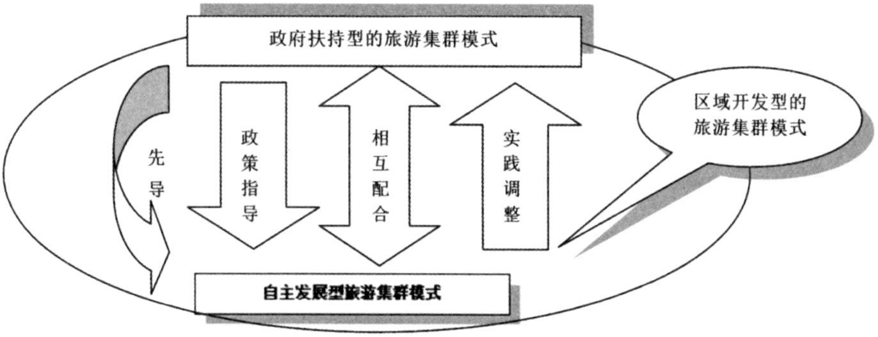

图 2：京津冀区域旅游文化产业集群发展模式

此外，河北省在2008年正式实施《河北省环京津旅游休闲产业带规划》，并相继组织开展“河北旅游进京津”“京津自驾车游河北”系列宣传活动[①]；在北京和天津分别举办“河北休闲旅游宣传周”，组织河北省旅游部门和企业走进北京百家社区开展促销活动。河北省各市也纷纷采取各种措施，加快与京津地区的旅游合作。

2009年1月23日，京津冀区域旅游景区共同推出旅游年票。为加快京津两地的互动旅游，两地旅游部门共同拟定京津塘高速路通行费补贴方案，从当年的7月1日起又开通了“旅游绿色通道”，两市分别为对方旅行社旅游大巴免除100万元的高速路通行费[②]。同时，京津冀区域在文化产业方面也呈现出区域合作具有更加紧密与广泛的前景。笔者认为，文化产业发展到一定阶段，需要突破原有的产业类别，向更宽泛、更高层次的产业发展，逐步进入体现创造性和先导性的文化创意产业阶段。

其中，首都北京文化产业起步较早，发展较快。2006年将文化创意产业列为重点发展产业，成立了文化创意产业发展领导小组，举办了首届中国北京

① 河北省环京津休闲旅游产业带发展规划.（2008-2020）[EB/OL].豆丁网，2010年8月6日，http：//www.docin.com/p-69079762.html.

② 张旭.京津之间开通“旅游绿色通道”[EB/OL].人民网天津视窗，2009年7月1日，http：//www.022net.com/2009/7-1/426257112867913.html.

国际文化创意产业博览会，并发布了文化创意产业分类标准，2007年又出台了“十一五”文化创意产业发展规划；天津市在积极研究制定文化创意产业发展规划和相应的扶持政策基础上，酝酿、建立了一批文化创意产业园区和产业基地；相对而言，河北省文化产业的发展步伐缓慢一些，2006年河北省第一次把文化产业纳入国民经济和社会发展的主导产业体系，2007年又编制完成了文化产业发展“十一五”规划纲要，文化产业对外招商引资成果比较显著，并在文化旅游、动漫游戏领域落户了一批大项目。同时，近几年北京与河北，天津滨海新区与河北的沧州、廊坊、唐山等城市，以及唐山与秦皇岛两市间签署了一系列经济社会合作协议。京津冀区域合作逐步扩大合作范围，共同促进旅游文化产业的发展（见表1）。

（二）基于旅游产业集群的京津冀区域旅游产业协同发展模式

笔者通过调查研究后认为，可以从以下几个方面来构建京津冀区域的旅游产业协同发展模式。

1. 政策制度整合与协作发展

首先，三地共同编制和实施区域旅游发展规划，通过指定区域旅游功能区划，划定各类旅游功能区，确定区域旅游开发功能和空间体系，有重点、有步骤地加以开发。

其次，建立区域共同的旅游行政组织，加强开放政策和政府间的协调与潜力整合，有效配置优势地区与非优势地区的资金、技术、信息等旅游要素，整合旅游竞争优势①。

2. 产业要素整合与协作发展

以区域内旅游核心产业的企业为核心，并联合旅游相关产业企业及其配置设施与服务的加盟，同时与其他产业群相联系，以达到旅游产业链的良性循环与发展。

---

① 张广海，刘佳．环渤海地区旅游产业集群构建与区域整合研究[J]．改革与战略，2007，（2）：82.

表 1：对京津冀区域旅游产业协同发展的 SWOT 分析

<table>
<tr><th>优势（Strength）</th><th>劣势（Weakness）</th></tr>
<tr><td rowspan="3">（1）资源优势
京津冀区域的旅游资源类型齐全，六种旅游资源类型（地文景观类、水域风光类、生物景观类、建筑类、休闲求知健身类、购物类）均有；资源等级较高，从资源本身来看，这一区域旅游资源的品位比较高，很多资源都属 A 类资源。其中，著名的旅游资源有已被联合国教科文组织列为世界文化遗产的清东陵，具有极高地质科学价值的蓟县中、上元古界标准地层，还有多处名人故居，北戴河 · 南戴河 · 昌黎黄金海岸等。并有多处列为国家 4A 级旅游景区。
（2）客源优势
目前我国存在三大国内旅游客源市场，即以广州、深圳为核心的珠江三角洲客源市场，以沪宁杭为核心的长江三角洲客源市场和以北京、天津为核心的环渤海区域客源市场。北京既是全国最大的出游客源城市，同时也是最大的旅游目的地；天津也拥有数量相当可观的客源市场；河北由于拥有较多的自然景区，因此成为众多游客所选择的旅游目的地。
（3）交通优势
到一个旅游目的地的游客多寡，除了取决于资源优劣和客源市场远近之外，还取决于交通线路的数量、等级和通畅程度。即可进入性的优劣。
北京首都国际机场（首都国际机场、南苑机场）、京津塘高速公路、天津滨海国际机场（2014 年最新建成的航站楼）、天津港（游轮母港东疆码头）等都为旅游目的地提供了交通上的便利。
（4）信息优势
京津冀区域具有非常发达的信息网络系统，为游客提供了丰富多彩的旅游线路选择的机会。</td><td>京津冀区域的旅游资源虽然齐全，但是除了北京以外，天津市和河北省缺乏特点突出、实力强劲的旅游产品，尤其是旅游基础设施的完善和服务水平进一步提高是一个亟须解决的大问题。粗放式、劳动密集型的低效管理成为发展“瓶颈”。
此外，阴影区也是天津市和河北省旅游发展缓慢的影响因素之一。当旅游地吸引力大小过于悬殊时，强吸引力的旅游地就会将弱吸引力的旅游地笼罩在它的阴影下并使其失去市场，这种空间竞争关系，便可成为“影区结构”。
还有，地方保护主义的观念依然存在。京津冀之间的道路关卡太多。例如，笔者从天津到秦皇岛一路上竟发现有多个检查站停车检查，造成车流堵塞，效率降低，人为地造成时间上、体力上的浪费等。</td></tr>
<tr><td>机遇（Opportunity）
我国处在经济周期的上升阶段，京津冀区域保持着持续快速发展的强势劲头，旅游业面临的宏观经济环境十分有利。
2010 年我国人均 GDP 已超过 4000 美元，而京津冀区域人均 GDP 则远远高于全国的平均水平，这标志着国民消费结构和对生活质量的追求将发生历史性的变化，旅游消费需求将随之快速增长。</td></tr>
<tr><td>威胁（Threat）
信息革命的浪潮和高新技术的广泛应用对京津冀区域旅游文化产业的知识结构、技术装备和运作模式提出了挑战；旅游方式的个性化、多样化、精细化和舒适化对天津市和河北省仍属于传统和粗放形式的旅游产品和接待方式提出了挑战；各地竞相发展旅游业，争夺旅游制高点，对京津冀区域的综合吸引力和竞争力提出了全面挑战。</td></tr>
</table>

资料来源：根据本研究内容制作而成。

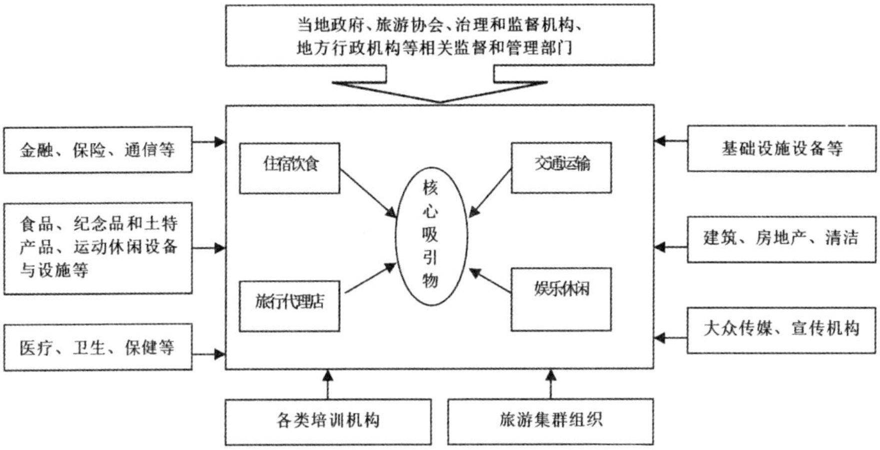

图 3：旅游企业集群的构成

3. 市场网络整合与协作发展

规范旅游市场，打破地域限制，突破体制障碍，形成统一、开放、有序的旅游市场体系，加强在旅游线路上的协作，大力整合市场品牌，组建和培育实力雄厚、竞争力强的综合性和专业化的大型旅游企业和企业集团，重点引导和推动星级饭店和旅行社向集团化、品牌化、网络化的方向发展。

4. 区域空间整合与协作发展

根据旅游资源地域差异性且分布不均衡的特点，以邻近旅游资源密集圈和旅游产业密集带为基础，构造区域旅游产业集群地域系统。通过确定核心旅游区域、重点景点群组、滨海旅游产业带，构建旅游产业集群区域化整合与协作模式，打造京津冀区域旅游集群产业带。同时，面向环渤海和东北亚区域积极打造极具特色的京津冀区域旅游产业。

（三）京津冀区域旅游产业协同发展的对策提议

笔者在参考了相关学者研究成果①②③的基础上，结合京津冀区域旅游产业合作的现状，从实际出发，借鉴其他区域已有的成功经验，对京津冀区域旅游产业的发展尝试性地提出如下五点建议。

第一，深入分析京津冀区域自身旅游文化资源，开发特色旅游文化产业产品。结合当前旅游市场出现的新趋势、游客对旅游目的地的新要求，对三地，特别是津、冀的文化资源进行深入筛选、归类，找准本区域的比较优势，推出差异化的旅游文化产品。

第二，制定区域整体营销战略，对位进行有效整合营销。首先，要明确营销什么，根据不同类型游客的需求制定相应的营销策略；其次，是选择营销平台，针对入境游及国内远途游客，要借鉴我国长江三角洲、珠江三角洲的做法，在国内外旅游展及其他大型国际活动中，联合组团参展，只有这样，才能真正形成合力；最后，要辐射到环渤海和东北亚区域，吸引更多的域外和国外游客。制定先域内、再域外、最后国际化的目标。

第三，建立政府间长效合作机制，调动企业合作积极性。三地旅游合作协议的签订只是合作的第一步，在实际运作中，还有许多工作要做，需要有专门的机构、人员来负责协调管理。因此，京津冀三地的旅游协作会议制度在实施中，应设立一个日常协调管理部门，及时反馈、处理三地旅游合作中出现的问题，为合作更好地进行提出对策建议。

第四，探讨协作中利益相关者的保障机制。在充分发挥协调调控功能的基础上，不断强化利益相关者的协作意识。同时建立利益相关者协作的战略愿景，加强对利益相关者协作的检测、考核及反馈。建立健全相关的政策法规，实施

① 孟广文，王洪玲等．京津冀文化产业发展与合作研究[A]．天津市社会科学界联合会．2010京津冀区域协作论坛论文集[C]．天津：2010：269-275．

② 徐虹，王京传．京、津、冀区域文化旅游协作研究[A]．河北省社会科学界联合会．2011京津冀区域协作论坛论文集[C]．河北：2011：157-163．

③ 白长虹，邢博，孟繁强．京津冀区域旅游与文化产业协同发展研究[A]．河北省社会科学界联合会．2011京津冀区域协作论坛论文集[C]．河北：2011：207-211．

必要和有力的奖惩制度。

第五，运用文化产业的五种驱动力，即产业驱动、制度驱动、艺术驱动、历史驱动、设施驱动使文化与旅游产业联动发展。在天津滨海新区建设文化与旅游发展协同发展示范区，使得各种形态的旅游文化产业形成相互补充、相互协助、相互促进的组合态势。

六、结语

本文基于产业集群理论的视角，结合京津冀区域旅游产业发展现状，探讨其协同发展的可能性和必要性。并在我国旅游产业集群模式的基础上，从宏观的角度分析和提出了以旅游产业集群化的形式来推动京津冀区域旅游产业发展的相关建议。

由于笔者目前的研究到达点和论文篇幅所限，还有许多问题在本文中没有深入地进一步展开分析和研究，这也成为笔者今后从微观和多视角以及多层次研究本课题的努力方向所在。同时，笔者也期待本论文能够对研究京津冀区域旅游产业发展尽绵薄之力。

附录一

国际城市论坛京津冀协同发展 2016 年会

2016 年 9 月 8 日，在北京市、天津市、河北省三地哲学社会科学规划办公室大力支持下，由北京国际城市发展研究院、北京国际城市文化交流基金会联合主办，北京市哲学社会科学京津冀协同发展研究基地承办，首都科学决策研究会、领导决策信息杂志社、基于大数据的城市科学研究北京市重点实验室协办的“国际城市论坛京津冀协同发展 2016 年会”在北京市蓝调庄园举行，本届年会是“2016 北京 CBD 商务节”的重要活动之一。来自京津冀三地有关部门负责人和专家学者 200 余人参加了本届年会。年会围绕“京津冀协同发展：五大理念与战略行动”这一主题，就如何将五大发展理念贯彻落实到京津冀协同发展的实际行动中进行了深度、广泛的交流研讨。

年会分为主论坛和创新发展、协调发展、绿色发展、开放发展和共享发展五个分论坛。上午的主论坛上，天津市哲学社会科学规划办主任袁世军为大会致辞。南开大学城市与区域经济研究所所长江曼琦、天津商业大学经济学院教授周桂荣、河北大学政法学院院长孟庆瑜、河北经贸大学京津冀一体化发展协同创新中心副主任田学斌、北京大学首都发展研究院院长李国平、首都经济贸易大学原校长文魁等专家分别就“京津冀战略性新兴产业的协同发展”“协同创新：推进京津冀区域产业转型升级的思路与对策建议”“法治助力京津冀共建碧水蓝天”“京津冀协同发展实现路径的再思考”“京津冀交界地区（通州、北三县、武清）管控与发展研究”“北京老城重组的战略思考”等专题做了主题演讲。

下午五个分论坛上，来自京津冀三地的44位学者聚焦京津冀协同发展的五个专题展开了深入研讨与对话交流。创新发展分论坛围绕“国家大数据战略与京津冀协同发展”，协调发展分论坛围绕“重大项目带动与京津冀协同发展”，绿色发展分论坛围绕“生态文明与京津冀协同发展”，开放发展分论坛围绕“冬奥会与京津冀协同发展”，共享发展分论坛围绕“北部长城文化带保护利用”，对接重点工作，聚焦重点项目，共同为贯彻落实五大理念，以战略行动推动京津冀协同发展建言献策，为政府及相关工作部门提供决策咨询和智力支持。

在本届年会筹办同期，年会主办方还举办了“国际城市论坛京津冀协同发展2016年会征文活动”，征文活动得到了京津冀三地专家学者及政府相关部门的热烈响应。活动结束后，京津冀协同发展研究基地将年会部分演讲稿和征文优秀稿汇编成册，形成年会研究成果，供政府决策部门和学术研究人员参考。

北京市哲学社会科学规划办公室

京社科规划文[2014]26 号

关于依托北京国际城市发展研究院建立京津冀协同发展研究基地的决定

为落实中央关于京津冀协同发展的指示精神，促进京津冀三地的深度交流合作与科学持续发展，探索科学研究为现实服务的新途径、新模式，北京市哲学社会科学规划办公室研究决定，依托北京国际城市发展研究院建立京津冀协同发展研究基地。同意连玉明教授为研究基地负责人。

希望京津冀协同发展研究基地充分借助北京国际城市发展研究院的专业、人才和信息优势，广泛整合相关研究力量，围绕中央和地方政府急需解决的重大理论和现实问题，加强战略性、前瞻性、对策性研究，为京津冀协同发展提供理论支持和决策参考。

北京市哲学社会科学规划办公室

二〇一四年七月三十日

附录三

京津冀协同发展研究基地简介

京津冀协同发展研究基地全称为北京市哲学社会科学京津冀协同发展研究基地，由北京市哲学社会科学规划办公室于2014年7月30日正式批准成立。京津冀协同发展研究基地设在北京国际城市发展研究院。

一、成立背景

为贯彻落实中央关于京津冀协同发展的指示精神，促进京津冀三地的深度交流合作与科学持续发展，以更高标准、更大尺度、更深层次谋划和推动京津冀协同发展，根据市委、市政府领导的批示，北京市哲学社会科学规划办公室研究决定，依托北京国际城市发展研究院建立北京市哲学社会科学京津冀协同发展研究基地。基地的成立为京津冀三地专家学者搭建一个开放型协作创新平台，促进研究成果在京津冀协同发展中的转化应用，为北京发展和京津冀协同发展提供理论支撑和智力支持。

二、战略定位

京津冀协同发展研究基地是一个跨学科、专业化、开放型的研究平台，聚集相关专业研究者，发挥独立、客观、公正、持续的科学精神和创新方法，立足北京发展和京津冀协同发展实践，以首都可持续发展与京津冀协同发展重大现实问题为主攻方向，加强对全局性、战略性、前瞻性问题开展研究和咨询，搭建开放式协作创新平台、区域化合作交流平台、专业化决策咨询平台和信息化成果转化平台，努力成为推动北京发展和京津冀协同发展的重要思想库和智囊团。

三、主要任务

1. 建设国内最全面、最系统、最专业、最权威的京津冀协同发展信息数据中心。以建设国内一流的京津冀协同发展研究基地为标杆，全面收集、整理、研究和提供国内外京津冀研究领域具有参考和借鉴价值的理论、文献、信息、数据、案例，建立最全面、最系统、最专业、最权威的京津冀协同发展研究信息库、数据库和案例库，定期发布《京津冀数据摘要》，研究编辑出版《京津冀年鉴》，为京津冀协同发展研究提供理论支撑、文献支撑、信息支撑、数据支撑和案例支撑。

2. 组织开展京津冀协同发展若干重大问题研究，编辑出版“京津冀协同发展研究文库”和《京津冀大百科全书》。全面梳理京津冀协同发展100个重大问题，组建100个课题研究专家小组，搭建一个跨学科、专业化、开放型协同创新平台，形成以100位中青年专家学者为主体的研究团队，围绕100个重大问题开展战略性、前瞻性、对策性、持续性研究，出版100部学术专著，形成“京津冀协同发展研究文库”，编辑出版《京津冀大百科全书》，均纳入北京市哲学社会科学规划办重大研究项目，争取全国社科规划办支持。

3. 定期举办国际城市论坛京津冀协同发展年会，编制“京津冀指数”，发布京津冀协同发展研究成果，出版《京津冀协同发展指数报告》和《京津冀协同发展智库报告》。持续深化国际城市论坛的平台建设和品牌建设，强化北京国际城市论坛基金会的公益支持。以京津冀三地社科规划办为依托，组织京津冀三地相关领域专家定期举办国际城市论坛京津冀协同发展年会。以此为基础，组建京津冀协同发展研究基地学术委员会和顾问委员会，聘请特约研究员，搭建开放创新的学术研究平台和学术交流平台。研究、编制和发布“京津冀协同发展指数”（简称“京津冀指数”），研究出版《京津冀协同发展指数报告》和《京津冀协同发展智库报告》。

4. 构建“中国临空经济指数”，研究出版《临空经济蓝皮书》。抓住并用好临空经济发展机遇，努力抢占学术研究制高点。研究、编制和发布“中国临空经济指数”，出版《临空经济蓝皮书》。持续跟踪并深化北京新机场临空经济合作区战略研究，积极主动开展北京首都机场临空经济区发展研究，领先开展京津冀机场群前瞻研究。有序开展全国及世界机场临空经济区案例研究和比较研究，构建以“中国临空经济指数”为核心的信息库、数据库和案例库。

5. 承担中央、地方政府及相关部门重大课题研究，积极稳妥有效探索机制化、长效化合作新模式。立足北京发展和京津冀协同发展实践，以首都可持续发展与京津冀协同发展重大现实问题为主攻方向，加强全局性、战略性、前瞻性研究和咨询，为北京发展与京津冀协同发展提供决策咨询和智力支持。有计划、有选择地承担政府委托的相关课题研究，积极稳妥有效探索与北京市发改委等相关部门战略合作新模式，努力向机制化、长效化方向发展。

四、运行机制

1. 组织机构。以北京国际城市发展研究院完整的组织体系和有效的运行模式为基础，构建研究基地的组织架构。由北京国际城市发展研究院院长担任基地理事长、首席专家，同时设立学术委员会和顾问委员会。

2. 人才机制。研究基地根据需要面向京津冀三地聘请研究人员，形成开放、协作、创新的人才支撑体系。依托北京国际城市发展研究院的国际顾问、学术顾问、特约研究员、专职研究人员开展工作，形成一支素质优良、结构合理、专兼职结合的研究队伍。

3. 运行保障。北京国际城市发展研究院为研究基地的发展与运行提供办公条件、设备设施、网络平台和经费支撑，负责研究基地的日常运行管理和研究工作的开展。